AF859747

Le droit dans tous ses états à travers l'œuvre de Robert M. Cover

Fidèle à sa volonté de maintenir vivant l'ensemble du catalogue et de continuer à rendre accessible à tous la richesse de son contenu, Les marques du groupe L'Harmattan proposent les ouvrages, même s'ils sont épuisés dans leur premier tirage, et les impriment à la demande.
Au vu de l'ancienneté de ce titre, un exemplaire original a été numérisé pour être réimprimé, ce qui pourrait altérer légèrement la qualité de certains passages.

© L'Harmattan, 2001
ISBN : 2-7475-0497-2

Textes traduits et introduits par
Françoise MICHAUT

Le droit dans tous ses états à travers l'œuvre de Robert M. Cover

L'Harmattan
5-7, rue de l'École-Polytechnique
75005 Paris
FRANCE

L'Harmattan Inc.
55, rue Saint-Jacques
Montréal (Qc) CANADA
H2Y 1K9

L'Harmattan Hongrie
Hargita u. 3
1026 Budapest
HONGRIE

L'Harmattan Italia
Via Bava, 37
10214 Torino
ITALIE

Collection **Logiques Juridiques**
dirigée par Gérard MARCOU

Le droit n'est pas seulement un savoir, il est d'abord un ensemble de rapports et pratiques que l'on rencontre dans presque toutes les formes de sociétés. C'est pourquoi il a toujours donné lieu à la fois à une littérature de juristes professionnels, produisant le savoir juridique, et à une littérature sur le droit, produite par des philosophes, des sociologues ou des économistes notamment.
Parce que le domaine du droit s'étend sans cesse et rend de plus en plus souvent nécessaire le recours au savoir juridique spécialisé, même dans des matières où il n'avait jadis qu'une importance secondaire, les ouvrages juridiques à caractère professionnel ou pédagogique dominent l'édition, et ils tendent à réduire la recherche en droit à sa seule dimension positive. A l'inverse de cette tendance, la collection « Logiques juridiques » des Éditions L'Harmattan est ouverte à toutes les approches du droit. Tout en publiant aussi des ouvrages à vocation professionnelle ou pédagogique, elle se fixe avant tout pour but de contribuer à la publication et à la diffusion des recherches en droit, ainsi qu'au dialogue scientifique sur le droit. Comme son nom l'indique, elle se veut plurielle.

Dernières parutions

Fanny VASSEUR-LAMBRY, *La famille et la Convention européenne des Droits de l'homme,* 2000.
Philippe SÉGUR, *Gouvernants : quelle responsabilité ?,* 2000
Jean-Jacques THOUROUDE, *Pratique de la responsabilité hospitalière,* 2000.
Pascal BERTHET, *Les obligations alimentaires et les transformations de la famille*, 2000.
Daphné BOUTEILLET-PAQUET, *L'Europe et le droit d'asile dans un espace élargi,* 2001.
Jean-Jacques SUEUR, *Une introduction à la théorie du droit,* 2001.
Sonia DEVEIDEX-MARGUERITAT, *Le quinquennat,* 2001.
Francis HAMON, *Le referendum en Europe, aujourd'hui et demain,* 2001.
Daphné BOUTEILLET-PAQUET, *L'Europe et le droit d'asile,* 2001.
Christian LAVIALLE, *Les mutations du droit domanial et le régime des infrastructures de transport en France et en Espagne*, 2001.
Anas BENSALAH ZEMRANI, *Les finances de l'état au Maroc,* 2001.
Christine DESNOYER, *L'évolution de la sanction en droit de la famille,* 2001.

INTRODUCTION GENERALE

La doctrine américaine a, sur un siècle, au travers de son courant majeur, le réalisme juridique américain, son ancêtre, la « *sociological jurisprudence*, et ses héritiers, Droit et Société, Droit et Economie, Droit et Littérature, *Critical Legal Studies*, développé un modèle d'approche scientifique du droit, qui reste une théorie du droit, même s'il n'est pas une théorie pure du droit, au sens kelsénien, l'aspect idéologique du droit n'étant pas exclu de son champ d'examen.[1]

Dans ce cadre, s'incrivent les travaux de Robert M. Cover, né en 1943 et mort en 1986, professeur de droit et d'histoire du droit à l'Université de Yale.

Si l'on s'en tient à une définition stricte du réalisme, Cover s'inscrit parmi ses héritiers, quelque part en marge de Droit et Littérature qu'il illustre mais dont il se distingue explicitement en même temps en soulignant que le droit n'est pas seulement parole, attribution de sens mais aussi, entre autres, justification d'actes de violence.[2]

Cover, en fait, nous resitue au sein du réalisme des années antérieures : il fait une application simple et claire de ses préceptes méthodologiques dans certains de ses travaux[3] mais aussi il en enrichit considérablement la modélisation de la production du droit[4] ainsi que le volet prescriptif[5], si bien que son oeuvre vaut d'être étudiée à la fois en tant que point avancé dans la démarche réaliste et en tant que questionnement approfondi sur la complexité – les multiples facettes – du droit.

---

1. Cf. Françoise Michaut, *La recherche d'un nouveau paradigme de la décision judiciaire à travers un siècle de doctrine américaine*, Paris, L'Harmattan, 2000.

2. Robert Cover, « The Supreme Court, 1982 Term – Foreword: *Nomos* and Narrative », in *Harvard Law Review*, Vol.97, 1983, p.4-68 ; id., « Violence and the Word », in *Yale Law Journal*, Vol.95, 1986, p.1601-29 ; « The Bonds of Constitutional Interpretation : Of the Word, the Deed and the Role », in *Georgia Law Review*, Vol.20, 1986, p.815-833.

3. Cf., par exemple, id., « The Uses of Jurisdictional Redundancy : Interest, Ideology and Innovation », in *William and Mary Law Review*, Vol.22, 1981, p.639 et s.; id., « The Origins of Judicial Activism in the Protection of Minorities » , in *Yale Law Journal*, Vol.91, 1982, p.1287 et s. L'ouvrage sur la procédure qu'il a composé avec Owen Fiss et Judith Resnik est de la même veine (Cf. Robert M. Cover, Owen M. Fiss, Judith Resnik, *Procedure*, Westbury, N.Y., The Foundation Press, Inc., 1988).

4. Cf. id., « The Supreme Court, 1982 Term – Foreword: *Nomos* and Narrative », *op. cit. supra* note 2.

5. Cf. *ibid.* et id., *Justice Accused : Antislavery and the Judicial Process*, New Haven, Yale University Press, 1975.

La doctrine juridique américaine dominante a, depuis la fin du dix-neuvième siècle, mis au centre de ses préoccupations le rôle créateur du juge interprète. Elle a, chemin faisant, identifié de plus en plus d'acteurs dans la production du droit en même temps qu'elle précisait de plus en plus finement leur rôle – et, là encore, Cover ajoute des pièces maîtresses, par exemple quand il étudie l'espèce de dépendance réciproque qui lie, fût-ce insidieusement, celui qui dit le droit et celui qui est censé l'appliquer.[6]

Mais Cover, c'est avant tout l'auteur qui, avec « *Nomos* and Narrative », un article d'une soixantaine de pages, a montré comment la norme juridique naît d'un contexte narratif, comment la narration, qui se présente comme une description, est grosse d'une prescription, et comment narrations et systèmes normatifs s'interpénètrent par le jeu des acteurs qui, en quelque sorte, sont constitués par les narrations auxquelles ils sont exposés, qui sont tributaires d'une pluralité de systèmes normatifs et qui reconstruisent eux-mêmes narrations et systèmes normatifs, à leur manière, dans un perpétuel mouvement.

Mais Cover est aussi – il fut initialement et il demeura toute sa vie – celui qui traque les mécanismes qui font que l'injustice peut être produite au nom du droit par celui-là même qui la dénonce sincèrement. C'est ce qui s'est passé avec les juges particulièrement étudiés par Cover dans sa thèse : bien qu'anti-esclavagistes convaincus, ils ont néanmoins appliqué scrupuleusement la législation qui renvoyait les esclaves fugitifs à leur condition servile.[7]

Cover, comme la tendance forte du réalisme américain, croyait au progrès possible par le droit.[8] Il avait participé activement au mouvement pour les droits civiques.[9] Il envisageait le droit comme un « pont » entre une réalité non rédimée et l'espoir d'améliorations réalisables concrètement.[10]

---

6. Cf. id., « Violence and the Word », *op. cit. supra* note 2 et id., « The Bonds of Constitutional Interpretation : Of the Word, the Deed and the Role », *op. cit. supra* note 2.

7. Cf. second *op. cit. supra* note 5.

8. Sur la croyance des réalistes en général dans le progrès possible par le droit, cf. *op. cit. supra* note 1.

9. Stephen Wizner , « Repairing the World through Law: A Reflection on Robert Cover's Social Activism », in *Cardozo Studies in Law and Literature*, Vol.8, 1996, p.1-14.

10. Cf. id., « The Supreme Court, 1982 Term – Foreword: *Nomos* and Narrative », *op. cit. supra* note 2 et id., « Bringing the Messiah Through the Law : A Case Study », in *Nomos, Yearbook of the American Society for Political and Legal Philosophy*, Vol.XXX : *Religion, Morality, and the Law*, R. Pennock and J. Chapman (eds.), New York and London, New York University Press, 1988, p.201-17.

Autant il avait jugé incompatible le droit et le grand saut dans l'inconnu du messianisme ou de la révolution et autant il mettait en garde contre les lendemains qui déchantent, autant il était soucieux de la construction d'un monde où le droit saurait se mettre à l'écoute des attentes des uns et des autres, serait attentif à leurs besoins et, sans tergiverser sur l'essentiel, choisirait de nourrir le dialogue social plutôt que de se retrancher derrière l'argument d'autorité.[11] Cela, on le voit en particulier dans « *Nomos* and Narrative » où il reproche à la Cour Suprême des Etats-Unis sa justification laconique d'une décision qui mettait en émoi des communautés sans vraiment s'engager en faveur de l'intérêt social majeur en jeu.[12]

Cover, dès *Justice Accused*, sa thèse, opposait trois types d'attitude possibles pour le juge : l'attitude jusnaturaliste qui, à force d'insister sur le droit tel qu'il doit être risque de le confondre avec le droit tel qu'il est ; le positivisme juridique qui distingue entre le droit et la morale mais qui déresponsabilise le juge en lui imputant la seule responsabilité d'une application fidèle, mécanique, d'un droit voulu par d'autres dont il se rend l'esclave et, enfin, l'attitude réaliste qui somme le juge d'ouvrir les yeux et de reconnaître qu'il lui incombe de prendre une décision réfléchie et créatrice, qui l'engage.[13]

Avec son plaidoyer en faveur d'un certain type de comportement du juge, dans *Justice Accused* puis dans « *Nomos* and Narrative », Cover n'introduit pas un nouvel aspect dans le réalisme américain, il ne fait qu'insister davantage sur ce qui fut continuellement une préoccupation des représentants de ce courant : la quête de la bonne décision qui, pour eux, comme pour Cover, était inséparable d'une étude minutieuse des faits et exigeait de la part du juge une attitude créatrice. C'est ainsi qu'il y avait, pour F. S. Cohen, deux questions pertinentes en droit et deux seulement : que fait le juge dans un cas donné ? et que doit-il faire ?[14] Alors qu'il fut souvent reproché aux réalistes américains leur intérêt pour des influences anecdotiques sur la décision judiciaire, leur souci de trouver un remède à certains de ces errements au moins ainsi que leur recherche de la production d'un droit meilleur en général a souvent été

---

[11].Cf. *ibid.*

[12]. Cf. premier ouvrage cité *supra* note 2.

[13]. id., *Justice Accused : Antislavery and the Judicial Process, op. cit. supra* note 5.

[14]. Cf. *op. cit. supra* note 1, chapitre 12.

oubliée. S'ils voulaient un divorce temporaire du *Is* et du *Ought* et, par là, s'attachaient à décrire, c'était pour pouvoir mieux prescrire ensuite.[15]

Le présent ouvrage a pour objet de mettre à disposition d'un public francophone et d'introduire auprès de lui des textes majeurs parmi les travaux de Robert M. Cover, des textes souvent d'une très grande beauté stylistique – je pense en particulier à « *Nomos* and Narrative », des textes encore qui tous contribuent ou bien à un questionnement sur la diversité des aspects du droit ou bien à l'exploration de points majeurs pour la théorie du droit aujourd'hui.

C'est ainsi que les textes présentés ont été regroupés sous cinq rubriques qui traitent chacun d'un thème particulier, abordé par Cover : norme et narration ; droit et violence ; la confrontation formalisme - morale dans le droit ; la fonction du contrôle de constitutionnalité ; droit, messianisme et révolution.

Chacune de ces rubriques – qui forment les cinq parties de cet ouvrage – comporte un développement personnel qui résume la thèse centrale du texte, situe celui-ci et en montre les enjeux et une traduction d'un ou plusieurs textes ou extraits de texte de Cover.

L'ordre des rubriques n'est pas chronologique par rapport à l'oeuvre de Cover ; il a pour objectif de faciliter la progression dans la découverte de l'oeuvre de cet auteur.

Celle-ci ne s'adresse pas au seul public des théoriciens du droit. Ces textes peuvent constituer aussi un précieux outil de réflexion à la fois pour le philosophe qui entend se préoccuper du droit et pour le praticien du droit, pour le magistrat et l'apprenti magistrat au premier chef, mais pas seulement pour eux. Les législateurs et les divers administrateurs pourraient aussi y puiser quelque inspiration sur la façon dont se font et se défont les sociétés, sur les maux et les bienfaits qu'ils peuvent contribuer à faire advenir en usant des pouvoirs qui leur sont confiés ou qu'ils se sont octroyés, ainsi que sur la façon dont doit être prise en compte la violence intrinsèque au droit.

Ils peuvent aussi peut-être intéresser des psychologues par les références systématiques qu'ils font aux travaux de plusieurs d'entre eux. Elles ne

---

[15]. C'est un des points capitaux du programme d'une théorie réaliste du droit, élaboré par Karl N. Llewellyn. Cf K. N. Llewellyn, « Some Realism about Realism », in *Harvard Law Review*, Vol.44, 1931, p.1222-1264 et *op. cit. supra* note 1, Chapitre 10.

peuvent être discutées au fond faute de compétences spécialisées de l'auteur de cet ouvrage en ce domaine. Il serait indubitablement intéressant d'avoir les réactions éclairées des professionnels de ce champ d'étude.

TITRE I

NORME ET NARRATION

A la fin du dix-neuvième siècle et au début du vingtième, les membres de l'école de la *sociological jurisprudence* et les réalistes américains avaient entrepris de mettre en évidence le rôle créateur du juge et d'indiquer comment la décision de celui-ci était marquée par le contexte social et de culture juridique dans lesquels elle était prise. Des efforts avaient été faits pour montrer comment les idéaux d'une société se reflétaient dans l'interprétation des règles et des précédents et cela en particulier par Roscoe Pound.[1] Karl N. Llewellyn tout spécialement avait ensuite repris le travail de construction du modèle explicatif détaillant les ingrédients qui venaient déterminer la décision judiciaire.[2] La méditation dworkinienne sur cette décision présente bien des liens avec cet héritage à commencer par la notion de principes coiffant la production de règles.[3] Robert M. Cover, a ouvert une nouvelle piste dans cette recherche sur l'interprétation juridique et sur la modélisation des systèmes juridiques à l'occasion d'une étude portant sur la jurisprudence marquante de la Cour Suprême des Etats-Unis durant sa session de 1982.[4]

Chaque année, un auteur différent est invité à écrire, pour la *Harvard Law Review*, une introduction à la jurisprudence de la Cour Suprême des Etats-Unis de l'année précédente. Cette intervention consiste fréquemment en un commentaire de la décision majeure de la période considérée. C'est dans ce cadre qu'entre l'examen, par Cover, d'une décision qui pourrait apparaître relativement secondaire, mais, dont il va monter en épingle les problèmes, en fait considérables, qu'elle laisse dans l'ombre.

Une institution privée d'enseignement avait porté devant la Cour un litige qui l'opposait à l'administration des impôts. Celle-ci lui refusait le bénéfice de l'exemption fiscale pour ses donateurs au motif qu'elle pratiquait une discrimination raciale et cette institution prétendait, quant à elle, fonder cette discrimination sur des motifs religieux qui devaient lui

---

[1]. Cf. Roscoe Pound, « The Theory of Judicial Decision », in *Harvard Law Review*, Vol.36, 1923, p.641-662, 802-825 et 940-959 ; id., « The Ideal Element in American Judicial Decision », in *Harvard Law Review*, Vol.45, 1931, p.697-711.

[2]. Voir en particulier : Karl N. Llewellyn, « On Reading and Using the Newer Jurisprudence », 1940, in id., *Jurisprudence : Realism in Theory and Practice*, Chicago, The University of Chicago Press, 1962, p.135 et suiv. ; id., « My Philosophy of Law », in *My Philosophy of Law* (ouvrage collectif), Boston, Boston Law Book Co., 1941, p.183-189 ; K. N. Llewellyn, *The Common Law Tradition : Deciding Appeals*, Boston, Little, Brown and Co., 1960.

[3]. Ronald Dworkin, *Taking Rights Seriously*, 2nd ed. with appendix, Duckworth, 1978, trad. fr. : *Prendre les droits au sérieux*, Paris, P.U.F., 1995.

[4]. Robert M. Cover, « The Supreme Court 1982 Term, Forward : *Nomos* and Narrative », in *Harvard Law Review*, Vol.97, 1983, p.4-68.

permettre d'échapper à la sanction. L'affaire avait suscité des prises de position aux côtés du demandeur et aux côtés de l'administration fiscale de la part d'associations qui avaient intérêt à ce que la Cour se prononce dans l'un ou l'autre sens ou qui souhaitaient qu'elle précise les contours du droit en la matière ou sur des questions connexes. La Cour s'était contentée de reconnaître laconiquement, à l'*Internal Revenue Service* (le Service des Impôts), le droit d'interpréter la loi comme il l'avait fait.

Cover va lui reprocher d'avoir motivé sa décision à l'économie, de n'avoir avancé qu'un argument de compétence, alors qu'il eût été préférable de ne pas se contenter de cela et de traiter l'affaire au fond, de reconnaître les enjeux et de montrer pourquoi la décision prise était celle qui convenait.

Mais avant de présenter cette conclusion et pour la présenter, Cover allait construire un modèle de la production du droit au sein d'une société, modèle centré sur l'acteur, en se demandant comment se fabriquent les significations juridiques et, plus généralement, les significations normatives et comment se font et se défont les sociétés, comment se constituent les minorités au sein de ces sociétés et comment l'on aboutit à des droits qui s'emboîtent ou au contraire à des systèmes normatifs antagonistes et éventuellement à la rupture. Chemin faisant, il allait développer un modèle non conventionnel de la société libérale et de ses conditions d'existence, un modèle qui souligne l'importance, dans ce cas, du rôle joué par les autres systèmes normatifs, le droit (étatique) ayant alors une sorte de rôle de coordonnateur.

Cover renouait ainsi avec la grande tradition psychologisante, en théorie du droit, du réalisme juridique américain, qui s'est continuellement attaché au décryptage des comportements humains. Sa réponse, articulée autour du lien établi entre norme et narration, « univers normatif » et narration, était originale et il faisait également oeuvre novatrice en introduisant le problème de l'individu confronté à une pluralité d'ordres normatifs possiblement contradictoires. Cette question n'est pas traitée à fond dans « *Nomos* and Narrative » mais elle affleure sans cesse. La non-exhaustivité s'explique en partie par le fait qu'il ne s'agissait pas, pour Cover, d'étudier pour eux-mêmes les dilemmes de l'individu mais uniquement de souligner en quoi ils intéressaient le juriste.

« *Nomos* » , c'est littéralement un univers normatif. Tout l'art de Cover va consister à montrer que cet univers normatif, s'il peut éventuellement rétroagir sur la narration (en produisant des concepts par exemple – Cf.

« Bringing the Messiah through the Law », p.202 – [5]), est initialement un produit de cette narration et que cette narration sert que ce soit voulu ou non de grille de lecture pour la détermination de la signification des énoncés normatifs.

Cover part du principe que, parallèlement à la connaissance du monde physique, l'individu au cours de son éducation, acquiert un savoir normatif qu'il est appelé lui-même à enrichir et faire fructifier comme il est appelé à enrichir la connaissance du monde physique et à l'utiliser. Ce savoir normatif passe essentiellement par des narrations. Celles-ci sont un type de discours qui imprime sur le monde physique une signification, ce qui est d'ailleurs une condition pour pouvoir l'appréhender.

Cover constate la diversité des narrations qui se construisent au sein même des sociétés les plus totalitaires. Il envisage deux facettes pour tout système normatif : d'une part celui-ci produit des significations, d'autre part il produit du contrôle social et ces deux aspects coexistent nécessairement, selon lui, même s'ils sont antagonistes. La constitution d'un système normatif repose sur l'aspect significations, la survie du système est associée à l'aspect contrôle social, qui vise à lutter contre la désintégration, l'unicité des compréhensions n'étant pas de l'ordre du possible.

Cover construit un modèle incomplet mais déjà bien charpenté de la production des normes et des systèmes normatifs et ce qui frappe dans cette construction, comme dans celle de Kelsen, c'est à la fois, l'incohérence plus ou moins grande du système, en même temps que la nécessité de cette figure. Incohérence, tout simplement parce que le droit comme signification et le droit comme instrument de contrôle social risquent souvent d'afficher un décalage. Nécessité de cette figure, parce qu'elle permet de différencier le droit, en tant qu'objet d'étude en particulier, des autres ensembles de normes auxquels l'acteur, producteur de droit, peut être confronté.

D'entrée de jeu, Cover délimite le cadre dans lequel se situe la production du droit et par voie de conséquence, il délimite le domaine d'une science du droit. Se contenter du discours institutionnel sans aller en chercher les racines et les prolongements dans la société, c'est se condamner à un savoir tronqué et superficiel. Le droit ne se réduit pas à un ensemble de

[5]. Article traduit *infra* titre V, p.345-361, à p.346.

règles ou d'institutions, il constitue l'univers normatif – l'un des univers normatifs – dans lequel des hommes vont devoir cohabiter et il exprime plus ou moins bien les attentes de ces cohabitants, en même temps qu'il contribue à façonner celles-ci.

Cover oppose au laconisme de la Cour dans l'affaire étudiée le rôle capital joué par les narrations dans la production et la perception du droit. Ces récits par lesquels des hommes disent leur destin tel qu'ils le perçoivent, conditionnent l'interprétation ou plus exactement les interprétations qui seront données des énoncés normatifs et des institutions par les acteurs véritables et par ceux qui, bien que potentiellement acteurs, se trouvent à un moment donné, tout au moins ou sur un point donné dans une position où ils subissent davantage qu'ils ne peuvent agir.

Le droit de l'Etat ne représente que l'un des univers normatifs dans lesquels chacun inscrit son action et Cover examine comment se règlent les rapports possiblement difficiles entre ceux-ci, comment ils s'articulent en particulier lorsqu'existe derrière chacun d'eux une communauté plus ou moins organisée.

Pour les besoins de sa démonstration, Cover utilise tout un appareil conceptuel parfois original qui a l'avantage de permettre de localiser et d'approfondir certains problèmes non résolus de façon satisfaisante à ce jour, tel que celui de l'interprétation choisie, avec le concept d'engagement, qui donne aussi la possibilité de repenser la question de l'interprétation valide, ou encore avec le concept de narration qui évite le détour explicatif par le choix moral qui sous-tendrait le choix juridique.

Toute cette construction coverienne va devoir être scrutée pas à pas comme va devoir l'être la modélisation coverienne de la société libérale qui en découle.

L'accent sera mis, dans les deux cas, sur l'apport de Cover à une science du droit ainsi que sur les questions qu'il faudrait tenter maintenant d'élucider.

Chapitre 1

Une nouvelle modélisation de la production sociale des systèmes juridiques

Les membres de l'école de la *sociological jurisprudence* et les réalistes américains avaient, chacun à leur manière, traité de l'influence qu'exerçait sur le droit le changement social, même lorsque ce droit, dans sa forme, pouvait donner l'impression d'immobilisme. L'expérience et non la logique commandait son développement (O.W.Holmes). Derrière les règles se profilaient des principes et des idéaux qui marquaient l'interprétation des règles établies et assuraient l'adaptation du droit aux situations nouvelles (R. Pound). Dans leur formulation, les règles n'étaient que des « coquilles vides ». Des reconstructions du système juridique avaient été tentées à partir de là. Cependant aucun modèle ne s'était finalement imposé, si ce n'est éventuellement la superposition au système de règles d'un système de principes mais cela ne donnait déjà plus satisfaction (Cf. R. Dworkin) : alors même qu'il reconnaît accorder une grande place aux principes, Dworkin, dès ses réponses aux critiques formulées contre *Taking Rights Seriously* précise qu'il n'entend pas remplacer l'image du droit système de règles, par l'image du droit système de règles et de principes.[6] Certains auteurs optant pour une approche plus sociologique, s'étaient intéressés aux modèles développés par Easton et Parsons, qui insistaient sur l'individu acteur et les rapports intersystémiques (système juridique, système politique, système culturel) mais aucun paradigme n'avait prévalu, dans cette tradition tout au moins.

Cover, pour les besoins de la cause – mais ses propos dépassent de beaucoup l'affaire qu'il doit commenter – va proposer un nouveau modèle de la création du droit étatique et, de façon plus générale, de l'activité normatrice et de l'articulation entre eux des systèmes de normes.

Tout repose sur le lien qu'il établit entre norme et narration, ou plus exactement entre univers normatif et narration. Toute norme – toute évaluation de ce qu'il est bien ou mal de faire, de ce qu'il est

[6]. Ronald Dworkin, *op. cit. supra* note 4, annexe (réponses aux critiques) p.344 (de l'original), trad. fr., p.480.

juridiquement permis ou non de faire (« *lawful* » or « *unlawful* »), toute lecture d'un énoncé normatif – trouve son explication dans une narration qui en commande l'existence et la portée :

> « For every constitution there is an epic, for each decalogue a scripture. (Note : Prescriptive texts change their meaning with each new epic we choose to make relevant to them. Every version of the framing of the Constitution creates a « new » text in this sense. When the text proves unable to assimilate the meanings of new narratives that are nonetheless of constitutive significance, people do create new texts – they amend the Constitution. Thus, the adoption of the 13th, 14th, and 15th amendments may be seen as the creation of new texts to fit new constitutive epics. But other ways of creating texts may be less « official » and more dangerous. A deep division about the constitutive epics may lead to secessionist prescriptive texts – competing prescriptions to go with the competing narratives[...] ».[7]

Les narrations sont tous les récits, tous les textes au sens large, qui disent à un homme ce qu'il est et qui lui permettent de se situer. Ce sont des productions en partie collectives, en partie individuelles. L'individu – tout homme – reçoit des narrations et il s'en fait sa propre lecture. Il contribue ainsi à leur donner un sens et éventuellement à les recréer. C'est à partir d'elles qu'il va pouvoir se constituer un univers normatif propre et conférer une signification aux prétentions normatives qu'il rencontre.

L'activité normatrice apparaît à deux niveaux : celui de l'individu qui aura ses propres raisons d'agir (et de réagir) et celui du groupe constitué qui aura son propre discours, y compris sur lui-même, et par conséquent ses

---

[7]. « A chaque constitution correspond une épopée, à tout décalogue une écriture. (Note : Les textes prescriptifs changent de signification avec toute nouvelle épopée que nous choisissons d'y attacher. Chaque version de l'élaboration de la constitution crée un « nouveau » texte en ce sens. Lorsque le texte s'avère incapable de revêtir les significations des narrations nouvelles qui sont néammoins d'importance constitutive, le peuple crée de nouveaux textes - il amende la Constitution. L'adoption des Treizième, Quatorzième et Quinzième Amendements [N. d. T. : à la Constitution des Etats-Unis] peut ainsi être appréhendée comme la création de nouveaux textes, adaptés à une nouvelle épopée constitutive. Il existe aussi d'autres manières moins « officielles » et plus dangereuses de créer des textes. Une profonde division à propos de l'épopée constitutive peut conduire à des textes prescriptifs sécessionnistes – à des prescriptions concurrentes qui vont de pair avec des narrations concurrentes [...]. » (p.4-5, trad. *infra* p.70) (traduction de l'ensemble du texte *infra* p.69-149.)

propres normes, qui l'obligeront à se positionner par rapport aux autres groupes constitués, aux autres systèmes normatifs.

Cover, plus ou moins volontairement selon les cas, ne fait pas toujours la distinction dans ses propos entre les systèmes normatifs étatiques et les autres systèmes normatifs, juridiques ou non d'ailleurs. Il lui apparaissent toujours soumis à un certain nombre de règles communes d'émergence, de fonctionnement, de coexistence et de survie.

Le seul système normatif qui semble comporter une différence essentielle, c'est le système normatif personnel que se construit chaque individu. Ce système doit aussi coexister avec les autres mais il n'est pas en tant que tel le produit d'un groupe qui doit assurer son existence de groupe. Il est le produit d'un individu qui doit établir certes une hiérarchie entre les systèmes normatifs et leurs prescriptions éventuellement contradictoires qui s'offrent à lui mais il n'est pas contraint à une fonction de police interne à l'égard de lui-même : il ne connaît que la fonction de signification, pas celle de contrôle social. L'individu est convaincu ou non qu'une norme s'impose à lui et il en définit les contours de signification. S'il n'est pas convaincu, il n'y a pas de norme, à moins qu'il change d'avis.

Cover insiste bien sur le fait qu'un individu peut difficilement prétendre se construire un système normatif complètement déconnecté de toute production collective et qu'une construction de ce type risquerait fort d'être malsaine mais il s'attarde peu sur le système normatif de l'individu, il se contente de s'interroger sur la réaction de l'individu confronté à des systèmes contradictoires ou sur l'individu impliqué dans un système extérieur à lui, même s'il y participe. Ce sont les deux cas qui importent pour sa démonstration. Il n'est pas certain par contre que la question de la construction par l'individu de son système normatif, à partir des différents systèmes qui se présentent à lui, ne soit pas une question intéressante pour le théoricien du droit, malgré tout, en particulier face aux systèmes de droit modernes. Il fut et il est, dans les systèmes de droit modernes et face à eux, des confusions qui peuvent être extrêmement lourdes de conséquences et qu'il serait facile de dissiper aujourd'hui en introduisant un minimum de rigueur dans le raisonnement.

S'il n'envisage pas en tant que tel le système normatif de l'individu, Cover s'intéresse aux narrations, qui vont commander chez cet individu la production normative, qui vont commander ces réactions aux diffférents systèmes normatifs et en particulier au système juridique, tels qu'ils lui sont présentés.

Cover va s'attacher à analyser comment des groupes se constituent autour d'une narration commune pour être ensuite menacés d'éclatement par les lectures différentes, données de ces narrations. A l'intérieur de chaque groupe, chacun se forgera son ensemble particulier de narrations à partir des narrations collectives internes ou externes aux groupes ou infragroupes, d'où une infinité de lectures des normes entre lesquelles les institutions du groupe tenteront d'imposer des choix qui seront ou non ratifiés pour des raisons, disons, théoriques ou pratiques : théoriques lorsqu'il s'agira d'opposer une autre lecture, pratiques lorsqu'il y aura renonciation à l'opposition en raison du coût physique ou normatif de cette opposition.

Cover introduit en cours de route des notions qui deviennent de véritables concepts-clés dans son raisonnement : narration, univers normatif – déjà rencontrés *supra* – , opposition entre « *paideic* » et « impérial » pour désigner les idéaux-types des univers normatifs, signification juridique qui correspond à validité, opposition entre communautés insulaires et communautés rédemptrices, le problème étant toujours celui des modalités de la production des normes et de la production des systèmes juridiques et celui des rapports entre ceux-ci.

Seront envisagées successivement la production des normes puis la production des systèmes juridiques et les rapports qui s'établissent entre eux.

Dans la fidélité à la tradition du réalisme américain, Cover construit un modèle de production sociale du droit centré sur l'acteur. Cet acteur agit en fonction de narrations qui lui suggèrent d'accorder ou non une signification normative à certains énoncés, des narrations qui lui suggèrent ou lui dictent également le sens particulier qu'il doit donner à ces énoncés ou qui lui suggèrent ou lui dictent de formuler tel ou tel énoncé normatif. Ces énoncés peuvent se rattacher à différents registres normatifs (Cover parle d'univers normatifs.) Ces registres ou univers normatifs donnent éventuellement naissance à des communautés, dont les Etats occidentaux modernes sont une des formes. L'émergence et la survie de ces univers normatifs et de ces communautés sont liées par Cover à certaines conditions particulières.

Cover aborde le problème de la génèse et du fonctionnement des systèmes juridiques et il aboutit à ce qui peut sembler un hymne au libéralisme mais qui peut être aussi simplement perçu comme une leçon de réalisme ou de pragmatisme.

A) La production des normes : Individu, narration et signification juridique

L'individu, qui va donner signification juridique, est nécessaire à l'existence de la narration et, en même temps, il est récepteur de la narration qu'il va lui-même retransmettre en l'ayant refaçonnée à sa manière.

La signification juridique qu'il va conférer dépend de sa lecture *personnelle* des narrations dans lesquelles il s'inscrit plus ou moins volontairement. Elle est un engagement dans la mesure où elle est virtuellement tout au moins appelée à avoir des effets.

a) Un modèle de la production sociale du droit centré sur l'acteur

Le pivot autour duquel s'organise la réflexion de Cover est, comme pour le réalisme juridique américain, la philosophie pragmatiste, avec sa constatation de la nécessité pour l'individu de faire la synthèse de ses expériences, une synthèse toujours à reconstruire. Un effet comparable de remodelage et de combinaison et de hiérarchisation toujours recommencées en résulte en ce qui concerne les récits collectifs qui structurent les groupes humains et commandent leur devenir. Comment l'adaptation se transmet-elle de l'individu au groupe ? Cover ne le précise pas. On pourrait dire que l'individu se trouve confronté à un certain nombre de narrations entre lesquelles il va choisir ou qu'il va contribuer à recomposer et que l'adaptation résulte de la somme des recompositions.[8]

---

[8]. On verra plus loin l'importance accordée, dans cette optique, à la liberté d'expression par Cover (Cf. *infra* p.56 et trad. *infra* p. 125 et suiv.). Sur la place des narrations dans la constitution de la pensée d'un individu, voir dans la littérature juridique, par exemple, J. M.

Comme pour Dworkin, le droit ne se résume pas, pour Cover, à un ensemble de règles ou de règles et de principes. Il est de l'ordre du normatif, du devoir-être mais il n'est pas – il ne peut pas s'appréhender comme – un ensemble de normes isolables d'un texte, d'un contexte humain. Il est un art de vivre en relation avec les autres, de construire un monde – comme chez Dworkin (Cf. *infra*), art spécifiquement humain fondé sur une dissociation entre ce qui se présente sous les traits de l'être et ce qui se présente sous les traits du devoir-être et qui permet de juger l'être, les propositions relatives à l'être reposant d'ailleurs elles-mêmes ultimement sur des considérations de devoir-être (p.4-5, trad. *infra* p.70-71).

« We live in a *nomos* – a normative universe », pose d'entrée de jeu Cover. Il faut entendre par là que le droit doit être appréhendé comme une pratique : nous pensons, nous parlons le droit, comme nous utilisons des langages – d'autres langages – pour également penser, pour également communiquer (p.4, trad. *infra* p.69-70). Nous établissons ainsi éventuellement une cohabitation physique mais aussi normative, nous pouvons négocier une coexistence, avec une reconnaissance de l'autre en tant qu'autre et la recherche des termes possibles d'une vie en commun qui permette à chacun d'être fidèle à l'idéal de vie qu'il s'est forgé ou plutôt qui l'a forgé - encore que la forme passive ne rende pas bien compte non plus de la pensée de Cover.

Cover prend bien soin de préciser qu'il ne s'agit pas pour l'individu de s'enfermer dans un monde totalement à soi. Il a besoin de communiquer tout simplement même pour établir son propre système. Il ne le crée pas *ex nihilo*. De plus, l'isolement pourrait le conduire à être la victime des égarements de sa propre pensée. Le partage de certains éléments communs joue le rôle d'une sorte de garantie minimum du caractère sain d'un système normatif : le système repose sur une sorte de caution mutuelle (Cf. p.10, trad. *infra* p.77). On pourrait objecter que la garantie est bien mince, comme on le voit avec les sectes et les entreprises totalitaires, mais précisément les conditions d'une pensée collective saine,

---

Balkin, « Ideology as Constraint », in *Stanford Law Review*, Vol.43, 1991, p.1133. On peut voir aussi, sur ce point, F. Michaut, « Deconstruction and Legal Theory », Communication au 17è Congrès Mondial de Philosophie du Droit et de Philosophie Sociale, Bologne, 16-21 Juin 1995, in *Rechtstheorie*, Beiheft 19, Eugene E. Dais, Roberta Kevelson und Jan M. Van Dunné (eds.), *Consequences of Modernity in Contemporary Legal Theory*, p.175-184, repris en partie en français in *op. cit. supra* Introduction Générale, note 1, chapitre 18.

aux yeux de Cover, se trouvent abolies dans l'un et l'autre cas du fait de la tentative hégémonique d'un seul ou de quelques-uns sur la pensée du groupe. Toute critique, tout renouvellement, toute prise en compte de l'expérience sont alors exclus ou sont interdits. Comme la production scientifique, la production normative n'est pas affaire strictement individuelle. L'individu le plus innovant lui-même s'inscrit dans une transmission à partir de laquelle il va pouvoir faire oeuvre créatrice.

Lorsque Dworkin écrit en tête de sa préface à *Law's Empire*:

> « We live in and by the law. It makes us what we are : citizens and employees and doctors and spouses and people who own things. It is sword, shield, and menace : we insist on our wage, or refuse to pay our rent, or are forced to forfeit penalties, or are closed up in jail, all in the name of what our abstract and ethereal sovereign the law, has decreed. And we *argue* about what it has decreed, even when the books that are supposed to record its commands and directions are silent ; we act then as if law had muttered its doom, too low to be heard distinctly. We are subjects of law's empire, liegemen to its methods and ideals, bound in spirit while we debate what we must therefore do. » (Preface, p.viii),

il semble se faire l'écho des propos de Cover et en même temps il s'en distingue.[9] Dworkin définit le droit comme le fait traditionnellement la doctrine positiviste, il se préoccupe essentiellement de l'activité des acteurs étatiques, même si, dans les marges apparaissent les citoyens, qui, dans *Taking Rights Seriously*, peuvent pratiquer la désobéissance civile[10] et qui, à la fin de *Law's Empire*, sont appelés à la responsabilité de définir eux-mêmes le droit de leur société :

> « What is law ? Now I offer a different kind of answer. Law is not exhausted by any catalogue of rules or

---

[9]. « Nous vivons immergés dans le droit et dépendants de lui. Il nous fait ce que nous sommes : citoyens, employés, docteurs, époux et propriétaires de choses. C'est une épée, un bouclier, une menace : nous exigeons notre salaire, nous refusons de payer notre loyer, nous sommes contraints à subir des pénalités ou bien encore nous sommes « bouclés » en prison, tout cela au nom de ce qui a été décrété par notre souverain abstrait et éthéré, le droit. Et ses décrets font l'objet de nos discussions même lorsque les livres où sont censés être consignés ses ordres et ses directives sont silencieux ; nous agissons alors comme si le droit avait murmuré sa loi trop bas pour qu'elle puisse être entendue distinctement : nous sommes sujets de l'empire du droit, inféodés à ses méthodes et à ses idéaux et nous éprouvons le sentiment qu'il nous lie, lorsque nous débattons de ce que nous devons faire. » (*Law's Empire*, London, Fontana Paperbacks, 1986, préface, p.vii). Voir aussi *L'empire du droit*, trad. fr. par Elisabeth Soubrenie, Paris, P.U.F., 1986, p.ix.

[10]. Ronald Dworkin, *op. cit.*, Chap. 8.

principles, each with its own dominion over some discrete theater of behavior. Nor by any roster of officials and their powers each over part of our lives. Law's empire is defined by attitude, not territory or power or process. We studied that attitude mainly in appellate courts, where it is dressed for inspection, but it must be pervasive in our ordinary lives if it is to serve us well even in court. It is an interpretive, self-reflective attitude addressed to politics in the broadest sense. It is a protestant attitude that makes each citizen responsible for imagining what his society's public commitments to principle are, and what these commitments require in new circumstances. The protestant character of law is confirmed, and the creative role of private decisions acknowledged, by the backward-looking, judgmental nature of judicial decisions, and also by the regulative assumption that though judges must have the last word, their word is not for that reason the best word. Law's attitude is constructive : it aims, in the interpretive spirit, to lay principle over practice to show the best route to a better future, keeping the right faith with the past. It is, finally, a fraternal attitude, an expresion of how we are united in community though divided in project, interest, and conviction. That is, anyway, what law is for us : for the people we want to be and the community we aim to have. » (p.413).[11]

---

[11]. « Qu'est-ce que le droit ? J'offrirai maintenant une réponse d'un genre différent. Le droit ne se réduit pas à un catalogue quel qu'il soit de règles et de principes, qui exerceraient chacun leur emprise sur un théatre de conduite particulier. Il ne se limite pas non plus à un éventail de représentants de l'Etat et à leurs pouvoirs chacun sur une part de notre vie. L'empire du droit se définit par l'attitude, non par le territoire, le pouvoir ou la procédure. Nous avons étudié cette attitude principalement au niveau des cours d'appel, où elle se présente prête pour la parade, mais elle doit pénétrer tous les aspects de la vie ordinaire pour pouvoir nous être utile y compris devant les tribunaux. C'est une attitude interprétative, d'introspection, à propos de la politique dans son acception la plus large. C'est une attitude protestante qui rend chaque citoyen responsable d'imaginer quels sont les engagements publics en matière de principes de sa société et ce que ces engagements exigent dans des circonstances nouvelles. La nature de jugement sur le passé des décisions judiciaires, de même que le postulat régulateur selon lequel ce n'est pas parce que les juges doivent avoir le dernier mot qu'il est pour autant le meilleur confirment le caractère protestant du droit et concourent à la reconnaissance du rôle créateur des décisions privées. L'attitude juridique est constructive : elle vise, dans un esprit interprétatif, à imposer des principes sur une pratique pour montrer la meilleure route pour accéder à un avenir meilleur, tout en conservant envers le passé la fidélité qui convient. C'est finalement une attitude fraternelle, une expression de notre union dans la communauté, même si nous sommes divisés quant à nos projets, à nos intérêts et à nos convictions. C'est, en tout cas, ce que le droit est pour nous : pour le peuple

Cover, dans une attitude plus réaliste, au sens du réalisme juridique américain – ou plus sociologique, si l'on préfère – va tenter de rendre compte de la production sociale d'univers normatifs sans privilégier au départ la structure étatique.[12] Il évoque certes le droit étatique – et c'est bien de celui-ci qu'il s'agit de discuter avec la décision étudiée – mais c'est pour rejeter l'approche trop étriquée de celui qui confond les instruments de contrôle social avec l'univers normatif qui imprègne une société. Il met alors en avant l'importance des narrations et on pourrait penser qu'il s'agit pour lui d'étendre le champ d'investigation de l'observateur pour lui permettre de mieux comprendre ce droit : « Once understood in the context of narratives that give it meaning, law becomes not merely a system of rules to be observed, but a world in which we live » (p.4-5, trad. *infra* p.70). Mais on aurait tort de s'arrêter là. Les nombreux exemples d'univers normatifs auxquels il fait référence dans la suite de l'article ne sont pas tous des droits étatiques. Il envisage ainsi dans un cas un droit religieux, dans un autre le droit interne à une entreprise.

Faudrait-il poser que chaque individu vit dans un univers normatif propre, plus ou moins intégré, qu'il s'est construit à partir de la diversité des

---

que nous désirons être et pour la communauté que nous visons à établir. » Voir aussi *op. cit. supra* note 9.

12. Le lecteur habitué à identifier le réalisme juridique américain aux formules-choc de Holmes et de Llewellyn qui paraissent confondre le droit avec l'activité des agents de l'Etat (« The prophecies of what the courts will do in fact, and nothing more pretentious, are what I mean by the law », O. W. Holmes, Jr., « The Path of the Law », in id., *Collected Legal Papers*, p.173 ; « What those officials [judges, sheriffs or clerks or jailers or lawyers] do about disputes, is, to my mind, the law itself », K. N. Llewellyn, *The Bramble Bush*, p.12) sera surpris mais il s'agissait, avant tout, pour ces auteurs eux-mêmes et pour les autres réalistes de contester le modèle formaliste de la décision judiciaire et de mettre à jour les processus réels de fabrication du droit. Certains réalistes insisteront sur le fait que le droit n'existe que du fait des comportements des individus qui attachent une certaine signification à certains actes et que s'ils venaient à oublier celle-ci le droit disparaîtrait (Il n'y aurait plus de Cour Suprême, etc...) (Cf. Françoise Michaut, *L'école de la sociological jurisprudence et le mouvement réaliste américain. Le rôle du juge et la théorie du droit*, thèse de doctorat d'Etat, Université de Paris X - Nanterre, 1985, Lille-thèses ISSN 0294-1767, 8556.2004 ou plus simplement *op. cit. supra* Introduction générale note 1.)

On pourrait supposer que la démarche de Cover lui est dictée par le cas sur lequel la Cour a statué et qui avait pour arrière-fond le problème des communautés ayant des systèmes normatifs propres qui peuvent entrer en conflit avec le système étatique mais, en fait, c'est sa théorie du droit elle-même qui l'oblige tout d'abord à adopter ce cadre plus large (Cf., par exemple, sa définition de la signification juridique, *infra*.) Il serait même possible de traduire « legal » par légal [et non par juridique] et d'opposer cette conception de la loi, instrument de construction, disons, morale en fait, plus simplement, normative, instrument de référence éducative, à la conception de la loi comme commandement auquel il faut obéir. Ceci, bien sûr, vaut pour toute loi et pas seulement pour la loi étatique.

univers normatifs qui se présentent à lui et que c'est cet univers personnel qui va commander sa réponse, ses réponses aux diverses sollicitations, aux sollicitations contradictoires d'univers normatifs éclatés (religieux, étatique, etc.) qu'il contribue lui-même à élaborer ? Cover lui-même n'est pas parfaitement clair sur ce point mais cette conclusion semble inévitable.[13]

Faudrait-il alors aussi imaginer un maxi-système au niveau d'une société toute entière, ce système intégrant les différents systèmes normatifs (religieux, étatiques, etc.) qui coexistent au sein de la société ?

Cela se fait parfois, lorsqu'on énonce des considérations très générales sur les comportements de populations peu connues de nous : « ils sont accueillants, réservés, ils pensent avant tout au groupe...et ceci est dû à leur religion, à leur culture, etc... » mais ce maxi-système, qui ne serait le système de personne et ne pourrait être rapporté à aucun centre (pas même à un *corpus* narratif précis, dans les sociétés pluralistes à tout le moins), serait extrêmement flou et fuyant. Il semble qu'il soit préférable d'un point de vue scientifique, à ce niveau, d'envisager les différents systèmes normatifs concurrents et/ou complémentaires, relativement identifiables et le travail sur eux des différentes narrations qui commandent leur existence.

En tout cas, c'est la démarche qui semble s'imposer au théoricien du droit qui veut rendre compte des systèmes juridiques. Il va rencontrer un système juridique étatique en relation avec d'autres systèmes normatifs. Il semble, par contre, qu'il faudrait envisager différents types d'interactions : les systèmes vont communiquer ou s'opposer au niveau des grandes narrations, produits globaux de la société, mais dont on pourra parfois malgré tout rapporter certaines cristallisations à la pensée d'un individu et c'est là que la comparaison établie par Cover entre les procédés de déroulement du discours normatif et du discours scientifique, avec une référence à la conception kuhnienne de la science, prend toute sa valeur

---

[13].« Just as the development of increasingly complex responses to the physical attributes of our world begins with birth itself, so does the parallel development of the responses to personal otherness that define the normative world. » (p.5, trad. *infra* p.71)
[traduction : « Tout comme le développement de réponses d'une complexité accrue aux attributs physiques de notre monde commence dès la naissance, il en va de même du développement parallèle des réponses à l'altérité des personnes qui définit le monde normatif. »]
Cover renvoie sur ce point aux théories du développement de Piaget, Erikson, Bowlby and Kohlberg (Voir article de Cover, note 8, trad. *infra* p.71).

(Cf. *infra* p.72) et cela correspond à l'immersion d'un système juridique dans un système culturel mais ils vont communiquer et éventuellement se heurter aussi au niveau des acteurs (qu'ils soient investis d'une fonction officielle ou qu'ils soient simples citoyens qui vont être appelés à réagir).

Cover s'exprime rarement en termes de « système ». Il s'en tient le plus souvent à la notion d'univers normatifs et il ne clôt pas ces univers normatifs en raison des narrations véhiculées et réécrites par les individus d'un système dans l'autre.

Tout se jouerait en fait, au départ, dans l'inscription personnelle des individus par rapport à un certain nombre de narrations. Cette insistance sur le rôle de l'individu, qui peut apparaître bien américaine, peut aussi, de façon générale, faciliter la compréhension de la production du droit et sa modélisation.

b) L'importance des narrations

A peine Cover a-t-il introduit la notion d'univers normatif, qu'il introduit celle de narration. La narration, les narrations ont un rôle essentiel dans la constitution et le maintien des univers normatifs. Elles sont même un des éléments de base de ceux-ci. Le juriste, lorsqu'il identifie le droit à un instrument de contrôle social constitué d'institutions et de prescriptions, adopte un point de vue trop restrictif car les institutions et les prescriptions qu'il envisage ne prennent sens (on ne peut jouer avec, les utiliser mais aussi les comprendre, les expliquer) qu'à partir des narrations (des récits) qui les situent.(p.4, trad. *infra* p.70)[14] . La narration sous-tend la prescription ou l'institution. Elle lui donne vie et en délimite la portée (*ibid.*).

Ni les prouesses techniques déployées par les acteurs, ni la qualité de l'écriture des prescriptions, ni même l'aptitude à inventer de nouvelles formes – comme on a tendance à le penser dans les systèmes de droit modernes – ne font, à elles seules, la grandeur, l'excellence d'un système juridique. Celle-ci réside, au contraire, avant tout, dans la valeur, dans la

---

[14]. La traduction « narrations » semble assez bien correspondre aux « *narratives* » évoqués par l'auteur. « Récit » pourrait convenir aussi. Ce second terme présente l'avantage de renvoyer immédiatement aux grandes histoires autour desquelles se bâtissent les civilisations mais aussi l'inconvénient de pouvoir s'y limiter.

profondeur aurait-on envie de dire – Cover parle de « richesse » – de l'univers normatif qui l'imprègne (p.6, trad. *infra* p.71-72), un univers où se forment à la fois des normes et des narrations qui confèrent sens à ces normes et en délimitent l'impact. Cover ne dit pas expressément ce qu'est la richesse d'un univers normatif mais il est implicite que celle-ci tient à son ouverture sur l'autre, sur la différence, à sa souplesse qui lui permet d'épouser les nuances au lieu de les camoufler derrière une uniformité de façade et qui lui permet en même temps de trouver sous les traits de la nouveauté les traces du déjà là, du déjà pensé (p.5-6, trad. *infra* p.71-72).

Les narrations qui informent le droit , selon Cover ne sont pas spécifiques au droit ; elles reflètent, dans tous ses aspects, que ceux-là intéressent ou non le droit au sens courant dans les société modernes, l'univers normatif général dans lequel évoluent les différents acteurs.

Pour Cover, les systèmes juridiques modernes se caractériseraient par le fait qu'il n'y a pas de canon en matière de narration, que les narrations sont « diffuses et sans privilèges », contrairement à ce qui se passe dans les systèmes normatifs tels que la Bible où normes et narration s'enchevêtrent. Il voit une exception à cette situation : certaines opinions judiciaires où l'on trouverait précisément normes et narration associées (p.4 note 3, trad. *infra* p.70 note 3). Il n'entend pas pour autant dire que ces narrations, quand elles existent, ont un caractère canonique. L'interprétation du juge est « non-privilégiée » . Elle est une interprétation parmi d'autres (p.18-19, trad. *infra* p.87-88).

Il faudrait insister sur ce que Cover présente comme une exception et qui constitue, à ses yeux, un modèle, si l'on en juge par ses conclusions à propos de l'affaire considérée, et souligner qu'en matière constitutionnelle, la narration peut jouer un rôle déterminant de délimitation même du texte – qu'est-ce qui constitue la constitution ? – et de définition du texte – qu'est-ce que la constitution ? quelle est sa fonction ? quelle est la fonction du juge constitutionnel ? – Des sources normatives pourraient être citées (Déclaration d'Indépendance, Déclaration des droits) mais il faudra les situer dans l'histoire et dire pourquoi elles ont aujourd'hui l'importance qu'on leur prête.

Le problème est alors celui du statut de ces narrations. Doit-on considérer qu'elles sont privilégiées parce qu'elles constituent des précédents – mais on peut toujours revenir sur le précédent surtout lorsqu'il porte sur l'interprétation d'un texte de loi ou d'une constitution, il est facile de dire que le texte a été mal interprété – ? Doit-on considérer que la Cour définit un canon mais là encore rien n'empêche de changer cette définition, même si on peut s'attendre plutôt, en général, à des évolutions lentes ?

Tout canon peut d'ailleurs être modifié mais souvent une modification dans la définition d'un canon s'accompagne d'une rupture : les uns se rallient au nouveau canon, tandis que d'autres choisissent de conserver l'ancien. En matière constitutionnelle, un changement de définition n'aboutira pas, dans la plupart des cas, à une rupture, il pourra y avoir division des opinions, la Cour donnant une définition de la constitution, tandis qu'une partie des citoyens ou d'autres institutions en ont une autre conception. Avec le temps, avec les changements dans la composition de la Cour, la jurisprudence de celle-ci se maintient, se renforce au moins temporairement, ou au contraire se transforme. Il est presque impossible de considérer que deux constitutions sont en vigueur simultanément sur un même territoire, au moins sur une longue période : on est obligé de prendre en compte ce qui est appliqué comme ayant une certaine existence mais on n'est pas contraint à le reconnaître comme droit. C'est là qu'entre en jeu le problème des significations sur lequelles il faudra revenir.[15]

Peut-être trouverait-on aussi dans le cas de la constitution quelquefois un début de narration incorporée au texte constitutionnel de référence, un peu comme la Bible comprend narration et prescription, la narration éclairant la prescription, mais il faut reconnaître que la place de la narration reste marginale, même dans les constitutions les plus récentes qui comportent de très nombreuses dispositions.

Le théoricien du droit pourrait encore être tenté par une autre attitude : considérer que l'ensemble est prescription, que la description a valeur de prescription (ce qui ne correspondrait pas pour autant à l'affirmation de Cover envisagée plus haut, selon laquelle, tout description repose en définitive sur un devoir-être). Mais les descriptions auxquelles se réfère ici Cover ne saurait être confondues avec les phrases à l'indicatif valant prescription de certaines constitutions. Les narrations visées par Cover sont bien des descriptions, et non pas des prescriptions du type « le Président de la République est élu pour sept ans ». Ce sont d'authentiques récits qui prétendent décrire ce qui est, a été ou sera et qui, en même temps, impliquent un message moral, éclairent, par leur existence même,

---

[15]. Sur le changement du canon constitutionnel, Cf. citation *supra* p. 20.

sur ce qui doit être. Il en allait ainsi, d'ailleurs, de toute narration, aux yeux de Cover :

> « Every prescription is insistent in its demand to be located in discourse – to be supplied with history and destiny, beginning and end, explanation and purpose. And every narrative is insistent in its demand for its prescriptive point, its moral. History and literature cannot escape their location in a normative universe, nor can prescription, even when embodied in a legal text, escape its origin and its end in experience, in the narratives that are the trajectories plotted upon material reality by our imaginations » (p.5, trad. *infra* p.70-71).[16]

Peut-être faut-il faire un rapprochement avec l'écrit biblique et constater que celui-ci se complète d'un oral narratif et prescriptif pour nombre de ses interprètes, un narratif et un prescriptif qui s'articulent sur le narratif et le descriptif de la Bible et l'éclairent mais qui ne sont pas considérés comme clos à la différence du texte biblique canonique. Y a-t-il, dans le cas de l'interprétation constitutionnelle, quelque chose de comparable à cet oral ?

On peut penser au couple interprétation – narration sur laquelle celle-ci s'appuie et en particulier à l'interprétation judiciaire qui se voit conférer une importance particulière et qui peut toujours connaître de nouveaux développements. Cover est peut-être un peu rapide dans sa conclusion selon laquelle il n'y aurait pas dans le droit moderne de narration privilégiée. Certes il est théoriquement possible d'imposer une narration radicalement nouvelle sur un texte constitutionnel ancien et de lui faire prendre ainsi une signification radicalement nouvelle. Ce n'est pas très différent de ce que font les sectes avec les textes religieux. Cependant pratiquement c'est plus difficile à concevoir. Parce que ou bien, comme le constate Cover, on va être obligé de changer le texte constitutionnel lui-même pour l'adapter à la nouvelle signification qu'on veut lui faire porter, ou bien l'hypothèse la plus vraisemblable est celle d'une inflexion dans la façon d'écrire l'histoire, d'un choix qui modifie sensiblement l'équilibre

---

[16]. « Toute prescription exige d'être située dans le discours – d'être pourvue d'une histoire et d'une destinée, d'un début et d'une fin, d'une explication et d'une finalité. Et toute narration exige sa prescription, sa morale. Pas plus que l'histoire et la littérature ne peuvent échapper à leur localisation dans un univers normatif, une prescription – fût-elle incorporée dans un texte juridique – ne peut échapper à une origine et un terme dans l'expérience, dans les narrations qui sont les trajectoires que nos imaginations projettent sur la réalité matérielle. »

entre les diverses narrations – plus ou moins contradictoires – qui ont concouru à l'élaboration du texte – on change la lecture de l'épopée constitutionnelle, l'ordre d'entrée en scène des principes directeurs mais on ne sort pas du cadre initial. On n'efface rien. On ne renie pas le passé, on jette un regard actuel sur l'ensemble de l'héritage pour continuer à écrire l'histoire. Il est des narrations incorporées à la pratique juridique et qui en déterminent l'orientation de façon relativement constante ou qui ont eu un caractère formateur – qui en fait une sorte de mythe – la liberté (religieuse, en particulier) de l'individu aux Etats-Unis, la République ou les droits de l'homme dans l'imaginaire relatif à l'après-Révolution de 1789 en France. Ce sont des éléments sur lesquels on construit, les fondements sur lesquels repose tout le système, même s'ils sont inapparents et ils font effectivement penser dans leur fonctionnement à la loi religieuse orale qui va éclairer la loi écrite, qui va permettre de la comprendre.

En va-t-il de même pour ce que certains auteurs américains ont appelé la constitution orale ou la *common law* constitutionnelle ?[17] Pour ce qui est de la référence à la constitution orale par la doctrine, il est possible de distinguer deux cas : ou bien il s'agit d'une référence à la constitution qui précise : « L'énumération de certains droits dans la Constitution ne pourra être interprétée comme déniant ou restreignant d'autres droits conservés par le peuple » (Neuvième Amendement) – et cette prétendue constitution orale apparaît un peu silencieuse, faute d'invocation plus fréquente – , ou bien – et c'est souvent le cas chez les auteurs qui aujourd'hui mentionnent l'existence d'une telle constitution – il s'agit d'affirmer l'existence d'une tradition qui a servi de matrice à la production constitutionnelle et à laquelle il faut se référer pour donner sens à la constitution et le statut de cette constitution orale est comparable à celui de la loi religieuse orale.[18]

La référence à une *common law* constitutionnelle pose davantage de difficultés. Des auteurs, au vingtième siècle, ont utilisé l'expression pour désigner des interprétations de la Cour Suprême auxquelles la Cour quant à elle n'accordait pas une importance particulière. Il apparaît préférable de

---

[17]. Cf. Françoise Michaut, « L'inscription de la décision judiciaire dans un système juridique. Réflexion sur l'évolution de la doctrine américaine contemporaine », dans *Revue du Droit Public*, 1989, p.1009-1059, reproduit en partie dans *op. cit supra* Introduction générale note 1, chapitre 15.
[18]. Cf. Leslie Goldstein, *In Defense of the Text. Democracy and Constitutional Theory*, Savage, Maryland, Rowman and Littlefield Publishers, Inc., 1991, chapitre 3.

suivre la Cour sur ce point. C'est une classification doctrinale qui tendrait plutôt à jeter le doute sur la force de l'interprétation donnée.[19]

En fait la différence essentielle entre l'univers de la Bible et les systèmes juridiques de la modernité tient aux régimes différents dans lesquels ils s'inscrivent : dans l'univers biblique, la narration et la prescription ne font qu'un parce qu'elles sont considérées comme l'expression d'une réalité vraie et immuable.[20] Les systèmes juridiques modernes se présentent et sont présentés par les théoriciens positivistes tout au moins comme le produit d'entreprises humaines, faillibles et révisables ou récusables, quand ce n'est pas comme le pur produit d'une volonté humaine totalement libre de prescrire n'importe quoi. Ils ne sont pas censés être immuables ou universels. Le jusnaturaliste le plus ardent, quant à lui, se hasardera rarement à confondre purement et simplement le droit positif et sa vision du droit ; il aura de temps en temps quelques réserves et trouvera le fondement du droit dans une narration différente de celle qui officiellement constitue le système.

Au premier abord, les narrations, malgré les nuances apportées ci-dessus, sont bien principalement diffuses dans les systèmes de droit de la modernité, comme l'affirme Cover, elles sont divergentes même, contradictoires et changeantes, fragiles et, en même temps, elles conditionnent l'attribution de sens aux prescriptions souvent écrites et qui n'ont pas de signification pérenne en dehors de ces narrations.

Cover, qui a la réputation de n'être point positiviste - il est réaliste en fait - introduit en note une comparaison entre sa conception de l'univers normatif comme lieu de vie, lieu d'action et la conception kuhnienne de la science, lieu d'activité.

Ni la science, ni le droit ne peuvent être appréhendés comme de ensembles de propositions. Ce sont des lieux d'action qui impliquent des

---

19. Cf. *op. cit. supra* note 17.

20. Cover peut bien insister sur le fait que c'est l'établissement du canon et non la vérité de la narration biblique qui fait l'unité de la norme et de la narration dans l'univers biblique, il n'en est pas moins important de constater que le statut de vérité immuable conféré à ces normes et à cette narration emporte des conséquences pour la survie du canon. Si la narration était tenue pour une production aléatoire qui a accompagné l'établissement d'un ensemble de normes qui sont imposées par la force, une nouvelle narration aurait pu s'installer, supplantant la première, ce qui n'aurait pas été sans conséquences aux yeux de Cover lui-même quant au sens qui serait donné au système juridique tout entier et à n'en pas douter quant à la façon d'interpréter les énoncés normatifs.

acteurs déployant des méthodes et produisant des propositions selon des narrations qui justifient ce qu'ils font. Qui l'expliquent aussi. Les acteurs se servent de modèles « qui unissent méthode, croyance et proposition ». Ceux-ci leur permettent de contribuer à l'élaboration d'un discours sur le monde physique dans le cas de la science, d'un discours sur ce qui doit être, sur ce qui doit se faire, dans l'autre (p.6, note 10, trad. *infra* p.72). La méthode est un langage si l'on se refère à la définition d'une tradition juridique donnée par Cover. En effet, pour cet auteur, une tradition juridique comprend un *corpus juris*, un langage et un mythe (p.9, trad. *infra* p.75) et il illustre ce qu'il entend par langage quand il présente les idéaux-types qui président à l'élaboration des univers normatifs (Cf. *infra*.). Ce langage est lié à la narration et il est, en même temps, ce qui permet la conversion de la narration en normes particulières qui sont la signification conférée aux énoncés juridiques (propositions *du* droit).

Comme on l'a déjà relevé, Cover n'établit aucune distinction rigoureuse entre les narrations qui informent le droit étatique et les narrations qui informent l'univers normatif en général. Sa définition des composantes d'une tradition juridique comme comprenant un *corpus juris*, un langage et un mythe, ce dernier étant constitué par « les narrations au sein desquelles le *corpus juris* est situé » par les acteurs, pourrait donner le change, surtout qu'il évoque encore à ce moment la doctrine juridique, mais c'est toujours une distinction très en pointillés par rapport à l'ensemble des narrations (p.9, trad. *infra* p.75-76). Toutes les narrations vont ensemble commander la synthèse. Il n'établit pas de distinction nette en fait entre le droit et l'univers normatif en général, juste il admet ici l'existence de prescriptions et d'institutions spécifiquement juridiques et dans un autre texte, son ouvrage sur la jurisprudence en matière d'esclavage, il parle d'argument formaliste et d'argument moral, comme si les deux étaient également juridiques (Cf. *infra* Titre III).

Le juriste continental risque d'être souvent prompt à voir là la preuve que l'auteur n'est pas positiviste ; le juriste de *common law* partagera sans doute, assez souvent, cette conclusion pour le second cas, il n'est pas sûr, par contre, qu'il fasse lui-même la distinction entre les différentes narrations. Dans le même temps, Cover reconnaît au positiviste, dans le second ouvrage cité, le mérite de ne pas confondre le droit positif avec une sorte de droit naturel qui lui interdirait de sortir du formalisme.

Il est certainement exact au niveau explicatif, que toutes les narrations informent le droit positif. Le problème se pose néanmoins, même à ce niveau, de savoir si toutes les narrations interviennent de la même façon, si certaines n'interviennent pas implicitement et d'autres explicitement (ces dernières seraient propres au droit). Le problème est aussi de savoir si le droit étatique a une identité propre en tant qu'univers normatif (ce qui supposerait que certaines narrations lui soient spécifiques) ou s'il faut considérer qu'il se résume à un type d'institutions et de prescriptions auxquelles serait attachée une fonction particulière de violence. Ceci n'est pas exclu par certains aspects de la pensée de Cover (Cf. *infra* Titre II). Cover, d'une part, reprend la classification de Hart entre règles primaires et règles secondaires. D'autre part il souligne le fait que la décision judiciaire retient une interprétation qu'elle fait triompher sur les autres (première forme de violence) et le fait que les institutions juridiques cherchent à imposer par la force leur point de vue sur ce qui doit être (deuxième forme de violence). Le droit aurait ainsi une fonction d'ordre, de régulateur social, violent. Mais, par ailleurs, Cover s'attache à défendre un certain modèle étatique.

Il est important de ne pas minimiser le rôle de l'ensemble des narrations dans la création du droit, dans le fonctionnement des systèmes normatifs et dans son article d'hommage, un auteur va puiser dans « *Nomos* and Narrative », la suggestion d'une nouvelle méthode d'enseignement du droit, qui élargisse, dans l'étude des cas, le champ de la réflexion et le fasse remonter plus en amont dans la génèse du droit.[21] Il semble utile cependant de faire l'hypothèse qu'il conviendrait au moins pour l'analyse des sociétés modernes, mais sans doute pour les autres aussi, d'introduire à un moment de l'analyse une distinction qui isolerait provisoirement le système juridique avec ses narrations propres (celles qui directement l'instituent) des autres systèmes normatifs (religieux, moral, etc.) qui l'environnent, ou de faire à un autre moment, à part, une autre analyse qui porte sur cet objet.

En effet, souscrire à la position de Hart, telle qu'elle est interprétée par Cover en tout cas, c'est dissocier radicalement la substance du droit des méthodes d'application. Le fond du droit est envisagé indépendamment de ses procédures et si, à l'évidence, le premier et les secondes ont leur origine dans la société, l'influence des secondes sur la production du premier est considérée comme accessoire, voire négligeable. Ce qui ne veut pas dire que Cover ait considéré toute question de procédure comme

---

[21]. Joseph Lukinsky, Law in Education : A Reminiscence with Some Footnotes to Robert Cover's *Nomos* and Narrative, in *The Yale Law Journal*, Vol.96, p.1836-1859.

sans intérêt : il suffit de se souvenir qu'il a contribué à un ouvrage considérable et ambitieux pour l'enseignement de la procédure.[22] Or, dans les sociétés modernes, ce sont précisément les narrations relatives au statut des institutions qui vont servir de justification au droit qu'élaboreront celles-ci. Et Cover prend finalement position sur ce point dans la fonction qu'il assigne à la jurisprudence. Le droit étatique, produit des institutions juridiques, a un caractère surajouté par rapport aux autres systèmes normatifs – dont il se nourrit d'ailleurs, on aura l'occasion de voir comment – et il convient aux yeux de Cover, qu'il se limite à un rôle d'harmonisation secondaire. Ce rôle est essentiel et il est peut-être en définitive le seul qu'il puisse jouer convenablement compte tenu des contraintes qui pèsent sur la production et sur le fonctionnement des systèmes normatifs. C'est pourquoi il est difficile de parler purement et simplement de perscription ici de la part de Cover. Cover n'exprime pas un anti-étatisme ou un ultralibéralisme primaire. Il a combattu, très jeune, pour un droit juste. Il a scruté, dans toute son oeuvre, les limites de l'action étatique. Il avait la passion de l'entente mais cela ne l'empêchait pas de tonner contre les injustices.[23]

Pour ce qui est de la description, Cover passe sans cesse du plan social, normatif, général au plan des institutions juridiques étatiques, sans toujours être explicite sur le changement de registre.

Il s'en tire, en fait, en faisant de l'individu celui qui attribue les significations normatives, les significations juridiques : c'est l'individu, quel que soit son rang comme acteur, qui va conférer à une disposition, quelle que soit son origine, dans les systèmes de droit modernes tout au moins, la signification de norme juridique.

c) La signification de norme juridique

La notion de « *legal meaning* », littéralement « signification juridique » et mieux ici « signification de norme », est capitale pour tenter de comprendre la conception du droit qu'expose Cover.

22. Cf. Conclusion *infra* p.363.

23. Cf. Tributes to R. M. Cover, in *Yale Law Journal*, Vol.96, 1986-1987, p.1699-1724.

On voit très bien sa fonction dans la situation envisagée ci-dessus : le citoyen va reconnaître signification juridique (signification de norme) ou non à l'acte d'une autorité ou d'une prétendue autorité ou à une interprétation quelconque et, par cette qualification, il admet que l'acte ou l'interprétation en question est une norme qui l'engage.

La notion de « *legal meaning* » est étroitement liée dans la pensée de Cover à celle de « *commitment* », c'est-à-dire d'« engagement ».

Il n'y a pas de « legal meaning » sans engagement, c'est-à-dire au minimum affirmation personnelle de la validité de la norme.

Donc l'observateur, en tant qu'observateur, ne va pas pouvoir interpréter. L'interprétation se fait de l'intérieur du système. La position de Cover sur ce point est comparable à celle de Kelsen sur la validité. C'est la définition des acteurs qui diffère.

La reconnaissance de validité va donner, chez Cover, un caractère objectif à la norme pour celui qui fait cette reconnaissance. La validité est précisément la reconnaissance par celui qui l'affirme de l'appartenance de la norme au système considéré. Elle suppose un acte d'interprétation de la part de celui qui l'affirme. Elle n'est pas une propriété *ipso facto* de l'acte posé par l'acteur. Il n'y a pas d'interprétation authentique, comme chez Kelsen, par exemple, mais des interprétations qui vont être imposées avec violence en particulier par les agents du droit étatique (Cf., par exemple, p.60 et trad. *infra* p.139).

Non seulement l'interprétation donnée par les représentants de l'Etat n'est pas supérieure à l'interprétation donnée par n'importe quel citoyen mais le système étatique n'est qu'un des univers normatifs dans lesquels évolue le citoyen et entre lesquels il doit choisir ou établir une coordination. Le choix aura un prix : le risque de confrontation à la violence étatique. Cover avait connu la prison en défendant dans un Etat du Sud de l'Union les droits des Américains noirs.

B) La production des systèmes juridiques et les rapports entre eux

Comme on a déjà eu l'occasion de le relever, Cover utilise rarement la notion de système mais elle est utile comme élément de référence et Cover lui-même ne l'a pas totalement écartée.[24]

Il lui fallait d'autres notions pour bien développer son analyse de la production sociale du droit. Cover parle d'univers normatifs et de communautés. Comme ces communautés, ces univers normatifs se définissent les uns par rapport aux autres. Cover établit une sorte de recensement des différents types de relations possibles.

L'apparition de systèmes normatifs nouveaux est corrélée à l'apparition de narrations nouvelles, adoptées par des communautés qui en tirent une nouvelle loi commune, propre aux membres du groupe ainsi formé.

Cover distingue le simple fait, pour des individus, de partager un même intérêt ou un même objectif – on pourrait dire, à la limite, un même idéal – , fait qui appelle simplement la reconnaissance de droits de la part du système juridique, étatique par exemple, et le fait qu'il y ait création d'une communauté nouvelle, celle-ci impliquant la constitution d'un nouvel univers normatif relativement fermé sur lui-même et qui va devoir s'articuler avec les autres univers normatifs, dont l'univers normatif étatique (Cf. p.34, trad. *infra* p.106). Cover envisage différents cas de figures à partir de l'expérience passée et présente. Il n'est pas évident que les deux types de situation soient fondamentalement différents. Il s'agit toujours de relier entre eux deux systèmes normatifs qui se distinguent par le fait qu'ils renvoient à des narrations différentes. Simplement le système de l'individu sera en général fait d'une hiérarchie ou d'une synthèse établie entre les exigences des différents systèmes auxquels il se rattache, alors que le système normatif étatique et tous les systèmes collectifs donneront l'impression tout au moins de reposer sur une narration collective unique. Le système de l'individu doit surmonter de l'intérieur les contradictions, le système collectif ignore la synthèse, il est tout d'une pièce, les problèmes d'articulation ne se posent qu'à la périphérie. Dans le second cas, le système normatif ancien se retrouve dans une situation de

---

[24]. Il emploie le terme de « système » à la note 11, trad. *infra* p.72, où il fait une critique de la conception de l'interprétation juridique chez Gadamer.

concurrence potentielle au moins dans un domaine. Il ne peut pas se contenter d'attribuer un droit, il doit reconnaître une compétence. Dans le premier, celui de l'individu, la faculté normatrice éventuellement ouverte est moins visible. Elle n'est, en tout cas, pas nouvelle : l'individu a *ipso facto* cette faculté, même s'il se heurte à l'Etat en l'exerçant, si celui-ci la lui dénie.

a) La production des systèmes juridiques : univers normatifs et communautés

Si Cover place au centre de sa théorie l'individu qui, par les narrations auxquelles il va souscrire et par son comportement, va déterminer la production des normes, il ne s'attarde pas – comme on l'a déjà remarqué sur le système normatif de l'individu. Il renvoie aux travaux de spécialistes d'autres disciplines. Pour plusieurs raisons, dont les caractéristiques de l'affaire qui fait l'objet principal de son article, il privilégie la constitution des univers normatifs de ces systèmes et qu'il n'y a rien d'autre que ces représentations, si ce n'est les actions et collectifs, même s'il admet en fait que chaque acteur aura sa propre représentation l'exercice de la force qu'elles justifient – le système n'existe pas en soi (Voir *infra*). Il produit des effets tel qu'il est représenté par chacun des acteurs et il y aura autant de représentations que d'auteurs – et de lecteurs – , sans qu'on puisse les départager – sauf du point de vue des effets.

Par contre, si le système ne peut pas être identifié par l'observateur avec une construction unique, l'hypothèse de cette construction unique est nécessaire et même indispensable à l'élaboration du raisonnement juridique. Elle est l'horizon dans lequel s'inscrit tout exercice d'interprétation juridique et c'est peut-être pour cela qu'il est si important de garder associés univers normatifs et communautés. Un univers normatif ne peut qu'être rapporté à la communauté qui le fait exister par le lien qu'elle établit entre les membres qui la composent.

Cover, d'entrée de jeu, parle de « *normative universe* », et ces univers normatifs sont pluriels. Ils correspondent en fait à ce qu'on a coutume d'appeler « système normatif » mais avec cette différence considérable qu'ils ne sont pas envisagés comme ensemble de règles et de principes mais comme des lieux de vie, c'est-à-dire des lieux d'action, voire d'activité créatrice, ce qui implique au minimum d'intégrer au schéma d'analyse habituel, en plus des règles et des principes, les narrations qui, non seulement sont à l'origine du système mais contribuent à sa survie et à son évolution. De plus, la notion d'univers normatif, lieu de vie, ne fait pas de la règle et du principe une fin en soi mais un moyen dont l'usage devra être subordonné à la finalité de l'univers normatif : les relations interpersonnelles.[25] La régulation se manifeste au moyen des narrations, d'où la place essentielle qui leur est faite : la narration conditionne le *nomos*, l'univers normatif. Cover donne un exemple : celui de l'organisation des successions dans la Bible, avec la règle qui avantage l'aîné et, par ailleurs, les narrations où la situation de fait est inversée alors qu'il s'agit d'événements capitaux : l'inversion est un signe (p.19-25, trad. *infra* p.88-95).

Autre nuance : Cover, se plaçant du point de vue de l'individu, laisse un peu de côté le problème de l'unité des différents systèmes : l'unité est dans le système de l'individu, celui-ci va devoir réaliser une articulation des systèmes mais le système lui-même ne parle pas, si ce n'est à travers ses acteurs, qui en donneront des lectures personnelles différentes, voire éclatées.

Par le fait de cette importance des individus, les systèmes s'interpénètrent. Les individus vont importer des concepts d'un système dans l'autre (p.33, trad. *infra* p.105-106).

Cover compare la production juridique à la production cellulaire en biologie. Il imagine l'intervention de deux phénomènes successifs dans la production du droit. D'une part un procédé de genèse (« *jurisgenesis* ») qui aboutit très vite à une prolifération des normes, une prolifération des significations juridiques et d'autre part un procédé antagoniste de régulation (« *jurispathic* ») qui va, produire un ordre en détruisant des sens. Le second procédé est incapable à lui tout seul de produire du droit mais il est apte, par contre, à assurer une certaine survie à un univers normatif une fois celui-ci créé.

Cover utilise une comparaison que lui inspire sa familiarité avec l'oeuvre d'un commentateur du Talmud qui vécut au seizième siècle, Rabbi Joseph

---

[25]. Cf. aussi la déconstruction de la règle par Arthur Jacobsohn in « The Idolatry of Rules : Writing Law according to Moses with Reference to other Jurisprudences », in Drucilla Cornell, Michel Rosenfeld and David Gray Carlson (eds.), *Deconstruction and the Possibility of Justice*, New York and London, Routledge, 1992.

Caro. Dans le *Beit Joseph*, Caro avait concilié deux positions différentes exprimées dans le *Traité des Pères* : l'une de Simon le Juste qui, au deuxième siècle avant l'ère chrétienne, avait dit : « Le monde repose sur trois piliers : la Torah, le service divin dans le Temple et les actes de générosité et l'autre de Rabbi Simeon ben Gamaliel pour qui, trois siècles plus tard, le monde (maintenait son existence) sur trois piliers : la justice, la vérité et la paix », en disant que les contextes étaient différents et que la création d'un univers normatif exigeait davantage que ce qui était nécessaire à son maintien (Cover, p.11-13, trad. infra p.78-81).[26] Cover en tire deux idéaux-types pour les univers normatifs.

Le premier idéal-type correspondrait à la situation de création d'un univers normatif. Il est « créateur de monde » (normatif)[27] et Cover

---

[26]. Ce qui saute aux yeux immédiatement, lorsqu'on compare les deux énumérations des piliers d'univers normatifs, c'est, dans le premier cas, le caractère concret, précis de ce à quoi ils réfèrent (la Torah, le service divin du judaïsme, les actes de générosité), alors que, dans le second, c'est l'abstraction qui domine : la justice, la vérité et la paix. La justice, la vérité et la paix : ce sont des notions universelles mais qui ne s'autodéfinissent pas. Il faut, pour leur donner un contenu, les lire dans un contexte. On peut peut-être trouver des ressemblances mais l'élément culturel, le contexte précis seront essentiels pour savoir ce que recouvrent ces termes. Qu'est-ce qu'une action juste ? Qu'est-ce que la justice suppose ? Il faut des narrations et il y aura des narrations différentes au sein des sociétés et même des communautés. De même, il faut situer où trouver la vérité, dire en quoi elle consiste. Et les référents seront culturellement différents. La paix même, qui peut paraître un idéal plus parlant, est-elle simplement l'absence de conflits ouverts, la paix armée ou un état d'harmonie parfaite en soi-même et avec les autres ? Les trois piliers de Rabbi Simeon ben Gamaliel appellent ceux de Simeon le Juste, comme les grands principes du droit américain contemporain trouvent leur sens dans les mythes fondateurs de l'aventure américaine et, en particulier, dans l'aspiration à la liberté religieuse (comparaison esquissée par Robert Cover lui-même (Cf. notamment p.12, trad. *infra* p.80).
Dans les *Maximes des Pères*, Simeon ben Gamaliel, avec la référence qu'il donne dans la suite de la phrase : « ainsi qu'il est dit : "Faites régner dans vos murs la vérité, la justice et la paix », renvoie en fait expressément à Zacharie, VIII, 16 (*pirqé avot*, *Les Maximes des Pères*, traduction française par Moïse Schuhl au siècle dernier, Paris, Ed. Colbo, 1974, 4è ed. : 1986, Chapitre 1, p.13. Ce qui est traduit par justice est d'abord « din », qui désigne le jugement et réfère dans la Cabbale à un attribut divin et dans la référence « Mishpath », les enseignements. La justice dans cette perspective consiste à suivre les enseignements de la loi religieuse qui explique ce qu'il est juste de faire. Les traductions du passage visé de Zacharie sont parfois moins concises. Toujours au siècle dernier, Samuel Cahen le rendait de la façon suivante : « Voici les choses que vous ferez : Dites la vérité, l'homme avec son prochain ; jugez d'après la vérité, et soyez pour la paix dans vos portes. » (*La Bible* , traduction de Samuel Cahen, Introduction à la traduction par Marc-Alain Ouaknin, Paris, les Belles Lettres, 1994). La traduction récente d'André Chouraqui est assez proche : « Voici les paroles que vous ferez : parlez en vérité chaque homme à son compagnon. Avec vérité et jugement de paix, jugez en vos portes. » Le mot hébreu « davar » peut se traduire par « parole » ou par « chose », ce n'est pas le problème ici.
[27]. « *world-creating* ».

l'appelle « *paideic* »[28] en raison des connotations de ce terme qui suggère selon lui : (1) un ensemble unique incorporant prescription et narration ; (2) un enseignement personnel – direct – et collectif de cet ensemble ; (3) « le sentiment d'une direction ou d'une croissance qui naît lorsque l'individu et sa communauté recherchent les implications de leur loi ». Le *corpus* est pédagogique ; le discours initiatique, célébrant, plutôt que critique ou analytique ; le sentiment d'obligations interpersonnelles est fort.

Le second, que Cover nomme « impérial », serait le modèle selon lequel un monde peut se maintenir, perdurer. Il se caractériserait pas des normes universelles, appliquées (de force)[29], par des institutions. Il n'y a pas besoin alors d'enseignement tant qu'elles sont efficaces. Le discours s'appuie sur quelque chose d'extérieur à lui-même, sur quelque chose qui serait objectif. Les engagements interpersonnels sont faibles et « fondés sur l'obligation minimaliste de s'abstenir de toute coercition ou violence qui rendrait impossibles le mode de discours objectif et l'application neutre et impartiale des normes » (p.12-13, trad. *infra* p.81), ce qui semble pouvoir se résumer par l'obligation de s'abstenir d'interférer avec le fonctionnement régulier du pouvoir de coercition.

Il s'agit d'idéaux-types et non de modèles de systèmes existants. Ces derniers combinent à des degrés divers, les différents éléments de ces idéaux-types (p.14, trad. *infra* p.82). Il est inconcevable qu'un univers normatif soit non *paideic* au point de ne pas comporter un minimum de communauté de sens. Ceci rendrait impossible le fonctionnement du système normatif (p.14, trad. *infra* p.82). De même un univers normatif a absolument besoin pour survivre d'un principe d'organisation qui mette de l'ordre au sein du foisonnement normatif (p.16, trad. *infra* p.84).

Dans le premier idéal-type les préceptes sont intégrés dans une narration commune : ce qui doit être fait, la signification de ce qui doit être fait et les sources de ce qui doit être fait, sont clairs pour tout le monde. Il n'y a pas besoin d'interprétation. Cette efficacité juridique (« *jurispotence* ») supérieure, cette toute-puissance normative ne fait pas non plus partie de l'expérience, elle correspond à un instant imaginaire où les significations sont unanimement partagées : « The unification of meaning that stands at

---

[28]. Littéralement « pédologique ». On peut traduire, faute de mieux, par « pédagogique » ou « instructif », voire sans doute mieux, par « édifiant ». La solution adoptée ici est de conserver « *paideic* » en le mettant en italiques ou de le franciser en « paidéique ».

[29]. « *enforced* ».

its center (d'un ordre normatif *paideic* pur) exists only for an instant, and that instant is itself imaginary » (p.15, trad. *infra* p.83).[30] Cependant cet instant imaginaire est capital : il est le matériau qui va permettre la création du droit, qui va permettre que soit effectivement réalisée une multitude de combinaisons de « *corpus*, discours et engagement » (c'est-à-dire d'interprétations juridiques) pour lesquelles l'unité de signification partagée joue un rôle de référence, de jauge, de modèle) [p.15, trad. *infra* p.83].[31]

Pour Cover, c'est la constitution de petites communautés étroitement associées autour d'un rituel et d'un droit, le rituel symbolisant le partage d'une vérité commune, qui contribue à une génération continue de droit (de normes, pourrait-on préférer dire) du fait des sécessions qui se produisent au sein de ces communautés. Ce sont des univers normatifs qui sont créés dans lesquels le droit est avant tout un système de significations, un système de sens. Ils fonctionnnent à l'exclusion : celui qui s'oppose sur un point essentiel est contraint à l'exil (il est exclu ou expulsé, comme ce fut le cas dans la colonie de la Baie du Massachusetts pour Roger Williams et Anne Hutchinson) (p.16, note 41, trad. *infra* p.84, note 41).

Mais les sociétés peuvent aussi être et sont aussi destructrices de droit, de sens, de signification juridique, en ce qu'elles prétendent faire régner un ordre en leur sein. Elles imposent, pour cela, par la force, une interprétation au détriment des autres. Cette interprétation n'est pas juridiquement meilleure. Elle n'a pas en soi davantage de signification juridique. Ce qui la différencie des autres, c'est sa capacité à mobiliser derrière elle la force, étatique notamment. Ceci est dans une certaine mesure un atout face aux autres interprétations dont la validité juridique

---

30. Ceci n'est pas sans rappeler l'observation de certains auteurs à propos de l'adoption de constitutions. Celle-ci ne pourrait se faire que dans des moments particuliers d'effervescence collective et dans l'illusion entretenue d'un accord partagé sur des principes communs. Cf. Ruth Gavison, « The Controversy over Israel's Bill of Rights »., in *Israel Yearbook on Human Rights*, Vol.15/1985, p.113-154, à p.154 (« The power to make a constitution has not elapsed, but the opportunity has gone. Israel needs another moment of national elation to allow agreement on the formulation of a Constitution ») et John Leubsdorf « Deconstructing the Constitution », in *Stanford Law Review*, Vol.40, 1987, p.181-201. Ce sont des écrits postérieurs à l'article de Robert Cover. L'idée y trouve peut-être sa source.

31. Cover emploie l'expression « template » qui a toutes ces significations. C'est un doublé de « temple » qui désigne dans le vocabulaire du textile en anglais comme en français, une pièce de métier à tisser. Elle évoque incontestablement, le contexte y aidant, l'idée de temple religieux, le temple désigné plus haut dans son article par Cover comme garant d'unité et symbole de la vérité partagée. (Cf. p.11-12., Cf. traduction *infra*, p.78-79.)

est conditionnée, pour Cover, par l'engagement qu'elles sont aptes à susciter. Tenter de faire admettre ou de faire prévaloir une autre interprétation que celle adoptée par les tribunaux aura un coût tant en termes de risque individuel encouru qu'en termes de risque de perversion au sein des univers normatifs. Il faudra évaluer si le jeu en vaut la chandelle, en d'autres termes, si la fin justifie les moyens qu'il faudra mettre en oeuvre pour la défendre.

C'est le problème de la désobéissance civile, de la résistance, voire de la sécession qui est alors posé.

La désobéissance civile met aux prises l'individu ou un groupe d'individus – Cover envisage une communauté (p.46, trad. *infra* p.123-124) – , avec les représentants de la société ou des représentants de la société. Cette désobéissance se fonde sur une lecture divergente par rapport à celle de l'acteur officiel du système juridique sur un ou plusieurs points. Cover note que même des auteurs qui ont ce qu'il appelle une conception étatique du droit, Dworkin par exemple, considèrent que cette différence d'interprétation appelle un traitement particulier de la situation à la condition toutefois que l'interprétation défendue par le dissident soit plausible au regard de la jurisprudence passée ou du comportement habituel de la Cour.

Cover préfère adopter une autre analyse : il refuse de privilégier l'interprétation de la Cour par rapport à celle du ou des dissidents. Elles ont toutes égale valeur de signification juridique, d'interprétation juridique. Ce qui les différencie, c'est la force qu'elles peuvent mobiliser derrière elles.

Cover déplace le problème. Il en fait un problème qui divise la communauté et il prend l'exemple du mouvement pour les droits civiques aux Etats-Unis au début des années soixante. Les membres du mouvement admettaient un devoir d'obéissance à la constitution mais ils proclamaient également que cette constitution établissait un droit à la non-discrimination dans les lieux publics. Pour être fidèles à cette interprétation, pour l'affirmer face aux politiques officielles, ils devaient désobéir à ces pratiques, y apporter leur critique, pour en faire une interprétation controversée (p.46-47, trad. *infra* p.123).

La controverse peut s'exprimer dans les articles des revues juridiques (p.47, trad. *infra* p.124). Elle peut s'exprimer aussi, plus dramatiquement dans l'escalade de la violence qui ira éventuellement jusqu'à la mort d'un des protagonistes ou jusqu'à la rupture entre les communautés.

b) Les rapports entre systèmes juridiques

En refusant de privilégier l'approche étatique, Robert Cover se donne la possibilité d'envisager les liens qui peuvent s'établir entre communautés appelées à se chevaucher, à s'emboîter ou à se côtoyer.

Il peut exister ou se former au sein de communautés étatiques des communautés plus restreintes avec leurs univers normatifs propres. Cover distingue deux cas de figure : les communautés insulaires et les communautés rédemptrices. Une communauté interne peut prétendre vivre selon ses propres lois en s'isolant *au sein* de la communauté plus large. Elle ne s'en sépare pas, elle revendique simplement un statut d'autonomie relative sur des questions de droit privé en particulier. Cover parle de « *communauté insulaire* ». Ou bien cette communauté se voit reconnaître la possibilité de vivre selon ses lois propres, ou bien elle essaie de partir vers une autre communauté qui acceptera qu'elle vive ainsi en son sein. C'est l'histoire de Mennonites, par exemple, qui se sont installés aux Etats-Unis pour jouir de ces conditions d'existence et qui s'étaient associés au procès pour faire valoir précisément la défense de ce statut.

La communauté insulaire, dont le prototype paraît être une communauté religieuse mais – c'est un des talents de Cover de le montrer – qui n'est pas nécessairement une communauté religieuse, trouve un point d'articulation entre la communauté porteuse et elle-même dans une ou plusieurs des dispositions du système normatif central : liberté religieuse, liberté d'association, liberté contractuelle, qui l'autorise à créer ses propres normes. Cette norme constitutionnelle devient la norme frontière (« *boundary norm* »), constitutive d'un univers normatif, selon Cover (p.31, trad. *infra* p.103). Elle est le fondement sur lequel se développe ce système en tout cas. Cover donne comme exemples historiques de communautés insulaires les villes, les mines et les usines créées par des entreprises au dix-neuvième et au début du vingtième siècle, Pullman dans l'Illinois, pouvant être considéré comme un exemple extrême de ces communautés industrielles (p.30-31, trad. *infra* p.102-103). Mais il cite aussi le droit actuel des sociétés comme source d'un pouvoir normateur (p.31, trad. *infra* p.103). Il relève encore le cas de la charte de la Colonie de la Baie du Massachusetts, établie dans un but économique et qui permettait la création de lois à condition, bien sûr, qu'elles ne soient pas contraires à celles de l'Angleterre. Ceci a été analysé comme la transformation d'un document de droit privé à l'origine en document de droit public (p.31 note 89, trad. *infra* p.103 note 89).

Des problèmes commencent à se poser quand les deux communautés produisent des normes antagonistes. Du point de vue "impérial", du point de vue interne à chaque système ou tout simplement du point de vue de la science du droit traditionnelle, il n'y a pas de difficultés : la hiérarchie des normes pourvoit. Du point de vue de ce que Cover appelle la signification juridique et qu'on pourrait appeler aussi la signification sociale, il y a un problème d'absence de cohérence, un problème de conflit de lois qui peut mettre en péril la crédibilité de l'un ou de l'autre système au regard de ceux qui sont membres des deux communautés. L'individu en tant qu'acteur devra trancher en faveur (de l'application) de l'une ou l'autre norme mais le choix ne sera jamais sans dommage. D'où la nécessité d'une intervention prudente et d'une justification soigneuse de la part des instances de règlement des conflits, surtout lorsque les divergences normatives atteignent l'un des systèmes au coeur.

Cover fait remarquer que l'université demanderesse, Bob Jones University, avait spontanément abandonné une disposition discriminatoire plus étendue lorsqu'elle s'était rendue compte que celle-ci aurait entraîner pour elle la perte d'un avantage fiscal. Cover voit dans cet alignement spontané la traduction du fait que cette disposition ne pouvait pas être rattachée à un point essentiel de doctrine par cet établissement religieux. Le maintien de la discrimination ne pouvait pas être considéré comme une question cruciale.

D'autres communautés peuvent se développer au sein de communautés avec des systèmes normatifs qui entretiendront d'autres liens avec le système central. C'est ce que Cover appelle les *communautés rédemptrices*. Il en a rencontré, par exemple, dans ses travaux sur l'Amérique de l'avant-guerre civile. Les tribunaux appliquaient alors le droit esclavagiste des Etats du Sud.[32]

---

[32]. Tout cela peut paraître très banal et correspondre à des questions réglées depuis longtemps par la théorie du droit mais, en fait, il faudra voir par la suite en quoi il y a là des éléments pour une meilleure analyse des mécanismes de création du droit et de fonctionnement des sociétés.

Certains anti-esclavagistes adoptaient une attitude d'insularité : ce droit est inacceptable, la constitution qui ne le condamne pas, est méprisable. Nous ne voulons avoir rien à faire avec tout cela. Ainsi pourrait se résumer l'attitude de Wendell Phillips et des Garrisoniens. D'autres, par contre, entendaient faire admettre que la constitution n'était pas en cause, qu'elle devait se lire comme condamnant l'esclavage. C'est le parti qu'adopta, dans un second temps, Frederick Douglass qui, esclave libéré, avait intérêt à retenir une telle interprétation. C'est le parti plus généralement de ceux qu'un historien du droit américain, W. Wiecek, a appelés les abolitionnistes radicaux (p.37, trad. *infra* p.111). Dissoudre l'Union n'aurait pas mis fin à l'esclavage dans l'ensemble des Etats qui la composait. Une comparaison peut être introduite avec la division qui, plus près de nous, est apparue parmi les membres du courant des *Critical Legal Studies*. Les uns, au début surtout, dénonçaient le droit comme fondamentalement injuste et pervers, tandis que d'autres auteurs, par la suite, ont préféré tenter de démontrer que celui-ci pouvait prendre un autre visage, que celui qu'on lui connaissait habituellement, et qu'il était alors possible ainsi de promouvoir des résultats jugés souhaitables.

L'autre lecture du système existant oppose à la lecture courante du droit, une autre interprétation jugée meilleure par ses défenseurs parce qu'elle réforme des travers de la société. Cover parle de *redemptive constitutionalism* (« constitutionnalisme rédempteur »), le problème se situant au niveau constitutionnel en l'occurrence. Il ne semble pas exclu qu'une lecture rédemptrice puisse intervenir à un autre niveau, même si les constitutions offrent probablement davantage de possibilités sur ce point.

Cover parle aussi de « constitutionnalisme utopique » (p.39, trad. *infra* p.113). Il constate que, pour l'historien susmentionné, il y a eu effet à terme sur la doctrine constitutionnelle américaine de la référence au droit naturel faite par les constitutionnalistes radicaux et il note que ces constitutionnalistes radicaux ont été d'une façon générale à l'origine d'une forte production de droit (p.38-39, trad. *infra* p.113-114). Il souligne, par ailleurs, la difficulté, sur le long terme, pour les utopistes, à éviter deux écueils : d'une part la perte de contact avec la réalité qui entraîne une impossibilité de prévision normale de ce qui va se passer (l'utopiste prend alors son rêve pour une réalité), d'autre part, la dissolution, l'aplatissement du rêve dans la réalité (l'utopiste abandonne sa vision) (*ibid.*).

Le rapport entre les deux constructions normatives, la lecture courante du système juridique et la lecture rédemptrice, est différent de ce qui se passe avec la revendication d'insularité. Il s'agit ici de transformer la société toute entière, de faire vivre les autres selon la loi telle qu'on l'interprète. Il n'y a pas volonté de développer un système en marge mais volonté de donner un autre visage au système global. Cover, outre la lecture de la constitution américaine en matière d'esclavage donne, par ailleurs, l'exemple du mouvement des droits civiques.

On peut imaginer que l'affrontement risque d'être plus violent qu'avec le droit d'insularité parce que c'est la société toute entière qui est enjointe de vivre sous des règles nouvelles.

Quelque que soit le cas de figure (revendication d'un isolement relatif ou volonté de réforme de la société), le conflit entre univers normatifs, se limiterait-il à un conflit sur une seule norme, peut engendrer des phénomènes de révolte contre le système dominant.

Cover insiste sur le risque d'escalade de la violence. Celle-ci pourra, dans certaines situations, aller jusqu'à la guerre ouverte, jusqu'à la guérilla ou jusqu'au terrorisme (p.52, trad. *infra* p.130) et aboutir éventuellement à une rupture complète entre les deux communautés avec le départ d'un groupe (les Mormons quittant l'Utah, par exemple) ou la scission avec partage des territoires : le grand ensemble disparaît alors au profit de groupes plus limités. Chacun des deux groupes devient alors autonome. Il est à noter que s'il y a reconnaissance mutuelle de cette autonomie, elle peut déjà s'analyser comme un premier pas dans l'établissement de relations nouvelles. Simplement les systèmes ont changé.

Cover ne fait mention de ces situations de guerre civile qu'en passant, pour en écarter la justification et en tout cas les chances de succès dans des sociétés libérales telles que les Etats-Unis (p.52, trad. *infra* p.130).

Il s'attarde davantage, par contre, sur les effets du recours à la violence par l'Etat sur le droit des deux communautés qui s'affrontent. Le droit étatique se trouve mis en cause, plus ou moins déstabilisé. Il essaie d'imposer le silence en invoquant son pouvoir de juridiction, en revendiquant sa compétence pour fixer la norme. Face à lui, la communauté en butte à la violence va devoir développer une théorie de la résistance (« *jurisprudence of resistance* ») répondant à la question de l'action légitime en retour. Elle se trouve obligée de mettre en balance la défense de sa norme à l'origine du conflit avec le maintien de relations paisibles avec la communauté qui lui refuse le droit d'observer cette norme. Il lui faut légitimer, ne serait-ce que d'un point de vue interne, son droit à la résistance dans le cas particulier. Qu'est-ce qui justifie de rompre la paix ou tout au moins de marquer son déaccord ? Cover pose ici indirectement le problème général des rapports entre communautés internes et communauté étatique. On peut se demander s'il ne met pas ainsi involontairement à nu le mécanisme qui fait qu'en définitive les communautés religieuses, y compris les plus insulaires, telles que les Mennonites, intègrent en général une règle de reconnaissance des autorités civiles et un principe *a priori* d'obéissance à celles-ci, alors que leurs doctrines pourraient les conduire tout aussi bien à l'attitude *a priori* opposée.[33] Cette règle d'obéissance *a priori* n'exclut pas, bien au contraire, l'affirmation de la supériorité de la loi interne et de la nécessité d'y obéir en cas de conflit (p.27, trad. *infra* p.98-99).

La reconnaissance et le principe *a priori* d'obéissance apparaissent comme une sorte de règle de bons offices, de principe de négociation, comme un principe préalable, comme un principe de paix, comme un principe de départ d'une négociation dans laquelle la communauté interne va pouvoir à son tour demander à être respectée et à pouvoir vivre selon ses propres règles, ce qui, dans certains cas, va pouvoir nécessiter l'adaptation de certaines règles de la communauté globale pour satisfaire les besoins de la communauté interne. Ce que nous présente Cover, ce sont des communautés qui négocient leur coexistence. Chacune a ses propres narrations, son propre système normatif. Elles ont besoin de s'articuler entre elles, parce qu'elles se rencontrent territorialement et au sein même des individus. On pourrait également ajouter que ceci vaut entre Etats et, au niveau des relations supraétatiques, pour les organismes internationaux.

Il n'est pas exclu, bien sûr, que l'objectif puisse être parfois la disparition de l'adversaire. C'est le cas avec un Etat totalitaire, qui entend supprimer tout autre discours que le sien et imposer celui-ci). Cover s'est penché, par ailleurs sur les mécanismes de cette tentative de destruction (Cf. Titre II : Le droit et la violence) mais ce qui est plus particulièrement envisagé dans « *Nomos* and Narrative », c'est la recherche des principes de coexistence au sein même des situations de conflit.

---

[33]. Cf. Jacques Ellul, *La subversion du christianisme*, Chapitre VII :La perversion politique, Paris, Editions du Seuil, 1984, p.134-160.

Cover esquisse une comparaison avec l'économie. Après avoir rejeté l'approche économique, parce qu'il s'agit de répondre à une question de devoir être et non d'être (p.50, trad. *infra* p.128), comme il a pris ses distances avec l'approche *Droit et Littérature*, parce qu'elle n'intègre pas le problème de la violence dans le droit (Cover, p.49, trad. *infra* p.126 et *infra* Titre II), il introduit une comparaison entre prix à payer dans le domaine de l'économie et engagement à prendre dans le domaine du droit. L'engagement est le prix à payer pour la défense de la norme à laquelle on est attaché et il y a une sorte de marché qui se développe avec, sans doute, ses marchandages.

Une théorie de la résistance est nécessairement aussi, aux yeux de Cover, une théorie de l'accommodement (« *jurisprudence of accomodation* »), la recherche d'un compromis qui permette à chacun d'être aussi fidèle que possible à ses propres normes, compte-tenu de l'existence de l'autre et de ses aspirations divergentes.

Une théorie de la résistance doit répondre à la question de ce qu'il convient pour une communauté de faire face à la violence qui est utilisée par la communauté adverse pour défendre une norme que la première récuse. N'importe quelle communauté peut se trouver d'un côté ou de l'autre de la barrière. Le problème est de savoir quel prix la communauté qui refuse la norme doit accepter de payer pour défendre sa propre norme, autrement dit quel est le prix de cette norme. Vaut-elle qu'on s'expose à la violence physique pour la faire prévaloir ou tout simplement l'affirmer ? Vaut-elle qu'on ait recours soi-même à la violence pour la défendre et jusqu'où ne doit-on pas aller pour rester cohérent avec soi-même, avec les normes qu'on prétend respecter, avec le message qu'on prétend apporter ou tout simplement avec ce qu'on prétend être, lorsque la communauté est la communauté étatique ? Cover n'apporte pas, bien sûr, lui-même de réponse générale à ces questions. Il renvoie à certains types de réponses qui ont été donnés et sont donnés dans des situations bien précises. Il insiste sur le caractère circonstanciel des réponses qui doivent être apportées.

Insensiblement, au fil de l'article, il ramène le lecteur sur l'affaire précise que la Cour avait à juger et là il donne des éléments de réponse pour le cas de la société libérale.

Chapitre 2

Une nouvelle modélisation de la société libérale

Chemin faisant, Cover dresse, dans sa démonstration, une esquisse de la société libérale, au travers souvent de références à l'histoire des Etats-Unis et à la doctrine anglo-saxonne.

Il présente tout d'abord une société à deux niveaux de normativité, que l'on songe à sa référence aux deux définitions données successivement par Simeon le Juste et Rabbi Simeon ben Gamaliel de ce sur quoi repose le monde, définitions différentes que Cover, à la suite de Caro, interprète comme correspondant à deux états de la société : l'état *paideic* et l'état impérial. Le premier correspond à un instant sublime de communion parfaite, inatteignable en fait mais point de référence indispensable au raisonnement juridique (Cf. *supra*). Le second état, que Cover appelle état impérial, peut apparaître comme la figure de l'Etat mais le schéma vaut également pour toutes les organisations sociales centralisées (Cf. droit canonique, par exemple). La succession de l'état *paideic* et de l'état impérial telle que la présente Cover, avec l'état impérial caractérisé par la hiérarchie des normes, n'est pas sans évoquer la distinction de Hart entre règles primaires et règles secondaires, dans laquelle la production des règles de procédure intervient postérieurement à la production des règles de fond par la société mais elle est plus riche : Cover envisage aussi autre chose qui est la superposition d'une société *paideic* et d'une société impériale ou plutôt de sociétés *paideic* et d'une société impériale dont les frontières ne correspondent pas. Les premières se caractérisent par un attachement fort à un univers normatif qui fait parfaitement sens, la seconde se caractérise par des liens beaucoup plus distendus, un investissement personnel moindre, un formalisme dominant. C'est l'univers impérial qui est précisément mené en apparence à son parachèvement dans l'Etat occidental moderne, même si la situation réelle est en fait moins simple que ne le voudraient les principes énoncés, la hiérarchie étant soumise à des distorsions dans les faits.

Si les sociétés se maintiennent par des principes procéduraux, les univers normatifs sont fondés sur des narrations et ces narrations gouvernent en définitive la production de l'ensemble.

Aucune société ne peut prétendre à un véritable contrôle absolu de la production des narrations mais la société libérale se caractérise précisément par la reconnaissance de la liberté de création des narrations et de la liberté de vivre, dans toute la mesure du possible, en conformité avec elles.

Cover est-il contradictoire alors, lorsqu'il rejette une cour se contentant de contrôler la rectitude procédurale pour prôner au contraire une cour qui se mêle de narration ? La contradiction n'est qu'apparente. D'une part, la Cour dans son oeuvre narrative se place elle-même dans la sphère du *paideic*, de la création de droit par opposition à celle de la violence. La narration qu'elle produit, peut être considérée comme une contribution au débat davantage que comme une forme privilégiée d'établissement d'un dogme. D'autre part, ce que Cover demande à la Cour, c'est de travailler à une justification encore plus méticuleuse de ce qui va exceptionnellement devoir aller à l'encontre de la liberté d'agir selon ses propres convictions. Ce qu'il lui demande, c'est de produire de la narration. Il n'est pas sûr que les cours constitutionnelles soient prêtes à avoir un rôle aussi actif mais il estime nécessaire qu'elles y parviennent. C'est la condition pour qu'un contrôle puisse être exercé sur le pouvoir des mouvements internes à la société, comme il l'est sur le pouvoir de l'Etat.

A) La société libérale comme société à deux niveaux de normativité

Cover traite prioritairement de la société américaine. C'est une décision de la Cour Suprême des Etats-Unis sur un problème de société américaine qu'il doit commenter. Mais il situe lui-même ses propos comme concernant l'Etat moderne plus généralement. On peut vouloir préciser qu'ils valent pour l'Etat occidental moderne et que cet Etat est un Etat libéral en ce qu'il reconnaît à l'individu le droit de se référer à des univers normatifs qui échappent à son contrôle. Cover pose cela différemment. Il caractérise l'Etat moderne par une réalisation en apparence parfaite de l'état impérial combinée avec une absence de contrôle des narrations. La forme en apparence est impériale, le fond est librement produit à la différence de ce que cherche à imposer l'Etat totalitaire qui ne supporte pas qu'on puisse vouloir parler un autre langage que le sien propre mais qui ne triomphe aussi véritablement qu'en apparence et qui s'expose davantage aux paroxysmes de l'affrontement violent et à la rupture.

a) La caractérisation des deux niveaux

Cover voit dans les propos de Caro une explication intéressante pour ce qui se passe dans le « libéralisme moderne » (p.12, trad. *infra* p.80). Les « vertus universelles » étroitement associées au libéralisme, les grands principes du droit américain ont pour caractéristique essentielle de permettre au système de se perpétuer en assurant la « coexistence » d'univers normatifs différents, produits par des cultures dans lesquelles les individus formant la société sont profondément impliqués. Ce sont essentiellement ces cultures (religieuses, etc...) qui font sens pour l'individu libéral. La structure étatique vient de surcroît, régler les conflits de lois en quelque sorte. Elle a *a priori* pour les individus le goût du pouvoir plutôt que celui de l'obligation.

On pourrait penser que c'est cette sensation de contrainte, de force qui conduit Cover à parler du caractère impérial de cet aspect du droit (l'organisation du droit comme pouvoir opposé à l'organisation du droit comme signification) (p.18, trad. *infra* p.87) mais il donne aussi une autre explication dans ce contexte précis à cet usage du qualificatif d'impérial, une explication d'historien : l'empire, c'est un univers qui se subdivise en entités distinctes, conservant dans une certaine mesure une culture et un droit propre (p.13 note 36, trad. *infra* p.81 note 36).

Cover parle même d'« un certain degré d'autonomie culturelle et juridique ». Ce qu'il veut évoquer – il le dit clairement – c'est l'idée de pluralisme, un pluralisme qui ne serait pas un pluralisme d'intérêts mais un pluralisme de significations juridiques, un pluralisme normatif (*ibid.*).

Le pluralisme juridique, il le caractérise par une référence à Babel (p.17, trad. *infra* p.86). Babel, ce n'est pas le lieu de l'incohérence mais le lieu où il y a un problème de communication, où on ne se comprend pas spontanément, où tout n'est pas clair. C'est le lieu où co-existent plusieurs systèmes doués de cohérence interne mais fermés à une compréhension mutuelle immédiate (p.17, note 45, trad. *infra* p.86).

Babel, c'est le lieu du relatif, le lieu de la différence, le lieu où il n'y a pas de vérité commune qui s'impose par son évidence. C'est le lieu où il va falloir tenter de jeter des ponts sur l'abîme si l'on veut organiser une vie en commun.

L'Etat libéral moderne – peut-être faudrait-il dire l'Etat post-moderne et néanmoins libéral ou mieux et d'autant plus libéral – prend son parti de l'existence de Babel et il essaie d'instaurer un *modus vivendi* qui permette une coexistence pacifique sans se reconnaître à lui-même le pouvoir de connaître la vérité.

Il fait de la liberté d'expression l'un de ses piliers mais cette liberté d'expression, contrairement à ce qu'écrivait Brandeis, n'a pas seulement pour fonction de faire triompher la raison – il n'y a pas une vérité unique qui va spontanément se dévoiler et permettre de résoudre la crise, la liberté d'expression va permettre la critique de la décision prise mais elle doit aussi permettre de vivre la différence. L'interprétation juridique ne peut pas être assimilée sur ce point à l'interprétation littéraire : il ne suffit pas de pouvoir rompre la loi du silence et de donner sa propre interprétation, il faut aussi pouvoir vivre selon cette interprétation, sans quoi c'est l'univers normatif auquel on appartient qui est nié, un univers qui repose sur une « expérience » et une « confiance commune » (« *experience and interpersonal faith* ») (p.48-49, trad. *infra* p.125-126).

Cette critique de Brandeis par Cover nous situe dans le postmodernisme.

Il veut bien admettre qu'il ait pu exister une Amérique unie partageant des mythes et des rites communs et formant une famille où chacun était très proche des autres mais ce n'est plus le cas. Ce n'est plus une communauté politique (p.48-49, trad. *infra* p.125-126), c'est une *société*, serait-on tenté de dire[34] et les membres de cette société reconnaissent comme lien spécifique entre eux – et encore – uniquement la constitution sous sa forme de texte – avec ses amendements, ils sont essentiels – , texte à propos duquel et à partir duquel ils se racontent des histoires différentes : « ...the constitution is a widespread, though not universally accepted

[34]. On pourrait être tenté de trouver dans les propos de Cover des échos de l'opposition « *Gemeinschaft* – *Gesellschaft* » mais il ne s'y réfère pas lui-même expressément et sa préoccupation est avant tout celle de la formation du sens et de la variété des sens produits.

basis for interpretations ; it is a center about which many communities teach, learn, and tell stories » (p.25, trad. *infra* p.96).[35]

Il y a côté Etat une structure de préceptes, d'énoncés juridiques, hiérarchiquement ordonnés mais ces énoncés, ces préceptes ne prennent leur véritable signification – Cf. le cas du précepte biblique privilégiant l'aîné dans l'héritage (p.19-25, trad. *infra* p. 88-95) – que par les narrations diverses qui contribuent à en forger des compréhensions différentes, qui président à leur interprétation, comme elles ont présidé à leur création (p.16-17, trad. *infra* p.85-86).

Cover critique la métaphore du roman écrit à la chaîne utilisée par Dworkin pour illustrer la production du système juridique ainsi que la figure du juge herculéen chez ce même auteur, parce que le droit, moderne en particulier, est forgé d'entreprises interprétatives et de traditions étrangères et imperméables les unes aux autres (p.17, note 45, référence à Babel, trad. *infra* p.86, note 45).

Ces narrations, l'Etat libéral se refuse à tenter d'en maîtriser la production. Il ne se prétend pas détenteur de la vérité. Il gère les rapports entre eux d'hommes et de femmes qui essaient de coexister en sachant qu'ils ont des conceptions différentes sur des questions fondamentales pour l'être humain, qu'ils ont des conceptions différentes sur ce qui devrait être.

Il ne faudrait pas croire que le modèle construit par Cover vaut exclusivement pour des sociétés qui, comme la société américaine, reconnaissent volontiers l'existence en leur sein de communautés de toute nature. Cover parle souvent, il est vrai, de communautés, mais il les appréhende avant tout comme génératrices de normes et génératrices de narrations et ce qu'il montre, c'est que l'Etat libéral moderne – ou postmoderne, vaudrait-il sans doute mieux dire – , l'Etat libéral en tout cas ne peut pas sans se contredire prétendre à une maîtrise parfaite de son propre discours. Il y a une coquille dans laquelle la production du droit se moule plus ou moins bien mais cette production elle-même échappe à tout contrôle centralisé (p.16-17, trad. *infra* p.85-86).[36]

---

[35]. « ...la Constitution représente une base largement admise, à défaut d'être universellement acceptée, pour des interprétations ; elle forme un centre à partir duquel de nombreuses communautés enseignent, apprennent et racontent des histoires. »

[36]. Et on n'est pas loin du modèle kelsénien, contrairement aux apparences. Lui aussi est une coquille vide et un système dynamique : c'est un système dynamique auquel les interprètes autorisés peuvent faire dire n'importe quoi. Lui aussi est hanté par l'exercice du pouvoir - l'exercice de la violence qui se profile derrière lui. La différence essentielle tient au fait que,

Par contre cet Etat libéral ne pourrait pas faire l'économie des narrations dont la portée n'est pas coextensive à la sienne mais qui génèrent chacune des normes qui apportent leur contribution à la constitution du droit étatique.

b) Les conséquences de leur absence

Cover présente les deux aspects, l'aspect *paideic* et l'aspect impérial du droit, comme indissociables dans les faits pour l'existence d'un système juridique et d'une société.

L'absence de structure étatique formelle laisserait la place à la prolifération des significations juridiques et risquerait d'engendrer une situation de confusion où des normes contradictoires entreraient en concurrence pour statuer sur une même situation sans qu'il soit possible de les départager, tandis que d'autres situations échapperaient à toute juridiction. L'individu n'aurait pas de statut autre que celui de membre d'une ou plusieurs communautés de base quelles que soient celles-ci. Il n'y aurait pas de société globale, pas de droit commun.

A l'opposé, l'Etat peut vouloir faire taire les communautés, faire taire toute voix autre que la sienne. Il lui faut alors se construire un mythe propre et tenter de l'imposer à tous ses acteurs, citoyens y compris, qui se voient sommés de se convaincre d'une histoire et d'un programme officiel commun qui prétend se substituer à leurs particularités désormais tenues pour nulles et non avenues. On a là le germe de l'Etat totalitaire qui ne peut s'établir véritablement que sur la ruine ou la perversion des entités normatives internes qu'il n'arrivera malgré tout que rarement à totalement effacer. Cover souligne la survivance dans les Etats totalitaires de narrations divergentes dans les cultures populaires ou souterraines (p.18, trad. *infra* p.87).

---

pour Cover, il n'y a pas d'interprétation authentique – c'est-à-dire que Cover, avec son opposition droit comme instrument de contrôle social, droit comme signification permet d'entendre le débat qui se poursuit dans des conditions différentes mais qui se poursuit malgré tout. Ceci a l'avantage de donner au droit comme signification davantage de cohérence.

On peut craindre que sur la ruine de l'Etat totalitaire, qui se nourrit de mensonge et de violence et met à mal les structures normatives de base de la société, tarde à renaître un droit cohérent, tant risque d'être difficile la régénération d'univers normatifs capables de remplir de vie les coquilles vides que représentent les préceptes et énoncés juridiques, plus faciles à aligner qu'à habiter.

Il peut aussi y avoir des situations où un des univers normatifs de base est tellement majoritairement développé qu'il sera peu enclin à admettre qu'il ne doit pas imposer aux autres sa vérité.

Le libéralisme qui est une forme de reconnaissance de l'autre, peut aussi être le fruit moins noble de la reconnaissance du fait qu'on peut tout perdre à vouloir tout gagner.

Mais pour s'en rendre compte, comme pour reconnaître l'autre, il faut avoir fait l'expérience de sa propre faiblesse.

Le libéralisme américain, au moins à ses débuts, s'est nourri de l'histoire des premiers colons débarqués en terre américaine pour y trouver la liberté religieuse. Cette liberté est au principe du Premier Amendement – qu'on va retrouver *infra* – et joue toujours probablement dans l'imaginaire américain un rôle que Cover peut donner l'impression de méconnaître quand il nie l'existence de narrations privilégiées. Certes il n'y a pas de canon arrêté par une institution qui dirait une histoire officielle qui doive servir de base à l'interprétation de la constitution mais il serait sans doute difficile pour un interprète de refuser d'admettre qu'il y eut là une expérience fondatrice qui a profondément imprégné l'élaboration du droit américain. Ce que veut sans doute souligner Cover, c'est que l'interprète officiel est incapable d'imposer à autrui son interprétation comme ayant signification de norme. C'est autrui qui va en décider mais en va-t-il autrement en définitive pour la survie des canons ? Un canon peut toujours être contesté, même si cela doit mener à une scission (En ce sens, voir, d'ailleurs, p.4, traduction *infra*, p.70-71 et, en particulier, la note 4).

Au coeur du droit, le juriste a tendance à placer le juge, celui qui va devoir régler les conflits et ce rôle de tout premier plan du juge se vérifie sans doute mieux qu'ailleurs dans la société libérale où, comme on l'a vu, ce sont en définitive des conflits de lois que l'Etat lui-même se reconnaît pour fonction de trancher.

Le cadre dans lequel il intervient, donne à Cover l'occasion de développements approfondis sur le rôle du juge constitutionnel dans la société libérale.

B) La justification de la décision judiciaire dans la société libérale

Cover est d'accord avec la Cour quant au dispositif de sa décision : une université qui interdit la formation de couples entre membres de sa population blanche et membres de sa population noire peut se voir refuser par les services fiscaux le bénéfice d'une exemption d'impôts sur leurs libéralités pour ses généreux donateurs.

Par contre, il reproche à la Cour de ne pas s'être davantage impliquée dans la justification de sa décision. En se contentant d'admettre que l'I.R.S. pouvait invoquer une politique publique (« *public policy* ») à l'appui de sa décision, elle a suscité les craintes d'autres institutions privées d'enseignement et de groupes minoritaires qui se sont demandés ce que pourrait, dans d'autres cas, justifier une politique publique face à leurs conceptions normatives.

La Cour était fondée à valider la décision des services fiscaux mais il aurait fallu de sa part, comme de la part de l'administration, une insistance plus grande sur ce qui faisait de la politique de l'université concernée une politique intolérable de la part d'une institution d'enseignement prétendant bénéficier d'un traitement privilégié de la part de l'administration.

Il aurait fallu insister sur la gravité du préjudice porté, à la cause de la minorité sociale que visait la discrimination, par un tel comportement de la part d'une institution d'enseignement.

En d'autres termes, il aurait fallu débusquer le racisme qui va à l'encontre des tâches de l'Etat libéral moderne, derrière l'habillage religieux qui avait d'ailleurs déjà craqué sans trop de difficultés dans des circonstances antérieures, face à une crainte de perte de l'avantage fiscal.

a) La justification, à l'économie, par la rectitude procédurale

Tout au long de son article, Cover dénonce la confiance placée dans la rectitude procédurale. Il reprend à son compte les propos de G. Gilmore : « In Hell there will be nothing but law, and due process will be meticulously observed ». On ne peut s'empêcher de penser qu'il tire là les leçons de son exploration de la jurisprudence en matière d'esclavage.[37]

On peut se dire que la rectitude procédurale est définitivement chez lui du côté du droit comme pouvoir et non du droit comme signification. La justification de la décision par la compétence, s'il reconnaît qu'elle est étatiquement valable, lui apparaît pauvre, déficiente. Le juge se range du côté du pouvoir, il adopte la solution de facilité, parfois au point de laisser sans défense le citoyen qui s'oppose à une interprétation viciée du droit : le citoyen doit se soumettre, même si c'est lui qui a raison. Après on verra (p.55-56, trad. *infra* p.133-134).

Cover oppose à cette attitude conformiste du juge une autre attitude qui consisterait non pas à se couler dans une logique étatique mais à se rallier à une logique de droit naturel qui exigerait que la compétence soit appréciée en fonction non pas des apparences mais du fond du droit, en fonction non pas du pouvoir détenu en fait par l'interprète mais en fonction du bien-fondé de son interprétation. Le juge entre alors dans la logique de la résistance et cela peut présenter, pour lui, le risque d'être broyé par la violence de ceux qu'il a refusé de protéger contre le droit. Il donne des exemples : la résistance de Lord Coke face au Roi James, la résistance de Taney face à Lincoln et celle de juges ghanéens à l'encontre d'auteurs d'un coup d'Etat militaire en 1979, qui se termina tragiquement pour eux (p.58-59, trad. *infra* p. 138-139).

Cover reconnaît au juge un visage ambivalent. Il est l'homme de la violence qui condamne et qui tranche entre les interprétations (Cf. *infra* Titre II). Il est aussi l'homme de la paix : en réglant les litiges entre des parties qui s'affrontent, en invoquant chacune un droit différent qui leur donne raison à toutes deux, il doit permettre à la parole normative de se substituer à la violence et faire ainsi régner la paix (p.53, trad. *infra* p.131).

---

[37]. Robert M. Cover, *Justice Accused*, et Cf. *infra* Titre III.

Pour que cette paix s'instaure véritablement, il faut que le juge renonce à se retrancher derrière les arguments procéduraux pour engager le débat au fond. Cover oppose à l'herméneutique de la compétence, l'herméneutique du texte (p.58, trad. *infra* p.137-139).

On pourrait dire que les deux sont indissociables et qu'il ne peut pas y avoir de compétence sans texte, sans que la décision soit justifiée par le texte, que la compétence ne s'apprécie pas de façon générale mais qu'elle implique le respect de tous les textes par celui qui est en apparence compétent et que, dans le cas contraire, il est sorti de sa compétence et que sa décision n'est pas valide.

En faisant cela on avancerait à la rigueur un argument contre la dichotomie règles primaires - règles secondaires de Hart, que Cover pourrait donner l'impression de creuser encore davantage. On avancerait en fait une objection qui n'invaliderait pas la démarche coverienne mais qui demanderait simplement que des clarifications soient apportées quant au statut des règles de compétence.

Tout laisse supposer que ces règles sont tout autant que les règles de fond commandées par des narrations. Il faudrait poser la question de la possibilité d'un conflit entre ces narrations sous-tendant les règles de procédure et les narrations sous-tendant les règles de fond. Cette possibilité n'est pas à exclure et il faudrait certainement essayer de l'introduire dans une reprise du modèle coverien de production du droit mais ce ne serait pas facile.

Ce modèle en fait butte sur la même difficulté que le modèle kelsénien : le droit pose un idéal, un devoir-être. Il ne décrit pas, il prescrit et ses prescriptions sont ou non respectées.

Si elles ne le sont pas par ceux-là même qui sont chargés de veiller à leur application, qu'advient-il du droit ?

Le problème dans l'affaire considérée était moins dramatique : Cover ne reproche pas à l'I.R.S. ou au juge d'être sortis de leur compétence mais plutôt de ne pas avoir correctement justifié une décision justifiée, de ne pas avoir correctement rendu compte de leur compétence à statuer comme ils l'ont fait.

b) La justification par la narration

On a vu la conscience aiguë qu'avait Cover des divergences de vues qui pouvaient murer la compréhension entre les protagonistes qui s'affrontent dans un litige et les armes dont dispose l'Etat libéral qui ne prétend pas détenir la vérité mais simplement assurer une coexistence pacifique au mieux des intérêts de chacun : il lui faut jeter des ponts qui facilitent le contact pacifique, améliorent l'état des relations et permettent le développement d'activités communes, profitables à l'ensemble des parties. Il lui faut se faire lien, interprète et le juge occupe à cet égard, une position particulièrement importante. Il lui faut impérativement départager les adversaires, trancher en faveur d'une interprétation du droit au détriment de l'autre (p.40, trad. *infra* p.114-115) et autant que possible convaincre du bien-fondé de cette décision. Il va justifier la solution qu'il a adoptée par des préceptes juridiques mais on a vu que la signification, la portée de ceux-ci tient en définitive aux narrations qui sont au principe du système normatif considéré et/ou qui en commandent l'évolution.

Ce sont ces narrations, produites par des secteurs divers et plus ou moins larges de la société, qui explicitement ou implicitement sont derrière tel ou tel précepte et Cover demande tout simplement au juge de se faire le conteur de ces narrations, d'en être l'inventeur : celui qui les découvre, celui qui les met au jour. Non pas pour les canoniser : son interprétation n'est pas privilégiée, elle n'a pas plus de valeur juridique et elle n'engage pas davantage que celle des autres participants au système (p.43, trad. *infra* p.118). Cover y insiste, contre Owen Fiss qui accorde à l'interprétation du juge une vocation particulière qui fait qu'il y a un devoir d'y obéir et qui est désarçonné par l'attitude de ces collègues qu'il nomme « *nihilists* », parce qu'ils font remarquer qu'aucune interprétation ne peut prétendre s'imposer comme supérieure aux autres (p.43-44, trad. *infra* p.119-120).

Cover regrette que la décision judiciaire ne porte qu'exceptionnellement la trace d'un effort narratif. Un tel effort de la Cour dans l'affaire qu'il a à commenter aurait permis à cette Cour de dissiper davantage les craintes des institutions qui étaient intervenues dans la procédure de peur de se voir opposer, elles-mêmes, un jour, sans plus de manières, une politique publique qui irait à l'encontre de leurs propres règles internes. Il aurait pu, au contraire, donner à la Cour l'occasion de s'impliquer davantage dans la lutte contre le racisme en extrapolant à d'autres cas où celui-ci sévit également à peine voilé derrière l'invocation de principes juridiques de base (p.67 note 195, trad. *infra* p.148 note 195).

Pour Cover, il aurait fallu ouvrir le débat de fond au niveau constitutionnel. Le premier amendement – celui de la liberté de conscience – stipule : « Le Congrès ne fera aucune loi qui touche à l'établissement ou interdise le libre exercice d'une religion, ni qui restreigne la liberté de la parole ou de la presse, ou le droit qu'a le peuple de s'assembler pacifiquement et d'adresser des pétitions au Gouvernement pour la réparation des torts dont il a à se plaindre. »

Il fallait rassurer les communautés insulaires qui s'étaient associées au procès, en insistant sur le fait que n'importe quelle politique publique ne pouvait pas être un argument suffisant pour porter atteinte aux garanties du Premier Amendement, que ce qui justifiait en l'occurrence la décision prise était l'atteinte portée à un principe fondamental pour lequel se battait la société, le rejet de la discrimination, dans un domaine particulièrement sensible, celui de l'éducation, où se joue la formation de l'univers normatif des membres de la société. Il aurait fallu affirmer que le principe en ce domaine de l'éducation, de la formation des jeunes, restait inchangé.

La jurisprudence en ce domaine se partage en deux tendances fondées l'une et l'autre sur le principe d'abstention de l'Etat libéral en la matière. Cet Etat qui, à l'opposé du régime spartiate, admet la diversité en son sein et ne prétend pas faire ni détenir la vérité adopte en général une position de tolérance face aux prétentions d'autonomie relative, formulées par les communautés qui se développent en son sein. La jurisprudence américaine a tout d'abord considéré que l'Etat devait éviter d'intervenir lorsqu'il s'agissait de questions religieuses ou politiques mais, rappelle Cover, toute prétention à la vérité comporte un soubassement confessionnel, c'est-à-dire l'adhésion à un certain dogme quant à la façon de parvenir à la vérité et le problème se pose évidemment avec la composition des programmes scolaires. La jurisprudence en conséquence s'est infléchie mettant davantage encore l'accent sur la tolérance.

Le problème est plus délicat avec les communautés rédemptrices, les cours doivent trancher pour ou contre leurs prétentions. En l'occurrence, il fallait trancher en faveur de la lutte contre la discrimination mais dire pourquoi ses impératifs devaient prévaloir sur les normes de la communauté insulaire.

Il aurait peut-être fallu montrer la fragilité de celles-ci, la faiblesse de l'engagement vis-à-vis d'elles témoigné par le passé, leur absence de caractère fondamental pour la doctrine religieuse du groupe. Il aurait fallu insister au contraire sur l'atteinte portée aux fondements sur lesquels entend se construire la société américaine contemporaine : égalité et liberté (non-discrimination, liberté de contracter mariage).

L'histoire de la législation en matière de fiscalité, le texte législatif sur lequel se fondait l'I.R.S. étaient en eux-mêmes muets. Il aurait fallu que l'IRS et la Cour prennent la peine d'élaborer un discours qui permette de situer et de comprendre leurs décisions et la façon selon laquelle il convenait de les interpréter.

Cover établit un parallèle pour terminer entre l'Etat utile mais dangereux et les mouvements sociaux eux aussi utiles, indispensables mais à canaliser et il voit, semble-t-il, dans les cours, dans le droit comme signification, l'instrument qui peut permettre d'en tirer le meilleur et de contenir la violence dont ils sont l'un et les autres porteurs.

Plaidoyer d'un libéral ? Plaidoyer d'un sage ou d'un juste. On peut voir dans les propos de Cover un hymne au libéralisme. On peut aussi y voir plus simplement une leçon de réalisme ou de pragmatisme. Rien ne permettrait de rejeter la première thèse mais les arguments en faveur de la seconde thèse abondent dans l'oeuvre de Cover.[38]

---

[38]. Cover, dans un autre article, devait insister sur le fait qu'il ne peut y avoir de droit sans obligation. (Cf. « Obligations : A Jewish Jurisprudence of the Social Order », in *Journal of Law and Religion*, Vol.5, 1987, p.65 et suiv. (repr. in *Narrative, Violence and the Law : the Essays of Robert Cover*, Martha Minow, Michael Ryan, Austin Sarat (eds.), University of Michigan Press, 1995, p.239-248).

« *Nomos* and Narrative » est l'écrit central de l'oeuvre de Cover, théoricien du droit. Cet article intervient après *Justice Accused*, dont il tire les enseignements, il intervient avant « Violence and the Word », une étude sur les rapports du droit et de la violence, sur l'oppression, qu'il annonce.

Justice Accused a été l'occasion de constater l'affrontement du formalisme et de la morale dans le droit. Dans d'autres textes, Cover précisera sa théorie de la fonction du contrôle de constitutionnalité.

Nulle part ailleurs que dans « *Nomos* and Narrative », il n'aura exposé sa théorie de la narration, lieu de la production normative. Il fallait donner à cet article la première place en raison de l'importance de cette théorie de la narration qui devrait permettre de mieux comprendre et de mieux prévoir la constitution et les évolutions des systèmes juridiques, la constitution et l'évolution des sociétés et les rapports de celles-ci à la violence.

Plus immédiatement les enseignements de « *Nomos* and Narrative » vont aussi pouvoir être appliqués dans la suite de cette étude, notamment pour reformuler l'opposition formalisme – morale.

TRADUCTION

LA SESSION 1982 DE LA COUR SUPREME.

PREFACE : *NOMOS* ET NARRATION

(trad. de Robert M. Cover,
The Supreme Court 1982 Term. Forward : *Nomos* and Narrative,
in *Harvard Law Review*, Vol.97, 1983, p.4-68.) *

A. Un ordre violent est un désordre ; et
B. Un grand désordre est un ordre. Ces
Deux choses n'en sont qu'une.
(Pages d'illustrations.)
- Wallace Stevens[1]

I. INTRODUCTION

Nous habitons un *nomos* – un univers normatif. Constamment nous créons et faisons subsister un monde du bien et du mal, du légal et de l'illégal, du valide et du non-valide.[2] L'étudiant en droit peut en venir à

* Professeur titulaire de la chaire de droit et d'histoire du droit créée en l'honneur du Chancelier Kent à l'Université de Yale. Je ([N.d.T.] : l'auteur, Robert M. Cover) souhaite remercier Boris Bittker, Robert Burt, Harlon Dalton, Mirjam Damaska, Perry Dane, Owen Fiss, Jack Getman, Paul Gewirtz, Michael Graetz, Henry Hansmann, Geoffrey Hazard, Leon Lipson, Jerry Mashaw, Peter Schuck, Avi Soifer, Harry Wellington, Stan Wheeler et Steve Wizner pour l'assistance qu'ils m'ont apportée à différents stades de la préparation de cette préface. J'ai également tiré avantage des commentaires de nombreux collègues lors d'une session de travaux en cours des enseignants de Yale. Je remercie Suhn-Kyung Hong, Dr. en théorie du droit, 1985 et Elyn Saks, Dr. en théorie du droit, 1986 qui m'ont aidé à rassembler la documentation.

1. W. Stevens, « Connaisseur of Chaos », in *The Collected Poems of Wallace Stevens*, 1954, p.215.

2. Sur l'idée de « construction d'un monde » avec ses implications normatives, voir, par exemple, P. Berger, *The Sacred Canopy*, 1967 ; P. Berger et T. Luckmann, *The Social Construction of Reality*, 1966 , trad. en français : *La construction sociale de la réalité*, par Pierre Taminiaux, préface de Michel Maffesoli, Meridiens Klincksieck, Masson, 2nde éd., 1996 ; J. Gager, *Kingdom and Community*, 1975 ; K. Mannheim, *Ideology and Utopia*, 1936 ; cf. P. Berger, *supra*, p.19 et suiv. (où il invoque l'idée d'un « *nomos* » ou d' « un ordre signifiant »).

identifier le monde normatif avec l'outillage professionnel du contrôle social. Il est certain que les règles et les principes de justice, les institutions solennelles du droit et les conventions d'un ordre social ont leur importance pour ce monde ; elles ne constituent néanmoins qu'une petite part de l'univers normatif qui devrait retenir notre attention. Aucun ensemble d'institutions juridiques, aucun ensemble de prescriptions juridiques n'existe indépendamment des narrations qui le situe et lui donne sens.[3] A chaque constitution correspond une épopée, à tout décalogue une écriture.[4] Une fois replacé dans le contexte des narrations qui lui donnent sens, le droit n'est plus seulement un système de règles à observer mais il devient un monde dans lequel nous vivons.

Dans cet univers normatif, le droit et la narration sont inséparablement liés. Toute prescription exige d'être située dans un discours – d'être pourvue d'une histoire et d'une destinée, d'un début et d'une fin, d'une explication et d'une finalité.[5] Et toute narration exige sa prescription, sa morale. Pas plus que l'histoire et la littérature ne peuvent échapper à leur localisation dans un univers normatif,[6] une prescription, fût-elle

---

[3]. Cela n'implique pas qu'il y ait un canon privilégié, officiel de narrations. En fait, si certains textes canoniques, comme celui de la Bible, comprennent à la fois des dispositions juridiques et des textes narratifs, la plupart des textes modernes (à la possible exception de quelques opinions judiciaires) en général ne le font pas. C'est le caractère diffus et non privilégié de la narration dans le monde moderne qui, avec la nécessité absolue de la narration pour la recherche d'un sens, fait l'objet principal de cette préface.

[4]. Les textes prescriptifs changent de signification avec toute nouvelle épopée que nous choisissons d'y attacher. Chaque version de l'écriture de la constitution crée un « nouveau » texte en ce sens. Lorsque le texte s'avère incapable de revêtir les significations des narrations nouvelles qui sont néanmoins d'importance constitutive, le peuple crée de nouveaux textes – il amende la constitution. L'adoption des Treizième, Quatorzième et Quinzième Amendements [N.d.T. : à la Constitution des Etats-Unis] peut ainsi être appréhendée comme la création de textes nouveaux, adaptés à une nouvelle épopée constitutive. Il existe aussi d'autres manières moins « officielles » et plus dangereuses de créer des textes. Une profonde division à propos de l'épopée constitutive peut conduire à des textes prescriptifs sécessionnistes – à des prescriptions concurrentes qui vont de pair avec les narrations concurrentes. Cf. Confederate States of American Constitution, art. IV, §2, cl.1 (disposant qu'un esclave n'est pas libéré par son passage dans un territoire libre) avec U.S. Constitution, art.IV, §2, cl.3 (la clause sur les esclaves fugitifs). Concernant le contexte narratif de ce conflit de prescriptions, voir R. Cover, *Justice Accused*, 1975, p.86-88, 284 note 10.

[5]. Ce point est similaire sinon identique à ce qu'affirmait Lon Fuller, in Lon Fuller, *The Law in Quest of Itself*, 1940.

[6]. Voir, par exemple, White, "The Value of Narrativity in the Representation of Reality", in *On Narrative*, W. Mitchell (ed.), 1981, p.I, 20. ("L'insistance sur une clôture du récit historique m'apparaît comme une exigence de signification morale, une demande à ce que les enchaînements de faits réels soient présentés de façon à faire apparaître leur signification en tant qu'éléments d' « un drame moral ») ; voir aussi *ibid.*, à p.23, suggérant que la demande de clôture dans la présentation des « événements » « naît du désir que les faits réels

incorporée dans un texte juridique, ne peut échapper à une origine et à un terme dans l'expérience, dans les narrations qui sont les trajectoires que nos imaginations projettent sur la réalité matérielle.[7]

Ce *nomos* est tout autant « notre monde » que l'univers physique fait de masse, d'énergie et de mouvement. En fait, notre saisie de la structure de l'univers normatif n'est pas moins fondamentale que notre compréhension de la structure du monde physique. Tout comme le développement de réponses d'une complexité accrue aux attributs physiques de notre monde commence dès la naissance, il en va de même du développement parallèle des réponses à l'activité des personnes qui définit notre monde normatif.[8]

En conséquence, les grandes civilisations se caractérisent par bien plus que la virtuosité dans le traitement des cas pratiques, par bien plus que l'élégance ou la puissance rhétorique dans la composition des textes, par bien plus que le génie à inventer de nouvelles formes pour répondre à de nouveaux problèmes. La marque d'une grande civilisation juridique, c'est la richesse du « *nomos* » dans lequel elle se situe et qu'elle aide à

---

offrent de la vie réelle une image de cohérence, d'unité, de plénitude et de complétude, qui est et ne peut être qu'imaginaire ».

7. Toute situation morale s'inscrit dans une contextualité épaisse. Voir C. Geertz, *The Interpretation of Cultures*, 1973, p.5 : « [L']homme est un animal suspendu à des toiles de significations qu'il s'est lui-même tissées. » Pour une discussion des « textes sociaux » qui constituent ces contextes, voir C. Geertz, *Negara*, 1980 ; Fiss, « Objectivity and Interpretation », in *Stanford Law Review*, Vol.34, 1982, p.739. A propos des circonstances agonistiques de toute interprétation, voir H. Bloom, *The Anxiety of Influence*, 1973. L'épaisseur contextuelle dans laquelle se développe la théorie littéraire et politique est examinée par Q. Skinner, dans *Foundations of Modern Political Thought*, 1978. Sur la place centrale de l'histoire et de la personne humaine dans tout compte-rendu du droit, voir J. Noonan, *Persons and the Masks of the Law*, 1976.

8. Voir , par exemple, E. Erikson, *Childhood and Society*, 1950, p.247, trad. fr. : *Enfance et Société*, par A. (i.e. Jean) Cardinet, Neufchatel, Paris, Delachaux et Niestle, 1976; L. Kohlberg, *The Philosophy of Moral Development*, 1981 ; J. Piaget, *The Moral Judgment of the Child*, 1932 (*Le jugement moral chez l'enfant*, Paris, P.U.F., 8è ed., 1995) ; J. Piaget, *Play, Dreams and Imitation in Childhood*, 1962. Pour une définition théorique développée des implications de l'"altérité", voir J. Bowlby, *Attachment and Loss* , 3 vol., 1969-1980, en particulier Vol.I,1969, p.177-298, trad. fr. : *Attachement et perte*, Paris, P.U.F., 1978. Il est instructif de noter la similarité structurelle dans les théories du développement, telles que celles de Piaget, Erikson, Bowlby et Kohlberg, où l'on retrouve des composantes émotionnelles, sociales et morales. Toutes ces théories mettent l'accent sur un système dans lequel on passe d'une dépendance physio-somatique ou interdépendance à la conscience d'artefacts culturels abstraits. L'acquisition de concepts tels que celui d'espace suppose une découverte similaire. Voir, par exemple, J. Piaget et B. Inhelder, *The Child's Conception of Space*, 1967 (*La représentation de l'espace chez l'enfant*, Paris, P.U.F., 1948).

constituer.[9] Les matériaux complexes et variés, pris dans ce *nomos* établissent des paradigmes pour l'allégeance, le consentement, la contradiction et la résistance. Ces matériaux fournissent non seulement des corps de règles ou des doctrines à comprendre mais aussi des mondes à habiter. Habiter un *nomos*, c'est savoir y *vivre*.[10]

Le problème de la « signification » dans le droit – de l'herméneutique ou de l'interprétation juridique – est communément associé à un type assez étroit de problèmes que rencontre les personnages officiels et ceux qui cherchent à prévoir ou à contrôler la conduite officielle ou encore à en tirer avantage. [11] Une décision doit être prise concernant l'incidence d'un

---

[9]. Les civilisations juridiques hébraïques et grecques restent gravées dans notre souvenir aujourd'hui principalement pour leur grandiose utilisation des narrations dans l'exploration des questions normatives, par rapport à quoi le traitement technique précis d'un problème est d'une importance mineure. Voir *infra* p.88 et suiv. (où sont commentés des textes bibliques). Pour une conception (peut-être idiosyncrasique) de l'inscription des idéaux grecs du droit et de la justice au sein des autres grandes réalisations culturelles de l'Ancienne Hellas, voir W. Jaeger, *Paideia*, 2 vol., 1939-1943, et particulièrement Vol.I, 1939 (*Paideia : la formation de l'homme grec*, Paris, Gallimard, 1988).

[10]. J'entends suggérer ici une correspondance approximative avec la compréhension kuhnienne de la « science » non pas comme ensemble de propositions concernant le monde ou comme méthode mais comme paradigmes intégrant la méthode, les croyances et les propositions – la « science » comme un faire. Voir T. Kuhn, The Structure of Scientific Revolutions, 1962, trad. fr. de la 2è ed. : *La structure des révolutions scientifiques*, par Laure Meyer, Paris, Flammarion, 1982 ; M. Polanyi, Personal Knowledge, 1958.

[11]. Ces problèmes traditionnels sont dépeints dans W. Bishin et C. Stone, *Law, Language and Ethics*, 1972. Même ceux qui ont élargi le concept d'herméneutique ont souvent considéré que l'herméneutique juridique se résumait pour l'essentiel à la résolution d'un ensemble de problèmes techniques. Voir, par exemple, H. Gadamer, *Truth and Method*, trad. par G. Barden et J. Cumming, 1975, trad. fr. *Vérité et Méthode : les grandes lignes d'une herméneutique philosophique*, Paris, Seuil, 1996. Gadamer, commentant une pratique dont je suppose qu'il la considérait comme caractéristique du savoir et de la doctrine juridique pratiqués dans leur forme continentale, a écrit : « L'herméneutique juridique ne s'inscrit pas dans ce contexte (celui d'une « théorie générale de la compréhension et de l'interprétation des textes »], parce qu'elle n'a pas pour but de comprendre des textes donnés mais de fournir un moyen qui permette de combler une espèce de lacune dans le système de la dogmatique juridique (*ibid.*, p.289). Tout ce qui a trait à l'herméneutique juridique dans *Truth and Method* est de bien des manières d'un réductionnisme désarmant. En premier lieu, la conception est exclusivement étatique et, par conséquent, la question des problèmes herméneutiques propres à l'ensemble des systèmes de textes normatifs objectivés (étatiques ou non) n'est pas soulevée. La question de la destruction de l'herméneutique dans l'exercice des fonctions nécessairement apologétiques d'une instance officielle n'est pas non plus correctement abordée. Finalement, dans *Truth and Method*, le problème de l'application est considéré comme la difficulté caractéristique. Ainsi, même lorsqu'il nie la possiblité d'une application automatique des lois générales aux faits particuliers, Gadamer discute le « problème » de l'herméneutique juridique en ces termes – voir, par exemple, *ibid.*, p.471 : « Il est évident que la distance entre la généralité du droit et la situation juridique concrète d'un cas particulier est essentiellement irréductible ».
Nombre des problèmes examinés dans cette préface ont été fructueusement envisagés par James White, tout d'abord, dans J. White, *The Legal Imagination*, 1973 et, plus tard, dans J.

instrument juridique. « Un avion ou un landau sont-ils des « véhicules » au sens de la loi qui interdit les véhicules dans le parc ? » L'exigence légale d'un salaire horaire minimum constitue-t-elle une atteinte à la liberté ou à la propriété sans que la procédure régulière du droit (« *due process of law* ») ait été respectée ? Il est conventionnellement admis qu'une certaine conséquence découle du fait que l'instrument juridique classe une chose comme « x ». On discute du critère approprié pour la classification.[12] Ces problèmes d'application officielle des préceptes juridiques sont à l'origine d'une masse considérable de questions portant sur la signification en droit. C'est cependant sur un éventail tout différent de sujets que je veux attirer l'attention ici.

La cohésion de l'univers normatif repose sur la force d'engagements interprétatifs – les uns petits et privés, les autres immenses et publics. Ces engagements – des représentants officiels comme des autres – sont ce qui détermine la signification du droit et ce qu'il va devenir.[13] A supposer qu'il existe deux ordres juridiques comprenant des préceptes juridiques identiques et où les schémas de prédiction concernant l'intervention de la force publique sont identiques, ces deux systèmes différeraient néanmoins de façon essentielle quant à la signification si, au sein de l'un d'eux, les préceptes étaient universellement vénérés alors que, dans l'autre, ils seraient considérés, par beaucoup, comme fondamentalement injustes.[14]

Ce que je décris ici, faut-il le souligner, n'est pas la distinction entre le « droit en action » et « le droit dans les livres ». Il est certain qu'un droit peut être effectivement appliqué mais être profondément mal ressenti. C'est un fait terrible de notre monde que de nombreux citoyens pensent qu'avec *Roe v. Wade*, la Cour Suprême a donné le permis de tuer des êtres humains absolument innocents.[15] D'autres croient que le revirement par rapport à *Furman v. Georgia* a marqué le début d'une période de meurtre officiel d'Etat.[16] Même si l'horreur et le mécontentement de ces

---

White, « Law as Language : Reading Law and Reading Literature », in *Texas Law Review*, vol. 60, 1982, p.415. Je suis redevable au Professeur White pour la façon dont il explore l'étendue des fonctions de constitution de sens dans le discours juridique.

12. Voir W. Bishin et C. Stone, *op. cit. supra* note 11 (rassemblant cas et commentaires).

13. Sur la notion d'engagement (« *commitment* »), voir *infra* p.120.

14. La perception de cette différence est souvent exprimée, parfois avec confusion au moyen d'une projection chronologique d'une distinction ontologique. Nous parlons d'un ordre juridique « décadent » ou « en ruines » en pensant que cette qualité fera une différence – entraînera un changement dans le temps. Cette projection dans le temps peut impliquer une sérieuse prédiction, bien sûr, mais ce que je veux suggérer, c'est qu'il s'agit aussi fréquemment d'une métaphore (avec des propositions souvent si vagues qu'elles ne peuvent pas être mises à l'épreuve) pour un défaut que nous croyons inhérent à cet état de choses.

15. 410 U.S. 113 (1973).

16. 408 U.S. 238 (1972).

personnes ne se traduit ni dans la façon de prendre les décisions judiciaires, ni dans leur application, la signification de l'univers normatif est transformée par ces événements. Pour les opposants à l'avortement, comme pour les opposants à la peine de mort, le principe selon lequel « personne ne pourra être privé de sa vie sans procédure juridique régulière » a pris une tonalité ironique. L'avenir de ce précepte est maintenant autant chargé de cette ironie que des précédents de *Roe* et de *Furman*.

De même que la signification du droit est déterminée par nos engagements interprétatifs, nombre de nos actions ne peuvent elles aussi être comprises que par rapport à une norme. Les préceptes et les principes juridiques ne sont pas seulement des exigences que nous imposent la société, le peuple, le souverain ou Dieu. Ce sont aussi des signes au moyen desquels chacun d'entre nous communique avec les autres. Il y a une différence entre se lever en retard le dimanche et refuser les sacrements,[17] entre manger un petit quelque chose et profaner le jeûne de Yom Kippour,[18] entre faire un chèque sans provision et refuser de payer ses impôts. Dans chaque cas, un acte revêt une signification nouvelle, considérable quand nous comprenons qu'il a été accompli en référence à une norme. C'est cette caractéristique de certaines violations du droit qui permet aux pratiquants de la désobéissance civile de formuler des revendications spéciales. Mais la capacité du droit à imprégner de sens une action ne se limite pas à la résistance ou à la désobéissance. Le droit est une ressource en matière de signification, qui nous permet de nous soumettre,[19] de nous réjouir, de lutter,[20] de pervertir, de nous moquer,[21] de déshonorer, d'humilier, ou de conférer une dignité particulière.[22] Le sens

---

[17]. Voir , par exemple, W. Stevens, « Sunday Morning », in *The Collected Poems of Wallace Stevens*, *op. cit. supra* note 1, à p.66-70.

[18]. Ce point est illustré par la description chez Irving Howe du radicalisme yiddish à Lower East Side :

> « Que les anarchistes et certains des sociaux-démocrates aient choisi de démontrer qu'ils étaient affranchis de toute superstition en organisant des bals et des défilés la nuit de Yom Kippour, le moment le plus sacré de l'année juive, ne prouve pas seulement une indifférence mais aussi le point auquel ceux qui reniaient la foi traditionnelle étaient dominés par elle. »

(Howe, *World of Our Fathers*, vol.1, 1976, p.106.)

[19]. Sur la domination et la soumission, voir Hay, « Property, Authority and the Criminal Law », in D. Hay, P. Linebaugh, J. Rule, E. Thompson et C. Winslow, *Albion's Fatal Tree*, 1975, p.17.

[20]. Voir, par exemple, R. Kluger, *Simple Justice*, 1975.

[21]. L'histoire de Gary Gilmore fournit un exemple de l'utilisation du droit à des fins de dérision. Voir N. Mailer, *The Executioner's Song*, 1979, trad. fr. : *Le chant du bourreau*, par Jean Rosenthal, Paris, R. Laffont, 1980.

[22]. L'éventail expressif du droit est large, et, de même qu'avec d'autres ressources du langage, la relation entre le contenu manifeste du droit et sa signification est souvent

que nous avons de notre monde normatif ne se limite donc pas à l'énoncé que nous pouvons faire des types de demandes qu'il nous impose, même si, pour chacune d'elles, on a l'explication d'Hercule qui fait du tout un assemblage justifié et doué d'une cohérence interne.* Nous construisons du sens dans notre monde normatif en nous servant de l'ironie de la juridiction,[23] de la comédie des mœurs que constitue le *malum prohibitum* ,[24] ainsi que l'épistémologie surréaliste de la « procédure régulière ») (« due process »).[25]

Une tradition juridique fait dès lors partie intégrante d'un monde normatif complexe. La tradition ne comprend pas seulement un *corpus juris*, mais aussi un langage et une mythologie – des narrations dans lesquelles le *corpus juris* est situé par ceux qui ont le pouvoir d'agir sur lui par leur volonté. Les mythes établissent les paradigmes de conduite. Ils tissent des relations entre l'univers normatif et l'univers matériel, entre les contraintes de la réalité et les exigences d'une éthique. Ces mythes dressent des répertoires de mouvements – un lexique pour l'action normative – qui peuvent se combiner en modèles signifiants hérités des modèles signifiants du passé. La signification normative inhérente aux

---

compliqué. Songez à la question de l'utilisation de la peine capitale pour *exprimer* la dignité de la vie humaine et sa valeur fondamentale :

> « Cette conception du caractère unique et suprême de la vie humaine a encore une autre conséquence. Elle place la vie hors d'atteinte par rapport aux autres valeurs. L'idée que la vie peut se mesurer en termes monétaires est exclue. Tout type de compensation est inenvisageable. La culpabilité du meurtrier est infinie parce que la vie à laquelle il a été attenté est inestimable, la prendre implique la peine de mort. Cependant le paradoxe ne doit pas nous rendre aveugles au jugement de valeur que le droit a cherché à incarner. »
> (Greenberg, "Some Postulates of Biblical Criminal Law", in *The Jewish Expression*, J. Goldin (ed.), 1970, p.18, 26 (sans les notes).

* [N.d .T.] : Cover fait ici allusion au juge omniscient inventé par Dworkin pour défendre sa conception du droit dans la polémique avec H.L.A.Hart. Cf. Ronald Dworkin, *Taking Rights Seriously*, 1977, chapitre 4, §. 5 et 6, trad. en français : *Prendre les droits au sérieux*, Paris, P.U.F., 1995, p.182-213.

[23]. Voir, par exemple, *Marbury v. Madison*, 5 U.S. (1 Cranch) 137 (1803). *Marbury* est un exemple particulièrement fort d'un phénomène plus général. Tout déni de compétence de la part d'un tribunal est l'affirmation d'un pouvoir de déterminer une compétence et ainsi de constituer une norme.

[24]. Avec la reconnaissance, déjà fortement développée dans la pensée de la Grèce antique, de la relativité et du caractère essentiellement contingent d'une large part du matériel préceptuel de toute société, la possibilité apparaît de s'amuser de certains préceptes dans une société et plus particulièrement du lourd investissement réalisé par les structures d'autorité dans des choses dépourvues de tout lien nécessaire *(malum in se)* avec les grands affrontements potentiellement tragiques du bien et du mal. Quand le diable est de notre création, il devient comique.

[25]. Voir G. Gilmore, *The Ages of American Law*, 1977, p.111. : (« En enfer, il n'y aura que du droit et la procédure régulière sera méticuleusement respectée. »)

modèles du passé se retrouvera dans l'histoire de la doctrine ordinaire à l'oeuvre dans les affaires du train-train quotidien de ce monde ; dans les élans messianiques ou utopiques apparaîtront des formes imaginaires, données à une réalité moins résistante ; dans les apologies du pouvoir et des privilèges et dans les critiques qui peuvent être soulevées contre les entreprises de justification du droit.

Le droit peut se concevoir comme un système en tension ou comme un pont entre la conception d'une réalité et une alternative imaginée –c'est-à-dire, comme une conjonction entre deux états de choses, qui ne peuvent l'un et l'autre être représentés dans leur signification normative que par la narration.[26] Ainsi, l'un des éléments constitutifs d'un *nomos* est le phénomène que George Steiner a appelé l' « alternité » : l' « autre que le cas », les propositions contrefactuelles, les images, les formes de volonté et d'évasion dont nous chargeons notre être mental et au moyen desquels nous construisons le milieu largement fictif, changeant de notre existence sociale et de notre existence somatique.[27]

Mais la conception d'un *« nomos »* ne se réduit pas à son « alternité » : ce n'est ni une utopie, ni une pure vision. Un nomos, en tant que monde de droit implique l'application de la volonté humaine à un état de choses encore existant tout autant qu'en vue de futurs alternatifs que nous envisageons. Un *nomos* est un monde actuel constitué par un système en tension entre une réalité et une vision.

Nos visions nous présentent notre réalité comme non rachetée. En eux-mêmes, les mondes alternatifs de nos visions – le lion couché avec l'agneau, le créancier remettant les dettes de son débiteur la septième année, l'Etat tout ratatiné et dépéri – ne dictent pas un ensemble particulier de transformations ou d'efforts de transformation. Par contre le droit donne une vision du champ en profondeur. Il en place une partie dans la lumière vive de l'exigence immédiate et impérative. Il rejette l'autre dans l'ombre du millénaire. Le droit est ce qui autorise dans le sang certaines transformations pendant qu'il en soumet d'autres à la réunion d'un consentement unanime. Le droit est une force, à l'instar de la gravité, au moyen de laquelle nos mondes exercent, les uns sur les autres, une influence qui affecte leurs cours à travers l'espace normatif. Le droit est ce qui maintient notre réalité séparée de nos visions et nous

---

26. Voir White, *op. cit. supra* note 6.

27. G.Steiner, *After Babel*, 1975, p.222, trad. fr. : *Après Babel : une poétique du dire et de la traduction*, par Lucienne Lotringer et Pierre-Emmanuel Dauzat, Paris, Albin Michel, 1998.

protège de l'eschatologie qui consiste en une collision entre les constructions de nos esprits et ce monde social matériel.

Les codes qui relient notre système normatif à nos constructions sociales de la réalité et aux visions de ce que pourrait être le monde sont des narrations. L'imposition de la force normative sur un état de choses, réel ou imaginé, est en soi l'acte qui crée la narration. Les différents types de narrations – l'histoire, le roman, la tragédie, la comédie – sont semblables en ce qu'ils sont le récit d'états de choses affectés par un champ de force normatif. Vivre dans un monde juridique exige de connaître non seulement les préceptes mais aussi ce qui les relient à des états de choses possibles et plausibles. Cela demande que l'on soit capable d'intégrer l' « être » et le « devoir être » mais aussi le « peut être ». La narration procède à une telle intégration de ces domaines. Les narrations sont des modèles à travers lesquels nous étudions et expérimentons les transformations qui s'opèrent lorsqu'on soumet un état de choses simplifié, donné au champ de forces d'un ensemble de normes semblablement simplifié.

L'intelligibilité de la conduite normative repose dans le caractère communautaire (« *communal* ») des narrations qui fournissent le contexte de cette conduite. Une personne qui vivrait une vie normative totalement idiosyncrasique serait folle. Vous et moi pouvez choisir de jouer un rôle singulier mais le fait que nous pouvons le situer à l'intérieur d'un « script » commun le rend « sain » – est une garantie que nous partageons un *nomos*.[28]

Dans la seconde partie de cette préface, j'opposerai tout d'abord une forme idéale pour la création d'un *nomos* – d'un monde juridique conçu comme signification juridique – à la notion plus familière du droit comme contrôle social. Je préciserai ensuite la notion moins habituelle d'un *nomos* en fournissant une illustration développée à partir de l'utilisation des textes bibliques. J'ai choisi ce matériau parce que la Bible constitue un *corpus* conventionnellement circonscrit, intégrant des éléments narratifs et prescriptifs, dont il est possible de se servir comme modèle artificiellement simplifié. Les chapitres qui suivent feront alors application du modèle aux problèmes plus complexes de la création de significations constitutionnelles – des problèmes que nous rencontrons dans notre propre monde – en se concentrant sur la création de telles

[28]. La garantie du caractère sain est limitée elle-même à la valeur du caractère sain des processus sociaux qui la génèrent. Il y a une différence cependant entre les outrages collectifs que nous qualifions de folie et les actes idiosyncrasiques d'un individu.

significations en dehors des cours officielles. Deux versions distinctes de *nomos* seront explorées – une version insulaire et une version rédemptrice. Dans la troisième partie est envisagé le rôle de l'engagement dans la façon de vivre la signification juridique : la nature des engagements nécessaires de la part de communautés qui affirment une signification en contradiction avec celle de l'Etat est opposée à la nature des engagements des juges officiels. La quatrième partie offre en conclusion une critique de *Bob Jones v. United States* fondée sur les principes et les méthodes exposés tout au long de cette préface.[29]

II. MONDES JURIDIQUES ET SIGNIFICATION JURIDIQUE

Le *nomos* que j'ai décrit, ne demande pas d'Etat. C'est même la thèse de cette préface que la création de signification juridique – « *jurisgenesis* » - a toujours lieu à travers un moyen essentiellement culturel.[30] Même si l'Etat n'est pas nécessairement le créateur de la signification juridique, le processus de création n'en est pas moins collectif et social. Dans le chapitre qui suit, je suggèrerai une base sociale pour la *jurisgenesis* et une base sociale correspondante pour le processus qui détruit la signification juridique dans l'intérêt du contrôle social.

1) *Jurisgenesis*

Selon une des traditions les plus anciennes du judaïsme rabbinique : « Siméon le Juste (aux environs de l'an 200 avant l'ère actuelle) a dit : « Le monde repose sur trois piliers : la Torah, le service divin dans le Temple et les actes de générosité ».[31]

---

[29]. *Bob Jones v. United States*, 103 S. Ct. 2017 (1983).

[30]. L'Etat devient central dans le processus ni parce qu'il est bien adapté à la *jurisgenesis*, ni parce que les processus culturels qui donnent signification à l'activité normative disparaissent en présence de l'Etat. L'Etat devient central seulement parce que, comme je le montrerai dans la troisième partie, un acte d'engagement constitue un aspect central de la signification juridique. Et la violence est un moyen extrêmement puissant de mesure et de mise à l'épreuve de l'engagement.

[31]. Mishnah. Traité des Pères I:2. L'identité et les dates exactes de Siméon le Juste sont inconnues. Les spécialistes, pour la plupart, pensent maintenant qu'il était le Grand Prêtre Siméon II – le fils d'Onias II – qui appporta son soutien à l'entreprise des Séleucides qui voulaient arracher la Judée à la dynastie des Ptolémées. Voir *Encyclopaedia Judaica*, Vol.14, 1972, p.1566-1567. Pour une étude historico-critique de l'aphorisme de Siméon le Juste, voir Goldin, « The Three Pillars of Simeon the Righteous », in *Am. Acad. for Jewish Research Proc.*, Vol.27, 1958, p.43.

Le mot hébreu *Torah* a été traduit en grec par *nomos* dans la Septante et dans les textes grecs scripturaux et post-scripturaux et en anglais par l'expression « la Loi » (« *The Law* »). *Torah*, comme « *nomos* » ou « *la Loi* » est susceptible de recevoir un éventail de sens qui, à

Le « monde » dont parle Siméon le Juste est le *nomos*, l'univers normatif. Trois cents ans plus tard, après la destruction du Temple dont le service d'adoration était l'un des piliers sur lesquels « le monde « de Siméon le Juste reposait, Rabbi Siméon ben Gamaliel dit que : « Sur trois choses repose [la continuité de] l'existence du monde : sur la justice, sur la vérité et sur la paix.[32]

Ces deux aphorismes parallèles sont rapportés dans un même chapitre du Traité talmudique des Pères et constituent la charpente du contenu de ce chapitre. A propos de ces maximes, le grand codificateur, commentateur et mystique, Joseph Caro, a écrit ce qui suit :

> « C'est parce que Siméon le Juste écrivait dans le contexte de sa génération, alors que le Temple était debout, tandis que Rabbi Simeon ben Gamaliel écrivait dans le contexte de la sienne, après la destruction de Jérusalem. Rabbi Simeon b. Gamaliel enseignait que même si le Temple n'existait plus et s'il n'y avait plus son service d'adoration et même si le fardeau de l'exil empêchait de se livrer à [l'étude de la loi divine et à l'enseignement de] la Torah ainsi qu'aux bonnes œuvres dans toute la mesure désirable, néanmoins l'univers [normatif] continuait à exister en vertu de ces trois autres choses [la justice, la vérité et la paix] qui sont semblables aux trois premières. Il y a en effet une différence entre la [force nécessaire pour la] préservation de ce qui existe déjà et la [force nécessaire pour la] réalisation initiale de ce qui n'a pas du tout existé auparavant ...Et

---

la fois, enrichissent le terme et obscurcissent l'analyse. En particulier, ces trois termes suggèrent la polémique de Paul contre la Loi. L'hébreu « *Torah* » renvoie à la fois au droit au sens de corps de règles et, par extension, à tout le *corpus* de matériau normatif qui y est relié ainsi qu'à l'enseignement et à la connaissance de ces sources premières et secondaires. Dans ce sens le plus large, le terme embrasse la vie elle-même ou tout au moins la dimension normative de celle-ci et « *Torah* » est utilisé précisément avec une telle extension figurative dans les textes rabbiniques plus récents. Pour une discussion sur les sens de « *Torah* », voir E. Urbach, *The Sages*, 1979, p.286, trad. fr. : *Les sages d'Israël : conceptions et croyances des maîtres du Talmud*, trad. de l'hébreu par Marie-José Jolivet, Paris, Cerf Lagrasse : Verdier, 1996. Le mot *Torah* connote aussi un canon de matériau revêtu d'une autorité normative et l'étude de celui-ci. Pour la remarque que contrairement à l'usage du terme dans les sources scripturaires les plus anciennes, le mot « *Torah* » est toujours utilisé au singulier dans les écrits deutéronomiques « conformément à la notion d'une Torah canonisée », voir M. Weinfeld, *Deuteronomy and the Deuteronomic School*, app.A, 1972, p.338. Il est certain que dans les écrits postbibliques, l'apparence du mot Torah au pluriel a une force inhabituelle, d'exception et, par conséquent, une force expressive. Voir, par exemple, « The Beraitha of Rabbi Jose, in *Talmud de Babylone*, Sanhédrin, 88b.

[32]. *Mishnah*, Traité des Pères I :18.

> ainsi, en ce cas, il aurait été impossible de créer le monde sur la base des trois principes de Rabbi Simeon ben Gamaliel. Par contre, après que le monde eût été créé sur les trois piliers de Siméon le Juste, il pouvait continuer à exister sur la base des piliers de Rabbi Simeon b. Gamaliel. »[33]

Le point de vue développé par Caro est important. Les valeurs universalistes que nous en sommes venus à identifier avec le libéralisme moderne, les grands principes de notre droit, sont essentiellement des forces « faibles » de conservation d'un système. Ce sont des vertus qui se justifient par la nécessité d'assurer la coexistence de mondes de signification normative forte. Les systèmes de vie normative qu'elles conservent sont le produit de forces « puissantes » de modèles culturels spécifiques de signification particulariste. Ces forces « puissantes » – pour Caro, « la Torah, l'adoration et les actes de générosité » – créent des mondes normatifs dans lesquels le droit est davantage et de façon prédominante un système de signification qu'un système d'imposition de force.

Le commentaire de Caro et les maximes sur lesquelles il porte, suggèrent deux idéaux-types de combinaison du corpus, du discours et de l'engagement interpersonnel de façon à former un *nomos*. Le premier de ces modèles, qui selon Caro, est créateur de monde, je l'appellerai « *paideique* », parce que ce terme évoque : (1) un ensemble commun de préceptes et de narration, (2) une manière personnelle et commune d'être éduqué à ce *corpus*, et (3) un sens de l'orientation ou de la croissance qui se constitue lorsque l'individu et sa communauté recherchent les implications de leur droit. Le droit en tant que Torah est pédagogique . Il demande à la fois la discipline de l'étude et la projection de la compréhension vers le futur qu'est l'interprétation. L'obéissance est corrélative de la compréhension. Le discours est initiateur, célébrant, expressif et accomplissant, plutôt que critique et analytique. Les engagements interpersonnels sont caractérisés par la reconnaissance réciproque, l'admission que les individus ont des besoins particuliers et des obligations fortes de fournir des réponses personnalisées. Une telle vision n'est, bien sûr, ni uniquement rabbinique, ni ancienne.[34] La

---

33. J. Caro, *Beit Yosef at Tur : Hoshen Mishpat*, p.I (traduction en anglais de R. Cover). Pour une étude biographique très utile sur Caro, voir R. Werblowsky, *Joseph Karo, Lawyer and Mystic*, 1962. Sur la signification du Beit Yosef, voir *Encyclopaedia Judaica*, Vol.5 , 1971, p.195-196.

34. Il serait en fait possible de remettre en cause l'application de ce que certains savants ont considéré comme une conception spécifiquement grecque à la civilisation juive du monde

conception d'une communauté forte d'obligations partagées est aussi au cœur de ce que les chrétiens entendent par l'Eglise.

Le second idéal-type, qui trouve son expression pleine et entière dans la communauté civile, est « conservateur de monde ».[35] Je l'appellerai « impérial ».[36] Dans ce modèle, les normes sont universelles et *imposées* (« *enforced* ») par des institutions. Elles n'ont pas besoin d'être enseignées le temps qu'elles sont effectives. Le discours s'appuie sur l'objectivité – sur ce qui extérieur au discours lui-même. Les engagements interpersonnels sont faibles, fondés simplement sur une obligation minimale de s'abstenir de la coercition et de la violence qui rendraient impossibles le mode objectif de discours et l'application neutre et impartiale des normes.

Karl Barth, écrivant à propos de la communauté chrétienne et de la communauté civile, a mis l'accent sur l'absence dans la communauté civile des forces puissantes de constitution d'un monde normatif qui sont, au contraire, présentes dans l'Eglise et, j'ajouterais dans les autres communautés paidéiques :

---

ancien, très différente.Voir W. Jaeger, *Early Christianity and Greek Paideia*, 1961 (trad. fr. de la seconde édition : *Le christianisme ancien et la paideia grecque*, par Gaston Hacquard, Metz, Faculté des Lettres et Sciences Humaines, Centre autonome d'enseignement ou pédagorie religieuse, 1980) où il discute des influences croisées des traditions intellectuelles grecques et juives sur la Chrétienté à ses débuts. Pour une application du terme de « *paideia* » à la civilisation des Juifs centrée sur la Torah, voir B. Septimus, *Hispano-Jewish Culture in Transition : The Career and Controversies of Ramah*, 1982, p.3 (où Ramat est décrit comme un personnage né de la vielle aristocratie andalouse et éduqué dans la meilleure tradition de la *paideia* judéo-arabe.

35. J'ai emprunté l'expression mais pas le concept à Berger. Voir P. Berger, *supra* note 2, p.29. Berger suppose une fonction de contrôle social qui permet que se réalise un « monde » socialement construit. Le « monde » précaire est menacé « par les faits humains que sont l'égoïsme et la stupidité ».(*ibid.*) Sans discuter Berger ici, je voudrais souligner que la thèse que je soutiens ici, est un peu différente. Les bases sociales de construction d'un monde sont étroites et nous construisons plusieurs « mondes ». Le problème de la « conservation d'un monde » est un problème de *coexistence* entre des mondes différents et un problème de régulation des divisions des mondes. Voir *infra* p.84.

36. L'expression « impérial » peut ne pas être idéale. J'entends signifier par elle une organisation composée d'entités nomiques distinctes, tout comme un empire présuppose l'existence de sous-unités qui ont un degré d'autonomie culturelle et juridique. Il est évident que le pluralisme est très proche de l'idée que j'essaie de véhiculer. Mais le pluralisme peut être un pluralisme d'intérêts ou d'objectifs. Il n'implique pas nécessairement, ni même ne suggère un pluralisme de significations juridiques, ce qui fait précisément l'objet de mes préoccupations ici. De même, « impérial » a une connotation légèrement négative, par son association à la violence et cet effet est voulu ici. Je suis prêt à reconnaître leur dû aux vertus de « justice, de vérité et de paix » mais j'entends aussi suggérer le prix qui est payé du fait des contraintes souvent violentes opposées à la mise en pratique autonome de significations normatives.

> « La communauté civile englobe tous ceux qui vivent sur son domaine. Ses membres ne partagent aucune conscience commune de leur relation à Dieu et une telle conscience ne peut pas être un élément du système juridique établi par la communauté civile. Il lui est impossible de recourir à la Parole ou à l'Esprit de Dieu dans la conduite de ses affaires. La communauté civile en tant que telle est spirituellement aveugle et ignorante. Elle n'a ni foi, ni amour, ni espoir. Elle n'a pas de croyance, ni d'évangile. La prière ne fait pas partie de sa vie et ses membres ne sont ni frère, ni sœurs.»[37]

Barth met l'accent sur l'absence, au sein de la communauté civile, de liens interpersonnels forts, de significations communes, fondées sur un rituel ou une prière partagés et sur l'absence d'un corpus commun – Torah, croyance ou évangile –qui soit enseigné, cru et reconnu comme la force normative, motrice de la communauté.

Bien sûr, aucun monde normatif n'a jamais été créé ni ne s'est maintenu entièrement sur le mode paidéique ou sur le mode impérial. Je ne parle pas de types de sociétés mais j'isole plutôt, dans mon discours, les bases coexistantes des attributs distincts de tous les mondes normatifs. Tout *nomos* doit être paidéique dans la mesure où il contient en soi les généralités de signification qui rendent possible la continuation de l'activité normative. Le droit doit être signifiant au sens où il permet à ceux qui vivent ensemble de s'exprimer à travers lui et à propos de lui. Il doit à la fois établir une conduite prévisible et fournir une signification pour la conduite qui sort de l'ordinaire.

Néanmoins, à partir du cours banal de nos sociétés (« *communalities* ») réelles, on peut prétendre extraire une essence plus pure de l'unité, créer dans nos imaginations un *nomos*, complètement transparent – construit à partir de cristaux d'une pureté parfaite. Dans le *nomos* transparent, ce qui doit être fait et les sources de l'engagement commun à le faire est dévoilé, ne nécessite aucune explication, aucune interprétation – tout cela étant évident, immédiatement, pour tous. Tant que demeure cette révélation, cette clarté étincelante de la signification juridique ne peut supporter aucune interprétation pure et simple. Le sens partagé d'un ordre normatif transparent, révélé, correspond à l'idéal-type du *nomos* paidéique.

---

[37]. K. Barth, « The Christian Community and the Civil Community », in *Community, State and Church*, 1960, p.149, 151.

Le corpus normatif d'ordonnancement divin, le rituel commun et les obligations interpersonnelles fortes qui, ensemble, forment le socle d'un tel ordre juridique paidéique peuvent véritablement être très puissants. Ils se combinent pour donner naissance aux préceptes et aux principes nécessaires à l'ensemble de notre vie et pour rapporter ces préceptes aux narrations communes qui situent le groupe social dans le cosmos, par rapport à ses voisins, dans le monde naturel. Les préceptes, alors, ne sont pas seulement là – ils sont aussi imprégnés de tout un éventail de connotations que seul un ensemble intégré de narrations peut produire.

Mais la « puissance juridique » (« *jurispotence* ») même d'une telle vision menace celle-ci. Y aurait-il un ordre normatif purement paidéique, l'espace d'un instant, qu'un philosophe se lèverait certainement pour opposer l'illusion de son identité avec la vérité.[38] Le sens unifié qui se trouve en son centre n'existe que pour un instant et cet instant lui-même est imaginaire. Les différences apparaissent immédiatement à propos de la signification des croyances, du contenu de l'adoration commune, de l'identification de ceux qui sont frères et sœurs. Et l'instant *imaginé* de signification commune lui-même est comme une semence, un ADN juridique, un code génétique par lequel l'intégration imaginaire sert de temple pour des milliers d'intégrations réelles du *corpus*, du discours et de l'engagement.[39] Une telle intégration réelle se produit autour de noyaux particuliers fédérateurs de foi et de rituel – la Torah, le service du Temple – qui rassemblent un groupe particulier de frères et de sœurs. A leur compréhension commune de la foi et du rituel s'ajoute alors une

[38]. On peut soutenir que l'étrange machinerie non directive que suggère Platon dans «Les Lois » , est, en fait, un moyen de répondre à une telle attaque philosophique contre la signification cohérente des mythes et préceptes intégrés. Voir T. Pangle, « Interpretive Essay on Plato », *The Laws of Plato*, trad. T. Pangle, 1980, p.375.

[39]. L' « instant » imaginé est un instant où le *nomos* est transparent. Une telle vision peut sembler mystique mais elle se sépare de la phénoménologie du mysticisme dans son universalité exotérique – ce qui en fait du droit et non de l'expérience La théophanie, en tant qu'événement essentiellement *législatif*, peut être troublante et complexe mais ellene peut pas être ésotérique ou gnostique. Il n'est pas surprenant que, dans les traditions mystiques juives, les manifestations divines lors de la création (ma'aseh bereshit) et la manifestation de la vision du chariot d'Ezechiel (ma'aseh merkavah) aient joué un rôle central dans les traditions gnostiques et ésotériques, alors que la révélation au Sinaï tout aussi dramatique et même plus se situe au cœur d'une tradition interprétative qui, de façon prédominante, est exotérique. Sur les traditions esotériques, voir, en général, G. Scholem, *Major Trends in Jewish Mysticism*, rev. ed., 1946 (*Les grands courants de la mystique juive*, Paris, Payot, 1994). Pour un superbe recueil concernant la tradition midrashique exotérique relative au Sinaï, voir S. Agnon, *Atem Re'item*, 1958-1959. La position du Sinaï au cœur d'une tradition exégétique ouverte concernant la narration et sa signification constitue une base adaptée pour l'évolution du droit juif ((« halakhah ») car la « *halakhah* est une discipline exotérique. » I. Twersky, *Rabad of Posquières, A Twelfth Century Talmudist*, rev. ed., 1980, p.xxiii.

compréhension commune de leur relation à l'unité *véritable*, imaginaire et primordiale, qui s'est produite à un instant évanoui du passé lointain.

C'est ainsi que l'acte même de constituer des communautés étroitement liées autour d'un rituel et d'un droit commun est producteur d'un droit (« *jurisgenerative* ») par un processus de mitose juridique. Du droit nouveau est constamment créé par le fait des coupures sectaires qui divisent les communautés. La « Torah » devient deux, trois, plusieurs Toroth aussi sûrement qu'il existe des professeurs pour enseigner ou des étudiants pour étudier.[40] L'instabilité radicale du *nomos* paidéique oblige les communautés intentionnelles – les communautés dont les membres croient partager des significations pour les dimensions normatives de leur vie ensemble – à maintenir leur cohérence en tant qu'entités paidéiques, en expulsant ou en exilant les produits du foisonnement puissant de la signification normative.[41]

C'est le problème de la multiplicité des significations – le fait que jamais un seul monde n'est créé mais toujours plusieurs par les forces trop fertiles de la création juridique (*jurisgenesis*) – qui conduit tout de suite aux vertus impériales et au mode impérial de conservation d'un monde. Faire subsister un monde n'est pas une mince affaire et n'exige pas moins d'énergie que de le créer. Laissés à eux-mêmes, libres de toute entrave, les mondes créés seraient instables et sectaires dans leur organisation sociale, dissociatifs et incohérents dans leur discours, défiants et violents dans leurs interactions. Le mode impérial sobre de conservation des mondes tend le miroir de l'objectivité critique à la signification, impose la discipline de la justice institutionnelle aux normes et place les contraintes de la paix par-dessus le vide où cessent les liens forts.

La paidéique est une étude sur le thème de l'unité. Son ressort psychologique principal est l'attachement. L'unité de toute paideia est brisée – brisée en fait à sa création-même.[42] L'impérial est une étude sur

---

[40]. Voir *Talmud de Babylone*, Sanhedrin, 88b. « A l'origine, les conflits d'interprétation étaient peu nombreux en Israël...mais quand les disciples de Shammaï et de Hillel qui n'avaient pas suffisamment bien étudié ont crû [en nombre], les controverses se sont multipliées en Israël et la Torah est devenue comme deux Toroth. » (*ibid.*)

[41]. Voyez, par exemple, comment la Colonie de la Baie du Massachusetts a traité des controverses fondamentales au cours des premières décennies. L'intégrité holiste de la colonie a été maintenue au moyen de l'exclusion et de l'expulsion ; les expulsions de Roger Williams et d'Anne Hutchinson sont exemplaires de ce type d'approche. Voir G. Haskins, *Law and Authority in Early Massachusetts*, 1960, p.47-51.

[42]. Cf. la psychodynamique de l'attachement et de la séparation présentée dans l'œuvre de John Bowlby, voir J. Bowlby, *op. cit. supra* note 8, Vol. 1-3. La famille sert de métaphore

le thème de la diversité. Son ressort psychologique premier est la séparation.[43] La diversité de tout monde de ce type est consumée dès le départ par la domination. Ainsi, tandis que la signification d'un *nomos* se désintègre, nous cherchons à la sauver – à maintenir une certaine cohérence au milieu de la prolifération impressionnante de la signification, perdue dès qu'elle est créée – en lâchant sur les cellules de la production juridique, fertiles mais faiblement organisées, un principe organisateur, lui-même incapable de produire de la signification normative, qui, elle, est vie et croissance.

Dans le monde de l'Etat-nation moderne – tout au moins aux Etats-Unis – l'organisation sociale du précepte juridique s'est rapprochée très fortement de l'idéal-type impérial que j'ai décrit ci-dessus, tandis que l'organisation sociale des narrations qui imprègnent ces préceptes d'une signification riche s'est rapprochée du paidéique. Nous exerçons un contrôle social rigide sur nos préceptes d'une manière ou d'une autre au niveau national. Il y a une hiérarchie systémique – appliquée seulement partiellement en pratique mais opérant pleinement au niveau de la théorie – qui soumet tout énoncé et toute application de précepte à un modèle de cohérence interne. Les préceptes que nous appelons le droit, sont marqués par un contrôle social sur leur provenance, leur mode d'énonciation et leurs effets.[44] Mais les narrations qui créent et manifestent les modèles d'engagement, de résistance et de compréhension – les modèles qui constituent la dynamique entre précepte et univers matériel – sont

---

pour l'intensité interne du lien paideique mais l'objectivisation qui accompagne l'activité normative rompt les liens psychiques forts.

43. Voir *ibid.*, Vol.2, 1973 (expliquant la notion de séparation comme étape dans le développement psychologique). Je suis tenté d'inviter au moins à la comparaison entre la dimension psychologique de la distinction paidéique/impérial et les différences que certains spécialistes ont suggéré entre les psychologies masculines et féminines du développement moral. Voir C. Gilligan, *In a Different Voice*, 1980, p.5-23, trad. fr. : *Une Si grande différence*, par Annie Kwiatek, Paris, Flammarion, 1986 (critiquant les insuffisances de ce que l'auteur perçoit comme l'approche masculine des études rassemblées plus tard dans L. Kohlberg, *The Philosophy of Moral Development*, 1981).

44. L'exposé classique de la hiérarchie des préceptes et de leur modèle de cohérence interne apparaît en partie chez J. Gray, in J. Gray, *The Nature and Sources of the Law*, 1909, qui constitue dans une certaine mesure un catalogue des types de préceptes issus du contrôle et chez H. L. A. Hart, in H. L. A. H art, *The Concept of Law*, 1961, trad. fr. : *Le concept de droit*, par Michel van de Kerchove, Bruxelles, Presses Universitaires Saint-Louis, 1976, en particulier aux chapitres 3 et 5, où est présentée l'articulation des règles « primaires » et « secondaires ». La critique par Dworkin du « positivisme » de Hart ne nie pas le contrôle social sur la formulation des préceptes que j'affirme ici. Bien que Dworkin soit en désaccord avec Hart sur la façon dont le juge, notamment comme source d'énonciation des préceptes, remplit sa tâche ; il ne nie pas le contrôle social particulier exercé en vertu de cet office. Voir R. Dworkin, *Taking Rights Seriously*, 1977, p.81-82, trad. fr. : *Prendre les droits au sérieux*, Paris, P.U.F., 1995, chapitre 4.

radicalement incontrôlées. Elles ne sont soumises à aucun ordonnancement hiérarchique formel, ne proviennent d'aucune autorité centralisée, ne connaissent aucun schéma nécessaire d'acceptation. Tel est le message radical du premier amendement : un système d'obligations interdépendant peut être imposé, mais les modèles de signification eux-mêmes, qui permettent que le contrôle social soit efficace ou non doivent être laissés au domaine de Babel.[45]

Un précepte qui fait autorité peut être à caractère national – ou tout au moins le texte qui fait autorité des préceptes qui font autorité peut l'être. Mais la signification d'un tel texte est toujours « essentiellement contestée », dans la mesure où cette signification est reliée à des traditions narratives diverses et divergentes à l'intérieur de la nation.[46] Tous les Américains partagent un texte national avec les premiers, treizième et quatorzième amendements, mais nous ne partageons pas une narration qui fait autorité à propos de leur signification.[47] Et quand bien même nous partagerions un seul compte-rendu, qui fasse autorité, de l'adoption de ce texte – même si nous avions une histoire nationale déclarée faisant autorité – authentique – par le droit, nous ne pourrions pas partager le même récit pour nous relier, chacun d'entre nous, en tant qu'individu, à cette histoire. Certains revendiqueraient Frederick Douglass comme père, d'autres Abraham Lincoln, et d'autres encore Jefferson Davis. Se choisir ses ancêtres est une affaire sérieuse, aux implications majeures. Le

---

[45]. J'utilise à dessein le terme de Babel. Il suggère non pas l'incohérence mais une multiplicité de systèmes cohérents et un problème d'intelligibilité entre les communautés. Si le droit dépend pour sa signification de mythes et si le domaine des mythes est de façon caractéristique plus étroit que celui du précepte, nous sommes bien dans Babel. Les préoccupations de Dworkin , par certains côtés, convergent avec celles exprimées ici. Dans ses travaux plus récents, Dworkin concède le caractère ouvert des matériaux auxquels le juge « Hercule » a recours pour parvenir à la « bonne réponse ». Cette ouverture équivaut aux pré-conditions de « Babel » que j'envisage ici. Voir R. Dworkin, *op. cit. supra* note 44, p.105-130, trad. fr., chapitre 4, §5. L'analogie avec le roman écrit à la chaîne évoquée par Dworkin (voir Dworkin, « Law as Interpretation » , in *Texas Law Review*, Vol.60, 1982, p.527, 541-542) suggère l'intelligibilité, au travers d'une harmonisation rétrospective, de tout effort individuel d'interprétation, fût-il interpersonnel par nature. Cependant, comme la dimension « herculéenne » de la théorie du droit de Dworkin, le concept de roman écrit à la chaîne ignore le problème de l'interpénétrabilité ou de la compréhensibilité entre efforts ou traditions interprétatifs, qui sont chacun défendables ou même « bons» indépendamment les uns des autres.

[46]. Pour une introduction à la notion de « conception essentiellement contestée », voir W. Gallie, *Philosophy and the Historical Understanding*, 1964, p.157-191.

[47]. Une façon évidente selon laquelle les récits peuvent différer est dans leur point de départ et dans leur fin. L'histoire du premier amendement peut commencer dans l'Egypte ancienne, en 1776 ou en 1789. L'écriture constitutionnelle peut ainsi faire partie d'une histoire sacrée qui commence quand l'église de Dieu et la domination terrestre de l'homme coïncident ou ce peut être une réponse spécifique à une question spécifique soulevée à l'occasion de compromis nationaux établis entre 1787 et 1789.

schème narratif intégrant qui nous sommes et pourquoi nous luttons, à l'ensemble des préceptes différerait ainsi même si nous possédions un texte narratif canonique.

La conclusion qui se dégage de cet état de choses est simple et très dérangeante : il existe une dichotomie radicale entre l'organisation sociale du droit comme pouvoir et l'organisation du droit comme signification. Cette dichotomie, manifeste dans les cultures populaires et souterraines même au sein des sociétés les plus autoritaires, est tout particulièrement évidente dans les sociétés libérales, qui rejettent un contrôle de la narration. Le caractère indépendant de la signification exerce une influence déstabilisatrice sur le pouvoir. Les préceptes doivent « avoir une signification » mais ils l'empruntent nécessairement à des matériaux créés par une activité sociale qui échappe aux contraintes d'origine caractéristiques de ce que nous appelons la production formelle du droit. Même lorsque les institutions officielles essaient de fabriquer du sens pour les préceptes qu'elles énoncent, elles agissent, à cet égard, d'une façon non privilégiée.

Mark DeWolfe Howe a montré cela il y a presque vingt ans, lorsqu'il a souligné que la Cour Suprême avait adopté une perspective séculière, singulièrement Jeffersonienne à propos de la clause d'établissement. Howe a fait remarquer que la clause d'établissement aurait pu être comprise tout aussi bien, sinon mieux, du point de vue du christianisme évangélique. Il a écrit :

> « Une reconnaissance claire qu'en faisant du mur de séparation une barrière constitutionnelle, la foi de Roger Williams a joué un rôle plus important que les doutes de Jefferson, a probablement semblé à la Cour actuelle entraîner des implications malheureuses. Une telle admission pourrait suggérer que le premier Amendement n'a pas été forgé simplement pour codifier un principe politique mais pour implanter un principe de théologie un peu spécial dans la Constitution – un principe, en rien incontesté, qui affirme qu'une église dépendante de la faveur gouvernementale ne peut pas être vraie à la meilleure image d'elle-même. »[48]

Howe combinait son examen pénétrant des différentes narrations relatives à la clause d'établissement avec une observation encore plus pointue, même si très peu développée, sur le travail de la Cour Suprême :

---

[48]. M. Howe, *The Garden and the Wilderness*, 1965, p.7-8.

> « Parmi les pouvoirs considérables de la Cour Suprême des Etats-Unis, il en est deux qui logiquement peuvent être indépendants mais qui sont en fait reliés. L'un est le pouvoir, au travers d'une quête proclamée de principes, d'interpréter l'histoire. Le second est le pouvoir, en apportant une solution aux cas qui lui sont soumis, de la faire... »
> « ...Je dois vous rappeler cependant qu'un grand nombre d'Américains...tendent à penser que parce ce qu'une majorité de juges a le pouvoir de nous lier par son droit, elle a aussi le pouvoir de nous lier par son histoire. Ce n'est heureusement pas le cas. Chacun de nous est entièrement libre de trouver son histoire ailleurs que dans les pages des *United States Reports.* »[49]

La question à laquelle répondait Howe portait sur la tradition narrative qui doit informer les décisions de la Cour. Ce qu'il n'a pas écrit avec suffisamment de clarté, c'est que, quelle que soit l'histoire que la Cour choisit, des récits alternatifs fournissent encore des bases normatives pour la croissance de mondes constitutionnels différents à travers la persistance de groupes qui trouvent leurs significations respectives du premier amendement dans des points de départ radicalement différents par rapport à ceux de Roger William et de Thomas Jefferson. Comme nous le verrons, les clauses en matière de religion du premier amendement à cet égard ne sont pas atypiques.

2) L'épaisseur de la signification juridique

Une grande force et un grand dilemme de l'ordre constitutionnel américain est la multiplicité des significations juridiques créées à partir des narrations de l'exil et des bases sociales divergentes de leur utilisation. Mais avant que je traite de ce problème, je dois d'abord préciser de façon plus concrète les processus au travers desquels même un monde unique, clos produit un système de significations normatives. Pour ce faire, je prendrai le cas très simplifié de la Bible – simplifié parce que la Bible est un artefact littéraire d'une civilisation et qu'elle ne saisit pas plus toute l'étendue de possibilités de controverses de l'Israël ancien que n'importe quel composé aussi petit de nos textes saisirait tout l'éventail de notre potentiel normatif. Néanmoins, je pense que la Bible a quelque chose à offrir pour illustrer la façon de fonctionner ensemble des préceptes et des narrations pour fonder de la signification.

---

[49]. *ibid.*, p.3-5.

Soit deux systèmes juridiques, chacun avec des préceptes identiques, dictant l'action publique et privée : le fil aîné a le droit de succéder à son père comme chef de famille et de recevoir une part double de l'héritage familial. On pourrait imaginer une société dans laquelle un tel précepte est simplement établi, respecté de façon routinière et sujet seulement aux tensions ordinaires de la psychologie et de l'ingéniosité humaine.[50] Comparons cet ordre juridique imaginaire avec celui que nous trouvons décrit dans la Bible. Nous savons qu'à travers le Proche-Orient ancien, une règle de ce genre prévalait ; qu'elle est présupposée dans toutes les narrations du Pentateuque ; et qu'elle est exprimée dans le Deutéronome, au chapitre 21, versets 15 à 17, d'une façon un peu particulière :

> « Si un homme a deux femmes, l'une qu'il aime et l'autre qu'il hait et qu'à la fois celle qu'il aime et celle qu'il hait lui donnent des fils mais que le premier né soit de la femme haïe – lorsqu'il laisse son héritage à ses fils, il ne peut pas donner la préférence au fils de l'épouse aimée sur l'aîné de l'épouse haïe. Il doit reconnaître le fils premier né de l'épouse haïe et lui donner la double part. Celui-ci est en effet le premier fruit de ses reins et à lui revient le droit de primogéniture. »[51]

La rédaction très caractéristique de ce précepte suggère une psychodynamique extrêmement problématique. Mais le matériau narratif

---

[50]. Je ne sais pas si, en fait, il est psychologiquement réaliste de supposer qu'un tel précepte puisse jamais ne pas poser de problème de la même manière que les préceptes prévoyant la priorité des créanciers privilégiés n'en pose pas. Mais supposons, pour un moment, que ce soit le cas. Peut-être, dans une société tranquille, les plus jeunes enfants partent-ils conquérir et administrer des provinces.

[51]. *Deutéronome,* 21 : 15-17. Pour la règle juridique générale, voir Speiser, Commentaire sur *The Anchor Bible : Genesis*, trad. E. Speiser, 1964, p.210 :

> « Juridiquement, le fils aîné avait droit à une part préférentielle, double de l'héritage, en particulier à Ur. Mais dès lors que le statut de fils aîné...pouvait être réglementé par la parole du père, sans tenir compte de la précédence chronologique et dès lors que l'héritage dans ce cas était établi par contrat divin, l'accent mis par la tradition sur le transfert du droit d'aînesse dans une bénédiction sur le lit de mort – avec l'accord de Yahveh...- peut être immédiatement compris ». (*ibid.*, p.213.)

Quel que soit le contexte juridique spécifique à Ur, l'analyse de Speiser et toutes les autres semblables font l'impasse sur une grande part du problème de la création de signification au travers du droit. Les traditions juridiques davidiques, plus tardives, des Israélites, ne reconnaissaient pas le droit au patriarche de désigner un fils « aîné ». Les histoires, quelle que soit leur origine, étaient par conséquent utilisées de la façon expliquée dans le texte. Les intentions littéraires de l'auteur ou du rédacteur sont esquissées de façon lumineuse dans R. Alter, *The Art of Biblical Narrative*, 1981, p.42-46.

dans lequel le précepte est inscrit présente des dimensions encore plus complexes de contradiction et de complication apparentes.

Les dispositions deutéronomiques sont incluses dans un canon biblique avec un riche ensemble de narrations qui les accompagnent. Longtemps avant la rédaction finale de ce canon, nombre de ces textes et de ces histoires existaient comme faisant partie d'un héritage sacré, commun au peuple qui a produit le Deutéronome.[52] Ces textes comprennent : (1) l'histoire de Caïn et Abel, dans laquelle Dieu accepte le sacrifice d'Abel, le plus jeune fils, plutôt que celui de Caïn, l'aîné, et dans laquelle Seth, le troisième né, devient finalement l'ancêtre de la race humaine ;[53] (2) l'histoire d'Ismaël et d'Isaac, dans laquelle Ismaël, le premier fruit des reins d'Abraham est chassé de sorte que son droit de naissance puisse passer à Isaac, le fils cadet, né de la femme préférée ;[54] (3) l'histoire d'Esaü, fils premier né d'Isaac, qui est privé de son droit d'aînesse par la ruse de Jacob, son cadet ;[55] et (4) l'histoire de Joseph et de ses frères, dans laquelle Joseph – un plus jeune fils de la femme préférée – est aimé davantage par son père, rêve de sa propre primauté, provoque des représailles et en vient à gouverner ses frères à la suite d'une ascension politique improbable dans un autre pays.[56] En fait, toutes les histoires des patriarches tournent autour de la subversion de l'ordre « normal » de succession[57] – pilier de la civilisation qui est formellement énoncé parmi les dispositions codificatrices du Deutéronome lui-même.[58]

---

[52]. Voir S. Leiman, *The Canonization of Hebrew Scripture*, 1976.

[53]. *Genèse,* 4 :1-5 ; 4 : 25-26.

[54]. *ibid.*, 21 : 1-14.

[55]. *ibid.*, 25 : 29-34 ; 27 : 1-40.

[56]. *ibid.*, 37 : 1 – 47 : 12. Le motif réapparaît aussi presque gratuitement lorsque Jacob croise ses mains en bénissant les enfants de Joseph, Manasseh et Ephraïm. *ibid.*, 48 : 8-20. Le texte ne fournit pas l'histoire d'une dynamique entre les deux fils de Joseph, ni d'arrière-plan concernant les sentiments de Joseph – ni d'ailleurs de Jacob – à leur égard. L'incident semble totalement imprévu, mais, bien sûr, il s'inscrit dans la typologie : quand Jacob croise les mains en bénissant ses petits-enfants, il ne fait pas qu'utiliser ce qui peut être ou ne pas être une technique juridique légitime pour tourner la règle générale ; il met aussi en œuvre, en tant que Jacob le père, la typologie qui est associée si étroitement avec Jacob le fils et le frère.

[57]. « Il y a un thème qui revient fréquemment dans les premiers livres de la Bible : celui de la préférence donnée au fils cadet sur le fils premier né, alors que celui-ci a normalement juridiquement le droit de primogéniture. » (N. Frye, *The Great Code*, 1982, p.180-81, tr. fr. : *Le grand code*, par Catherine Malamoud, Paris, Seuil, 1984.) Mon étude emprunte beaucoup à Frye, qui ne voit pas cependant l'importance du thème comme étant également une question de destinée, de grâce et de choix divin, d'une part, et un problème de place du *droit* dans les affaires humaines qui constituent aussi l'histoire sacrée, d'autre part. L'analyse de Frye inclut le thème du sacrifice du premier né, qui ajoute davantage de richesse aux complexités que je suggère ici.

[58]. Voir M. Weinfeld, *op. cit. supra* note 31, p.188.

Le motif continue à jouer un rôle prédominant dans les histoires postérieures aux narrations concernant les patriarches ; il figure, modifié, dans les récits de successions politiques, plutôt que familiales. La montée de Salomon sur le trône de David rappelle à coup sûr ce thème,[59] de même que la prédominance de Moïse sur Aaron.[60] Des formes affaiblies du même motif se retrouvent avec la naissance du prophète Samuel et sa succession à la place d'Elie le Prêtre comme chef du peuple[61] et avec la succession de David au trône de Saül.[62] Dans ces deux cas, le récit comprend l'incorporation d'un fils plus jeune dans une lignée dynastique et son ascendance ultime au-dessus des fils plus âgés du père, les héritiers naturels du pouvoir.

Maintenant, pour comprendre une civilisation juridique, on doit connaître non seulement les préceptes qu'elle prescrit mais aussi comment ils sont changés. Dans la Bible, il n'y a pas de précepte céleste ou terrestre plus lourdement chargé que celui de Deutéronome, Chapitre 21, versets 15-17, parce qu'il n'existe pas de précepte qui soit rendu aussi problématique par les narrations dans lesquelles le droit est enfoui. Cela ne signifie pas que le précepte formel n'était pas respecté. En fait, les narrations en question perdraient l'essentiel de leur force, si ce n'est toute leur force, si ce n'était pas que la règle soit suivie de façon habituelle dans la vie ordinaire.[63] Ce qui distingue les récits bibliques, c'est qu'ils ne puissent jamais s'expliquer totalement ni par la règle formelle – bien que certains rabbins s'y soient essayés à une époque plus récente,[64] ni par la pratique normale. Il est tentant de réconcilier les récits avec la règle en créant des exceptions ou en posant des circonstances qui feraient échapper le cas à la règle. Ces stratégies peuvent être utiles pour le légiste ultérieur dont le souci est la

---

[59]. *Rois*, Livre I, I : I-53.

[60]. *Exode*, 4 : 14-16.

[61]. *Samuel*, Livre I, 3 : 11-21.

[62]. *Samuel*, Livre II, 5 : 1-5.

[63]. Une narration concernant la vie américaine dans les années 20 n'est pas surprenante si elle décrit des personnages qui consomment des boissons alcoolisées malgré la prohibition – parce que cette loi était violée de façon ordinaire et ce qui est dépeint est un simple fait de l'existence et non pas l'intervention de la main de Dieu ou le spectre de la révolution.

[64]. « Et Esäu rejeta le droit d'aînesse. » *Genèse*, 25 : 34. L'Ecriture témoigne de sa méchanceté en ce qu'il méprise l'adoration de Dieu.(Rachi, à propos de *Genèse*, 25 : 34.) Les commentateurs supposaient que ce droit d'aînesse était associé à des responsabilités sacrificielles familiales, de même (ou plutôt) qu'à la double part. «[Il méprisait] aussi cela, le droit d'aînesse, parce qu'il voyait que son père n'était pas riche. » Ibn Ezra, à propos de *Génèse*, 25 : 34. Les commentateurs traditionnels combinent souvent la désapprobation de la méthode ou du caractère de Jacob avec des affirmations fortes de l'indignité d'Esäu à hériter du droit d'aînesse. Voir, par exemple, N. Leibowitz, *Studies in* Bereshit (Genèse), trad. A. Newman, 2nde ed., 1974 (qui rassemble une documentation), p.264-69, 275-78.

cohérence du corps de préceptes. La vie dans le monde normatif de la Bible exigerait cependant un sens très aiguisé d'où la règle finit et pourquoi.

Dans une société où la règle de succession est relativement certaine, le respect de celle-ci ou sa violation, la résistance ou l'acquiescement peuvent varier en fonction des contingences de chaque cas demandant l'application de la règle – le pouvoir relatif des parties, les sentiments qu'elles entretiennent les unes envers les autres, les conséquences présentées comme possibles. Dans l'Israël ancien, de telles contingences continuent à faire partie de la narration ; les personnalités et les ambitions individuelles de Jacob et de Joseph ajoutent certainement beaucoup à notre compréhension de leurs histoires. Mais dans tous les cas de la Bible où la succession est contestée, il y a une couche de signification ajoutée à l'événement en vertu du fait que la mythologie de ce peuple a associé l'intervention de la main de Dieu à la typologie de la subversion de cette règle particulière. Quand Joseph rapporte son rêve à ses frères, nous sommes confrontés non seulement à un présage d'un défi à la règle, non seulement à une allusion à un conflit possible en matière de succession mais aussi, de façon plus importante, à l'affirmation que Dieu intervient dans la destinée humaine lors d'un tel défi au précepte. Etre un habitant du monde normatif biblique, c'est comprendre, premièrement, que la règle de succession peut être subvertie, deuxièmement, qu'il faut la conviction d'un destin divin pour la subvertir ; et troisièmement, que le destin divin est susceptible de se manifester précisément dans la subversion de cette règle spécifique.

En décrivant la relation entre destin divin et règles de succession, les narrations bibliques révèlent et renforcent une grande ligne de faille dans la topographie normative des Israélites. Il est naturel d'identifier le fils cadet avec la tribu ou la nation ou l'église tard venues. Les historiens qui rapportent les difficultés des frères qui sont clairement éponymes suggèrent la guerre entre voisins. Si Jacob est Israël et Esäu est Edom, il y a une correspondance implicite entre la norme de droit privé relative à la succession familiale – rendue problématique par l'intervention de la main de Dieu dans la destinée humaine (aidée par la tromperie humaine) et un droit « international » régulant les rapports entre ceux qui sont de longue date bien établis et ceux qui se proclament nomades ou nouveaux venus. Il faut connaître les narrations pour vivre comme le tard-venu et l'usurpateur problématiques mais néanmoins porteur de destin, pour avoir le sens bien accordé d'un horizon de volonté et de destin divin sur lequel la norme universelle, objective, cesse d'avoir prise.[65]

Le problème dont traitent ces narrations bibliques est aussi un exemple de la question encore plus générale de la légitimité politique. Tout ordre juridique doit se concevoir d'une façon ou d'une autre comme issu de ce qui en soi est illégal. Cette conception correspond à la reformulation narrative ou mythique du concept positiviste de règle de reconnaissance ou *Grundnorm*. La discontinuité à laquelle il est fait appel peut être purement fictive, totalement mythique et appartenir à l'histoire strictement scientifique. Il est possible de désigner une théophanie, une révolution, une migration, une catastrophe. Mais que le recours narratif soit celui de Robinson Crusoë, des Pères Fondateurs, de la conquête de Canaan ou du Mont Sinaï, le début sacré fournit toujours la typologie pour un retour dangereux. La révélation et (dans une moindre mesure) la prophétie sont des défis révolutionnaires à un ordre fondé sur la révélation.[66] La sécession est la réponse révolutionnaire à un ordre fondé

---

65. Robert Alter discute de façon très judicieuse à mes yeux de la relation entre normes et destin :

> « Si l'on insiste pour voir dans les narrations des patriarches strictement des paradigmes de l'histoire ultérieure d'Israël, on doit en conclure que les auteurs et le rédacteur de l'histoire de Jacob étaient des contestataires politiques soulevant des questions obliques mais néanmoins dommageables à propos de l'entreprise nationale. En réalité, il peut y avoir quelque fondement théologique à l'introduction de telles ambiguïtés dans l'histoire du héro éponyme d'Israël, parce que dans la perspective du monothéisme éthique, les privilèges acquis par contrat ne confèrent pas du tout automatiquement la perfection morale... »

R. Alter, *op.cit.supra*, note 51, p.45-46. Si je peux me permettre de reformuler ce point : le conflit éternel entre le « légal » d'une part et le destin et le but d'autre part est ainsi illustré par le canvas de ce droit et de ces protagonistes éponymes.

66. Cette intuition est au fondement de nombreuses grandes œuvres littéraires, telles que le chapitre du « Grand Inquisiteur » de F. Dostoïewsky, dans *Les Frères Karamazov*. Un autre cas bien connu est l'histoire du four d'Akhnaï dans la littérature rabbinique. Dans ce récit, les rabbins contestataires rejettent l'appel d'une voix venue du ciel qui vient dans la discussion se ranger aux côtés de l'une des parties. Voir *Talmud de Babylone*, Traité Baba Metzia, 59. Selon une interprétation plausible de l'histoire, Dieu se réjouit lorsque ses « enfants » (les Sages) triomphent de lui au moyen d'un argument juridique rejetant l'intervention divine. Une discusssion très utile de ce point, qui sert aussi à introduire la vaste littérature rabbinique sur ce récit, est présentée par Englard, in Englard, « Majority Decision v. Individual Truth : The Interpretations of the « Oven of Achnaï » Aggadah, in *Tradition*, Spring-Summer 1975, p.137. Les problèmes soulevés par ce midrash sont liés aux débats théologiques, philosophiques et théoriques, qui ont fait rage dans le judaïsme pendant des centaines d'années, à propos de l'autorité relative de la loi et de la prophétie. Voir, par exemple, A. Reines, *Maimonides and Abravanel on Prophecy*, 1970. Le procès extraordinaire d'Anne Hutchinson à Massachusetts Bay, en 1637 démontre aussi le caractère dangereux d'un retour à la révélation dans un ordre juridique fondé sur la révélation. Voir,

sur le consentement ou le contrat.[67] Le retour des actes fondateurs ne peut jamais être empêché ou entièrement domestiqué. Comme nous faisons mémoire des discontinuités particulières qui confèrent aux actes fondateurs leur autorité, nous ne pouvons éviter de tirer la conséquence qu'ils sont exemplaires. Il existe toute une foule de techniques pour prévenir cette conclusion mais elles ne sont pas à toute épreuve ; et elles ne persuaderont pas une personne suffisamment convaincue que le destin ou la providence veut en faire son agent.

Les narrations bibliques conservent toujours leur force subversive – le souvenir que le destin divin n'est pas légal. C'est ainsi que Paul a pu mettre les narrations au service d'une extension allégorique, révolutionnaire de la typologie dans son Epître aux Galates.[68] Les juifs avec leur loi y sont comparés à Agar et Ismaël, les premiers venus, dont la revendication est fondée sur la loi. L'église chrétienne, nouvelle, ce sont Sarah et Isaac, les tard-venus, qui n'ont pas de titre juridique mais qui détiennent la promesse divine du destin. Tout l'édifice juridique est alors mis à bas à travers une allégorie sur le motif narratif omniprésent qui lui-même relie la dimension problématique des règles au mystère de la destinée. C'est un argument particulièrement puissant que d'utiliser, dans une critique de la loi d'Israël, une allégorie construite sur le thème qui, lui-même, exprime le destin extralégal d'Israël.

C. Adams, Antinomianism in the Colony of Massachusetts Bay, 1636-1638, 1894, p.285-336 ; G. Haskins, *op. cit. supra* note 41, p.48-50.
Le phénomène du retour dangereux du mythe des origines a été plus principalement noté à propos des mouvement eschatologiques religieux et du défi que la prophétie et la révélation représentent pour une église. Mais il existe aussi des exemples séculiers. Voyez l'analyse de l'oppression politique chez le relativement grave Joseph Story dans ses *Commentaries on the Constitution* : « S'il y avait un remède, ce serait un remède que ne fournissent jamais les institutions humaines. C'est par un recours au droit ultime de tous les êtres humains dans les cas extrêmes à résister à l'oppression et à employer la force contre l'injustice ruineuse. » J. Story, *Commentaries on the Constitution of the United States*, Vol.1, Boston, 1833, § 395, p.374-375. Examinez aussi la discussion intéressante de Gary Wills concernant la tendance d'Abraham Lincoln à faire appel à la Déclaration d'Indépendance, souvent dans des contextes qui, du point de vue du « pouvoir des esclaves » doit être apparu comme un rappel inconfortable des sous-entendus révolutionnaires. Voir Gary Wills, *Inventing America : Jefferson's Declaration of Independence*, 1978, p.xvi-xxi.

[67]. Dans l'expérience américaine, le mythe du contrat social a conduit les théoriciens à mettre en valeur à la fois le droit à s'expatrier (ou au retrait individuel) (voir G. Wills, *op. cit. supra* note 66, p.82-84 ; Tucker, Appendix to W. Blackstone, *Commentaries*, Vol.2, à la note K [S. Tucker, ed. and comm., Philadelphia, 1803] et le droit à la sécession des sociétés composantes, les Etats (Voir E. Bauer, *Commentaries on the Constitution :1790-1860*, 1952, p.253-308).

[68]. *Galates*, 4 : 22-31. L'allégorie est brièvement discutée dans N. Frye, *op. cit. supra* note 57, p.186 et reçoit un traitement plus intéressant dans S. Handelman, *The Slayers of Moses*, 1982, p.87-88.

Ainsi, connaître les narrations, ce n'est pas seulement connaître les complexités psycho-familiales de la succession, ce n'est pas seulement voir le motif du renversement de la règle de succession comme véhiculant le problème de la succession dynastique, mais c'est aussi comprendre ce motif comme moyen d'exprimer les problèmes moraux non résolus de la géopolitique et comme source potentielle de division sectaire.

J'ai utilisé le matériau biblique dans cette première confrontation avec le problème de la signification juridique pour plusieurs raisons. Premièrement , le matériau est conventionnellement circonscrit. Le canon à la fois établit que toute narration biblique est pertinente pour la signification normative et exclut tout autre matériau. Deuxièmement, ces documents sont familiers. Troisièmement, on a là la démonstration que le genre du texte n'intervient pas dans la création de la signification juridique. Les narrations en question ont leur importance pour la signification du *nomos* biblique non pas parce qu'elles sont vraies mais parce qu'elles sont bibliques, c'est-à-dire parce qu'elles entrent dans le matériau retenu par convention comme étant à utiliser pour l'interprétation. Dans la discussion qui suit, je vais traiter des problèmes de « signification » dans notre propre *nomos*. Ces matériaux y sont moins bien délimités. Il n'y a pas de conventions faciles pour la création de la signification. Néanmoins, nous devons nous y attaquer pour comprendre notre propre dilemme.

3) La création de la signification constitutionnelle

Les mondes bibliques de signification normative sont construits autour d'un texte sacré qui comprend à la fois précepte et narration. Le texte a constitué le centre paidéique pour les traditions interprétatives qui se sont développées à partir de lui. Historiquement, les textes que nous connaissons comme la Bible n'ont pas toujours occupé le centre conventionnellement défini et incontesté de la tradition ; cependant, pour essayer de comprendre la création de la signification juridique, nous pouvons traiter la tradition d'un point de vue lointain qui simplifie l'analyse. Dans notre propre univers normatif, il n'y a pas de texte central évident, et en tout cas aucun qui fournisse exhaustivement narration et précepte. Néanmoins, la Constitution des Etats-Unis déclare être la « loi suprême ».[69] Nombre de nos narrations historiques nécessairement non canoniques traitent la constitution comme fondatrice – comme un commencement – et comme génératrice de tout ce qui a suivi. Ceci est vrai même si la Constitution se trouve en concurrence avec le droit

[69]. U.S. Constitution, art.VI, §2.

naturel, la Déclaration d'Indépendance, les Articles de Confédération et la Révolution elle-même en ce qui concerne la primauté dans la tradition narrative. Finalement, la Constitution représente une base largement admise, à défaut d'être universellement acceptée, pour des interprétations ; elle forme un centre à partir duquel de nombreuses communautés enseignent, apprennent et racontent des histoires.

L'essentiel de la littérature concernant la signification constitutionnelle a principalement mis l'accent sur l'œuvre judiciaire et secondairement sur celle des autres représentants de l'Etat. Je prendrai pour point de départ la production non officielle et n'envisagerai qu'en conclusion la façon dont les officiels créent ou détruisent de la signification. J'adopte cette approche parce que je crois que, dans le domaine de la signification juridique, c'est la force et la violence qui posent problème. J'explorerai le statut spécial de la signification dans un contexte accompagné de violence seulement après que j'aie envisagé les processus à travers lesquels la signification se crée dans des contextes moins clairement marqués par la force que ne le sont les décrets étatiques. Cette section portera tout d'abord sur les manières selon lesquelles les communautés insulaires établissent la signification qu'elles attribuent aux principes constitutionnels à travers leur combat constant pour définir et maintenir l'indépendance et l'autorité de leur *nomos*. Les processus générateurs de droit à l'intérieur des groupes qui se consacrent à des transformations radicales de la signification constitutionnelle seront ensuite envisagés dans la mesure où celle-ci affecte l'application du pouvoir étatique. Ces sous-sections constitueront alors la toile de fond pour la discussion dans la section IV du travail judiciaire qui de façon générale bloque – mais occasionnellement, stimule – les processus de création de la signification juridique.

A) L'origine des significations juridiques dans les communautés interprétatives

a) L'autonomie insulaire

Parmi les mémoires *amici curiae* soumis à la Cour Suprême dans *Bob Jones University v. United States*, il en est un, présenté par son conseil au nom de l'Eglise de Dieu dans le Christ, mennonite, qui est écrit dans la forme d'une simple narration.[70]

---

[70]. 103 S. Ct. 2017 (1983)

Il dit, entre autre, ce qui suit :

> « Il y a dans notre conscience le sens très fort d'une histoire souvent tortueuse dans laquelle nos prédécesseurs ont traversé des périodes de difficultés et de souffrances extrêmes, une histoire qui inclut le souvenir de nombreux martyrs qui ont souffert pour les croyances qui constituent encore notre profession de foi. Un trait notable de l'histoire de notre église est celui d'une église au statut de migrant, allant d'un endroit ou d'une nation à un autre en quête du respect et de la tolérance religieuse, celui d'un peuple sans défense cherchant un lieu où il puisse continuer à exister. Ceci a forgé en nous une considération extrêmement haute de la liberté religieuse. Nous estimons que la liberté religieuse concédée par cette nation peut être sa plus grande vertu. »[71]

Dans cette narration, une communauté de sept mille sept cents croyants s'identifie à plus de sept mille « frères » du seizième siècle mis à mort sur le Continent[72] et aux communautés mennonites errantes pendant les quatre siècles qui ont suivi.[73]

Le mémoire mennonite à cet égard n'est pas unique. Dans un mémoire au nom des défendeurs in *Wisconsin v. Yoder*,[74] la caractérisation suivante apparaît :

> « Les Amish de ce cas se présentent devant la Cour dans un rôle qui leur est familier : celui d'objets pacifiques et passifs de la colère publique (« *civil wrath* »)...[L]eur histoire...renvoie...à la Suisse de 1525 où leurs ancêtres ont essayé de retrouver un Age d'Or. C'étaient les « Anabaptistes » qui cherchaient, non pas à réformer l'Eglise, mais à restaurer un christianisme primitif, perdu. Etre « chrétiens du premier siècle » exigeait ...une communauté séparée à caractère pacifique et pratiquant l'entraide...
>
> La « communauté séparée » impliquait non seulement une séparation du « monde » mais aussi *la séparation de*

---

[71]. Mémoire *amici curiae* à l'appui d'une pétition en demande de *certiorari* présentée au nom de l'Eglise de Dieu dans le Christ, mennonite, p.1-2, in *Bob Jones University* (N°81-3) (notes de bas de page et guillemets de citation intérieurs omis) [document désigné ci-après sous l'appellation de Mémoire mennonite].

[72]. Voir *ibid.*, p.1 et note 1.

[73]. Voir *ibid.*, p.1-2 et note 2.

[74]. 406 U.S. 205 (1972)

l'Eglise et de l'Etat comme sauvegarde de la liberté religieuse. »[75]

Cette narration commune génère trois dimensions du *nomos* anabaptiste. Premièrement, il s'élabore sur une vision de la communauté insulaire du christianisme du premier siècle. Pour les Anabaptistes, l'aspiration à la vie d'un membre de l'église primitive du premier siècle est devenue une référence plus importante que les contraintes extérieures imposées par la réalité contemporaine. Cette vision est ainsi le point fixe de l'expérience de l'histoire de l'anabaptiste. Deuxièmement, la narration fait des dilemmes posés par les différentes autorités une série de « réalités » temporelles. Ces « réalités » sont la variante historiquement contingente. Finalement, la narration crée un *peuple* consacré à la vision – un peuple dont les actes et les normes pour agir font de la vision une constante autour de laquelle gravitent ces variables changeantes que représentent les différentes demandes civiles. C'est le *droit* interne[76] de la communauté anabaptiste qui crée un pont entre la vision et la réalité. Et c'est le caractère de ce pont qui détermine s'il conservera ferme la vision.

La structure « *nomos* » des Anabaptistes fixe la place en son sein et dès lors la signification du principe du libre exercice de la religion énoncé par la Constitution des Etats-Unis. Ce principe, en tant qu'il fait partie de la foi mennonite, est éloquemment décrit dans le mémoire *amicus* mennonite de l'affaire *Bob Jones University* :

> « La tension terrible à laquelle nous avons dû faire face et à laquelle nous devons faire face quand nous nous trouvons dans un conflit entre la volonté du gouvernement séculier et ce que nous comprenons de la volonté de Dieu constitue un des aspects les plus difficiles de notre expérience religieuse.
>
> Notre foi et notre compréhension de l'écriture nous enjoignent de respecter les gouvernements séculiers sous lesquels nous vivons et de leur obéir. Nous les reconnaissons comme institutions établies par Dieu pour

---

75. Mémoire des défendeurs, p.12, *Yoder* (N°70-110) (notes omises).

76. On peut honnêtement se demander si nous devons caractériser l'Eglise chrétienne « primitive » comme une communauté soumise à un « droit ». Le rejet de la « loi » comme lien fondamental entre Dieu et l'individu et entre Dieu et l'Eglise est critique pour les croyances de cette communauté. Néanmoins, d'un point de vue externe, cette communauté se construit incontestablement un monde normatif qu'elle chérit et qu'elle prend grand soin de conserver. De plus, le rejet de « l'alliance de la loi » pour celle de la grâce n'implique pas une absence de loi pour le fonctionnement interne des communautés terrestres. En fait, la force normative et la cohérence de la doctrine amish sont puissamment argumentées dans le mémoire amish de *Yoder*. Voir *ibid.*, p.14-26 ; *infra*, p.100-101.

> maintenir l'ordre à l'intérieur de la société. Pour cette raison seule, sans prendre en considération le surcroît de détresse engendré par l'action punitive pour défaut d'obtempérer, nous nous employons toujours à agir en pleine conformité avec la loi. Nos croyances religieuses cependant sont très ancrées. Lorsque celles-ci entrent en conflit avec les exigences de la société, notre première allégeance doit aller à Dieu et nous devons dire avec les hommes de Dieu du passé, « Nous devons obéir à Dieu plutôt qu'aux hommes » et ce sont ces crises dont nous voudrions être épargnés.[77]

Le but de la clause de libre exercice du premier amendement pour les membres de cette église est constitué, en partie, par le sens vif de la crise de devoirs posée par leurs croyances religieuses. Maintenant logiquement, toute personne qui considère ses obligations envers la loi de l'Etat comme subordonnées à un certain standard – éthique, religieux ou politique – qui est extérieur à cette loi, est confrontée au même dilemme potentiel que les Mennonites et les Amish de l'Ordre Ancien (« Old Order Amish ») . Mais tous ceux d'entre nous qui affirment une limite extérieure à l'obligation que leur impose le droit, ne s'identifient pas à des narrations dans lesquelles précisément un tel dilemme possible théoriquement prend l'allure d'une crise paradigmatique – « un des aspects les plus difficiles de notre expérience religieuse ». Les narrations mennonites, qu'il s'agisse des récits quasi-sacrés concernant les martyrs[78] ou des histoires plus récentes d'objecteurs de conscience,[79] aident à créer l'identité du croyant et à établir l'engagement central à partir duquel il abordera toute loi de l'Etat – et en particulier toute loi fondamentale. Les espoirs, les craintes et les possibilités que ce point d'identité et d'engagement font naître ont, bien sûr, des implications majeures pour la généralité du principe posé dans la décision *Bob Jones University*.

Ce qui souciait les Mennonites, les Amish et différents groupes religieux évangéliques ou autres n'était pas la perte particulière du statut d'exemption fiscale pour une école religieuse discriminant sur une base raciale. Peu, si jamais il y en a, parmi ceux qui ont présenté des mémoires *amici curiae* en faveur de Bob Jones University ou des Ecoles Chrétiennes Goldsboro pratiquent une discrimination sur un fondement racial ou sont confrontés à la menace de se voir priver de leur statut

---

[77]. Mémoire mennonite, *op. cit. supra* note 71, p.3-4 (sans les notes).

[78]. Voir *ibid.*, p.1 et note 1.

[79]. Voir *ibid.*, p.3 note 4.

d'exemption fiscale par l'administration.[80] Le principe qui troublait ces *amici* était constitué par l'affirmation large qu'une « simple politique publique », aussi admirable qu'elle soit, pouvait triompher face à la revendication de la protection spéciale contre la crise de conscience du Premier Amendement.

Je défends très fortement la compréhension mennonite du Premier Amendement. Cette compréhension ne doit pas être prise simplement comme la « position » d'un partisan – bien qu'elle soit cela. J'affirme que, dans le domaine de la signification constitutionnelle, la compréhension des Mennonites a un statut égal (ou supérieur) à celui accordé à la compréhension des juges de la Cour Suprême. Dans ce domaine de la signification – si ce n'est dans le domaine du contrôle social – la communauté mennonite crée le droit aussi pleinement que le fait le juge. Tout d'abord, les Mennonites habitent un *nomos* continu qui doit être séparé par une frontière normative du rège de la coercition civile, tout comme les détenteurs du pouvoir d'Etat doivent établir leur limite par rapport à l'autonomie et la résistance d'une communauté religieuse. Chaque groupe doit prendre en compte dans son propre monde normatif la réalité objective de l'autre. Il peut y avoir ou non synchronisation ou convergence dans leurs compréhensions respectives à propos de la frontière normative et de ce qu'elle implique. Mais d'un point de vue de départ qui se veut neutre – c'est-à-dire non étatique – dans sa compréhension du droit, les interprétations offertes par les juges ne sont pas nécessairement supérieures. Les Mennonites ne sont pas seulement des gens qui défendent une thèse, ils sont prêts à vivre et ils vivent déjà selon la compréhension de la Constitution qu'ils proclament. Bien plus, ils vivent au sein de codages complexes d'engagements – leurs narrations sacrées – qui fondent la compréhension du droit qu'ils affichent.

L'affaire *Bob Jones University* présente, bien sûr, l'occasion d'examiner des narrations et des principes autres, très différents et antagonistes. J'y reviendrai plus tard. Pour le moment, il suffit de constater le lien de ce genre précis de narration centrale avec l'une des compréhensions de la signification constitutionnelle. Cette compréhension non seulement dicte la règle de priorité – celle qu'une pratique religieuse de bonne foi ne peut pas céder devant l'affirmation d'une politique publique – mais aussi

---

80 . Voir Mémoire *amici curiae* des Eglises Baptistes Américaines des Etats-Unis, auquel s'est jointe l'Eglise Presbytérienne Unie des Etats-Unis, in *Bob Jones University* (N°81-3) ; Mémoire pour le Centre pour la Liberté Religieuse et le Droit de la Société Juridique Chrétienne, comme *amicus curiae* soutenant une Petition pour une demande de *Certiorari* devant la Cour d'Appel des Etats-Unis 4è Circuit in *Bob Jones University* (N°81-3)

insère cette règle dans une conception plus globale de l'obligation morale/juridique et de la destinée constitutionnelle :

> « Nous croyons que Dieu a béni d'une façon toute spéciale, le noble respect envers les convictions religieuses sincères que cette nation a choisi...
> Notre intense désir ou notre prière continuelle est que cette nation puisse rester constamment sous la protection et la bénédiction de Dieu Tout-puissant, qu'elle puisse toujours demeurer un endroit où des gens tels que nous puissent avoir une place pour la vie [sic] et rechercher ce que Dieu attend de nous en toute tranquillité. »[81]

Le principe de séparation est constitutif et générateur de droit. C'est non seulement un principe de limitation de l'Etat, mais aussi un principe constitutif d'un *nomos* distinct à l'intérieur du domaine laissé libre. Les Amish ont martelé ce point dans le mémoire qu'ils ont présenté dans l'affaire *Yoder* :

> « Il n'existe pas de religion amish indépendamment de la communauté amish . Une personne ne peut pas prendre la religion amish et la pratiquer individuellement. La communauté demeure spirituellement du fait des liens d'une foi vécue, commune, soutenue par « des traditions et des idéaux communs qui ont été révérés par toute la communauté de génération en génération. »[82]

Les Amish insistent sur le caractère essentiellement nomique du monde qu'ils ont construit :

> « Qualifier leurs croyances de « non-doctrinales » ou inférer que ces croyances constituent des coutumes excentriques mais non obligatoires, simplement parce qu'elles ne sont pas exprimées sous la forme de textes, décrets et règlements imprimés, est trompeur. La « doctrine » (c'est-à-dire l'enseignement) amish est hautement précise et clairement connue, sauvegardée qu'elle est pour chaque génération au moyen d'une tradition orale qui contient et répète les enseignements essentiels.[83]

Au bout du compte, c'est la capacité de l'Etat à tolérer ou à détruire ce *nomos* indépendant qui dicte la relation de la communauté amish avec son

---

[81]. Mémoire mennonite, *op. cit. supra* note 71, p.4.

[82]. Mémoire en faveur du défendeur, *Yoder* (N°70-110), p.21 (citant J. Hostetler, *Amish Society*, 2nde ed., 1968, p.131.

[83]. *ibid.*, p.14-15 (note omise).

hôte politique. Les narrations mennonite et amish sont claires au regard des typologies de l'accommodement, de l'oppression et de la résistance. La réponse des Amish aux attaques de l'autorité civile contre l'isolement nomique de leur monde « a été de vendre leurs fermes et de se retirer sur des territoires, ici ou ailleurs, où, espèrent-ils, il leur sera permis de faire en paix la volonté de Dieu ».[84]

Il y a une image presque physique, puissante, à l'œuvre au sein de la conception à laquelle les Amish et les Mennonites font appel dans leur confession constitutionnelle. C'est l'image d'un espace sacré, consacré, d'un refuge taillé dans l'espace juridique, séculier, commun de l'Etat. A l'intérieur de ce refuge nomique consacré, il est admis que prévaut la règle religieuse de reconnaissance exprimée dans Actes 5 : 29 – « Nous devons obéir à Dieu plutôt qu'aux hommes » – au lieu de la soumission au principe incorporé dans l'article VI, paragraphe 2 de la Constitution, selon lequel « [Cette] Constitution et les lois des Etats-Unis qui seront faites conformément à celle-ci...formeront la loi suprême du pays. » La suprématie auto-référentielle de chaque système est, bien sûr, mitigée par les règles de déférence répondant en partie à des principes, en partie à des considérations de sagesse que chacun manifeste l'un par rapport à l'autre.[85]

La clause de libre exercice n'est que l'un des nombreux principes qui peuvent être utilisés pour créer des limites aux communautés et à leur droit quasi-autonome. L'excellente étude de Carol Weisbrod sur les communautés utopiques du dix-neuvième siècle démontre le pouvoir de la liberté contractuelle en matière de création d'insularité nomique.[86] Il n'est pas surprenant qu'elle ait trouvé que le caractère volontariste de l'idéologie de ces communautés – tout spécialement la communauté Shaker – domine leur pensée constitutionnelle, tout comme la vision du libre exercice domine la théorie constitutionnelle, mennonite et amish.[87]

Le droit de propriété et le droit des entreprises ont aussi servi de base à des revendications de création de réserve nomique insularisée. La ville, la mine, l'usine de la compagnie affirment souvent leur droit à créer et à

84. *ibid.*, p.26.
85. Il est bien sûr parfaitement en accord avec la tradition de voir la signification de toute l'histoire humaine centrée sur un reste et un refuge pour ce reste. D'un point de vue séculier sur la Constitution, la création par la clause du libre exercice de refuges nomiques, consacrés, de petite dimension, peut apparaître comme simplement une concession (sans importance) au profit de l'autonomie religieuse. Mais, pour les Mennonites, la clause est l'axe autour duquel tourne la roue de l'histoire.
86 . C. Weisbrod, *The Boundaries of Utopia*, 1980.
87. Voir *ibid.*, p.61-79 (traitant de l'idéologie du contrat chez les Shakers).

appliquer un droit relatif aux relations sociales. De telles affirmations ont été une condition très répandue au sein de la vie industrielle pendant tout le dix-neuvième siècle et le début du vingtième ; elles ont conservé quelque importance aujourd'hui, même si la situation que représente le cas extrême de Pullman, Illinois, au dix-neuvième siècle, se retrouve rarement.[88] Peut-être l'exemple historique le plus remarquable de l'utilisation du droit privé pour la génération d'un *nomos* réside-t-il dans la création d'une société politique sur la base de la Charte d'Incorporation de Massachusetts Bay.[89] Et bien que de tels exemples dramatiques de l'autorité normative d'une charte d'incorporation soient rares, le droit des sociétés modernes continue à comporter le caractère formel d'une attribution de l'autorité pour générer des normes.[90]

Ce qu'il s'agit de relever ici ce n'est pas que la production de droit privé se fasse à travers l'autorité religieuse, le contrat, la propriété et le droit des sociétés (ainsi, bien sûr, qu'à travers toute l'activité privée associationnelle) mais surtout que, de temps en temps, différents groupes utilisent ces procédés bien compris et universellement acceptés pour créer un *nomos* tout entier – un monde intégré d'obligations et de réalités à partir duquel le reste du monde est perçu. A ce point de transformation radicale de la perspective, la règle-frontière – que ce soit le contrat, le libre exercice de la religion, la propriété ou le droit des sociétés – devient davantage qu'une simple règle : elle devient constitutive d'un monde. Nous constatons une mitose normative. Un monde est expulsé ; un mur commence à se construire et sa forme diffère selon le côté de ce mur où nos narrations nous placent.

Les visions constitutionnelles des Amish, des Mennonites, des communautés utopiques, des premiers Mormons, des Pélerins et des Puritains émigrés ont exalté l'importance de l'autonomie associationnelle. Bien que tous ces groupes aient eu une place dans leurs

---

88. Pullman était plus qu'une ville. C'était une idéologie, généreuse à l'origine et dans son intention mais oppressive en fait. Voir, par exemple, S. Lens, *The Labor Wars*, 1973, p.85-87 ; R. Sennett, *Authority*, 1980, p.62-66.

89. Barbara Black a décrit éloquemment les procédés par lesquels un document de droit privé en est venu à s'imposer comme le droit public de la colonie de la Baie du Massachusetts pendant toute la période de la première charte de la colonie. Voir B. Black, *The Judicial Power and the General Court in Early Massachusetts (1634-1686)*, 1975, chap. 1 (thèse de Ph. D. non publiée, Département d'Histoire de l'Université de Yale. Voir, en général, G. Haskins, *op. cit. supra* note 41, p.189-221 (à propos de l'utilisation de la charte, par les colons pour développer un ordre juridique indépendant).

90. Le caractère radical des compagnies (« *corporations* ») et leur fondement dans la pensée jusnaturaliste est exploré dans O. Gierke, *Natural Law and the Theory of Society, 1500-1800*, trad. par E. Barker, 1957, p.162-95.

mondes normatifs pour l'autorité civile et bien que certains en soient venus à transformer l'autorité civile en un bras intolérant de leur propre vision autonome quand l'occasion s'en est présentée, tous, se trouvant à l'intérieur d'un Etat qui n'était pas sous leur contrôle, cherchèrent un refuge non pas simplement *contre* la persécution mais *pour* l'auto-réalisation associationnelle en termes de normes. Cette autonomie génératrice de normes pouvait formellement être accordée par le langage d'une charte.[91] Elle pouvait être implicite dans un principe de liberté religieuse, de liberté contractuelle ou de protection de la propriété. Mais il est typique de ces communautés ayant une vision de vie globale, un *nomos* qui leur est entièrement propre, de trouver leurs propres chartes pour les aspects de production des normes de leurs vies collectives. La reconnaissance implicite ou explicite d'une sphère limitée d'autonomie par l'Etat est comprise de l'intérieur de l'association comme un accommodement de l'Etat par rapport à la réalité existante de la séparation nomique. Une telle reconnaissance est accueillie comme une protection contre la souffrance mais elle n'est pas créatrice du monde intérieur.

La liberté d'association est la plus générale des catégories doctrinales de la constitution qui concerne la création et le maintien d'une vie commune, pré-condition sociale d'un *nomos*.[92] Du point de vue de la doctrine de l'Etat, la façon la plus simple de généraliser les points que j'ai établis concernant les façons selon lesquelles les divers groupes ont construit leurs propres mondes normatifs est de reconnaître que les aspects générateurs de normes du droit des sociétés, du droit des contrats, du droit au libre exercice de la religion sont tous des cas de la liberté d'association protégés par le Constitution. La liberté d'association implique un degré d'autonomie génératrice de normes au profit de

---

[91]. La Charte de la Colonie de la Baie du Massachusetts accordait à la colonie l'autorité « pour de temps en temps, faire, ordonner et établir tous les types d'ordres, lois, statuts, ordonnances, directives et instructions, bons et raisonnables, non contraires aux lois de ce royaume d'Angleterre qui est le nôtre. » Charte de la Colonie de la Baie du Massachusetts (1629), citée in G. Haskins, *op. cit. supra* note 41, p.27.

[92]. Sur le droit naturel des libertés associationnelles, voir O. Gierke, *op. cit. supra* note 90. Pour une exploration contemporaine fascinante des fondements philosophiques des libertés associationnelles dans la doctrine constitutionnelle américaine – ou plutôt pour une exploration de l'incorporation potentielle de telles libertés dans la doctrine américaine, voir Garet, « Communality and Existence : The Rights of Groups », in *Southern California Law Review*, Vol.56, 1983, p.1001. Il y a bien sûr une différence très grands entre le droit individuel de libre association reconnu *dans NAACP v. Alabama ex rel. Patterson, 357 U.S. 449 (1958)* et le droit d'un groupe à un statut autonome. Cf. Fiss, « Groups and the Equal Protection Clause », in *Philosophy and Public Affairs*, Vol.5, 1976, p.107 (opposant les approches individuelles et de groupe en ce qui concerne l'analyse de l'égale protection).

l'association.[93] Ce n'est pas une liberté d'*être* mais une liberté et une capacité pour créer et interpréter du droit – au minimum d'interpréter les termes de l'existence propre de l'association.[94]

Elaborer la doctrine des droits d'association cependant consiste simplement à adopter pour nous-mêmes la perspective du représentant de l'Etat qui regarde au dehors. Le Centre du *nomos* Amish est constitué par le Nouveau Testament ;[95] le centre du *nomos* Shaker est occupé par un contrat social littéral et bien vivant.[96] Les groupes assument des positions constitutionnelles différentes de façon à créer des frontières entre le monde extérieur et la communauté dans laquelle croît le droit réel – de façon à préserver la capacité de production de droit distinct de la communauté. Nous ne devrions pas adopter à la légère ici le point de vue étatiste parce que le *nomos* officiel est aussi « particulier » – tout comme celui des Amish est particulier. Il est aussi en quête de validation et cherche aussi à étendre sa légitimité en se faisant accepter par le monde normatif qui se situe hors de son centre.

Les principes qui établissent l'autonomie nomique d'une communauté doivent, bien sûr, résonner à l'intérieur de cette communauté elle-même et à l'intérieur des histoires sacrées de celle-ci. Cependant, c'est un grand avantage pour la communauté si de tels principes résonnent aussi dans les histoires sacrées des autres communautés qui constituent des mondes normatifs qui se chevauchent ou qui entrent en conflit avec le sien. Ni les

---

93. Voir Howe, « The Supreme Court, 1952 Term – Forward : Political Theory and the Nature of Liberty », in *Harvard Law Review*, Vol.67, 1953, p.91 : « Le gouvernement doit reconnaître qu'il n'est pas le seul détenteur de la souveraineté et que des groupes privés à l'intérieur de la société ont droit à mener leurs propres vies de liberté et à exercer, dans le domaine de leurs compétences, une autorité si effective qu'elle justifie d'être appelée une autorité souveraine ».

94. Les clauses en matière de religion de la Constitution me semblent uniques par la clarté avec laquelle elles présupposent une communauté génératrice de normes, une collectivité dont le statut en tant que communauté et dont les relations avec les individus soumis à ces normes ont droit à la reconnaissance et à la protection constitutionnelle.
Le respect d'un certain degré d'autonomie génératrice de normes a été traditionnellement incident dans les relations du gouvernement avec les tribus indiennes. Voir, par exemple, *Santa Clara Pueblo v. Martinez, 436 U.S. 49 (1978)*.

95. Cf. J. Hostetler, *op. cit. supra* note 82, p.21-23, 75-92 (expliquant l'influence des préceptes bibliques sur l'ordre normatif des Amish).

96. « Une perspective théologique sur l'alliance et une référence au point de vue de Locke sur la nature consensuelle, originelle du gouvernement se retrouvent ici ensemble, dans un seul document qui a donné à la communauté Shaker sa forme juridique. » (C. Weisbrod, *op. cit. supra* note 86, p.75-76.) Les Shakers ont adopté la position de stricte insularité : ils ont cru que le droit civil n'a pas créé les associations des Shakers, même si, d'un point de vue pratique, le droit civil devait être consulté pour « voir si nous n'avions pas transgressé les limites qu'il posait. » (*ibid.*, p.76 [guillemets internes omis].

églises, quelle que soit leur petitesse et leur attachement, ni les communautés utopiques, quelle que soit leur isolement, ni les juges composant une cour, quelle que soit leur indépendance, ne sont en mesure de jamais pratiquer une coupure totale par rapport aux autres groupes qui entretiennent des compréhensions différentes du droit. C'est ainsi que la compréhension Shaker du « contrat » est très peu indépendante des compréhensions du contrat qui prévalaient au dix-neuvième siècle. La conception Amish des relations entre l'église et l'Etat n'est pas entièrement séparable des conceptions libertaires, laïques de ces relations. L'interdépendance des significations juridiques fait qu'il est possible de dire que les Amish, les Shakers et le juge sont les uns et les autres engagés dans l'entreprise de compréhension constitutionnelle. Simplement, parce que nous constatons que leur réflexion a des points de départ distincts et qu'ils n'ont pas les mêmes identifications et qu'ils n'ont pas en commun les mêmes histoires, nous prenons conscience qu'il nous est impossible de prétendre à un droit unitaire.

Les communautés sectaires diffèrent de la plupart des autres communautés – mais pas de toutes – par le degré auquel elles instituent un *nomos* qui leur est particulier. De façon typique, elles construisent leurs propres mythes, posent leurs propres préceptes et prétendent établir leurs propres hiérarchies des normes. De façon plus importante, elles identifient leurs propres paradigmes de bonne conduite et réduisent l'Etat à n'être qu'un élément, même si c'est un élément imposant, de l'environnement normatif. Même une position sectaire accommodante – qui fait de très gros efforts pour éviter la confrontation ou l'imposition à ses adhérents d'exigences qui en pratique entreront en conflit avec celles de l'Etat – fixe sa propre signification concernant les normes auxquelles elle-même et ses membres obéissent.

b) Le constitutionnalisme rédempteur

Le modèle de l'autonomie insulaire n'épuise pas la liberté d'association. Les gens s'associent non seulement pour se transformer eux-mêmes, mais aussi pour changer le monde social dans lequel ils vivent. Les associations sont donc une épée aussi bien qu'un bouclier. Elles incluent des tentatives collectives pour accroître le revenu des transactions économiques, des tentatives collectives pour transformer la société à travers la révolution violente, des tentatives collectives pour convertir à Jésus et des tentatives collectives pour changer le droit et la compréhension de celui-ci. En dépit de la qualité interactive qui caractérise les associations tranformationnelles, de tels groupes ont néanmoins, nécessairement, une vie interne et une espèce de frontière sociale, sinon cela n'aurait aucun sens de les envisager comme entités distinctes. C'est cette organisation sociale et non le fait d'une identité d'intérêt qui exige l'idée de liberté d'association.[97] La communauté d'intérêts et d'objectifs peut conduire à des régularités dans la conduite économique, politique ou sociale de nombre d'individus. De telles régularités cependant peuvent très bien s'inscrire dans une structure de droits individuels. Quand des groupes génèrent leurs propres ordres normatifs précis à propos du monde tel qu'ils veulent le transformer, ainsi que du mode de transformation et de leur propre place dans le monde, la situation est difficile – un nouveau *nomos*, avec les revendications d'autonomie et de respect qui y sont liées, est créé. Dans le mesure où la vision et les objectifs d'un tel groupe sont intégrateurs, cependant, la structure de son *nomos* diffère de celle du modèle sectaire insulaire.

Tout groupe qui recherche la transformation du monde social environnant doit inventer un mécanisme pour ce changement. Il doit y avoir une théorie et une pratique de ministère apostolique pour les non-convertis, une théorie et une pratique de la sélection léniniste des cadres et de la manière de faire naître une conscience de classe ou une théorie et une pratique de la législation et de la politique délibérative. Bien sûr, certaines associations – la plupart de celles qui ont un but restreint – luttent pour de petits changements dans un monde compris comme sans problème, même si la conception en est vague. Cela est moins vrai d'autres associations. C'est moins vrai quand l'association trransformationnelle a intégré en un tout sa propre vision, sa conception de la réalité et les normes qui, selon elle, sont à créer. Les discontinuités entre les visions, les constructions de la réalité et les normes posées par de telles associations et celles des institutions juridiques compétentes de l'Etat respectivement peuvent être considérables. J'utiliserai l'étiquette « constitutionnalisme rédempteur » pour désigner les positions des associations dont les visions fortement différentes de l'ordre social exigent une politique transformationnelle qui ne peut pas rester confinée au sein de l'association elle-même.

J'emploie le mot « rédempteur » pour distinguer ce phénomène de la multitude de mouvements réformistes de notre histoire. La rédemption

---

[97]. Une des questions fondamentales au sujet des actions collectives en justice est la mesure dans laquelle et les circonstances dans lesquelles la simple communauté d'intérêt devrait suffire à fonder le statut de partie – c'est-à-dire le statut d'entité habilitée à ester en justice par opposition à l'organisation sociale privée d'action. Stephen Yeazell a replacé cette question dans son contexte historique à travers une série d'articles récents. Voir Yeazell, « From Group Litigation to Class Action » (pts 1 et 2), in *UCLA Law Review*, Vol.27, 1980, p.514 et 1067 ; id., « Group Litigation and Social Context », in *Columbia Law Review*, Vol.77, 1977, p.866.

s'inscrit dans un schéma eschatologique qui postule : (1) le caractère non rédimé de la réalité telle que nous la connaissons ; (2) la réalité fondamentalement différente de celle qui devrait la remplacer ; et (3) le remplacement de l'une par l'autre. Le terme « rédempteur » comporte aussi une connotation de sauver ou de libérer des *personnes* et pas seulement des « mondes » ou des compréhensions. J'ai choisi un mot qui a les connotations religieuses d'asservissement et de libération personnelles et cosmiques parce que les cas paradigmatiques auxquels je pense demandent une telle ampleur de signification. Je me servirai des exemples du constitutionnalisme anti-esclavagiste radical et du mouvement pour les droits civiques pour illustrer le phénomène. Ces deux mouvements entreprirent de libérer des personnes et le droit et de les sortir d'une situation de déchéance. Cette façon de penser le droit et la liberté – partagée également par le mouvement des femmes et par le mouvement du droit à la vie – est de toute évidence liée aux traditions religieuses qui invoquent le vocabulaire de la rédemption.

B) Le constitutionnalisme anti-esclavagiste : la concurrence entre les modèles insulaires et rédempteurs

S'il y a une ligne de faille dans la topographie normative du constitutionnalisme américain qui ressemble dans sa force d'expression significative au principe de succession dans la vie biblique, c'est la place qu'a occupé pendant quatre-vingt-dix ans l'esclavage au sein de l'union. Certaines règles particulières associées à cette institution, telles que les lois sur les esclaves fugitifs, en sont venues à assumer un potentiel expressif comparable à celui de Deutéronome 21 : 15-17. Secourir les fugitifs, les aider et s'en faire les complices ou aider et cacher ceux qui les avaient secourus prenait aussitôt la forme d'actions à la fois pratiques et symboliques. Dans le contexte, de tels actes faisaient davantage que mesurer la profondeur relative des engagements de la personne en faveur de la liberté et de l'union. Le constitutionnalisme était au centre de la signification du conflit à propos de l'esclavage parce que ce conflit posait la question ultime de l'affrontement de l'autorité et de la signification – l'équivalent en théorie du droit de la théodicée pour la religion.[98] Moi-même et d'autres avec moi avons longuement traité, par ailleurs du

[98]. Dans *Justice Accused*, voir R. Cover, *op. cit. supra* note 4, je discute de la façon selon laquelle la structure d'autorité de la juridiction judiciaire a mis fin à l'exploration des bases constitutionnelles permettant une attaque contre les lois sur l'esclave fugitif. Ronald Dworkin parle constamment de l'herméneutique du libre juge, voir Dworkin, « The Law of the Slave-Catchers », in *Times Literary Supplement*, London, 1975, p.1437 (Compte-rendu de lecture de R. Cover, *op. cit. supra* note 4), sans envisager les contraintes de juridiction. Voir infra p.131-139 (sur l'herméneutique de juridiction).

constitutionnalisme de l'anti-esclavagisme.[99] Dans ce sous-paragraphe, je veux concentrer mon attention sur deux groupes en particulier et sur un aspect de leur pensée.

La position des abolitionnistes garrisoniens par rapport à la Constitution des Etats-Unis est bien connue. La présentation la meilleure en est donnée par Wendell Phillips dans un discours lors de l'arrestation à Boston de l'esclave en fuite, George Latimer : « Voici devant nous le résultat de cette cruelle clause (de l'esclave fugitif) – vous ne pouvez pas venir à bout des chaînes de l'esclavage. La faute réside dans l'acceptation qu'une telle constitution puisse survivre une seule heure...Je dis que je maudis la constitution de ces Etats-Unis ».[100] J'ai soutenu ailleurs que les Garrisoniens interprétaient et analysaient la Constitution de façon cohérente avec les méthodes professionnelles dominantes de leur époque (qui sont aussi celles de notre époque).[101] Par ces méthodes interprétatives, les Garrisoniens parvenaient à la conclusion que la Constitution permettait aux Etats de créer et de perpétuer l'esclavage en tant qu'élément de leur droit interne, que la Constitution garantissait certaines protections nationales à l'esclavage là où il existait et que la Constitution imposait aux citoyens des Etats libres de l'esclavage l'obligation d'apporter leur concours au compromis national corrompu qui soutenait l'esclavage et permettait qu'il se perpétue. Il est bien certain que, parvenus à ces conclusions, Garrison, Phillips et leurs partisans allaient choisir une voie radicalement différente de celle de la masse des juges et des avocats. Ils refusaient de participer au gouvernement sous une telle constitution et dénonçaient l'obligation d'y obéir.[102]

Le mouvement garrisonien, comme celui des sectaires religieux, était un mouvement qui se dirigeait vers l'insularité nomique – le rejet de la participation à la création d'un *nomos* général, commun. Il n'est dès lors pas surprenant de découvrir que la qualité insulaire de l'anti-constitutionnalisme anti-esclavagiste était liée à une insularité nomique

---

[99]. L'ouvrage principal sur la pensée constitutionnelle anti-esclavagiste est W. Wiecek, *The Sources of Antislavery Constitutionalism in America, 1760-1848*, 1977. Pour une analyse des différents types de pensée juridique synthétique et critique sur l'esclavage, voir R. Cover, *op. cit. supra* note 4, p.149-58. Sur les fonctions apologétiques du droit, voir *ibid.*, p.119-23 ; M. Tushnet, *The American Law of Slavery, 1810-1960*, 1981. Très important pour situer les arguments constitutionnels dans les contextes plus larges de la pensée et de l'action anti-esclavagiste est l'ouvrage de D. Davis, *The Problem of Slavery in the Age of Revolution, 1770-1823*, 1975, particulièrement le chapitre 11.

[100]. W. Phillips, Discours à Faneuil Hall, Boston, 30 Octobre 1842, cité dans I. Bartlett, *Wendell Phillips : Brahmin Radical*, 1961, p.117-18.

[101] . Voir R. Cover, *op. cit. supra* note 4, p.150-54.

[102]. Voir *ibid.*, p.151 ; W. Wiecek, *op. cit. supra* note 99, p.228-48.

plus étendue. William Wiecek, le principal historien du constitutionnalisme anti-esclavagiste a en fait défendu la thèse selon laquelle l'anticonstitutionnalisme garrisonien est incompréhensible et absurde s'il n'est pas « intégré aux autres composantes non-constitutionnelles de cette pensée ».[103] Le « perfectionnisme » garrisonien, philosophie millénariste, considérait que toute personne avait l'obligation d'atteindre la perfection dans sa vie en renonçant au péché. Le retrait des perfectionnistes sur une île nomique isolée devait, selon les Garrisoniens, entraîner finalement la dissolution du gouvernement. L'action immédiate demandée aux perfectionnistes était par conséquent de se désengager de leur participation à l'Etat. Ce désengagement n'impliquait pas une insularité sociale ou physique, mais une insularité radicale du monde normatif uniquement.

D'un tel point de vue d'engagement en faveur de l'insularité, l'intérêt herméneutique des Garrisoniens ne réside pas dans l'intégration de la Constitution dans une définition de la communauté perfectionniste. Parce que la Constitution était un symbole puissant pour la plupart des Américains, la *renonciation* à l'obligation constitutionnelle était un acte expressif qui créait une frontière définissant la fidélité aux implications de croyances perfectionnistes. Lorsque Wendell Phillips et Roger Taney « étaient d'accord » pour dire que la clause du fugitif du travail de l'article IV de la Constitution dictait le retour des esclaves enfuis, ils étaient d'accord, en un sens seulement, sur la « signification » de la Constitution. La « signification » plus importante que Phillips cherchait à établir cependant était une négation de la norme d'obligation auto-référentielle qui se trouvait dans la clause de suprématie de l'article VI. Ainsi, c'est la totalité du monde normatif de Phillips – son perfectionnisme garrisonien – qui faisait que son discours constitutionnel était compréhensible à l'intérieur de la communauté de résistance et à l'intérieur du *nomos* sur lequel celle-ci reposait. L'interprétation positiviste de Roger Taney, quant à elle, supposait un principe justifiant l'obéissance à la Constitution.[104]

---

[103]. W. Wiecek, *op. cit. supra* note 99, p.228.

[104]. Voir *Scott v. Sandford*, 60 U.S. (19 How.) 393 (1857). Imaginez un monde simple, dans lequel chacun adopterait la position de Roger Taney, et comparez-le avec un autre monde simple, dans lequel la moitié des gens partageraient la position de Taney et l'autre la position de Wendell Phillips. Dans le premier de ces mondes, nous aurions un consensus sur la signification du droit relatif à l'esclave fugitif. Dans le second, aucun consensus de ce genre ne se formerait, parce qu'il y aurait désaccord sur la façon dont les personnes doivent se comporter en ce qui concerne ce droit. Dans ce second monde, on pourrait simplement dire des deux groupes qu'ils sont d'accord sur la signification du document mis à part le besoin ou le désir d'agir selon ce qu'il prescrit. Or le texte se présente lui-même comme

Le rapport entre vision, réalité et norme dans le Garrisonisme doit être exploré. Le perfectionnisme garrisonien, du fait de son exigence globalisante sur la conduite, requiert un système de normes qui établit clairement des distinctions entre ceux qui s'efforcent d'atteindre la perfection christique et le reste du monde. Ses propres normes démarquaient ainsi des distinctions découvertes dans la réalité présente. La réalité cependant n'est qu'un fondement pour les normes. La vision en est une autre. En adoptant les contours de la réalité, les normes des Garrisoniens perfectionnistes abandonnaient nécessairement tout accent mis sur le processus de transformation lui-même.[105]

Cette transaction est instructive parce qu'un choix tout différent a été fait par les archi-rivaux des théoriciens garrisoniens – ceux que Wiecek appelle les constitutionnalistes radicaux.[106] On peut comprendre la nature de la différence en suivant le parcours normatif d'une personne qui est passée du Garrisonisme au constitutionnalisme radical – Frederick Douglass. Voici le changement intervenu chez Douglass en ce qui concerne l'interprétation constitutionnelle, tel qu'il le décrit lui-même :

> « Mis directement en contact, lorsque j'ai échappé à l'esclavage, avec des abolitionnistes qui considéraient la constitution comme un outil esclavagiste et découvrant que leur thèse correspondait à l'histoire unie et complète de toutes les branches du gouvernement, il n'est pas étonnant que j'aie présupposé que la Constitution était tout simplement ce que ces amis la faisaient apparaître…Si ce n'était pour la responsabilité de diriger un journal (pour la partie Ouest de New York) et la nécessité qui s'est imposée à moi de rencontrer les points de vue opposés d'abolitionnistes extérieurs à la Nouvelle-Angleterre, je serais selon toute probabilité demeuré ferme dans mon opinion en faveur de la désintégration de l'Union. Mais ces changements m'ont amené à repenser toute la question et à envisager avec soin non seulement les règles propres et justes de l'interprétation juridique mais l'origine, le but, la nature, les pouvoirs et les devoirs des gouvernements civils et aussi les relations que les êtres humainsentretiennent avec celle-ci. Au travers de ma réflexion et de mes lectures,

---

raison d'agir. Et on ne peut admettre que deux personnes sont d'accord sur ce qu'exige le texte, si elles sont divisées quant aux circonstances dans lesquelles il justifie leurs actions.

105. Voir W. Wiecek, *op. cit. supra* note 99, p.247.

106. Wiecek examine la philosophie, la tactique et l'influence du mouvement anti-esclavagiste constitutionnel radical in *ibid.*, p.249-275.

je suis parvenu à la conclusion que la Constitution des Etats-Unis – inaugurée pour « former une union plus parfaite, établir la justice, garantir la tranquillité privée, fournir une défense commune, promouvoir le bien-être général et assurer les bénédictions de la liberté » ne pouvait pas avoir été faite en même temps pour maintenir et perpétuer le système de rapine et de meurtre qu'est l'esclavage, dès lors tout spécialement qu'aucun mot ne se trouve dans la Constitution qui autoriserait une telle croyance. »[107]

Il ne fait pas de doute que Douglass voit juste lorsqu'il fait de la communauté la source et le terreau où se sustentent les idées relatives au droit. J'ai déjà suggéré de quelle manière le problème de l'interprétation constitutionnelle était central pour la définition de la communauté garrisonienne avec sa vision holiste de la perfection sur la terre. Pour Frederick Douglass, plus que pour n'importe quel autre abolitionniste, un autre besoin avait la primauté. Douglass était *l'*esclave évadé. L'évasion constituait une rédemption et le début de sa vie réelle.[108] Ce dont Douglass avait le plus besoin, c'était d'une vision du droit qui à la fois validerait sa liberté et comprendrait des normes qui offriraient la possibilité d'une rédemption à venir pour son peuple. Les constitutionnalistes radicaux critiquaient les Garrisoniens précisément pour leur incapacité à adopter une telle vision. L'alternative garrisonienne prenait, aux yeux des constitutionnalistes, une allure d'abdication : « Dissolvez l'Union, sur ce problème, et vous trompez les gens des Etats libres en leur faisant croire qu'ils en sont quittes de leurs responsabilités, alors que les esclaves restent sous le joug. Qui, dans ce cas, se lèvera pour les délivrer ? »[109] Quand Frederick Douglass a affirmé son indépendance politique et psychologique par rapport à ses bienfaiteurs abolitionnistes de Boston, il a choisi, en partie, de rompre avec l'anti-constitutionnalisme garrisonien en embrassant une vision – celle d'un monde alternatif dans lequel l'ordre de l'esclavage américain dans son ensemble n'aurait aucun fondement dans le droit.[110]

---

107 . F. Douglass, *Life and Times of Frederick Douglass*, R. Logan (ed.), 1967, p.261-62.

108. A plusieurs reprises dans sa biographie, Douglass évoque l'image d'un début de sa vie pour décrire sa liberté. Voir *ibid.*, p.202, 216, 259. Fréquemment aussi il écrit et parle de sa peur d'être rendu à l'esclavage. Voir *ibid.*, p.218-219 ; Lettre de Frederick Douglass à Henry C. Wright, Dec.22, 1846, repr. in F. Douglass, *The Life and Writings of Frederick Douglass*, P. Foner (ed.), Vol.1, 1975, p.204.

109. Convention des Abolitionnistes Politiques Radicaux, *Proceedings of the Convention of Racial Political Abolitionnists*, New York, 1855, p.44.

110 . Sur la rupture de Douglass avec les Garrisoniens, voir F. Douglass, *op. cit. supra* note 108, Vol.2, p.48-66. Pour un exposé plein de force de la position constitutionnelle de

L'évaluation par William Wiecek du constitutionnalisme radical se résume ainsi, « à court terme, c'est un échec ».[111] Il souligne que les radicaux sont devenus de plus en plus sectaires, même s'il attribue une signification à long terme à leur utilisation du droit naturel dans l'exégèse constitutionnelle.[112] Le caractère sectaire de la pensée normative abolitionniste radicale est cependant d'une espèce particulière. Un constitutionnalisme utopique, tel que celui envisagé par les radicaux a comme raison d'être la transformation des conditions de la vie sociale. Il naît de l'incapacité de l'utopie à admettre la dissonance que représente la légalité de l'intolérable et il est, en conséquence, comme toute eschatologie nomique, extrêmement instable. Celui qui y adhère doit ou bien perdre le contact avec ce qui fait le cas, y compris les modes prévisibles de conduite des autres acteurs ou bien renoncer à sa vision. La vision de l'esclavage détruit par le pouvoir du droit exige, pour sa réalisation, la participation de la communauté plus large qui exerce le pouvoir d'Etat. La logique du perfectionnisme permet la quête d'un *nomos* pur sans *polis* (sans cité). Mais pour qu'un *nomos* soit rédempteur au sens supposé par la vision de Douglass, il faut plus que cela.

Si le droit reflète une tension entre ce qui est et ce qui pourrait être, le droit peut se maintenir uniquement tant que les deux sont suffisamment proches pour révéler la poursuite d'un effort humain qui les fait se rencontrer temporairement ou partiellement. Tous les mouvements eschatologiques ou utopiques qui ne se retirent pas dans une insularité, courent le risque que leur vision en vienne à se confondre avec la réalité et qu'ainsi la tension s'évanouisse. Arrivés à ce point, ils peuvent représenter des mouvements mais ce ne sont plus des mouvements concernant le droit.

Aussi longtemps que leur mouvement a duré, les constitutionnalistes radicaux ont contribué à une immense croissance du droit. Ils ont monté une attaque constitutionnelle contre l'esclavage à partir de la structure générale de la Constitution, ils ont construit une attaque fondée sur la lettre de la Constitution à partir du langage de la clause de procédure régulière (« *due process* ») et à partir des dispositions relatives au jury et au grand jury des cinquième et sixième amendements ; ils ont étudié les méthodologies interprétatives et utilisé à dessein la plus favorable à ce qu'ils recherchaient ; ils ont développé des arguments pour étendre

---

Douglass, voir son discours, « The Constitution of the United States : Is It Pro-Slavery or Anti-Slavery ? (March, 26, 1860), repr. in *ibid.*, p.467-80.
[111]. W. Wiecek, *op. cit supra* note 99, p.274.
[112]. Voir *ibid.*,

l'éventail des sources constitutionnelles de façon à ce qu'il inclue au moins la Déclaration d'Indépendance. Leurs pamphlets, leurs arguments, leurs articles et leurs livres constituent une part importante de la littérature juridique sur l'esclavage,[113] qui, à mon avis, éclipserait substantiellement les écrits contemporains, disons, sur le droit américain de la responsabilité. Leur œuvre révèle une pulsion créatrice qui fait proliférer principes et préceptes, commentaires et justifications, même face à un ordre juridique étatique encore moins susceptible de tenir l'esclavage pour inconstitutionnel que de déclarer la venue imminente du royaume de Jésus-Christ sur la terre.[114] Dans le fonctionnement d'une communauté engagée, ayant des symboles et un discours commun, des narrations et des interprétations communes, le droit indéniablement était en croissance.

4) Les juridictions « jurispathiques »

Le lecteur peut s'être fatigué de l'ardeur que j'ai déployée pour dignifier du qualificatif de « droits » les normes internes, les fantaisies rédemptrices, les plaidoiries, les thèses ou les arguments de groupes divers. Dans un monde imaginaire, où la violence ne jouerait aucun rôle dans la vie, le droit procéderait bien exclusivement d'un élan herméneutique – du besoin humain de créer et d'interpréter des textes.[115] Le droit se développerait à l'intérieur de petites communautés, composées d'individus mutuellement engagés, qui se soucieraient du texte, de ce que chacun ferait du texte, qui se soucieraient les uns des autres et de la vie commune qu'ils partageraient. De telles communautés pourraient se diviser sur des problèmes majeurs d'interprétation mais les liens de la vie

113. Une bonne part de la littérature anti-esclavagiste est citée et discutée dans Cover, *op. cit. supra* note 4, p.149 n.* ; W. Wiecek, *op. cit. supra* note 99, p.249-75.

114. Comparez *Vidal v. Mayor of Philadelphia*, 43 U.S. (2 How.) 127, 198 (1844). ("De telle sorte que nous sommes contraints d'admettre que, bien que le christianisme fasse partie de la *common law* de l'Etat, il en est ainsi cependant uniquement en ce sens restreint que son origine divine et sa vérité sont admises et qu'en conséquence, on ne doit pas intentionnellement et ouvertement porter insulte ou blasphémer contre lui, au grand dam des croyants ou au détriment de la cohésion sociale.» avec *Scott v. Sandford*, 60 U.S. (19 How.) 393, 411 (1857) : « Il y a deux clauses dans la Constitution qui concernent directement et spécifiquement la race nègre en tant que classe de personnes à part et qui montrent clairement qu'elles ne sont pas considérées comme faisant partie du peuple ou des citoyens du gouvernement alors formé. »

115. Par textes, j'entends non seulement les formules verbales écrites délibérément mais aussi les textes oraux. (voir, par exemple, S. Lieberman, « The Publication of the Mishnah », in *Hellenism in Jewish Palestine*, 2nde ed., 1962, p.83, 87 ; Tedlock, « The Spoken Word and the Work of Interpretation in American Indian Religion », in *Traditional American Indian Literatures*, K. Kroeber (ed.), 1981, p.45) ainsi que les « textes sociaux » qui impliquent la « lecture » d'une signification au sein d'une activité sociale, complexe (voir, par exemple, C. Geertz, *The Interpretation of Cultures*, *op. cit. supra* note 7, p.3-30 ; id., *Negara*, *op. cit. supra* note 7).

sociale et le souci mutuel permettraient une certaine divergence interprétative. J'ai dans une certaine mesure donné dans l'imaginaire en suggérant qu'il était possible de découvrir la réalité sous-jacente au processus générateur de droit dans la façon selon laquelle les communautés réelles créent véritablement du droit et donnent véritablement sens à ce droit au moyen de leurs narrations et de leurs préceptes, de leur *nomos* un peu particulier.

Le principe de genèse du droit par lequel la signification juridique prolifère dans toutes les communautés coexiste en fait toujours avec la violence. Les interprétations se font toujours dans l'ombre de la coercition. Cela peut nous amener à reconnaître un rôle spécial à l'appareil judiciaire. Les cours et les tribunaux, d'Etat tout au moins, sont de façon caractéristique, « jurispathiques ».

Il est remarquable que, dans les mythes et dans l'histoire, l'origine et la justification d'un tribunal est rarement entendue comme découlant du besoin de droit. Elle est bien plutôt appréhendée comme répondant au besoin de supprimer du droit, de choisir entre deux droits ou davantage, d'imposer une hiérarchie entre des droits. C'est la multiplicité des lois, la fécondité du principe de genèse du droit qui crée le problème auquel la cour et l'Etat sont la solution. Par exemple, dans la recréation littéraire par Eschyle des fondements mythiques de l'Aréopage, l'établissement par Athéna d'un droit de la cité institutionnalisé vient résoudre le dilemme de l'indétermination juridique et morale créé par l'opposition de deux lois, l'une invoquée par le Erinnyes et l'autre relevant d'Apollon.[116]

Tout comme il y a des mythes dans lesquels les juridictions naissent de la polynomie, il y a aussi des histoires dans lesquelles la polynomie résulte de la disparition des cours. Dans un célèbre passage du Talmud, Rabbi José recrée les jours heureux d'avant la destruction de Jérusalem, lorsque le Grand Sanhédrin siégeait et que de lui partait le droit pour tout Israël.

---

[116]. Voir Eschyle, *Oresteia*, trad. par R. Lattimore, 1953 ; *ibid.*, p.133 (The Eumenides), (trad. fr. : *Orestie*) ; R. Kuhns, *The House, the City and the Judge*, 1962, p.63-94 (comparant les attitudes envers le droit exprimées par Athéna, Apollon et les Erinnyes dans la scène du procès dans les Euménides). Les Erinnyes reconnaissent l'élément jurispathique du droit de la cité dans leur plainte : « Dieux de la nouvelle génération, vous avez détruit les lois des temps anciens, vous les avez arrachées de mes mains ». Eschyle, *The Eumenides*, vers 778-79, 808-09, in Eschyle, *Oresteia*, *op. cit. supra*, p.163-64. La transition de la vengeance par le sang à la justice civile n'est pas une transition d'un « non-droit » à un « droit » ou même nécessairement d'une violence plus grande à une violence moins totale. Sur la façon selon laquelle toute la « signification de la conduite de vengeance entre dans les caractéristiques du droit, voir le travail extraordinaire de William Miller, William Miller, « Choosing the Avenger », in *Law and History*, Vol.1, 1983.

Quand cette juridiction a cessé d'exister, la loi est devenue deux lois.[117] L'état de controverse endémique, le problème du trop de droit est ainsi considéré ou bien comme étant résolu par l'autorité des tribunaux ou bien causé par l'absence d'autorité ou la défaillance dans l'autorité de ces tribunaux ou les lacunes existant en celle-ci.

Nous trouvons un ensemble d'arguments assez proches quand nous passons de l'antiquité aux fondements de notre propre Cour Suprême. Elle est aussi une réponse au problème du trop de droit. Voyez, par exemple, la défense classique présentée en faveur d'une Cour Suprême nationale dans *The Federalist* :

> « Si l'on veut obtenir une uniformité dans ces décisions, il faut que celles-ci soient soumises, en dernier ressort, à un TRIBUNAL SUPREME unique...S'il y a, dans chaque Etat, une juridiction qui statue en dernier recours, il peut se former autant de décisions ultimes différentes sur une même question qu'il y a de cours. La diversité dans les opinions des hommes est infinie. Nous voyons souvent non seulement différentes cours mais les juges d'une même cour parvenir à des conclusions divergentes les unes des autres. Pour éviter la confusion qui résulterait inévitablement des décisions contradictoires d'une pluralité de juridictions indépendantes, toutes les nations sont parvenues à la conclusion qu'il était nécessaire d'établir une juridiction suprême, coiffant les autres, exerçant un contrôle général et habilitée à établir et à déclarer en dernier ressort une règle de justice civile uniforme.[118]

---

[117]. Voir *Talmud de Babylone*, Sanhedrin 88 b.

[118]. *The Federalist* N°22, p.148-49 (A. Hamilton), E. Bourne (ed.), 1947 (Le Fédéraliste, N°22). Le passage cité concerne plus précisément la question limitée des décisions judiciaires en matière de traités. Mais l'argumentation vaut manifestement de manière plus étendue et, ailleurs dans *The Federalist*, Hamilton se réfère implicitement à la discussion rapportée ci-dessus pour justifier la création d'un tribunal suprême unique. Voir *ibid.*, N°81, p.119 (A. Hamilton).

Seize ans après *The Federalist*, William Cranch, justifiant sa première entreprise de republier les décisions de la Cour Suprême, écrivait :

> «L'uniformité, dans de tels cas (quand peu de renseignements peuvent être tirés du droit anglais), ne peut pas être attendue là où la compétence judiciaire est partagée entre un nombre aussi grand de tribunaux indépendants, à moins que les différentes cours connaissent les décisions les unes des autres. Même au sein d'une même cour, l'analogie de jugement ne peut être maintenue si l'on permet que ce qu'elle a posé, soit oublié...
>
> ...Un des effets attendus de l'établissement d'une juridiction à l'échelle nationale était l'uniformité des décisions judiciaires ; une tentative de

Les défenseurs modernes de la fonction jurispathique des cours ne posent pas le problème en général en termes de *trop de* droit mais en termes de droit *pas clair*. Le tribunal suprême lève l'incertitude, pallie l'absence de clarté et remédie aux différences d'opinion quant ce qu'est le droit. Cette formulation étatiste ou bien est une pétition de principe ou bien elle est trompeuse. Affirmer, comme je l'ai fait, que le problème est un problème de trop de droit revient à reconnaître l'intégrité nomique de chacune des communautés qui ont généré des principes et des préceptes. C'est admettre que *chaque* « communauté d'interprétation » qui a produit du « droit » a son propre *nomos* – des narrations, des expériences et des visions vis à vis desquelles la norme formulée est la bonne réponse. Et c'est reconnaître l'existence quasi-certaine de communautés interprétatives différentes qui génèreront des réponses distinctes à tout problème normatif présentant une certaine complexité de fond.

Poser le problème, au contraire, comme une question de droit pas clair ou de différence d'opinions sur *le* droit semble présupposer qu'il y ait une herméneutique qui est méthodologiquement supérieure à celles employées par les communautés qui présentent un droit propre. On aurait pu supposer que cette hypothèse avait été enterrée par l'aphorisme célèbre du juge Jackson : « Nous n'avons pas le dernier mot parce que nous sommes infaillibles, nous sommes infaillibles parce que nous avons le dernier mot ».[119] Toute prétention à une méthode herméneutique privilégiée apparaît démodée aujourd'hui. Elle a cependant des racines anciennes et persiste de façon tenace dans le droit. La réponse du Président de la Cour, Edward Coke, à la prétention du roi James d'exercer la justice personnellement, donne une formulation classique de la position herméneutique privilégiée :

> « Le Roi a alors dit qu'il pensait que le droit était fondé sur la raison et que lui et d'autres avaient raison autant que les juges ; à quoi j'ai répondu que c'était vrai, que Dieu avait doté sa majesté d'une science excellente et de beaucoup de talents naturels ; mais sa majesté n'avait pas été versée dans les lois du royaume d'Angleterre et les affaires qui concernaient la vie...ou la fortune de ses sujets ne pouvaient pas être jugées selon la raison naturelle mais par

---

> publication des décisions de la Cour Suprême ne demande en conséquence nullement à être justifiée... »

Cranch, Preface to 5 U.S. (1 Cranch), p.iii-iv (1804). Ainsi, une autorité hiérarchique et un dispositif pour communiquer ses décisions sont l'un et l'autre prescrits comme étant les solutions à la condition problématique évidente que crée la polynomie.

119. *Brown v. Allen*, 344 U.S. 443, 540 (1953) (opinion concurrente du juge Jackson).

la raison artificielle et le jugement du droit, lequel droit relève d'une activité qui exige longueur d'étude et d'expérience ».[120]

Quant aux juristes contemporains qui parlent d'expertise spéciale, ils ne font qu'exprimer une variante de cette position.

La position étatiste par contre peut être comprise comme l'affirmation implicite non pas d'une méthode d'interprétation supérieure mais d'une convention du discours juridique : l'Etat et sa hiérarchie désignée sont investis d'une capacité à générer du droit «(« *jurisgenerative capacity* ») suprême et exclusive. Tous les autres offrent des suggestions ou des opinions sur ce à quoi l'unique monde normatif devrait ressembler mais seul l'Etat le crée. La position selon laquelle seul l'Etat crée le droit confond ainsi le statut de l'interprétation avec celui de la domination politique. Elle nous incite à penser que l'acte interprétatif de la Cour prévaut dans le mesure de son ascendant politique.

Même si cette seconde position peut être du bon droit étatique – la Constitution se proclame suprême – , l'affirmation est pour le moins ambiguë quand elle se présente comme une description de la façon dont les différentes communautés génératrices de normes conçoivent ce qu'elles font. Les communautés insulaires ont souvent leurs propres règles de reconnaissance non ambiguës et concurrentes. Elles habitent fréquemment un monde dans lequel leur *Grundnorm* est supérieure de son propre point de vue.* Le modèle constitutionnel rédempteur offre une perspective plus ambiguë sur les conventions du discours constitutionnel. Par moments, les groupes rédempteurs peuvent adopter une théorie du droit oraculaire ou tout au moins une théorie du droit qui ne soit pas à caractère naïvement positiviste. Ils peuvent affirmer que leur constitutionnalisme est la vraie constitution et dénoncer celui des juridictions comme non seulement dévoyé mais « nul et non avenu ». Il

---

*. [N.d.T.] : l'expression « règle de reconnaissance » renvoie à la théorie du droit de H. L. A. Hart, celle de « *Grundnorm* » (la « norme fondamentale ») à celle de Kelsen. Voir H. L. A. Hart, *The Concept of Law*, 1961, trad.en fr. : *Le concept de droit*, par Michel van de Kerchove, Bruxelles, Publications des Facultés Universitaires Saint-Louis, 1976; Hans Kelsen, *Reine Rechtslehre*, 2nde ed., 1960, trad. par Charles Eisenmann, *Théorie Pure du Droit*, reimp. Bruylant, L.G.D.J.,1999.

120. Prohibitions del Roy, 12 Co. 63, 64-65,77 Engl. Rep. 1342, 1343 (K.B.1655). Pocock voit dans la tension entre raison naturelle et connaissance technique de n'importe quel droit spécifique un élément du dilemme concernant le statut des disciplines de l'action pratique dans les mondes intellectuel et normatif. C'est un dilemme auquel l'historicisme et l'herméneutique qui y est associée offrent une solution. (Voir J. Pocock, *The Machiavellian Moment*, 1975, p.3-30, trad. fr.: *Le moment machiavélien*, par Luc Borot, préface de Jean-Fabien Spitz, Paris, P.U.F., 1997.)

serait en même temps véritablement étrange de rencontrer un constitutionnaliste rédempteur qui se refuserait à concéder les effets pratiques supérieurs qu'il y aurait à s'assurer l'accord des juges, des législateurs et des gouverneurs pour les révisions radicales qu'il présente comme les seules significations constitutionnelles vraies. Il est certainement possible de formuler un constitutionnalisme rédempteur radical dans lequel la convention étatiste – selon laquelle les représentants de l'Etat (« *officials of the State* ») font le droit – est acceptée. Les problèmes théoriques du statut du point de vue critique dans une telle perspective positiviste sera, pour des raisons pratiques, laissé de côté.

Les théoriciens qui considèrent les institutions judiciaires comme un élément d'une structure politique globalement juste, avancent un type d'argumentation différent en faveur du statut spécial de l'interprétation judiciaire. Owen Fiss l'a formulée ainsi :

> « En quoi l'interprétation du juge est-elle revêtue d'une autorité unique ? Il y a deux réponses à cette question...[Tout d'abord, une] interprétation judiciaire fait autorité au sens où elle légitime l'usage de la force contre ceux qui refusent de l'accepter ou de donner effet d'une manière ou d'une autre à la signification contenue dans cette interprétation.
> Le second sens dans lequel la décision fait autorité...ne met pas l'accent sur l'usage de la puissance étatique mais sur une prétention morale à être obéie – une prétention qu'il y a un devoir moral pour l'individu à obéir à la décision judiciaire, non pas parce qu'elle serait investie d'une autorité intellectuelle particulière...mais parce que le juge fait partie d'une structure d'autorité qu'il est bon de préserver.[121]

Fiss continue en insistant sur le fait que la prétention à une vertu institutionnelle et en conséquence la prétention à l'obéissance par devoir de conscience dépend du rejet du « nihilisme » qui nierait la possibilité et la valeur de l'interprétation elle-même.[122]

En en faisant une question de choix entre l'énonciation judiciaire de valeurs (même si elle est contestée) et le nihilisme, Fiss a rendu trop aisée la réponse à la question de la vertu institutionnelle du judiciaire et du système politique dont le judiciaire fait partie. Ceux que Fiss appelle les « nihilistes » ne défendent pas l'existence d'un vide menaçant qui

---

[121]. Fiss, *op. cit. supra* note 7, p.755-56 (sans les notes).
[122]. *ibid.*, p.762-63.

interdirait toute interprétation. Même ceux qui nient que l'interprétation soit possible, doivent continuellement faire des actes d'interprétation. Le défi que représente l'absence d'une interprétation « objective », unique, repose sur le besoin de conserver un sens de signification juridique malgré la destruction de toute prétention à la supériorité d'un *nomos* sur un autre. Dans le déploiement de sa force brute supérieure cependant le représentant du droit étatique réduit au silence l'herméneutique créative de principe qui parcourt nos communautés. La question est alors celle de la mesure dans laquelle la coercition est nécessaire pour maintenir les conditions minima de la création de signification juridique dans les communautés interprétatives autonomes.

Les communautés insulaires et les mouvements rédempteurs qui génèrent leur propre droit constitutionnel ont jusqu'alors été considérés quasiment comme s'ils fonctionnaient dans un monde où les significations opposées n'ont aucun rapport avec la force et la violence. Dans la partie qui suit, j'envisagerai un des éléments que j'ai jusqu'à maintenant laissé de côté – les engagements essentiels à la vie d'un droit dans un monde violent.

III. L'ENGAGEMENT

Dans l'univers normatif, la signification juridique est créée par l'engagement et le dégagement, l'identification et l'objectivation simultanées. Parce que le *nomos* n'est que le processus de l'action humaine tendue entre vision et réalité,[123] une interprétation juridique ne peut être valide si personne n'est prêt à vivre en conformité avec elle. Certains penseurs peuvent être écartés comme « simplement » utopistes, non seulement parce qu'ils posent des standards de conduite radicalement différents de ceux selon lesquels nous sommes habitués à vivre mais aussi parce qu'ils ne parviennent pas à proposer des alternatives de vie auxquelles nous voudrions adhérer en tirant notre réalité vers leur vision.[124]

---

[123]. Je veux évoquer, sans le prendre à mon compte, l'aphorisme de Nietzsche : « L'homme est une corde tendue entre l'animal et le surhomme – une corde au-dessus d'un abîme ». (F. Nietzsche, *Thus Spake Zarathrustra*, trad. par T. Common, 2nde éd., 1911, p.9, trad. fr.: *Ainsi parlait Zarathoustra.*)

[124] . L'utopie de Thomas More (Voir T. More, *Utopia*, London, 1516, trad. fr : *Utopie*) n'est pas tranchante parce qu'elle n'est pas, dans le contexte, un appel à l'action. La communauté chrétienne de Calvin, au contraire, est tournée vers l'action. (Voir Q. Skinner, *op. cit. supra* note 7, p.230-38.)

La transformation de l'interprétation en signification juridique commence lorsque quelqu'un accepte les exigences de l'interprétation et, par un acte d'engagement personnel, affirme la position qu'il a prise.[125] Une telle affirmation implique un engagement à projeter la compréhension de la norme dans notre réalité à travers tous les mondes possibles selon la vision téléologique que l'interprétation implique. Du point de vue amish, par exemple, l'interprétation du principe de la séparation de l'église et de l'Etat commence avec l'affirmation que la communauté amish fera tout ce qui est nécessaire pour conserver son insularité chrétienne modelée sur celle du premier siècle. Et la signification de cette affirmation doit inclure la projection de la compréhension de l'Eglise primitive sur les mondes qui se dessinent à l'horizon.

Créer de la signification juridique, cependant, requiert non seulement une attitude de dévouement et d'engagement mais aussi l'objectivation de ce à quoi l'on s'engage. La communauté pose une loi, qui lui est extérieure, à laquelle elle s'engage à obéir et à laquelle elle obéit en fait par soumission à la compréhension de cette loi. L'objectivation est cruciale pour les jeux de langage qu'on peut pratiquer avec le droit et pour les significations qui peuvent en être tirées. Si les Amish vivaient comme ils le font parce qu'ils trouveraient cela drôle, ils pourraient encore défendre leur insularité. Cependant s'ils capitulaient, ils ne désobéiraient à aucun principe formulable. De même ils ne pourraient pas reprocher à quelqu'un d'avoir manqué à la loi, s'il abandonnait.

La création de signification juridique implique donc un engagement subjectif à l'égard de la compréhension objectivée d'une exigence. Elle

---

[125]. Je ne dis pas qu'une interprétation valide implique toujours un engagement immédiat et inconditionnel à suivre la conduite posée par l'acte interprétatif. Je ne formule pas une éthique pour passionnés. Néanmoins la différence entre la spéculation et l'interprétation pratique – dont l'interprétation juridique constitue une forme – est que l'interprétation pratique implique l'engagement – tout contingent ou relatif qu'il puisse être. La position que j'affirme ici n'est qu'une faible perversion des propos beaucoup plus généraux de Heidegger à propos de l'interprétation :

> « En tant que compréhension, l'Etre-là projette son Etant sur les possibilités. Cet Etant-au-regard-des-possibilités, qui est compréhension, est lui-même une possibilité d'Etant, et il en est ainsi du fait de la façon dont ces possibilités, telles qu'elles se révèlent, exercent leur contre-vérité (« *Ruckschlag* ») sur cet Etre-là. La projection de la compréhension a sa propre possibilité – celle de se développer (« *sich auzubilden* »). Ce développement de la compréhension nous l'appelons « interprétation »...L'interprétation n'est pas non plus l'acquisition de l'information sur ce qui est compris ; c'est plutôt l'élucidation des possibilités qui ont été projetées dans la compréhension ».

(M. Heidegger, *Being and Time*, trad. par J. Macquarrie et E. Robinson, 1962, p.188-89, *L'Etre et le temps*, Paris, Gallimard, 1986.)

implique que l'on se retire de l' « objet » de la loi et en même temps elle demande un engagement par rapport à cet objet en tant qu' « autre » fidèle à lui. La métaphore de la séparation permet l'allégorie du dévouement. L'objectivation des normes auxquelles on est soumis, implique fréquemment, toujours peut-être, une narration – une histoire relative à comment le droit, maintenant devenu objet, s'est formé et, de façon plus importante, à comment il est devenu un droit pour moi. La narration est le genre littéraire qui permet l'objectivation d'une valeur.

L'étendue de signification qui peut être donnée à n'importe quelle norme –l'interprétabilité de la norme – se définit, en conséquence, à la fois par le texte juridique, qui objective l'exigence, et par la multiplicité des engagements implicites et explicites qui l'accompagnent. Certaines interprétations sont écrites dans le sang et sont garanties par le sang qui constitue une part de leur force de validité. D'autres interprétations comportent des limites plus conventionnelles en ce qui concerne ce qui est risqué à leur égard. Les narrations que tout groupe associe au droit, indiquent l'étendue des engagements du groupe. Ces narrations servent aussi comme sources de justification, de condamnation et de débat pour les acteurs à l'intérieur du groupe, qui doivent lutter pour vivre leur droit.

Connaître le droit – et à coup sûr vivre le droit – c'est connaître non seulement la dimension objectivée de la validation, mais aussi les engagements à l'appui des interprétations.

1) L'interprétation non-officielle

Dans la deuxième partie, j'ai traité de la prolifération de la signification juridique – de la suppression impossible et indésirable du principe de création du droit (« *jurisgenerative* »), l'A.D.N. juridique. J'ai suggéré que la prolifération de la signification juridique entre en conflit cependant avec l'entreprise de chaque Etat pour exercer la mainmise sur la formulation du droit en tant qu'instrument de contrôle social. L'engagement, en tant qu'élément constitutif de la signification juridique, crée un conflit inévitable entre l'Etat et les processus générateurs de droit. Je vais envisager maintenant le problème de l'interprétation non-officielle – la création de normes par des groupes engagés qui se dressent contre l'Etat.

A) Le cas particulier de la désobéissance civile

La décision d'agir conformément à une compréhension du droit validée par la communauté propre de l'acteur mais rejetée par les représentants de l'Etat, y compris ses juges, est en général comprise comme une décision à s'engager dans une désobéissance justifiable. Même des commentateurs dont la perspective d'ensemble sur le droit est largement étatiste ont plaidé en faveur d'un statut spécial pour la désobéissance qui s'appuie sur une interprétation de la loi.[126] Cette concession est censée dépendre du caractère « plausible » de l'interprétation – plausible en termes de précédents et d'activité des tribunaux.[127] D'après une telle théorie, l'acteur « désobéissant » doit prendre en compte les décisions judiciaires, parce que « personne ne peut faire un effort raisonnable pour se conformer au droit à moins d'accorder aux tribunaux la compétence de principe de modifier celui-ci par leurs décisions. »[128]

De son propre point de vue, cependant, la communauté qui a créé une compréhension divergente du droit et qui a proposé de la vivre, ne prétend pas que sa désobéissance soit justifiable mais plutôt qu'elle défend une ré-interprétation radicale. Vis-à-vis des « désobéissants civils », les juridictions d'Etat peuvent difficilement éviter la question théorique de l'obligation de l'individu envers le droit de l'Etat. D'un point de vue général et abstrait, cependant, concéder un rôle si central aux juridictions (en un sens autre que comme donnée sociologique – c'est-à-dire la reconnaissance que les tribunaux aux Etats-Unis maniant le plus gros bâton, il en résulte qu'ils sont souvent la voix la plus écoutée – aboutit à refuser à la communauté génératrice de droit, d'où la signification juridique est sortie, la cohérence propre de son droit.

Prenons l'exemple des mouvements de *sits-in* pour la défense des droits civiques entre 1961 et 1964. La communauté qui défendait le mouvement affirmait que la Constitution des Etats-Unis avait un droit moral valide à l'obéissance de la part des membres de la communauté. Cependant la communauté affirmait aussi une compréhension selon laquelle la garantie d'une égale protection par la Constitution comportait le droit d'être servi dans les lieux publics sans considération de race. Face aux interprétations officielles de la Constitution, qui permettaient la poursuite de pratiques discriminatoires dans les lieux publics, le mouvement devait choisir : ou bien il conformait son comportement public au « droit » officiel tout en

---

126. Voir R. Dworkin, *op. cit. supra* note 44, p.206-22 (trad. fr., p.305-326).
127. Voir, *ibid*, p.215 (trad. fr., p.316-317).
128. *ibid.*, p.214 (trad. fr., p.316).

protestant que le droit était « faussé » ou bien il conformait sa conduite extérieure à sa propre interprétation de la Constitution. Il y a à la fois « désobéissance » et « obéissance » dans l'un et l'autre cas. Cependant seule l'obéissance à l'interprétation propre de la Constitution par le mouvement représentait la fidélité à la compréhension du droit selon laquelle les membres du mouvement vivaient non contraints. Ainsi, en suivant leur propre interprétation « libre » de la Constitution, les contestataires disent : « Nous *affirmons* ceci au prix du sang » (ou au prix d'une peine de prison) ; « nos vies constituent les ponts entre la réalité des déclarations officielles, actuelles, du droit et la vision de notre droit triomphante » (une vision qui peut, bien sûr, ne jamais se transformer en réalité).

En provoquant la réaction des cours d'Etat, l'acte de désobéissance civile change la signification du droit formulé officiellement. Les tribunaux, en effet, peuvent aussi parler ou non avec le sang. Il est bien certain que les juges en général n'ont pas à faire usage de leur propre sang pour créer de la signification ; comme la plupart des détenteurs de pouvoir, ils écrivent d'ordinaire leurs textes les plus sanglants avec le corps des détenus des pénitenciers. Mais le fait que tous les juges sont d'une certaine façon des gens de violence ne signifie pas qu'ils se réjouissent de cette qualité ou qu'ils écrivent leurs textes à la légère.

Une communauté qui acquiesce à l'injustice du droit officiel n'a pas créé son propre droit. Elle n'est pas *sui juris*. La communauté qui écrit les articles des revues juridiques a créé un droit – un droit face auquel les représentants officiels de l'Etat peuvent maintenir leur interprétation seulement au prix des critiques des articles. La communauté qui désobéit au droit pénal en s'appuyant sur sa propre interprétation de la constitution oblige, elle, le juge à choisir entre l'affirmation de son interprétation du droit officiel à travers la violence contre les contestataires et l'acceptation que la polynomie de signification juridique s'étende au domaine de la pratique sociale et du contrôle social. L'engagement du juge est mis à l'épreuve lorsqu'il lui est demandé ce qu'il entend être la signification de son droit et s'il joindra sa main à la construction du pont qui relie la vision officielle de la constitution à la réalité des gens qui ont été mis en prison.[129]

[129]. Pour un cas extraordinaire de défaillance de l'engagement judiciaire en faveur de l'interprétation étatiste, voir *Hamm v. City of Rock Hill*, 379 U.S. 306 (1964).

B) L'engagement et le problème de la violence

Le juge Brandeis a bien vu le problème. Ecrivant sa propre narration, plutôt orientée, sur l'engagement des Pères Fondateurs en faveur de la liberté d'expression, il affirmait : « Croyant au pouvoir de la raison à l'œuvre dans le débat public, ils ont écarté le silence imposé par la loi – l'argument de la force sous la pire de ses formes ».[130] Brandeis reconnaissait que la dimension coercitive du droit était en soi destructrice de la possibilité d'interprétation. Si nous envisagions l'interprétation, de façon irréaliste, comme la simple présentation d'une doctrine désincarnée, la réduction au silence dont parle Brandeis s'appuierait sur la prétention que les tribunaux devraient posséder le pouvoir unique et exclusif de présenter des interprétations. C'est « l'argument de force dans la pire de ses formes », illégitime en tant que méthode d'interprétation.

La pensée constitutionnelle de Brandeis représente un vaillant effort pour résoudre la difficulté intrinsèque que pose l'irruption de la violence du droit de l'Etat dans le processus de libre interprétation. Il se serait attaqué au problème de la violence dans le droit en constitutionnalisant les principes d'une politique non-contrainte, d'un espace public libre qui générerait un droit légitime même dans ses dimensions coercitives par ses origines non-contraintes. La liberté d'expression était le support de cette légitimation – la liberté d'expression conçue comme s'étendant à toutes les composantes de la république délibérative.[131] Brandeis combinait cette sanctuarisation de la liberté d'expression avec une forte tendance à la décentralisation dans la dimension structurelle de son constitutionnalisme et il essayait ainsi de sauvegarder les conditions pratiques préalables, nécessaires à l'exercice des droits de participation, garantis par sa théorie concernant le premier amendement.[132]

L'approche de Brandeis, cependant, n'est pas entièrement satisfaisante. L'appel étatiste aux conditions « libres » de la vie politique semble

---

130. *Whitney v. California*, 274 U.S. 357, 375-76 (opinion concurrente du juge Brandeis). La citation et sa place dans la pensée de Brandeis sont discutées dans Cover, « The Left, the Right, and the First Amendment : 1918-1928 », in *Maryland Law Review*, Vol.40, 1981, p.349 , 385-387.

131. Voir Cover, *op. cit. supra* note 130, p.376-80.

132. Sur le fédéralisme de Brandeis, voir, par exemple, *New State Ice Co. v. Liebmann*, 285 U.S. 262, 311 (1932) (opinion dissidente du juge Brandeis) ; voir aussi A. Bickel, *The Supreme Court and the Idea of Progress*, 1970, p.116 (décrivant Brandeis comme le prophète d'un mouvement de décentralisation). Une excellente analyse du fédéralisme de Brandeis est donnée dans un travail d'étudiant : E. Steiner, *A Progressive Creed : The Experimental Federalism of Mr. Justice Brandeis* (manuscrit non publié, consultable à la Bibliothèque de l'Ecole de Droit de l'Université Harvard).

fortement influencé par une conception quelque peu romantique de la cité grecque (ou athénienne). Et, bien que le fédéralisme de Brandeis ait répondu à un besoin reconnu de participation à la vie commune, les Etats, au milieu du vingtième siècle, avaient depuis longtemps perdu leur caractère de communautés politiques. Je ne sais si cette perte doit être attribuée principalement à la taille des Etats ou à des problèmes plus délicats de réconciliation d'une communauté de signification avec l'exercice de la domination territoriale, fondé sur la violence. En tout cas, la vie politique américaine ne se déroule plus dans un espace public dominé par des mythologies et des rites communs et occupé par des voisins et des familiers. D'autres bases sont nécessaires pour maintenir la vie commune qui génère les traditions juridiques.

La création de la signification juridique ne peut pas se faire dans le silence. Elle ne peut pas non plus se poursuivre sans une action engagée, qui distingue le droit de la littérature. L'héritage durable de Brandeis réside dans sa prise de conscience qu'il est particulièrement problématique d'imposer le silence, parce qu'une telle contrainte détruit l'élément de raison que l'interprétation implique. Il est aussi problématique cependant, même si l'atteinte est moins grave, de contraindre à abandonner des actions qui naissent de la vie commune dans un espace consacré à l'intérieur d'un monde normatif. L'effet de cette seconde forme de coercition est de détruire l'expérience et la confiance interpersonnelle, qui, tout autant que la « raison », sont constitutives de notre compréhension des mondes normatifs. Ceux qui veulent offrir un droit différent de celui de l'Etat ne se contenteront pas d'une règle qui leur permet de dire leur droit mais pas de le vivre.

Toutes les fois qu'une communauté résiste à une règle du silence ou à quelqu'autre droit de l'Etat, elle entre nécessairement dans une herméneutique secondaire – l'interprétation des textes de résistance. Qu'un groupe vive son droit face à l'emploi prévisible de la violence contre lui exige une nouvelle élaboration du « droit » – le développement d'une compréhension de ce qui est bien et juste dans les contextes violents que le groupe va rencontrer. Le groupe doit comprendre les implications du combat et la signification de la souffrance et il doit accepter la responsabilité des résultats des confrontations qui s'ensuivront.[133]

---

[133]. Cette « compréhension » peut inclure l'acceptation de la responsabilité de verser le sang ou que d'autres le versent. Examinez la construction dans le judaïsme d'un droit gouvernant la conduite de la victime de la violence qui opprime. Voir D. Daube, *Collaboration with Tyranny in Rabbinic Law*, 1965 et l'explication narrative du droit concernant le martyre

L'un des textes de résistance affirme que « tous...ont été dotés par leur créateur de certains droits inaliénables ». Mais ce texte poursuit en faisant des concessions aux diktats de la prudence selon lesquels nous devons « supporter le mal tant qu'il est supportable » et en reconnaissant qu' « un respect décent des opinions de l'humanité » impose une obligation de repenser soigneusement les raisons qui nous conduisent à la décision de résister.[134] L'obligation de s'engager dans un calcul prudent de la souffrance et celle de justifier la résistance vis-à-vis d'une humanité commune font partie des normes générées par l'interprétation des textes sur les droits naturels dans un contexte d'engagement dans la voie de la résistance. Bentham a pu critiquer la phraséologie des droits naturels comme constituant « des non-sens montés sur des échasses » [135] ; il a pu dénoncer sa tendance à « conduire un homme, par cette force de la conscience, à prendre les armes contre toute loi quelle qu'elle soit qui a l'heur de lui déplaire »,[136] parce que, de façon caractéristique, Bentham a été incapable de reconnaître que les textes de résistance, comme tous les textes, sont toujours sujets à un processus d'interprétation qui limite les situations dans lesquelles la résistance est une réaction légitime. Toute compréhension de textes est sous réserve lorsqu'ils sont projetés dans l'avenir.

En interprétant un texte de résistance, une communauté doit se confronter au problème de la violence. Elle doit envisager les implications de la vie en tant que victime ou auteur de violence dans les contextes où la violence est susceptible de surgir.[137] La violence – en tant que technique

---

dans S. Speigel, *The Last Trial*, trad. en angl . par J. Goldin, 1967. La tradition gandhienne de la non-violence est aussi un droit gouvernant la « victime » résistante.

134. *Déclaration d'Indépendance des Etats-Unis*, 1776. Sur la Déclaration d'Indépendance comme document révolutionnaire, voir G. Wills, *op. cit. supra* note 66, p.3-90. Pour le texte original de Jefferson et celui du Congrès, voir *ibid.*, p.374-79 ; voir aussi C. Becker, *The Declaration of Independance*, 1922 (analysant la Déclaration d'Indépendance en mettant l'accent sur le document lui-même et la façon dont il traduit une motivation).

135. J. Bentham, « A Critical Examination of the Declaration of Rights », in Bentham, *Political Thought*, B. Parekh (ed.), 1973, p.257, 269.

136. J. Bentham, *A Fragment on Government*, London, 1776, p.149, trad. fr.: *Fragment sur le gouvernement*, par Jean-Pierre Clero, Paris, L.G.D.J., 1996

137. Certaines théories de la révolution idéalisent la violence. De telles théories doivent être distinguées d'une théorie de l'autonomie radicale de la signification juridique telles que celle que je propose. La genèse du droit est un processus qui a lieu au sein de communautés qui ont une identité. Leurs membres sont, selon l'expression de Sartre, déjà liés par un serment (voir J. P. Sartre, *Critique de la raison dialectique*, Paris) même si un tel vocabulaire est excessif quant aux processus contractuels et trop silencieux sur la compréhension culturelle, stable. La complexité des compréhensions mutuelles à l'œuvre dans la communauté est, je crois, révélée et transmise par les narrations du groupe.

pour le triomphe ou la suppression d'interprétations ou pour la vie de celles-ci – peut être considérée comme mettant un prix élevé sur ces interprétations. Mais une approche « économique » serait ici trompeuse. La compréhension du droit, en effet, est la projection non pas seulement de ce que nous ferions en réalité dans des circonstances différentes mais aussi de ce que nous devrions faire. Et nous croyons communément que les situations d'interaction violente sont dominées par des principes et des valeurs spécifiques. L'invocation de ces principes, valeurs et même mythes particuliers fait partie de l'herméneutique des textes de résistance.

Les communautés religieuses ont une théorie spéciale de l'exil et du martyre ; les cadres révolutionnaires élaborent des principes spécifiques gouvernant la vie en prison ou sur les barricades. De façon tout à fait impressionnante, certains groupes anti-étatistes persistants mais respectueux du droit par quintessence ont construit une théorie de la non-violence pour gouverner les interactions dans les champs de mine de la résistance active à la violence de l'Etat. C'est ce que promettent les Amish pour le cas où leur interprétation de la liberté religieuse viendrait à ne pas converger avec celle de l'Etat :

> « La réponse Amish aux formes de harcèlement juridique qui les contraindraient à violer leur religion, a été de vendre leurs fermes et de se retirer…Si cette cour maintient ses poursuites, cela sonnera le glas, dans ce pays, pour une vieille culture, distincte et innocente ».[138]

Mais toute compréhension divergente du droit n'est pas suffisante pour résister à la force coercitive de l'Etat. Il fut un temps où l'Université Bob Jones interprétait ses textes bibliques de référence comme exigeant

---

Les théories de la révolution s'intéressent fréquemment à la formation des liens de groupe – le développement d'une « conscience » ou d'une solidarité. Il est possible que la violence soit un catalyseur particulièrement puissant – on peut défendre qu'il est nécessaire – dans la chimie par laquelle une collection d'individus jusque-là sans lien entre eux deviennent une force révolutionnaire consciente. Et dans de nombreux cas, un tel groupe offrira en définitive de riches contributions à la signification juridique mais de telles constitutions d'identité ne sont pas mon problème ici, quel que soit l'intérêt qu'elles puissent présenter pour les théoriciens de la révolution. L'effort persistant pour vivre un droit autre que celui des représentants de l'Etat présuppose une communauté déjà consciente d'elle-même et légale à ses propres yeux – non pas une masse qui cherche à se réaliser dans la confusion face au fait brut de la domination. L'argument selon lequel la violence fait nécessairement partie de la révolution ne s'applique pas pour l'interprétation des textes de résistance par une communauté préexistante vivant son droit. Parfois, bien que les groupes résistants affirmant leurs propres lois n'aient pas à se réaliser par la violence, ils vivent toujours dans l'ombre de la violence qui soutient la prétention de l'Etat au contrôle social.

138. Plaidoyer pour les défendeurs à p.26, in *Wisconsin v. Yoder*, 406 U.S. 205 (1972) (N°.70-110).

qu'aucune personne noire, non mariée, ne soit admise à l'école ; mais après que le pouvoir de l'Etat ait été invoqué pour refuser le statut fiscal préférentiel à cette université, cette lecture a été retirée.[139] Je ne sais dans quelle mesure l'action coercitive de l'Etat a entraîné le changement d'interprétation mais je suspecte que ce changement était au moins en partie attribuable à la faiblesse de l'engagement vis-à-vis de l'acte d'interprétation original. Cet engagement était suffisant pour rendre acceptable la violence de l'exclusion raciale seulement aussi longtemps que le prix d'une telle violence n'était pas un traitement hostile de la part des services fiscaux. L'absence d'engagement en faveur de l'action dictée par une interprétation produit souvent un changement dans l'interprétation elle-même.

La violence aux mains de l'Etat fait monter les enchères de l'entreprise interprétative mais la violence de toute communauté non étatique dans la définition de ses limites et dans l'accomplissement de son programme rédempteur le fait aussi.[140] L'armée des Mormons à Nauvoo a imposé, à ses fidèles, une « loi » qui ne tolérait ni la sortie du groupe, ni la dissidence effective.[141] La violence à l'intérieur de la communauté et une

---

[139]. *Bob Jones University v. United States*, 103 S. Ct. 2017, 2023 (1983). La cour a affirmé que l'Université Bob Jones avait changé sa politique en réponse à la décision des juges du Quatrième Circuit dans *McCrary v. Runyon*, 515 F. 2d 1082 (4th Circuit, 1975), aff'd 427 U.S. 160 (1976), qui avait considéré que l'exclusion, à motivation raciale, des noirs par les écoles privées avait été interdite par 42 U.S.C. § 1981 (1976) § 1981 (1976). On doit aussi noter que le 16 Avril 1975, le Service des Impôts avait notifié à l'Université Bob Jones qu'il se proposait de révoquer son statut d'exemption fiscale avec rétroactivité au premier décembre 1970, date à laquelle l'école avait reçu notification générale du changement dans l'interprétation par les service fiscaux de l'I.R.C § 501 (c) (3) (1976). Le changement dans la politique des admissions à cette université a eu lieu le 29 Mai 1975, six semaines après la notification des services fiscaux et la décision des juges du Quatrième Circuit. (Voir *Bob Jones University*, 103 S. Ct., p.2023.

[140]. Si l'Etat traite le ministère apostolique ou l'enrôlement de cadres pour la révolution comme une rupture de la paix ou un syndicat du crime, les groupes concernés doivent être prêts à générer leurs normes dans l'ombre de la violence potentielle du droit pénal. Si les représentants de l'Etat choisissent de comprendre qu'avec ces groupes le ministère apostolique ou le recrutement des cadres est constitutionnellement protégé, il y a convergence d'herméneutiques.

L'effet de l'Etat sur le processus de génération du droit de la communauté autonome est totalement symétrique avec celui de la communauté sur l'élaboration de la signification du droit étatiste. Il est fréquent qu'un juge s'acharne à défendre une compréhension du droit qui devient de plus en plus problématique face à la résistance active de groupes au sein de la société. La réaction de l'Etat aux Amish affecte le droit de la communauté religieuse précisément de la même manière que la réaction des Amish à l'Etat affecte le droit de l'Etat. (Bien sûr cela peut revenir à dire que la masse de mon sac de haricots et la masse de la terre jouent un rôle identique dans la formule qui détermine le comportement des corps les uns par rapport aux autres.)

[141]. Voir D. Oaks et M. Hill, *Carthage Conspiracy : The Conspiracy of the Accused Assassins of Joseph Smith*, 1975, p.6-23.

attitude de vigilance armée vis à vis de l'extérieur, pas plus que l'incarcération et le meurtre de Joseph Smith, n'on fixé le cadre pour l'histoire constitutionnelle ultérieure du mouvement mormon, « une histoire dans laquelle une herméneutique commune entre la communauté insulaire et l'Etat a toujours semblé impossible. Le point culminant, atteint avec *Late Corp. of the Church of Jesus Christ of Latter-Day Saints v. United States*,[142] a consisté en une justification par les représentants de l'Etat, à leurs propres yeux, de la répression qu'ils exerçaient. Le long processus qui a conduit à la constitution de l'Utah en Etat était, du point de vue mormon, une exploration du degré de résistance exigé par l'obligation religieuse ainsi que des réalités du pouvoir.[143]

Certains efforts pour interpréter les textes de résistance ont un caractère étrange, presque voué à l'échec. Les prétentions de l'Etat sur la signification juridique sont, au fond, si étroitement liées au monopole imparfait de l'Etat dans le domaine de la violence que la prétention d'une communauté à une signification autonome doit être liée à la volonté de la communauté de vivre sa signification dans le défi. Le défi ouvert, la guérilla et le terrorisme sont, bien sûr, les réponses les plus directes. Ce sont des réponses cependant qui peuvent – comme aux Etats-Unis – être injustifiables et vouées à l'échec.

Notre tentation la plus forte en l'absence d'une résistance violente immédiate, directe et substantielle au droit officiel est de concéder à l'Etat un droit d'interprétation principal et de reléguer les processus générateurs de droit des associations, des communautés et des mouvements à un statut interstitiel, secondaire ou délégué. Pour ceux qui se refusent à concevoir le droit dans un tel lien structurel avec l'Etat, cependant, les processus de création du droit chez les Quakers, chez les Amish et dans les autres groupes qui ont fait de leur relation à la violence de l'Etat une question normative, centrale, revêtent une importance particulière. Cette importance tient à la création par le groupe d'une théorie du droit qui ordonne les formes et les occasions de confrontation, une théorie de la résistance qui est aussi nécessairement une théorie du compromis.[144]

---

142. 136 U.S. 1 (1890) modifié par 140 U.S. 665 (1891).

143. Voir C. Weisbrod, *op. cit. supra* note 86, p.16-33 (citant les sources).

144. Voir, par exemple, A. Waskow, *From Race Riot to Sit-in*, 1966, p.219-254. Pour une étude développée, fascinante de l'évolution de la doctrine sectaire concernant le refus de la guerre et les obligations étatiques qui y sont liées, voir R. MacMaster, S. Horst et R. Ulle, « Conscience in Crisis : Mennonite and Other Peace Churches in America, 1739-1789 », in *Studies in American Baptist and Mennonite History*, N°20, 1979.

On peut choisir de caractériser les arrangements et les capitulations de personnes et de communautés sous la menace d'une palette de choses déplaisantes de la part de l'Etat comme faisant eux-mêmes parties intégrantes du monde normatif. Tout comme la vie dans le monde économique implique la compréhension du prix, la vie dans le monde normatif implique une compréhension de la mesure des engagements vis-à-vis des normes face aux engagements contraires des autres. Une telle conception de l'importance normative de la coercition évite de privilégier la violence ou les interprétations de l'Etat. S'il y a un Etat et s'il soutient les interprétations de ses cours en recourant à la violence, ceux d'entre nous qui participons à la génération de droit extra-étatique, devons prendre en compte la violence de l'Etat comme faisant partie de notre réalité. Cela, c'est la somme de ce que l'Etat a ajouté. Tout d'abord, les Etats influent sur l'interprétation : pour le meilleur ou pour le pire, la plupart des communautés éviteront le conflit direct avec les interprétations d'un juge, tout au moins lorsqu'il est probable qu'il les soutiendra par la violence. Ensuite, quand l'Etat et la communauté offrent des interprétations conflictuelles, la communauté doit élaborer l'herméneutique de résistance ou de retrait – les entreprises justificatives des positions institutionnelles choisies par ceux qui veulent créer un *nomos* autre que celui de l'Etat ou à qui cette démarche est imposée.

2) L'acte d'engagement du point de vue des juges : la juridiction comme texte secondaire

Les juges sont des gens de violence. Du fait même de la violence qu'ils commandent, il est caractéristique des juges de ne pas créer du droit mais de le tuer. Ils ont un rôle jurispathique. Confrontés à la croissance luxuriante d'une centaine de traditions juridiques, ils affirment que *celle-ci* est le droit et ils détruisent ou essaient de détruire le reste.

Mais les juges sont aussi des hommes de paix. Au milieu de sectes guerroyantes, qui s'enveloppent chacune dans le manteau du droit qui lui est propre, ils exercent une fonction régulatrice qui permet une vie de droit plutôt que de violence. Le potentiel de la violence qu'ils peuvent commander (mais qu'ils ne commandent pas en général) mesure l'étendue de la paix et du droit qu'ils constituent.

La résistance d'une communauté au droit du juge, l'insistance que met la communauté à vivre selon son propre droit à l'intérieur d'un monde social plus large, soulève la question de l'engagement du juge par rapport à la violence de sa charge.[145] L'adhésion d'une communauté à une interprétation du juge ou le fait qu'elle s'en accommode, renforce le processus herméneutique choisi par le juge et en étend, d'une manière ou d'une autre, la portée sociale. La confrontation, au contraire, est un défi à la prétention implicite du juge à l'interprétation authentique.[146]

Mis au défi, le juge – armé ni d'une sagesse interprétative supérieure, intrinsèque, ni d'un droit nécessairement meilleur – doit séparer l'exercice de la violence de sa propre personne. La seule façon pour que l'emploi de la force n'apparaisse par comme un acte jurispathique, nu est la construction par le juge d'un privilège institutionnel de force –c'est-à-

[145]. Voir *op. cit. supra*, p.47-48. Pour une discussion à propos des juges qui ont persévéré à accomplir des actes qu'eux-mêmes trouvaient moralement désagréables ou même parfois illégaux ou inconstitutionnels d'un point de vue d'interprétation « libre » – des actes qu'ils croyaient néanmoins requis constitutionnellement par les interprétations, faisant autorité, des juridictions supérieures à l'intérieur de la hiérarchie judiciaire – voir R. Cover, *op. cit. supra* note 4.

[146]. A cet égard, les célèbres remarques d'Abraham Lincoln à propos de la décision *Dred Scott, Scott v. Sandford*, 60 U.S. (19 How.) 393 (1857), émises dans la controverse entre Lincoln et Douglass, méritent l'attention. La position de Lincoln rejette fortement toute obligation de traiter l'interprétation de la Cour comme privilégiée ou obligatoire. Parce que la juridiction est totalement limitée au cas, la seule déférence due à l'autorité de la Cour est de s'abstenir d'une résistance directe à ce qu'elle a spécifiquement édicté. Nous n'avons aucune obligation selon Lincoln de relier notre compréhension du droit et notre projection de cette compréhension du droit à l'interprétation de la Cour. Nos actions à venir doivent être gouvernées par *notre propre* compréhension et non par celle de la Cour :

> « Je ne résiste pas [à *Dred Scott*] . Si je voulais enlever Dred Scott à son maître, j'interférerais avec la propriété...Mais ce n'est pas cela que je fais, tout ce que je fais, c'est refuser d'y obéir en tant que règle politique. Si j'étais au Congrès et qu'un vote intervienne sur la question de l'interdiction de l'esclavage dans un nouveau territoire, en dépit de cette décision *Dred Scott*, je voterais cette interdiction. »

Discours d'Abraham Lincoln à Chicago, Illinois, le 10 Juillet 1858, repr. in A. Lincoln, *The Collected Works of Abraham Lincoln*, R. Basler (ed.), 1953, Vol.2, p.484, 495. La position de Lincoln est une tentative pour séparer complètement la projection d'une compréhension du décret qui est l'exercice direct du pouvoir. Une telle séparation permet à quelqu'un d' « acquiescer » en renonçant à la violence tout en refusant simultanément d'étendre la portée sociale de l'herméneutique de la Cour. La solution de Lincoln est cependant une solution limitée. Certains décrets projettent dans le futur des conséquences de processus interprétatifs de façon beaucoup moins circonscrites que la décision *Dred Scott*. L'injonction, avec ses ambitions de remède prospectif, est l'exercice le plus parfait d'un tel décret. La régulation pour le futur de la vie sociale selon une projection controversée d'une compréhension controversée du droit est susceptible de soulever le choix entre acquiescement ou résistance. Voir A. Bickel, *The Least Dangerous Branch*, 1962, p.254- 72. Bickel assimile à juste titre la position de Lincoln à celle des groupes qui ont résisté à la règle *Brown v. Board of Education*, 347 U.S. 483 (1954). La résistance cependant n'est pas un mal en soi ; ses mérites dépendent de ce à quoi l'on résiste et de la qualité de l'herméneutique de résistance du rebelle. Voir *supra* p.57-62. Pour un traitement en finesse de la promesse « thérapeutique » de résistance, voir Burt, « Constitutional Law and the Teaching of the Parables », in *Yale Law Journal*, Vol.93, 1984.

dire, la juridiction. Tout comme ceux qui vivent selon le droit de leur communauté sont conduits à des textes de résistance, le juge qui tue ce droit a recours à des textes de juridiction. Les principaux textes de juridiction sont les apologies de l'Etat lui-même et de sa violence – l'idéologie du contrat social ou les rationalisations de l'Etat-providence.[147] Le juge concède rarement, cependant, que ces questions sous-jacentes puissent même se poser. La prise en compte judiciaire des textes de juridiction commence avec la justification des tribunaux – en général et en particulier.

L'importance des principes juridictionnels au moyen desquels les tribunaux exercent la violence réside dans le fait qu'ils séparent l'exercice de l'autorité ou de la violence du juge de l'acte herméneutique premier que cet exercice met en œuvre. Tous ces principes obscurcissent la nature de l'engagement impliqué par la juridiction. L'engagement du résistant est rarement aussi dissimulé. Par exemple, la règle juridictionnelle de *Walker v. City of Birmingham* [148] – selon laquelle une injonction doit être obéie (c'est-à-dire sera appliquée par la violence) même si elle était trouvée incorrecte par une cour d'appel ou une révision collatérale – justifie la violence officielle par l'acte de résistance à celle-ci, lui-même. La cour, responsable, de façon ultime, de l'interprétation, n'a jamais à s'engager séparément sur la proposition que cette interprétation particulière justifie le recours à la violence. C'est le régime de l'obéissance – de la supériorité de l'Etat – qui justifie le recours à la violence.

---

147. Nulle part le lien n'apparaît plus clairement que dans T. Hobbes, *Leviathan*. Lorsque la défense de l'Etat est aussi générale que c'est le cas chez Hobbes, le rôle de la juridiction est simplement d'être ancillaire par rapport à l'autorité du souverain et il dérive du concept de même de souveraineté :

> « Et, en conséquence, l'interprétation de toutes les lois dépend de l'autorité souveraine : et les interprètes ne peuvent être que ceux que le souverain (auquel seul le sujet doit obéissance) désignera. Parce que sinon, par l'habileté de l'interprète, le droit peut se voir attribuer un sens, contraire à celui du souverain, l'interprète devenant, par ce moyen, le législateur. »

(*ibid.*, Chap.XXVI, p.211-12 du texte angl., W. Smith (ed.), 1909 (1st ed., London, 1651). Hobbes lie ainsi directement le caractère privilégié qu'il accorde à l'interprétation judiciaire officielle à l'entreprise plus large de justification de la souveraineté de l'Etat.
Cependant, bien que les textes de juridiction justifient et excusent la violence de l'Etat, ils peuvent aussi exercer une contrainte nouvelle. La légitimation du privilège institutionnel au moyen du droit peut être, en effet, elle-même d'un effet contraignant sur l'Etat. Voir, par exemple, E. Genovese, *Roll, Jordan, Roll*, 1974, p.25-49 (discutant de « la fonction hégémonique du droit ») ; E. Thompson, *Whigs and Hunters*, 1975, p.258-69.
148. 388 U.S. 307 (1967).

Walker peut aussi être considéré comme un point de vue fort sur l'équité. L'autorité de la cour dérive finalement d'une conception du juge de l'équité comme garantie de l'ordre social, qui doit avoir à peu près une autorité absolue pour mettre un terme aux « désordres » de l'action collective, guidée par le droit ou des intérêts autres que ceux de l'Etat.[149] *Walker* s'appuie fortement sur le raisonnement présenté dans *Howat v. Kansas* [150], un cas qui se situe clairement dans la philosophie de la Cour Taft, laquelle avait consacré l'injonction en matière de droit du travail comme un support constitutionnellement exigé de l'ordre public.

La règle de *Walker v. City of Birmingham* subordonne la création de signification juridique aux intérêts de l'ordre public. C'est la règle du juge, celui de l'intérieur, qui regarde au dehors. Elle parle au juge en tant qu'agent de la violence d'Etat et mobilisateur de cette violence contre le désordre « privé » des mouvements, des communautés, des syndicats, des partis, du « peuple », de la « populace ». Quand le juge, aligné sur l'Etat, observe les actes commis par ceux dont le droit est autre que celui de l'Etat, *Walker* lui dit que l'autorité de la cour est supérieure à sa justification par l'interprétation de la Constitution ou par le droit. Même s'il a tort, un juge a le devoir d'agir et le droit à l'obéissance. Le signal qu'envoie *Walker* au juge, c'est d'être agressif face à la résistance privée parce que son autorité sera défendue, même s'il est dans l'erreur. De plus, *Walker* dit au résistant que l'autorité compte pour tellement et la signification juridique pour si peu que, même s'il parvenait à convaincre le juge que son interprétation était correcte, il serait malgré tout puni pour son engagement actif et persistant à son égard.

Tout comme la doctrine Walker place les ordres de la cour au-delà du support intrinsèque qu'ils trouvent dans l'interprétation du fond du droit, *Rizzo v. Goode* [151], *Younger v. Harris* [152] et *City of Los Angeles v. Lyons*[153] invoquent une conception faible de l'équité et, au nom des principes de déférence qui émergent des idées de fédéralisme ou de séparation des pouvoirs, mettent la violence de l'administration hors d'atteinte du « droit », - même du droit des cours. Les règles qui président à *Rizzo*, *Younger* et *Lyons*, sont des règles qui font des juges des

---

[149]. Des années 1880 aux années 1920, ce point de vue sur l'équité était central pour le recours conservateur à l'injonction en matière de droit du travail. Les deux points principaux de cette élaboration doctrinale, conservatrice se trouvaient dans *In re Debs*, 158 U.S. 564 (1895) et dans *Truax v. Corrigan*, 257 U.S. 312 (1921), qui semblaient constitutionnaliser l'injonction en matière de travail.

[150]. 258 U.S. 181 (1921).

[151]. 423 U.S. 362 (1976).

[152]. 401 U.S. 37 (1971).

[153]. 103 S. Ct. 1660 (1983).

spectateurs potentiels, contemplant, de l'extérieur, l'exercice de la violence de l'Etat. Quand la question est de savoir si les interprétations judiciaires qui *circonscrivent* l'autorité de ceux qui mettent en œuvre la violence de l'Etat, seront pleinement appliquées, les principes juridictionnels exigent que les interprétations des juges se voient reconnaître *moins que* leur autorité intrinsèque. Même si le juge est considéré comme ayant correctement jugé qu'une pratique policière violait les droits constitutionnels de ses victimes[154] ou que des poursuites judiciaires posent une menace actuelle pour l'exercice de droits constitutionnels,[155], un principe de déférence – que ce soit envers les Etats, les représentants de l'administration ou les majorités législatives – requiert que l'équité, seul remède qui pourrait être efficace, retienne sa main.

Ainsi, l'équité est « forte » lorsque la cour s'aligne sur la violence de l'Etat et « faible » lorsque la Cour sert de contrepoids à cette violence. Le résultat dans tous les cas est la déférence à l'application autoritaire de la violence, qu'elle ait son origine dans les ordres d'un tribunal ou dans des rouages administratifs. Le droit, même constitutionnel, succombe face à l'herméneutique de juridiction. L'impulsion génératrice de droit, qui conduit un juge à trouver les pratiques de prises au collet des services de police de Los Angeles, inconstitutionnelles,[156] l'impulsion génératrice de droit qui oblige à la création de droit en contraignant la cour à prendre à bras le corps des problèmes de fond, sont réfrénées. L'orientation étatiste et apologétique des compréhensions juridictionnelles, courantes empêchent les cours de jamais rencontrer les questions périlleuses.[157]

Les doctrines de l'équité, fédérales, contemporaines, qui légitiment la coercition administrative et judiciaire sans qu'une attention soit prêtée à sa justification au regard des principes juridiques, sont très liées au principe Thayerien commun de déférence aux branches qui expriment « la majorité ». Je n'entends pas minorer l'énigme fondamentale au cœur de la difficulté contre-majoritaire. Il est admis que, dans la mesure où l'administration peut trouver une base sûre dans le facteur légitimant du

---

154. Cf. *Rizzo v. Goode*, 423 U.S. 362 (1976) (refusant la protection d'une injonction contre des pratiques de la police de Philadelphie).

155. Cf. *Younger v. Harris*, 401 U.S. 37 (1971) (refusant d'ordonner des poursuites au titre d'une loi d'Etat prétendument inconstitutionnelle).

156. Voir Lyons V. City of Los Angeles, 656 F.2d 417 (9th Cir. 1981) (maintenant l'injonction contre l'utilisation de la prise au collet par la police de Los Angeles), rev. 103 S. Ct. 1660 (1983).

157. Sur l'utilisation des concepts juridictionnels pour mettre les décisions des autorités des Etats à l'abri d'un contrôle, voir, par ex., Fiss, « Dombrowski », in *Yale L. J.*, Vol. 86, 1977, p.1103.

gouvernement du peuple, le veto exercé sur la base d'un principe constitutionnel par un juge non élu fait naître une confrontation insoluble entre principe et procédure. Cependant, il est difficile de ne pas tenir compte du fait que le lien entre l'administration et la violence coercitive est toujours présent, alors que la relation entre l'administration et la politique populaire peut varier entre identité étroite et délégation des plus atténuées.[158]

Les principes juridictionnels de déférence posent problème précisément parce que, tels qu'ils sont couramment formulés par la Cour Suprême, ils alignent des actes interprétatifs des juges sur les actes et les intérêts de ceux qui ont la maîtrise des moyens de la violence. Plus les juges utilisent leurs actes interprétatifs pour s'opposer à la violence des gouverneurs, plus ils se rapprochent du statut de « branche la moins dangereuse » sans épée, ni argent et plus s'estompe leur lien avec la suppression violente du droit. En fait, la qualité de leurs actes interprétatifs et la justification de

---

[158]. Les tenants de la déférence judiciaire reconnaissent eux-mêmes que l'action administrative peut n'avoir qu'un faible lien avec les valeurs majoritaires. Voir A. Bickel, *op.cit. supra* note 146, p.202. La difficulté contre-majoritaire a constitué l'un des principaux sujets de débat en droit constitutionnel américain, au moins depuis la critique du contrôle de constitutionnalité par James Thayer. Voir Thayer, « The Origin and Scope of the American Doctrine of Constitutional Law », in *Harvard Law Review*, Vol.7, 1893, p.129 et l'attaque qu'Holmes présente contre la procédure régulière quant au fond (« *substantive due process* ») dans l'opinion dissidente qu'il joint à Lochner, in *Lochner v. New York*, 198 U.S. 45, 74 (1905) (opinion dissidente du juge Holmes). Le triomphe du Thayerisme en 1937 n'a pas mis fin au débat mais en a réellement transformé les termes. Pour un examen historique et doctrinal de la transformation, voir Cover, « The Origins of Judicial Activism in the Protection of Minorities », in *Yale Law Journal*, Vol. 91, 1982, p.1287 (article traduit au Titre IV *infra*). Les implications doctrinales d'une défense modérée d'un contrôle judiciaire de constitutionnalité limité, forgé par la difficulté contre-majoritaire elle-même – une défense qui pourrait être appelée la « solution de la note de bas de page n°4 », parce qu'elle dérive de *United States v. Carolene Products Co.*, 304 U.S. 144, 152 n.4 (1938) – sont très bien développées dans L. Lusky, *By What Right ?* (1975) et, plus récemment, dans J. Ely, *Democracy and Distrust*, 1980. La meilleure défense du majoritarisme et de la position minimaliste sur le contrôle de constitutionnalité a été très habilement présentée par Learned Hand, voir L. Hand, *The Bill of Rights*, 1958, puis Herbert Wechsler, voir Wechsler, « Toward Neutral Principles of Constitutional Law », in *Harvard Law Review*, Vol.73, 1959, p.1 et Alexander Bickel, voir A. Bickel, op. cit. supra note 146, et plus récemment par Jesse Choper, voir J. Choper, *Judicial Review and the National Political Process*, 1980. Les avocats les plus éloquents de la position privilégiée des juges comme énonciateurs des valeurs fondamentales ont été Michael Perry, voir M. Perry, *The Constitution, the Courts and Human Rights*, 1982 et Owen Fiss, voir Fiss, « The Supreme Court, 1978 Term – Foreword : The Forms of Justice », in *Harvard Law Review*, Vol.93, 1979, p.1. Bien que je sois partisan d'un contrôle de constitutionnalité affirmé, offensif, ma position diffère fondamentalement de celle de Fiss et de Perry en ce que je ne reconnais aucun caractère privilégié au travail des juges. Je voudrais que les juges agissent sur la base d'un constitutionnalisme engagé dans un monde où chacune des nombreuses communautés vit selon son propre *nomos* et est prête à résister à l'œuvre des juges dans de nombreux cas.

leur rôle spécial – c'est-à-dire l'herméneutique de juridiction – sont tout ce que les juges ont pour aller à l'encontre de la violence de l'administration. Lorsqu'ils s'opposent à la violence et à la coercition des autres organes de l'Etat, les juges commencent à mieux ressembler aux autres communautés qui, à travers le monde, génèrent du droit.[159]

Ce n'est pas seulement « l'équité » ou la déférence envers les « branches politiques » qui implique la substitution de l'herméneutique de juridiction à l'herméneutique du texte. Voyez, par exemple, le juge d'une juridiction inférieure, supposé contraint par l'autorité supérieure d'appliquer une règles qu'il croit infondée – pas seulement moralement mauvaise mais juridiquement fausse. En un tel cas, la cour inférieure affirme un principe hiérarchique supérieur au lieu des convictions interprétatives du juge et affirme ainsi l'engagement, de celui-ci, à faire triompher l'ordre hiérarchique au détriment de la signification.[160] La capacité extraordinaire de petits changements dans la composition de la Cour Suprême à transformer non seulement les décisions de cette cour mais aussi l'importance stratégique du judiciaire fédéral tout entier, témoigne de l'engagement des juges en premier par rapport à l'ordre hiérarchique de l'autorité, et seulement en second au service de l'intégrité interprétative.[161] De manière caractéristique, les engagements du juge sont supposés être envers la structure d'autorité. Sans ce canon juridictionnel,

---

[159]. La brève défense présentée par Bickel, à propos du rejet, par la Cour, de l'appel dans 350 U.S. 985 (1956) (*per curiam*), une affaire qui soulevait le problème de la constitutionnalité d'une loi de Virginie qui interdisait les mariages interraciaux, brandit le spectre d'une Cour dépourvue de l'autorité qui distingue ses interprétations juridiques de celles des autres communautés génératrices de normes :

> « En fait, un jugement légitimant de telles lois aurait été impensable...Mais aurait-il été sage à un moment où la Cour venait d'énoncer son nouveau principe d'intégration, quand elle était soumise aux attaques grossières d'hommes qui prédisaient que l'intégration dans les écoles conduirait directement à une « dégénérescence de la race...aurait-il été sage, juste alors, dans le premier cas de cette espèce, à une époque où l'on ne peut pas dire que la communauté noire, dans son ensemble, insistait beaucoup sur le problème, de déclarer que les Etats ne peuvent pas interdire les mariages interraciaux ? »

A. Bickel, *op. cit. supra* note 146, p.174.

[160]. Voir R. Cover, *op. cit. supra* note 4, p.252-56, (décrivant le refus par une cour d'Etat de recourir à *l'habeas corpus* pour libérer d'une prison fédérale des personnes qui avaient aidé des esclaves fugitifs).

[161]. Bien sûr la notion qu'une majorité de cinq contre quatre à la Cour Suprême devrait lier l'activité interprétative de tous les juges peut superficiellement être considérée comme ayant toute la force et toutes les faiblesses des arguments en faveur du règne de la majorité. La majorité n'a sûrement pas toujours raison mais cela n'aurait pas plus de sens d'avoir une interprétation commandée par une minorité de quatre contre cinq. Ce qui est important cependant, ce n'est pas que la structure juridictionnelle soit justifiable mais simplement le fait qu'elle existe.

le juge devrait mesurer la violence impliquée dans chaque cas par rapport à son propre engagement à l'égard de la signification que celui-ci défend.

La logique de la pratique du juge qui consiste à justifier sa violence par un engagement non pas envers la fin que cette violence sert dans le cas particulier mais par la structure de juridiction n'a pas à avoir les implications de service de l'Etat dont elle est revêtue en général aujourd'hui. Il est possible de concevoir un droit naturel de juridiction capable de supplanter la version positiviste que j'ai décrite. En élaborant un droit de juridiction, un juge pourrait faire appel à des narrations de résistance judiciaire – la résistance de Lord Coke au roi James,[162] celle de Taney à Lincoln[163] ou la résistance incroyablement courageuse de plusieurs juges ghanéens face à ceux qui avaient perpétré un coup d'Etat militaire.[164]

---

[162]. *Prohibitions del Roy*, 12 Co. 63, 77 Eng. Rep. 1342 (K.B. 1655). Pour une discussion un peu démythifiante du cas, voir C. Bowen, *The Lion and the Throne : the Life and Times of Sir Edward Coke*, 1956, p.303-06.

[163]. *Ex parte Merryman*, 17 F. Cas. 144 (C.C.D. Md 1861) ; voir C. Swisher, *The Taney Period, 1836-64*, p.844-53 (*Oliver Wendell Holmes Devise History of the Supreme Court of the United States*, n°5, 1974 ; C. Warren, *The Supreme Court in United States History*, Vol.3, 1924, p.90-96.

[164]. Le 4 Juin 1979, au Ghana, un gouvernement militaire avait succédé à un autre à la suite d'un coup d'Etat militaire. Les nouveaux gouvernants, le Conseil des Forces Armées Révolutionnaires (AFRC) avait promis un retour rapide au gouvernement civil. La promesse était, en un sens, remplie trois mois plus tard, avec un retour formel au gouvernement civil sous l'emprise d'une nouvelle constitution. La constitution de 1979 contenait plusieurs dispositions spéciales, y compris l'article 15 de ce qui s'appelait les clauses transitoires – des clauses qui visaient à écarter, en fait, la possibilité de tout contrôle sur les actes perpétrés par l'AFRC. En interprétant ces clauses, plusieurs juges ghanéens ont affirmé un pouvoir résiduel d'examen soit sur la base d'une pétition d'*habeas corpus*, soit sur la base d'autres moyens de cette sorte. Le degré auquel ils énonçaient leur manipulation du déni constitutionnel de juridiction variait selon les juges. Comparez le recours affirmé, clairement énoncé à l'histoire juridique anglaise dans l'opinion du juge Taylor dans l'affaire *Ex parte Forson Accra* (High Ct., May 19, 1980) (opinion répertoriée à la bibliothèque de la *Harvard* Law School) avec l'approche un peu plus alambiquée du juge Koranteng-Addow dans *Ex parte Shackleford* (Accra High Court, August 8, 1980) (opinion répertoriée à la bibliothèque de la Harvard Law School) La Cour Suprême du Ghana n'a pas soutenu les actions des juges Taylor et Koranteng-Addow : dans l'affaire *Kwakye v. Attorney General* , six juges ont rejeté la demande ; seul le juge Taylor a émis une opinion dissidente. Voir *Kwakye v. Attorney General* (Ghana Sup. Ct., Super. Ct. of Judicature, Nov. 10, 1981) (opinions des juges Apaloo, Sowah, Archer, Crabbe et Taylor, répertoriées à la bibliothèque de la Harvard Law School).

Lorsque l'AFRC surveille au-dessus de l'épaule du juge qui décide, tant les approches directes que les approches alambiquées sur la conservation du pouvoir de juridiction face au pouvoir peuvent être mortelles. Le 31 Décembre 1981, l'AFRC reprit le contrôle du gouvernement au Ghana. En 1982, le juge Koranteng-Addow disparut et fut retrouvé mort par la suite. Deux autres juges ont été tués. Une commission d'enquête a été nommée mais elle n'a produit aucun rapport.

Il pourrait aussi défendre son propre pouvoir de juger ceux qui exercent une violence extra-juridique au nom de l'Etat. Dans une situation autoritaire, violente, rien n'est plus révolutionnaire que l'insistance mise par un juge à exercer cette « juridiction » - mais seulement à condition que cette juridiction implique la formulation du principe juridique selon une herméneutique indépendante. L'engagement à l'égard d'un processus générateur de droit qui ne s'incline pas face à la violence de l'administration est le seul espoir pour le juge de s'extirper partiellement de la violence de l'Etat.[165]

Une telle herméneutique de juridiction est cependant risquée. Elle implique un engagement dans une lutte dont l'issue – physique et morale – est toujours incertaine. Il est beaucoup plus facile d'adopter une herméneutique de juridiction positiviste. Les juges ont certainement raison de penser que le problème du pouvoir sera rarement mis en doute s'ils s'en tiennent à une fonction d'impuissance juridictionnelle face à la violence officielle. La signification que les juges donnent alors au droit cependant n'est pas privilégiée, elle n'a pas plus de valeur que celle du résistant qu'ils mettent en prison. En donnant au droit *cette* signification, ils détruisent les mondes qui pourraient être construits sur le droit des communautés qui défèrent à la violence supérieure de l'Etat et ils font monter les engagements de ceux qui sont prêts à y résister.

Je suis redevable pour ces informations à Anne-Marie Ofori qui a porte ces événements à mon attention et qui m'a fourni les copies des jugements des cours ghanéennes dans les cas sus-mentionnés. Dans son mémoire non publié, A. Ofori, *Continuity and Change in the Ghanaian Legal System : The Coup d'Etat and After*, 1983 (répertorié à la Bibliothèque de la Harvard Law School, A.-M. Ofori décrit le courage de plusieurs juges ghanéens qui insistèrent sur la possibilité de recourir à *l'habeas corpus* ; ce qu'elle dit soulève d'importantes questions jurisprudentielles pour les idéologies positivistes du droit.

165. Voir, par exemple, les décisions de la Cour dans *Korematsu v. United States*, 323 U.S. 214 (1944) et *Ex parte Endo*, 323 U.S. 283 (1944). A la différence de *Ex parte Merryman*, 17 F. Cas. 144 (C.C.D. Md 1861), ces affaires n'impliquaient pas le refus explicite d'un recours à *l'habeas corpus*. La Cour y était plutôt confrontée à une situation semblable à celle que les clauses de transition présentaient pour les juges ghanéens. Voir *supra* note 164. La cour avait le pouvoir de juridiction mais l'exécutif prétendait à une ratification virtuellement automatique d'actions menées en période de crise en appliquant des critères manifestement injustes – la valeur de l'insistance courageuse mise par Taney sur le pouvoir de juridiction dans *Merryman* est annihilée par l'espèce de déférence montrée envers l'autorité de crise dans *Korematsu*. En fait, *Ex parte McCardle*, 74 U.S. (7 Wall.) 506 (1869), qui admettait la limitation par le Congrès du pouvoir de juridiction de la Cour Suprême, peut aussi être comprise comme une réduction de l'importance de la règle posée dans *Merryman*.

IV. LES VERTUS IMPERIALES

Dans la partie II de cette présentation, j'ai cité l'aphorisme de rabbi Simeon ben Gamaliel selon lequel la survie du monde est étayée sur la justice, la vérité et la paix. Les caractéristiques impériales sont, il est vrai, en un sens, jurispathiques par rapport à la paideia de la Torah que Simeon le juste décrivait. Mais le Temple *a* été détruit – la signification n'*est* plus unitaire ; toute herméneutique en implique une autre. Maintenir la paix n'est pas une tâche simple et neutre. En effet, dans les mondes normatifs qui se créent autour de nous, toutes les trajectoires interprétatives ne sont pas insulaires. Les mondes du droit que nous créons sont tous, en partie, rédempteurs. Confrontée à un monde de constitutionnalisme rédempteur, la Cour doit ou bien refuser aux rédemptionnistes le pouvoir de l'Etat (et ainsi tronquer la croissance de leur droit ou les contraindre à la résistance) ou bien partager leur interprétation. La Cour utilisera souvent la seconde herméneutique de juridiction pour rejeter la vision rédemptrice. C'est cependant en définitive précisément la structure de juridiction qui situe la responsabilité de la vision constitutionnelle.[166] La cour peut très bien utiliser l'écran juridictionnel et les règles de tolérance pour éviter de tuer le droit des communautés insulaires qui parsèment notre paysage normatif. Mais elles ne peuvent pas échapper à la responsabilité d'appliquer ou de refuser d'appliquer le pouvoir pour permettre qu'une vision rédemptrice s'accomplisse.

Le traitement par la Cour Suprême des prétentions concurrentes concernant l'éducation des enfants et des jeunes en est un exemple. Les demandes des visions tant insulaires que rédemptrices ont une force particulière : le lien entre le groupe et l'individu est par définition paidéique et les discussions à propos de l'éducation soulèvent la question du caractère de la paideia qui constituera le monde de l'enfant. Le traitement constitutionnel américain de l'enseignement scolaire a pris une double forme. Certaines décisions ont reconnu les tendances dangereuses d'une paideia étatiste et fixé ses frontières en spécifiant formellement les limites de la signification publique. *West Virginia v. Barnette*,[167] *Epperson v. Arkansas*,[168] et les *School Prayer Cases*[169] donnent les repères bien que ces décisions procèdent déjà toutes en un sens de *Meyer*

---

166. C'est une question de droit positif d'Etat. Il y a beaucoup d'autres formes que les nôtres, de répartition des fonctions d'Etat spécialisées dans l'interprétation du droit. Voir, par exemple, M. Shapiro, *Courts*, 1981 chap.5 (discutant de l'absence d'appel en droit islamique).

167. 319 U.S. 624 (1943).

168. 393 U.S. 97 (1968).

169. *School Dist. V. Schempp*, 374 U.S. 203 (1963) ; *Engel v. Vitale*, 370 U.S. 421 (1962).

v. Nebraska.[170] Même si ces décisions suggèrent que la spécification de sens par l'Etat est des plus dangereuses lorsque la religion et la politique sont concernées, les problèmes que posent ces cas, se retrouvent pour tout programme public.[171] Aucune ligne de démarcation nette ne peut être tracée entre les problèmes soulevés par *Epperson* et ceux d'un programme d'histoire typique. De même, le caractère confessionnel ou sacramental des paroles en cause dans *Barnette* et les *School Prayer Cases* introduit simplement une nuance de degré par rapport au caractère confessionnel de toutes les prétentions à la vérité et à la signification.[172]

Que le programme d'enseignement public soit lui-même le problème central autour duquel gravitent *Barnette* et *Epperson*, peut être perçu d'une autre manière. Que la revendication d'autorité par l'Etat pour arbitrer formellement entre les visions du bon soit faible, la preuve en est donnée par la volonté de l'Etat d'abandonner le projet d'élaborer de la signification. Le programme de l'enseignement public est un embarras parce qu'il met l'Etat au cœur de l'entreprise paidéique et crée une base étatique pour la signification aussi bien que pour les stipulations du droit. La reconnaissance de ce dilemme a conduit à la deuxième dimension du précédent constitutionnel concernant l'enseignement scolaire – une reconnaissance ahurissante du privilège de l'autonomie insulaire pour toutes sortes de groupes et associations. Le principe de *Peirce v. Society of Sisters*[173] avait toujours été fondé sur une procédure légale régulière quant au fond qui protégeait non seulement l'enseignement religieux mais aussi l'enseignement privé en général et il s'est avéré être le seul survivant solide de l'ère de la procédure légale régulière quant au fond. *Wisconsin v. Yoder*[174] reconnaissait même une plus large autonomie à la communauté religieuse. La reconnaissance étendue par l'Etat de l'autonomie dans le domaine de l'éducation est le résultat naturel de la compréhension du caractère problématique du rôle paidéique de l'Etat. Il doit, en somme, y avoir des limites à la prérogative de l'Etat à fournir de la signification interprétative quand il exerce sa fonction éducative. Mais l'exercice en lui-même n'est pas facile ; d'où la protection spéciale de

---

170. 262 U.S. 390 (1923). Bien que Meyer s'appuie sur les droits des professeurs à une procédure légale régulière quant au fond, cette décision présuppose néanmoins la détermination constitutionnelle du caractère injustifié des décisions sur les programmes scolaires qui excluaient les enseignements en allemand.

171. Voir Hirschoff, « Parents and the Public School Curriculum : Is There a Right to Have One's Child Excused From Objectionable Instruction ? », in *Southern California Law Review*, Vol.50, 1977, p.871, 955.

172. Pour l'élément d'engagement personnel impliqué dans l'affirmation de la vérité, voir M. Polanyi, *op. cit. supra* note 10.

173. 268 U.S. 510 (1925).

174. 406 U.S. 205 (1972).

l'alternative insulaire, privée. Toute alternative à ces limites serait une invitation à un écrasement total du caractère générateur de droit. L'Etat pourrait s'engager à l'égard de sa propre signification et détruire le lien éducatif et personnel qui est le germe des significations alternatives à celles des détenteurs du pouvoir.

La place centrale de l'école dans l'ordre paidéique assure la liaison entre la liberté d'association éducative et l'impulsion à créer du droit elle-même. L'Université Bob Jones a fait appel à ce principe dans sa tentative d'établissement d'une communauté normative ayant droit à la protection contre les empiètements de l'Etat :

> « C'est à la fois une institution éducative et religieuse. Il est exigé de ses professeurs qu'ils soient des chrétiens fervents et tous les enseignements donnés à l'université sont en accord avec la Bible. Les croyances religieuses des étudiants sont vérifiées à leur entrée et la conduite privée et publique de ceux-ci fait l'objet d'une réglementation très stricte édictée par les autorités de l'université. »[175]

Les interprétations données de l'Ecriture par l'université tenaient les rendez-vous amoureux ainsi que le mariages interraciaux pour interdits. Les personnes noires étaient exclues de l'admission à Bob Jones University jusqu'en 1971. De 1971 à 1975, l'université n'acceptait pas de demandes d'inscription émanant de candidats noirs non mariés. Depuis le 29 Mai 1975, l'université a admis les étudiants sans tenir compte de leur race mais elle a interdit, sous peine d'exclusion, les rendez-vous amoureux interraciaux, les mariages interraciaux, le soutien à la violation de ces interdictions et la participation à des groupes qui plaident en faveur des mariages interraciaux.[176]

L'université, en fait, réclamait, pour elle-même, une insularité nomique qui l'aurait protégée contre le droit public commun qui interdit la discrimination raciale. Elle revendiquait implicitement une immunité contre les effets de 42 U.S.C. § 1981,[177] considéré par la Cour dans *Runyon v. McCrary*[178] comme interdisant la discrimination raciale dans l'enseignement privé. La cour dans *Runyon* avait évité de dire explicitement si la règle s'appliquait aux écoles religieuses.[179] La protection que demandait l'Université Bob Jones est, comme on l'a vu,

---

175. *Bob Jones v. United States*, 103 S. Ct. 2017, 2022 (1983).
176. *ibid.*, p.2022-2023.
177. 42 U.S.C. § 1981 (1976).
178. 427 U.S. 160 (1976).
179. *ibid.*, p.167.

bien située dans les narrations aux formes multiples de l'insularité. L'Université Bob Jones était soutenue (entre autres) par les Amish, les mennonites et quelques associations juives et baptistes, parce que la typologie sur laquelle s'appuyait sa prétention est celle de l'autonomie paidéique de la communauté religieuse pour l'éducation des jeunes.[180]

La position interprétative que l'on adopte à l'égard d'un tel cas peut changer radicalement cependant lorsqu'on place les arguments qui s'opposent dans une narration de rédemption constitutionnelle. A cet égard, comparer le traitement des prétentions à l'insularité dans *NLRB v. Catholic Bishop* [181] et *Bob Jones University*[182] est instructif.

Dans *Catholic Bishop* comme dans *Bob Jones University*, une agence administrative avait interprété un langage législatif très général pour limiter l'autonomie nomique d'une école religieuse. Dans *Catholic Bishop*, le NLRB avait considéré que les laïcs enseignants dans un séminaire et un lycée confessionnel étaient soumis à la législation de la Loi Nationale sur les Relations du Travail.[183] Il avait ainsi légitimé les procédures pour établir une unité de négociation et déclenché l'exigence pour l'employeur, l'évêque catholique de Chicago, de négocier de bonne foi. La Cour Suprême reconnut l'intérêt à l'autonomie de l'école religieuse en affirmant que l'Agence n'aurait pas dû choisir une interprétation de la loi qui mettait en cause tant de valeurs protégées par le premier amendement, à moins qu'une interprétation contraire n'ait été rendue impossible par un texte ou une histoire législative claire.[184] La majorité ne trouva aucune narration rédemptrice sous laquelle loger l'argumentation de compétence du NLRB. La visée centrale de l'histoire rédemptrice de la lutte pour protéger les droits d'organisation et de négociation dans le travail a semblé à la Cour ne concerner que marginalement les écoles religieuses tandis qu'elle a perçu les normes d'autonomie dans l'éducation comme reliées centralement aux narrations du libre exercice.

---

180. Parmi les *amicus briefs* figuraient ceux de la Conférence Générale de l'Eglise Mennonite, l'Association Nationale des Eglises Evangéliques, la Commission Nationale pour la Liberté Religieuse des Amish, les Eglises Baptistes Américaines et la Commission Juive Nationale pour les Affaires Publiques et le Droit. Voir *Briefs Amicus Curiae for Petitioner, Bob Jones University (N°81-3).* La Commission Juive Américaine et la Ligue anti-diffamatoire du B'nai Brith avaient présenté des *briefs* soutenant les Etats-Unis. Voir *Briefs Amicus Curiae for Respondent, Goldsboro Christian Schools, Inc. v. United States*, 103 S.Ct. 2017 (1983) (N°81-1).

181. 440 U.S. 490 (1979).

182. Voir 103 S. Ct., p.2034-35.

183. 29 U.S.C. §§ 151-169 (1976 et Suppl. V 1981)

184. 440 U.S., p.507.

Bob Jones University est formellement le pendant de *Catholic Bishop*. Le Service des Impôts avait interprété un langage législatif très général qui était bien antérieur aux controverses publiques, particulières en cause. Il avait considéré que la section 501 (ç) (3) du Code des Impôts,[185] qui accorde une exemption fiscale à certaines organisations charitables, y compris des institutions religieuses et éducatives, et que la section 170,[186] qui permet aux contribuables de déduire leurs dons aux organisations de la section 501 (c) (3) devaient être interprétées comme excluant d'un tel traitement préférentiel les écoles qui n'ont pas « une politique de non-discrimination raciale en ce qui concerne leurs étudiants ».[187] Ni le texte du code, ni l'histoire législative qui a précédé la position prise par le Service des Impôts en 1970 ne semblait imposer une telle interprétation.[188] Ainsi, comme dans *Catholic Bishop*, l'institution administrative a interprété un langage très général de façon à créer un fondement pour une intervention importante dans l'insularité nomique d'une institution éducative, religieuse. (La décision initiale du Service des Impôts ne concernait pas uniquement les écoles religieuses mais ce Service a refusé de les exempter de son interprétation générale.)[189]

---

185. 26 U.S.C. § 501 (c) (3) (1976) .
186. 26 U.S.C. § 170 (1976 et Suppl. V 1981).
187. *Rev. Rul.* 71-447, 1971-2 C. B. 230, clarifié par *Rev. Proc.* 72-54, 1972-2 C.B. 834 et remplacé par *Rev. Proc.* 75-50, 1975-2 C.B. 587.
188. Le seul soutien que pouvait apporter l'histoire législative au résultat de *Bob Jones University* était le comportement du Congrès après la décision prise par le Service des Impôts en 1970. Voir *Bob Jones University*, 103 S.Ct., p. 2032-34. L'invocation par la Cour de l'inaction du Congrès est très intéressante, vue à la lumière de l'invalidation presque simultanée par le Cour du veto législatif. Voir *Immigration and Naturalization Serv. v. Chadha*, 103 S. Ct. 2764 (1983). *Chadha* semble suggérer que le comportement du Congrès, qui manifeste sa désapprobation face à l'activité réglementaire, ne peut pas avoir force de loi, si elle ne prend pas les caractéristiques formelles de la législation, prévues à l'article premier de la Constitution. Il est difficile de saisir alors pourquoi l' « assentiment » du Congrès à l'adoption d'une disposition réglementaire du type rencontré dans *Bob Jones University* (voir 103 S. Ct., p.2033), peut avoir une force juridique. Selon les circonstances, l'assentiment législatif à l'interprétation administrative peut avoir plus ou moins valeur de preuve de l'intention du Congrès lors de l'adoption de la loi en question. Etant donné que § 501 (c) (3) était devenu loi des décennies avant que la décision de 1970 du Service des Impôts ait été prise et si l'on met à part les problèmes soulevés par cette décision, l'assentiment du Congrès à la décision démontre difficilement l'intention du législateur au moment du vote. Bien que je ne sois pas opposé à la prise en compte des interprétations et des intentions du Congrès qui siège au moment de l'interprétation de la loi dans notre lecture de celle-ci, il me paraît difficile de voir pourquoi le comportement d'un Congrès qui n'adopte rien dans les formes de l'article premier, peut avoir valeur législative dans *Bob Jones University* mais ne le peut pas s'il s'agit d'un veto législatif.
189. *Voir Bob Jones University*, 103 S. Ct., p.2021-25.

Il y a plusieurs fondements possibles pour établir une distinction entre les deux cas. *Catholic Bishop* peut être considéré comme impliquant une imposition directe de la réglementation fédérale, alors que *Bob Jones University* ne fait que refuser un avantage fiscal. L'analyse qu'a faitet la Cour des avantages fiscaux pendant la dernière session dans *Regan v. Taxation with Representation*[190] suggère qu'une telle distinction pourrait avoir son importance. Cet argument n'est pas contraignant cependant et il ne représente pas la voie choisie pour la Cour.[191] Celle-ci s'est confrontée à l'argument d'insularité protégée en affirmant un intérêt gouvernemental

---

190. 103 S. Ct. 1997 (1983). « Nous avons statué à plusieurs reprises qu'une décision du législateur de ne pas accorder un avantage fiscal à l'exercice d'un droit fondamental ne constitue pas une violation de ce droit et n'entre pas, dès lors, dans le domaine où la Cour exerce un contrôle renforcé (« *strict scrutiny* ») ». (*ibid.*, p.2003 - citant *Harris v. McRae*, 448 U.S. 297 (1980), Maher v. Roe, 432 U.S. 464 (1977) *; et Buckley v. Valeo*, 424 U.S. 1 (1976) ; voir *ibid.*, p.2001 (à propos de *Cammarano v. U.S.*, 358 U.S. 498 (1959). Une autre généralisation dans l'opinion de la Cour, dans *Taxation with Representation* suggère la distinction que la Cour voit entre réglementation directe et refus d'avantage fiscal : « Les législateurs ont une latitude particulièrement grande pour créer des classifications et des distinctions dans les lois fiscales» (*ibid.*, p.2002).

191. Il est difficile de maintenir la distinction entre mesure réglementaire, assortie de sanctions principalement civiles et refus d'avantage fiscal à un contribuable qui n'a pas adopté une conduite en conformité avec une condition réglementaire. Il est certain qu'*une part* de la réglementation – par exemple, les normes de sécurité pour les produits de consommation ou sur les lieux de travail – est supposée manifester le refus direct de la société de tolérer une conduite particulière, alors que les conditions de respect d'une certaine conduite, mises pour bénéficier d'un traitement fiscal de faveur indiquent, au contraire, la volonté du système juridique de permettre un comportement autre –à un certain prix. Mais cette distinction disparaaît si l'on conceptualise une sanction réglementaire comme un prix à payer pour la conduite défendue. La théorie de Holmes en matière de rupture de contrat est un exemple bien connu de cette approche, qui prévaut dans toute la méthodologie de l'analyse économique du droit. Sur la thèse de Holmes et pour une critique de celle-ci, voir G. Gilmore, *The Death of Contract*, 1974, p.14.

Le caractère spécial de l'avantage fiscal en cause dans *Bob Jones University* rend la distinction entre réglementation et refus d'avantages fiscaux particulièrement problématique. Le refus du statut prévu § 501 (c) (3) à une organisation charitable peut amener ses donateurs qui se voient refuser, en conséquence, les déductions du § 170 à mettre fin à leurs dons plutôt qu'à simplement réduire le montant de ceux-ci à un niveau qui reste constant après impôt. Pour le même prix, un bienfaiteur peut donner I / (I – (taux d'imposition marginal)) fois autant à une organisation exemptée au titre de § 501 (c) (3)) qu'à une organisation non exemptée. A supposer que la satisfaction du donateur dépende du montant reçu par celui à qui il a donné plutôt que du coût du cadeau, un dollar du cadeau en plus devrait être donné à une organisation non exemptée seulement – si la satisfaction marginale obtenue par unité de cadeau à l'organisation non exemptée est I / I – (taux d'imposition marginal)) fois aussi grand que la satisfaction obtenue d'une unité de cadeau à une organisation exemptée. Ainsi le refus du traitement prévu au § 501 (c) (3) peut effectivement entraîner la fin de toutes les donations des bienfaiteurs les moins fidèles ; pour certaines organisations, le résultat peut être la fin de pratiquement tout soutien. Il est possible aussi cependant d'imaginer que la fidélité des donateurs envers une institution comme Bob Jones University soit telle que leur comportement en matière de dons ne soit pas particulièrement sensible au prix.

décisif « à éradiquer la discrimination raciale dans l'éducation ».[192] Le Président de la Cour, Warren Burger, a invoqué un ensemble d'efforts judiciaires, législatifs et exécutifs pour éliminer une telle discrimination et les a comprimés finalement dans un passage narratif :

> « Etant donné la tension et l'angoisse que reflète l'histoire des efforts pour échapper aux entraves générées par la doctrine « séparés mais égaux »...il ne peut pas être dit que des institutions éducatives qui, pour quelque raison que ce soit, pratiquent la discrimination raciale, sont des institutions exerçant « une influence bénéfique, stabilisatrice dans la vie de la communauté »...ou qu'elles devraient être encouragées en bénéficiant du soutien de tous les contribuables au moyen d'un statut fiscal spécial. »[193]

Ainsi, le Président de la Cour Suprême a opposé à la prétention à l'insularité une narration de rédemption. Alors que la Cour n'avait pas considéré que les conditions faites aux professeurs dans les écoles catholiques de Chicago étaient contraires au message rédempteur central de l'Agence Nationale pour les Relations du Travail, elle a jugé que la discrimination contre les noirs dans une école religieuse qui autrement serait exemptée d'impôts contredisait le cœur même de la narration rédemptrice de lutte pour l'équité raciale et pour la déségrégation dans les écoles de la nation. Il était possible d'écrire une histoire dans laquelle l'idéologie rédemptrice en matière d'organisation du travail jouerait un rôle plus grand. On *pourrait* réécrire *Catholic Bishop* ; étant donné le résultat dans ce cas cependant, le facteur critique qui explique la décision Bob Jones University est le pouvoir d'un constitutionnalisme rédempteur qui défend sa propre prétention à réformer la vie des écoles.

Précisément parce que l'école est le point d'entrée du paidéique et le lieu de sa création, l'école doit être la cible de toute idéologie

---

[192]. *Bob Jones Univ.*, 103 S. Ct. , p.2035.

[193]. *ibid.*, p.2030. Il est significatif que le Président de la Cour, Warren Burger, ait évoqué « la tension et l'angoisse » de la tentative d'échapper à la doctrine « séparés mais égaux ». Il me semble que c'est une caractérisation, centrée sur la Cour, du tumulte qui a marqué l'ère post-*Brown*, que de parler de cette doctrine plutôt que des pratiques de racisme et d'apartheid. La tension et l'angoisse de la Cour peuvent avoir eu un lien avec l'ombre de *Plessy v. Ferguson*, 163 U.S. 537 (1896) et avec le besoin de réconcilier *Brown v. Board of Education*, 347 U.S. 483 (1954) et les actions entreprises post-*Brown* avec les principes coutumiers de neutralité, de déférence et d'autolimitation judiciaire. Cependant pour la vraie force de mouvement, le mouvement des droits civiques, la tension et l'angoisse ont été et demeurent très aiguës, lorsqu'il faut au mouvement examiner la « légitimité » de tactiques de désobéissance, qui peuvent être violentes, dans la lutte pour défendre un droit vivant de l'égalité face à la violence ou à l'indifférence de l'Etat.

constitutionnelle, rédemptrice. Par l'éducation, les liens sociaux se forment qui donnent naissance à l'autonomie, au processus créateur de droit. Les origines des processus dans lesquels le « droit » reçoit sa signification se situent dans l'éducation. S'il y avait un seul *corpus* d'Etat, une école d'Etat, une compréhension d'Etat –l'eunomie spartiate-, on pourrait imaginer une règle plutôt simple, protégeant la participation, pour garantir l'accès universel au processus. Dans notre *nomos* complexe, cependant, c'est la multitude des bases communautaires, également reconnues, de signification juridique, qui constitue la gamme des engagements, des réalités et des visions entretenues à un moment donné. Le juge doit apporter une réponse aux prétentions en conflit du constitutionnalisme rédempteur d'une race exclue, d'une part, et de l'insularité, la liberté d'association, d'autre part.

Néanmoins, la force de l'interprétation de la Cour dans *Bob Jones University* est très faible. Non pas à cause de la forme de l'argumentation mais en raison de l'absence d'engagement de la Cour –une absence qui se manifeste par la désignation de l'autorité pour la décision. La cour prend une position qui ne met rien en jeu et à partir de laquelle elle ne fait aucun geste interprétatif, si ce n'est le geste par quintessence des canons juridictionnels : l'affirmation qu'un exercice de l'autorité politique n'était pas inconstitutionnel. La grande entreprise nationale contre la discrimination ne reçoit aucun statut normatif de l'opinion de la Cour, si ce n'est qu'elle signifie que le Service des Impôts n'était pas dans son tort. Les communautés insulaires, les Mennonites et les Amish sont bien en droit de se poser la question de l'étendue de la décision de la Cour : sommes-nous à la merci de toute décision de politique publique qui n'est pas à tort ? Si la politique publique se voir reconnaître ici un statut spécial, quel est-il ? Le Congrès peut-il changer cette politique ? Dans le cas contraire, il y a, bien sûr, une réponse puissante à la prétention insulaire – la contre-prétention à la rédemption constitutionnelle. Une telle prétention rédemptrice ne constituerait pas une menace générale pour la communauté insulaire, aucune menace si ce n'est celle qui repose sur l'espèce d'engagement qui accompagne la formulation d'un mandat constitutionnel.

Cette prétention, la Cour ne l'a pas avancée. En fait, la Cour a évité explicitement la question de la possibilité pour le Congrès d'exempter constitutionnellement d'impôts une école qui discrimine sur une base raciale.[194] Les Amish, les Mennonites et toutes les communautés insulaires, quelle que soit leur position en matière raciale, ont raison

---

[194]. 103 S. Ct., p.2032 note 24.

d'être mécontents de la décision *Bob Jones University v. United States*. C'est un cas qui laisse trop à la détermination par l'Etat du monde normatif en contribuant trop peu à la compréhension étatique de la Constitution. C'est un cas dans lequel l'autorité est défendue sans que soit exprimé un engagement judiciaire envers un principe incorporé dans une décision constitutionnelle. Dans l'engagement à l'économie de l'opinion du Président Burger, la question constitutionnelle n'était pas nécessaire mais la Cour l'a évitée en mettant tout simplement la prétention à une insularité protégée à la merci des politiques publiques. Les communautés insulaires méritaient mieux – elles méritaient une barrière constitutionnelle contre la pure administration. Et la communauté minoritaire méritait plus – elle méritait un engagement constitutionnel à éviter que le racisme soit officiellement subventionné.[195]

Les juges sont comme le reste d'entre nous. Ils interprètent et ils font le droit. Ils font cela dans une niche et ils ont des attentes concernant leur propre conduite à venir et la conduite des autres. Il se peut que tout le spectacle de *Bob Jones University* ait été monté sur des engagements de pacotille et des interprétations en trompe l'œil. La décision *Bob Jones University* est apparue comme sans engagement et apathique dans son interprétation en matière raciale – se refusant à aligner les enjeux. La décision du Service des Impôts est restée honteusement non défendue par une administration peu désireuse de mettre en avant quoique ce soit qui

---

[195]. Un tel engagement aurait nécessairement soulevé une foule de problèmes. Cependant il doit en être ainsi. L'invasion du *nomos* de la communauté insulaire devrait être fondée sur davantage que la volonté passagère de l'Etat. Elle devrait être assise sur un engagement interprétatif qui soit aussi fondamental que celui de la communauté insulaire. Et tout engagement de ce type impliquerait un changement potentiel massif. Dans *Bob Jones University*, la Cour se serait opposée à tout financement par subvention publique d'une conduite raciste privée. De telles subventions ne se limitent pas au fonctionnement potentiel du § 501 (c) (1) au bénéfice d'organisations charitables, discriminatrices. Si la Constitution était lue comme imposant le résultat dans *Bob Jones University*, nous ne tarderions pas à nous demander si elle n'impose pas aussi le refus de crédit d'impôts sur investissement ou le recouvrement accéléré de coût pour les contribuables qui pratiquent la discrimination dans l'embauche ou dans d'autres pratiques commerciales. Est-ce que la discrimination dans les transactions immobilières privées fait perdre à un contribuable l'avantage d'une déduction sur intérêts d'hypothèque ? Est-ce que le financement par subvention fiscale publique, d'une discrimination privée fondée sur le sexe, la religion, l'origine nationale ou la qualité d'étranger peut de même être sujette à prohibition constitutionnelle ?
Il y a des réponses à ces questions – des distinctions qu'il est possible d'établir entre les différents cas que j'ai présentés et les centaines d'autres qui pourraient l'être. La Cour n'aurait pas pu statuer sur tous ces cas et elle n'aurait pas eu à le faire sur l'instant mais un engagement constitutionnel sur la décision *Bob Jones University* aurait certainement précipité leur venue. En l'absence d'un tel engagement, nous restons sans droit fondé sur un principe et n'avons que le *fiat* administratif pour régler la relation entre subvention publique et discrimination privée admissible.

aille dans le sens du principe rédempteur. Les juges de la Cour ont répondu sur le cas particulier : ils ne souhaitaient pas risquer un engagement d'eux-mêmes, faire une promesse ferme et projeter leur compréhension du droit dans l'avenir. *Bob Jones University* est une pièce pour 1983 – des acteurs prudents et précautionneux, un peu d'éloquence mais pas d'engagement.

L'impasse étatique dans la création constitutionnelle doit bientôt prendre fin. Quand celle-ci viendra, il est peu vraisemblable que ce soit au travers des juges de la Cour Suprême, habitués qu'ils sont à jeter un regard prudent, à forger des excuses de juridiction pour éviter d'avoir à rompre le déploiement ordonné du pouvoir et des privilèges de l'Etat. Il est probable qu'elle survienne à un moment de turbulence – qu'elle émane d'une impulsion créatrice de droit, spontanée, d'un mouvement prêt à soutenir une vision face à l'indifférence ou à l'opposition de l'Etat. Peut-être une telle résistance - rédemptrice ou insulaire – atteindra non seulement ceux de nous qui sommes préparés à voir le droit se développer mais aussi les cours. Les histoires que racontent les résistants, les vies qu'ils vivent, le droit qu'ils font dans un mouvement peut forcer les juges, aussi, à faire front aux engagements qu'implique leur charge judiciaire et leur droit. Ce n'est pas le romantisme de la rébellion qui devrait nous conduire à nous intéresser au droit créé par les mouvements et les communautés. Tout au contraire. Tout comme c'est notre méfiance à l'égard de l'Etat et la reconnaissance de celui-ci comme réalité qui nous conduit à être constitutionnalistes en ce qui concerne l'Etat, ce devrait être notre reconnaissance de la réalité du pouvoir des mouvements sociaux et notre méfiance à leur égard qui nous conduisent à examiner les mondes nomiques qu'ils créent. Et tout comme le constitutionnalisme fait partie de ce qui peut légitimer l'Etat, le constitutionnalisme peut aussi légitimer dans un cadre différent, des communautés et des mouvements. La signification juridique est un stimulant pour la vie sociale, une limite potentielle au pouvoir arbitraire et à la violence. Nous devrions arrêter de circonscrire le *nomos* ; nous devrions appeler des mondes nouveaux.

TITRE II

DROIT ET VIOLENCE

Dans « *Nomos* and Narrative », Cover montrait comment un système juridique se trouve façonné par les constructions normatives des membres de la société qu'il régit et comment chacun d'eux en a en définitive sa propre lecture. Il montrait la difficulté pour ce système à être cohérent – le système juridique, chez Cover, peut sembler une représentation tout aussi évanescente que l'instant sublime de communion parfaite de l'univers *paideic* où tout est clair – instant imaginaire mais dont la pensée sert de référence indispensable pour l'interprétation. Il opposait à la synthèse parfaite du juge Hercule chez Dworkin, la diversité des conceptions des acteurs et leurs apports en conséquence multiples, voire contradictoires mais il insistait aussi sur les dangers du manque de cohérence – l'ironie, peut-être inéluctable, qu'il y a à faire coexister la défense de la dignité de la vie et la peine de mort (traduction *supra* Titre I, à p.74-75 et note 22, par exemple). Il envisageait ce qu'on peut appeler le droit positif comme le produit de deux principes contradictoires, le premier, générateur de normes – c'est le droit comme signification – , le second, facteur d'ordre – c'est le droit comme instrument de contrôle social. Il mettait ainsi en évidence les insuffisances d'un modèle théorique qui limitait ses investigations au second phénomène et qui produisait un discours normatif tout aussi déficient en n'incitant pas le juge à motiver suffisamment ses décisions et il proposait une approche du système juridique qui permettrait de prendre conscience des possibles occasions de friction entre systèmes normatifs et des moyens de limiter les dégâts.[1]

Le tableau n'était idyllique qu'au niveau du droit comme signification. Déjà avec le droit comme instrument de contrôle social, le pouvoir et la violence faisaient leur entrée. Les juges étaient présentés à la fois comme hommes de paix et hommes de violence. Hommes de violence dans la mesure où ils faisaient prévaloir certaines interprétations sur d'autres, hommes de violence aussi en raison des effets de leurs décisions et c'est sur ce second point que Cover revient surtout dans « Violence and the Word ».[2]

« Violence and the Word » se présente comme une critique de l'approche *Droit et Littérature* à laquelle Cover associe, à bon droit, Ronald Dworkin, ici. Cette approche à laquelle il reconnaît aussi apporter sa

---

[1]. Cf. *supra* Titre I.

[2]. R. M. Cover, « Violence and the Word » , in *The Yale Law Journal*, Vol.95, 1986, p.1601-1629 trad. *infra* « La violence et la parole », p. 173-210.

contribution, peut donner l'impression de ne retenir du droit que l'aspect construction de significations (p.1601-1602, trad. *infra* p.173-175).[3]

Cover lui reproche de trop négliger le contexte de violence dans lequel s'inscrit toujours l'interprétation judiciaire et par voie de conséquence l'interprétation juridique en général et les implications de cette situation pour le droit produit (p.1601 note 1, trad. *infra* p.173 note 1).

Les juges ne sont pas des poètes et il ne sert à rien de faire un rapprochement entre la violence dont peut être chargée une oeuvre littéraire et la violence qui accompagne l'interprétation juridique parce que ces deux violences ne sont pas du même ordre et parce que la violence liée à l'interprétation juridique n'est pas seulement *pensée* de violence mais *action* violente (p.1609, trad. *infra* p.183-185 et *op. cit.* note 3 *supra*, p.817).

Comme Cover le montrait déjà dans « *Nomos* and Narrative », dans sa théorie de l'engagement lié à l'attribution de signification juridique et dans sa théorie de la résistance, l'interprétation juridique présente, par rapport à l'interprétation littéraire, la particularité de devoir déboucher sur des actes de violence.

Avec sa théorie de la narration, Cover enrichissait la théorie du droit. Avec sa réflexion sur la violence liée au droit, c'est l'héritage de la pensée biblique qu'il fait entrer dans la réflexion philosophique sur le droit. Le regard porté sur le condamné qui devient à son tour victime de violence rappelle la compassion prêtée à Dieu qui ne se réjouit pas mais, au contraire, peut même pleurer au châtiment des coupables. Il rappelle aussi la proximité cabbalistique du jugement et du pouvoir.[4]

Cover fait remarquer que le droit religieux peut séparer et combiner la loi, la sanction méritée et la miséricorde qui sauve le coupable. Il fait remarquer aussi que l'application *hic et nunc* de celui-ci peut être différée ou soumise à des conditions qui en atténuent la rigueur. Cover fait ainsi

---

[3]. Cover reprendra cette critique de *Droit et Littérature* dans une communication peu avant sa mort. Elle a été publiée sous le titre « The Bonds of Constitutional Interpretation : Of the Word, the Deed, and the Role », in *Georgia Law Review*, Vol.20, 1986, p.815-833. Cover n'avait pas pu la compléter pour publication. C'est pourquoi il a semblé préférable de privilégier l'article de *The Yale Law Review*, plus riche quant à son appareil de notes mais il sera fait référence aussi à cet autre article. « *Nomos* and Narrative » peut être considéré, à sa façon, comme une contribution à *Droit et Littérature*.

[4]. Cf. Charles Mopsik, « Du jugement à la royauté : à partir du Midrash et de la Cabbale », Journée d'études « La loi de l'Etat est la loi » (dina de malkhuta dina) , Alliance Israélite Universelle, Paris, 3 Décembre 1995.

allusion en particulier à une controverse entre shiites à propos de la possibilité ou non d'instaurer une communauté islamique parfaite avant un événement qui marquerait l'ouverture d'autres temps, pour illustrer la possibilité de différemment (note 40, p.1617, trad. *infra* note 40, p.194).

Cette dichotomie entre ce qui en théorie est justifié et que Cover désigne comme « droit idéal » et ce qui en pratique est appliqué et que Cover qualifie de « droit réalisable » ne lui paraît pas susceptible de transposition dans les droits laïcs.[5] Pour Cover, on ne peut pas avoir – et il n'est pas souhaitable d'avoir – dans les systèmes de droit laïc cette double composante d'un droit qui serait d'un côté purement théorique et de l'autre droit applicable (p.1617, trad. *infra* p.194). Il ne peut y avoir qu'un seul et même droit, le droit applicable et celui-ci associe inséparablement interprétation et violence. L'interprétation entraîne la violence et ce lien pèse sur l'interprétation.

Jacques Derrida et des déconstructionnistes ont repris depuis, au niveau philosophique ou de la réflexion générale, l'exploration du thème du rapport du droit à la violence.[6]

Cover a ouvert une piste qu'il devient difficile de négliger. Dans sa critique de *Justice as Translation* de James Boyd White, Sanford Levinson reprochait à l'auteur que manque à son ouvrage « la sensibilité associée par nombre d'entre nous à la mémoire de Robert Cover qui a su pénétrer les implications très fréquentes...de la violence dans le droit et en rendre brillamment compte ». Levinson craignait de prêter trop de pessimisme à Cover s'il généralisait à tout le droit ce rapport à la violence.[7] Il n'est pas sûr qu'une telle réserve s'impose. Ce n'est pas une question de pessimisme. C'est peut-être une condition-même de l'existence du droit qui, sinon, serait inutile ou impraticable. Le droit comme signification lui-même, hormis l'instant, imaginaire, de

---

5. On pourrait sans doute trouver dans ces droits des mécanismes qui évoquent cette double dimension du droit religieux combinant la rigueur de la loi qui condamne et la miséricorde qui adoucit la sanction, les grâces et les remises de peine, par exemple, mais on peut aussi constater que soumises au bon vouloir humain, elles ne sont pas garanties de la même manière, qu'elles ne sont pas par nature systématiques et qu'elles peuvent répondre à d'autres considérations que la miséricorde.

6. Cf. Jacques Derrida, « Force de loi. Le fondement mystique de l'autorité », in *Cardozo Law Review* Vol.11 n°s 5-6, 1990 et l'ensemble de ce numéro intitulé « Deconstruction and the Possibility of Justice ». Cf. aussi *Cardozo Law Review*, Vol.13 n°4, 1991 intitulé , « On the Necessity of Violence for any Possibility of Justice ».

7. Sanford Levinson, . « Conversing about Justice », compte-rendu de James B. White, *Justice as Translation*, 1990, in *The Yale Law Journal*, Vol.100, 1991, p.1855-1878.

communion parfaite, nécessaire pour fonder les interprétations, n'y échappe pas longtemps.[8]

Cover n'entend pas prendre inconditionnellement la défense du coupable. Il se déclare même non-abolitionniste en ce qui concerne la peine de mort (p.1608, trad. *infra* p.182 et *op. cit supra* note 3, p.831).

Il veut faire apparaître la pluralité des situations et la pluralité des acteurs qui rendent la cohérence et l'unanimité quasi-impossibles – impossibles sauf pour les dictatures, et encore (p.1629, trad. *infra* p.208) !

La violence en apparence est absente de la constitution, comme elle est absente de la justification de la décision judiciaire en général (p.1609 et 1610 note 22 en particulier, trad. *infra* p.184-185 dont note 22). Elle n'est pas nécessairement absente et elle ne devrait pas être absente de l'esprit du juge et elle est encore moins étrangère à la constitution.

La constitution naît en général dans un contexte de violence et elle instaure la violence du règne d'une certaine loi (p.1607, trad *infra* p.178-180 et *op. cit. supra* note 3, p.817).

L'interprétation du juge mais aussi celle de tous les acteurs est placée sous le signe de la violence : il n'y a que des acteurs de violence et des victimes de violence, des dominants et des dominés, pour le meilleur et pour le pire, dans l'interprétation du droit étatique et cela a des conséquences quant au droit produit et à la façon dont il est reçu (p.1601 note 1 et p.1608 trad. *infra* p.173 note 1 et p.181-183).

La civilité relative, dans laquelle se déroule en général le procès, masque les désarrois et les désaccords ; elle ne doit pas les faire oublier.

L'accusé, quand bien même il partagerait la théorie de la punition de son juge, serait sans doute du fait de la position qu'il occupe dans l'affaire, le plus souvent, moins d'accord avec celui-ci sur le bien-fondé de la peine qui lui est imposée (p.1608, trad. *infra* p.183).

Cover veut faire prendre conscience de la nécessité de ne pas éluder ces questions, de la présence sous-jacente de celles-ci au coeur du droit et on pourrait dire de la nécessité pour le théoricien et même pour le technicien du droit de les prendre en compte. Cover soulève un problème religieux, un problème éthique. Il évoque aussi, par sa référence au procès des

---

[8]. Cf. *supra* Titre I.

Chicago Seven, la prise de conscience du rapport du droit à la politique qui a marqué la fin des années soixante de ce siècle et qui a pu être à l'origine du mouvement des *Critical Legal Studies* (p.1608, trad. *infra* p.182 et *op. cit. supra* note 3, p.831). Mais il traite aussi avant tout la question en pur théoricien du droit, soucieux de démonter le mécanisme social de la production du droit.

Dans « Violence and the Word », Cover entreprend de démontrer que « ni l'interprétation juridique, ni la violence qu'elle occasionne ne peuvent être correctement comprises si on les sépare l'une de l'autre ».

Elles sont indissociablement liées parce qu'elles s'inscrivent dans un mécanisme qui assigne à chacun des acteurs une fonction qui légitime au regard du système celle de l'autre.

Cover présente une analyse peu pratiquée chez les juristes mais assez classique, peut-être, chez les psychologues, des processus à l'oeuvre dans l'infliction de la violence commandée et il en fait application au droit. Il envisage aussi l'autre volet de ce face à face : le donneur d'ordres ou l'acteur les anticipant.

Comme dans « *Nomos* and Narrative », il place en toile de fond le problème de la communication et le problème du silence, de la parole étouffée (dans « Violence and the Word », celle du condamné, placé dans un rapport de domination et qui doit se taire, s'il veut éviter de s'exposer à un surcroît de violence physique immédiate). (Cf. p.1607 note 17, trad. *infra* p. 181 note 17 – allusion au procès des *Chicago Seven*.) Il place aussi en toile de fond le problème de la parole dénaturée (celle prononcée par le torturé avouant sous la douleur face au bourreau qui veut détruire son univers normatif peut-être même plus qu'obtenir l'aveu ou l'information qu'il réclame (cf., sur cette hypothèse, les références aux travaux de Elaine Scarry, p.1603, trad. *infra* p.175-177) et le problème de la résistance du martyr qui va permettre à son univers normatif de triompher sur celui du bourreau (p. 1604, trad. *infra* p.176-179).

Par son allusion au procès des *Chicago Seven*, il évoque un autre cas de figure. A la fin des années soixante de ce siècle, la violence institutionnelle de l'Etat répondait à une violence politique contestatrice qui est difficile à confondre pour les droits étatiques eux-mêmes malgré tout avec la délinquance ordinaire (p.1607 note 17, trad. *infra* p.181 note 17). Il s'agit d'infractions politiques pour lesquelles souvent un régime spécial est prévu : moins répressif quand les infractions sont considérées comme légères et en partie justifiées, plus répressif pour les infractions lourdes ou considérées comme mettant en cause l'Etat ou le régime en place. On se retrouve dans la problématique de la résistance ou de la rébellion.

L'interprétation qui, pour les tenants de l'approche *Droit et Littérature*, est au coeur du droit « suggère la construction sociale d'une réalité interpersonnelle au moyen du langage. La souffrance et la mort détruisent le monde que « l'interprétation » évoque. Il est évident que la capacité de construire des réalités interpersonnelles est détruite par la mort, mais, en l'occurrence, ce qui est vrai de la mort, l'est aussi de la souffrance, parce que la souffrance entre autres choses, détruit le langage lui-même » (p.1602, trad. *infra* p.175-176).

La tentative de domination peut rencontrer, si les hommes le choisissent et si les circonstances le permettent, une violence en retour, celle de la rébellion ou de la révolution qui, parfois, engendreront de nouveaux systèmes juridiques, de nouveaux textes qui connaîtront le sort de ceux qui les défendront (qui seront interprétés comme juridiques ou illégaux par les institutions qui se seront mises en place ou, au contraire, se seront maintenues selon que les insurgents auront connu la réussite ou l'échec (p.1606 et s. , trad. *infra* p.178-180).

Une illustration de ce type de situation est donnée par la Déclaration d'Indépendance des Etats-Unis : elle comporte une interprétation constitutionnelle qui justifie la séparation de l'Angleterre et, en même temps, elle stipule un engagement commun où sont partagés l'espoir de la victoire comme le risque de l'échec et de ses conséquences (p.1605-1606, trad. *infra* p.178-180 et *op. cit. supra* note 3, p.817-818).

Ce que Cover veut mettre en évidence, c'est que l'interprétation juridique se distingue de l'interprétation littéraire, de la philosophie politique et même de la critique constitutionnelle (de la doctrine constitutionnelle) en ce qu'elle est une *pratique qui s'inscrit dans un mécanisme institutionnel qui débouche sur la violence* et que ce contexte conditionne ou est appelé à conditionner cette interprétation (p.1606 et note 15, même page, trad. *infra* p.180). L'interprétation juridique s'inscrit dans le cadre de la « violence politique » (même note). En insistant sur cette influence, Cover rejoint Fish qui s'est efforcé de démontrer le poids du contexte institutionnel sur l'interprétation, fût-elle littéraire (p.1606, note 15, trad. *infra* p.180 dont note 15). C'est ce cadre qui amènera les étudiants de Fish à commenter une liste de noms propres inscrite au tableau en la prenant pour un poème (Stanley Fish, *Is There a Text in this Class ?*, Cambridge,

Mass. and London, Harvard University Press, 1980, Chapitre 14 : « How to Recognize a Poem When You See One », p.322-337).

Même si cela est inapparent dans la motivation de la décision judiciaire, dans ce que dit le juge, celui-ci utilise, interprète, en fait, le texte juridique, la parole (« *word* ») du droit, pour résoudre un conflit par un acte (« *deed* ») qui va sceller le sort des parties et qui doit s'inscrire dans une entreprise collective : le juge et tout interprète du droit remplit un rôle (« *role* ») qui ne se limite pas à l'interprétation d'un texte, d'une parole mais qui consiste également à poser un acte qui sera générateur d'une action violente.

Le juge n'est pas seulement confronté à un texte, il est confronté à des personnes qui vont devoir vivre avec l'interprétation qu'il va donner de ce texte et avec les conséquences violentes de celle-ci et y réagir. Il pose son interprétation dans un contexte que le droit doit régir. Lire le texte hors contexte, c'est se tromper d'exercice, c'est passer à côté de la finalité de l'entreprise.

Cover démonte à titre d'exemple paradigmatique les rouages du mécanisme qui lie interprétation juridique et violence dans le cas précis de la décision judiciaire et de son application. Il construit un modèle de ce rapport qui fait de l'interprétation, une interprétation liée (« bonded ») ou si l'on préfère soumise à des contraintes mais le terme « liée » suggère mieux la communication interpersonnelle sensée s'établir entre les acteurs et la relativité du poids qui pèse sur l'interprète : « contrainte » peut laisser supposer une dépendance excessive au regard du constat que veut faire Cover.

Doit-on considérer pour autant qu'il rejette purement et simplement l'approche interprétative ? C'est ce que semble croire Martha Minow dans un article de controverse et d'hommage.[9] Quelle portée reconnaître à la critique de *Droit et Littérature* que Robert Cover lui-même déclare entreprendre tout en affirmant qu'il a contribué à ce mouvement ?

[9]. Martha Minow, « Interpreting Rights : An Essay for Robert Cover », in *Yale Law Review*, Vol.96, 1986-1987, p.1860-1915.

Chapitre 1

L'articulation de la parole juridique et de la violence légale

A) L'application du droit : une violence conditionnée par une parole

Cover part de la constatation banale qu'en général l'individu en société se refuse à exercer une violence physique contre autrui et que même il répugne à le faire, qu'il s'agisse d'une inhibition naturelle ou acquise culturellement, mais que cette inhibition peut être levée dans certains cas, notamment lorsque cette action se trouve légitimée aux yeux de l'acteur par le fait qu'elle a été ordonnée par une autorité reconnue, par lui, compétente à cet effet.

Il voit dans la conduite d'individus soumis à leur insu à une expérience où il s'agissait d'observer leur comportement alors qu'il leur était ordonné pour les besoins de l'expérience d'infliger une souffrance à autrui, l'image de ce qui se passe, dans les systèmes de droit positif, avec ceux qui sont chargés d'appliquer les sentences des juges. Dans les expériences faites par Stanley Milgram, auxquelles Cover se réfère, les individus obéissaient aux ordres qui leur étaient donnés alors même qu'ils pouvaient constater les réactions de souffrance – feintes mais ils ne le savaient pas – des expérimentateurs qui jouaient les cobayes (p.1614 et suiv., trad. *infra* p.189 et suiv.). Cover retient de ces résultats ce qui lui paraît être le moteur de l'action dans le comportement des individus testés comme dans celui des acteurs du système juridique censés appliquer les décisions des juges : l'individu accepte sans broncher la tâche d'exécution *que le rôle qu'il se reconnaît et qui lui est reconnu, lui attribue* (p. 1617, trad. *infra* p189-191). Il se décharge de la responsabilité de la violence qu'il inflige en s'en remettant aux ordres reçus dans l'accomplissement de sa fonction. Comme le juge, il joue un rôle mais un rôle différent. Sans la parole, sans l'interprétation du juge, la violence qu'il infligerait alors de sa propre initiative, ne pourrait être assimilée qu'à un acte illégal. Elle ne serait que violence.

L'exécutant en droit voit l'étendue et les limites de son action fixées par les règles de procédure – les règles secondaires de Hart – qui précisent qui peut faire quoi et comment (p.1612-1613, trad. *infra* p.187-188).

Ces règles de procédure sont comparées par Cover au « temple » ou templet, à l'espèce de règle graduée du métier à tisser qui porte ce nom.[10] Elles sont, à ses yeux, le moyen qui va servir à la conversion de l'acte juridique en réaction violente, la cheville ouvrière qui va permettre le passage « du langage à l'action, de la parole à l'acte » (p.1612, trad. *infra* p.188).

Ce lien entre l'acte du juge et l'acte d'exécution est particulièrement évident comme le relève Cover, lorsque l'application d'une sentence de condamnation à mort est suspendue à l'issue d'un ultime recours : on voit alors, comme le souligne Cover, l'administration pénitentiaire fonctionner littéralement au coup de sifflet, à la cadence du juge (p.1623, trad. *infra* p. 201-202).

Mais cette obéissance qui paraît naturelle ou en tout cas quasi-certaine dans les systèmes de droit occidentaux contemporains – ce qui ne veut pas dire qu'aucune action totalement illégale ne puisse pas être le fait des exécutants qui agissent non plus en tant que serviteurs du droit mais en tant que détenteurs d'une force qu'ils ont détournée à leur profit – pourrait ne pas demeurer automatique si l'acteur exécutant en venait à douter du bien-fondé de l'acte dont il doit faire application, soit qu'il estime que l'auteur de celui-ci a outrepassé ses compétences, soit qu'il estime que ce qui lui est demandé le condamne à sortir totalement de son rôle.

Ce sont des cas-limites mais ils ne font que mieux donner à voir l'importance décisive de la parole habilitante (de l'acte d'habilitation, l'acte du juge, « *deed* ») et de la conception du rôle.

En irait-il autrement qu'ou bien l'usage de la force serait non justifié par le droit ou condamné par celui-ci, ou bien l'acte du juge deviendrait un pur exercice théorique, du droit comme signification tout au plus, quelque chose de symbolique, qui n'est pas à négliger mais qui est dépourvu d'efficacité *hic et nunc*. Ce peut être une suspension temporaire d'application qui sera éventuellement sanctionnée par la suite. Ce peut être un système juridique qui ne fonctionne pas parce que l'autorité de la décision judiciaire est d'une façon ou d'une autre court-circuitée.

---

[10]. sur « temple » , cf. aussi Titre I *supra*, p.44 note 31.

Dans l'ordinaire des cas, l'application de la décision par les agents d'exécution peut être considérée comme un acquis mais Cover s'attache à montrer que, néammoins, le juge aura à être attentif au contexte dans lequel s'inscrit la décision qu'il va prendre et en particulier aux personnes concernées, s'il veut en maîtriser les effets.

On peut regretter que les expériences auxquelles se réfère Cover ne donnent pas de réponse sur les limites à l'obéissance mais peut-être veulent-elles suggérer qu'il n'y en a pas.

Cover donne l'impression, lui, d'envisager très nettement le cas où l'agent jugera de son devoir de sortir de son rôle d'agent, à la façon du juge de Dworkin qui dans les systèmes pervers doit démissionner ou prendre sur soi de sortir du domaine du droit et mentir pour ne pas appliquer le droit inique.[11]

Un autre problème n'est pas résolu non plus par ce que rapporte Cover : celui de la complicité de l'exécutant par rapport au donneur d'ordre. On voudrait davantage d'informations sur ce point. L'exécutant exécute-t-il parce qu'il risque la violence ? Cette explication peut s'avérer simpliste (Cf. Daniel Jonah Goldhagen qui est amené à constater que la barbarie nazie a pu fonctionner à la crainte dans certains cas, mais qu'elle a fonctionné aussi à l'idéologie, une idéologie partagée entre donneurs d'ordres et exécutants ordinaires qui alors qu'ils auraient pu se soustraire, dans certains cas, sans risques à la sinistre besogne qui leur était assignée, ne l'ont point fait (article dans *International Herald Tribune*, March 19, 1996 à propos de D.J.Goldhagen, *Hitler's Willing Executioners : Ordinary Germans and the Holocaust*).

B) L'interprétation du droit : une parole dite au regard de la violence qu'elle va déclencher

Le juge, quant à lui, peut matériellement s'en tenir à l'attribution d'une signification à un texte juridique, il peut comme l'Hercule de Dworkin rechercher la cohérence parfaite du système de signification produit et se

[11]. Ronald Dworkin, *Law's Empire*, trad. fr : *L'empire du droit*, par Elisabeth Soubrenie, Paris, P.U.F., 1994.

désintéresser totalement de la question de l'application de sa décision, qui n'est pas de son ressort (p.1612, trad. *infra* p.188).

Il formule une décision dont l'application est confiée à d'autres qui, eux, seront nécessairement confrontés de façon plus immédiate à la violence du droit et à la réaction de celui auquel cette violence est infligée.

La structure de domination établie par les règles de procédure – ou règles secondaires – qui encadrent à la fois les conditions de déroulement du procès et fixent les conditions d'application du jugement crée un cadre aseptisé qui peut faire oublier la réalité de la violence et laisser le juge dans l'ignorance des tensions que le contenu de sa décision peut générer (p.1607, trad. *infra* p.180-182).

Le condamné et ses proches auront tendance, eux, à voir surtout la souffrance physique ou morale qui est infligée à celui-ci. L'exemple exceptionnel du jugement rendu dans une salle annexe (le vestiaire) de la salle d'audience indisponible et de la situation qui s'en est ensuivie, cité par Harlon Dalton et repris par Cover, illustre ce désarroi ordinaire (p.1616 note 37, trad. *infra* p.192-193 note 37). On peut imaginer d'autres cas et l'actualité en fourmille où le jugement va susciter un sentiment de révolte, voire générer des troubles sociaux ou renforcer une rébellion. La tâche du juge ne sera pas alors de soumettre le droit aux clameurs de la rue mais de dire le droit, en entendant les clameurs et sans se laisser effrayer par elles.

L'exécutant, quant à lui, pourra ne pas être aussi soumis, ne pas être aussi passif que les sujets d'expérience de Milgram et il pourra avoir besoin d'être remobilisé par le juge si celui-ci entend que sa sentence soit scrupuleusement appliquée. L'exécutant sait qu'il est un rouage de la machine judiciaire dont la fonction est d'appliquer une décision valablement rendue mais il peut aussi avoir une perception plus large de son rôle : l'entreprise générale à laquelle il participe peut lui apparaître comme chargée de la mission de faire triompher le droit et on voit alors combien la tâche du juge va être rude s'il lui faut convaincre l'exécutant qu'il convient qu'il agisse conformément à ce qui lui est prescrit.

Le juge pourra avoir des doutes de toute manière sur le respect des règles du jeu. C'est en dénonçant leur inexistence même que le juge dans l'affaire *Tiede*, amplement citée par Cover, pouvait justifier la condamnation d'un pirate de l'air polonais, échoué en Allemagne, à une peine couverte par la détention provisoire. Il était juge américain en Allemagne. Son tribunal allait disparaître et il n'était pas sûr de pouvoir confier efficacement le condamné, pour l'exécution de sa peine, au Ministre de la Justice américain, comme c'est la règle dans le cadre des procédures américaines habituelles (p.1619-1621, trad. *infra* p.196-200 et *op. cit. supra* note 3, p.823-825).

Cover souligne encore le fait que le juge ne peut pas grand'chose directement quant à l'état des prisons mais qu'il peut, par contre, tenir compte de cet état dans son jugement (note 48 – suite – p.1622, trad. *infra* note 48 p.200).

Cover était conscient du fait que le juge peut, dans bien des cas, s'il le veut éluder la question de la violence. Tout fonctionnerait normalement sans incident. Mais il jugeait que c'est pour le juge déjà exercer même alors sa fonction au rabais et il insistait sur la contrainte qui pèse toujours sur le juge, même si elle n'est pas perceptible, de tenter de convaincre le condamné si possible jusqu'à un certain point et l'exécutant du bien-fondé de sa décision, pas seulement de la légalité de celle-ci du fait du strict respect des procédures mais aussi de sa légitimité, les convaincre qu'elle fait juridiquement sens.

Ce dialogue nécessaire du juge avec les autres acteurs, Cover l'avait rencontré, sans nul doute, déjà dans son étude *Justice Accused* et on aura ainsi l'occasion de le retrouver au Titre III mais il ne fait pas allusion dans ses deux textes axés sur la critique du courant *Droit et Littérature* à ce travail antérieur.

Chapitre 2

Les limites de l'approche Droit et Littérature

Cette réflexion en profondeur sur les rapports du droit et de la violence et cette réserve à l'encontre de l'approche *Droit et Littérature* ont fait l'objet d'une critique embarrassée de Martha Minow qui, bien que manifestement fortement marquée par les travaux de Cover en général, avait du mal à admettre ses objections à ce qu'elle appelle *le tournant interprétatif* et qu'il appelle l'approche *Droit et Littérature*.

Il peut paraître présomptueux de prétendre de loin que ce qui a été perçu comme un conflit – non désiré – n'en était même pas un mais le contexte dans lequel a écrit Martha Minow, qui la privait de la possibilité d'une réponse et qui l'obligeait à ressentir plus cruellement toute impression de désaccord avec un collègue vénéré qui venait de disparaître, peut expliquer ce sentiment de contradiction.

Ses remarques et son trouble présentent un intérêt ici parce qu'ils obligent à situer les propos de Cover.

Martha Minow se place sur le terrain de l'action politique. Elle voit dans ce qu'elle appelle, avec d'autres, *le tournant interprétatif*, et qui est en fait une conception interprétative du droit dans son cas, un peu comme chez Dworkin, un moyen de justification pour un discours juridique en termes de droits (« *rights* »), qui permettrait sans cesse à de nouvelles prétentions de se formuler. L'expression de « droits », la revendication de droits, est un moyen de communiquer entre gens qui, par ailleurs, ne partagent pas nécessairement un langage commun. C'est un *rituel* par lequel on peut se faire comprendre et qui confère un *pouvoir* d'expression et par là-même une existence, une identité sur la scène juridique (Cf. *op. cit. supra* note 9, p.1907 et 1908, tout spécialement les notes 198 et 202).

La reconnaissance de droits nouveaux, si elle implique une violence pour celui auquel ils sont opposés, n'est pas surcroît de violence mais remplacement d'une violence par une autre.

Le droit remplace la loi de la jungle, pourrait-on dire mais Martha Minow ne va pas jusque là. Tout au plus fait-elle remarquer que face au fort, face au puissant, le droit et son langage traditionnel peuvent être protecteurs. Ceci était rappelé à l'époque où l'article a été écrit par ceux qui mettaient en garde contre les projets pour remplacer les cours par des instances d'arbitrage ou de compromis dans les litiges jugés mineurs, qui impliquaient les pauvres ou les plus démunis (note 197, p.1908).

Que le droit soit lui-même une réponse à la violence, à une violence initiale, qu'il prétende remédier à cette violence peut paraître une constatation banale qui n'apporte aucun complément à la théorie de Cover et il en va de même pour le déplacement de la violence. Cover relève pour les condamner les affrontements de la violence et du droit qu'ont constitué tant les lynchages longtemps pratiqués aux Etats-Unis que les incapacités du droit à s'imposer face à la mafia ou dans la République de Weimar (p.1624 et p.1618 note 42, trad. *infra* p.202-204 et 196 note 42).

Cover ne conteste pas qu'il y ait au départ violence. Il affirme que la formulation de normes est le moyen d'opposer à une réalité non rédimée un idéal susceptible d'être atteint.

Le scandale n'est pas, dans cette perspective, qu'il y ait violence avant, la difficulté que veut souligner Cover est qu'il y a dans le droit même violence.

Il ne rejette pas pour cela le droit, comme on l'a déjà dit. Il constate ses limites comme il a constaté les limites de tout système normatif dans *Nomos* and Narrative.

S'il insiste sur le droit étatique, c'est qu'il écrit plus particulièrement sur celui-ci en tant que professeur de droit et c'est que celui-ci s'appuie sur des moyens de mise en oeuvre exceptionnels.

Il serait peut-être possible de lui opposer l'existence, derrière d'autres système normatifs, de moyens de contrainte plus subtils que le droit étatique peut contrecarrer et la libération que le droit étatique faiblement intériorisé peut apporter par rapport à des systèmes normatifs fortement intériorisés et tyranniques mais ce n'est pas ce que fait Martha Minow et cela ne lèverait pas l'objection à une assimilation pure et simple de l'interprétation juridique à l'interprétation littéraire. Cover aurait probablement dénoncé de telles situations comme pathologiques, comme des situations de violence de fait plutôt que de rapports de droit, celui-ci impliquant la capacité pour les acteurs de choisir des significations normatives, fussent-elles calculées pour tenir compte des prétentions des autres systèmes normatifs en présence (Cf. *supra* Titre I, trad. de *Nomos* and Narrative, p.69-149).

Le droit étatique, parce qu'il est moins intériorisé et parce qu'il mobilise à son profit les moyens de la force publique, peut apparaître plus exposé à l'incidence contradictoire de la violence qui rompt le dialogue, l'échange de paroles. Cover ne dit pas que le droit est englouti par la violence. Il dit qu'on ne peut pas les séparer, que l'opposition est trop simple, qu'il reste de la violence dans le droit et que cela a des implications pour toute interprétation juridique, qui ne peut pas ne pas prendre en compte ses conséquences sur la vie des hommes. Et cela vaut pour toute interprétation juridique, toute interprétation normative et pas seulement pour l'interprétation juridique étatique.

Cover ne rejette pas non plus l'approche interprétative. Il met en garde contre le risque d'un idyllisme facile qui confondrait l'interprétation littéraire et l'interprétation juridique alors que celle-ci, si elle est bien interprétation d'un texte au sens large, intervient dans un contexte différent de l'interprétation littéraire qui va la conditionner en partie.

On peut concilier la rhétorique des droits avec une telle lecture contextuelle c'est-à-dire en prenant en compte les résultats auxquels on va aboutir *hic et nunc* dans une situation historiquement donnée et avec les acteurs qu'on a sous la main.

Ce qui oppose Martha Minow et Robert Cover, c'est la préférence de l'un, Cover, pour une forme de libéralisme et la préférence de l'autre pour un interventionnisme étatique plus prononcé, encore que l'un et l'autre envisagent une maturation sociale préalable du discours juridique. Ce qui les oppose aussi, c'est une sensibilité différente : Cover ramène sans cesse le lecteur à la mystique, Minow est dans l'action.

L'article de cette dernière, auquel il a été fait référence, s'intitule : « Interpreting Rights : An Essay for Robert Cover ». C'était reconnaître, par delà les divergences de choix politique, une parenté intellectuelle certaine.

Avec sa réflexion générale sur le droit et la violence et avec ses références aux travaux des psychologues sur les mécanismes de l'oppression et de la violence institutionnalisées, Cover a eu le mérite de mettre en évidence la réalité des rapports sociaux qui se tissent sous l'enveloppe aseptisée du droit, les conflits latents, les difficultés qui se cachent sous les cas les plus ordinaires où tout apparemment est lisse et en ordre. Comme dans « *Nomos* and Narrative », il a esquissé le schéma de développement des crises sociales et des irruptions de violence. On peut considérer qu'il y a là une invitation pour les divers praticiens à se montrer soucieux de l'impact de leurs décisions dans les situations concrètes qu'il ont à traiter.

Il a continué à soulever un coin du voile qui masque le rapport ambigu qu'entretient le droit avec la violence.

Mais il y a encore une autre dimension à cet aspect de son oeuvre. Peut-être met-il en place des éléments pour une analyse non seulement de ce qui se passe au quotidien mais aussi et peut-être davantage ouvre-t-il des pistes pour apporter une part de réponse à la question à laquelle il est si urgent de répondre : comment des gouvernements européens ont-ils pu faire régner la terreur au vingtième siècle pendant des années, comment ont-il pu mettre en place des camps d'extermination ? L'allusion en notes aux institutions de Weimar, la référence aux martyrs et aux bourreaux peuvent être lues comme des appels à poursuivre la recherche entreprise en ce sens.

Avec « Violence and the Word », Cover ouvre des pistes de recherche pour le praticien du droit, pour celui qui mène une réflexion générale sur le droit, pour l'historien du droit, il précise aussi deux aspects de sa pensée pour le théoricien du droit.

On comprend mieux, avec ses développements sur la violence et le droit pourquoi Cover définit la qualification juridique – la validité juridique – par l'engagement, une définition qui le rapproche de la pensée de Kelsen qui casse aussi le droit comme signification pour tenir compte de la force et ne parvient pas à dissocier totalement, pour la description des systèmes juridiques, validité et efficacité, alors que conceptuellement la différence est on ne peut plus marquée. Cover ne rejette pas, à la différence de Kelsen, les interprétation non officielles, il leur reconnaît égale validité juridique mais pas même poids dans le jeu de pouvoirs qui a chaque instant définit les marges de manoeuvre de chacun des acteurs .

Parallèlement au système juridique, construction évanescente nécessaire à l'interprétation – qui correspond au droit comme signification, un autre système juridique se dessine – pendant du droit comme instrument de contrôle social – et qui est constitué par l'aggrégation des différentes interprétations qui ont déjà fait l'objet d'un engagement en particulier de la part des acteurs officiels :

> « I have argued before that the identification of constitutional law with the interpretation of judges and/or state officials is a mistake.[12] The role ecologies of these actors, however, are different from those of other makers of constitutional law. Indeed, as we shall see, of the variety of official actors within the state, each is identified with a somewhat different variant of the word/deed/role complex that we call interpretation. The differing interpretation « molecules » are designed to fit one against the other to form a crystal of interpretive acts that will present the smooth facade that can be called « constitutional law », rather than a multiplicity of laws. » (*op. cit. supra* note 3, p.821)

Aux yeux du théoricien du droit, Cover peut aussi par ses développements sur le droit et la violence avoir apporté une justification à la distinction entre règles primaires et règles secondaires de Hart, parfois difficile à saisir. Celle-ci peut paraître ne pas avoir véritablement sa raison d'être, sauf à la reporter dans un passé lointain, tant qu'elle n'est pas utilisée pour marquer une rupture au sein même du droit, en l'occurrence l'existence d'une opposition entre le droit comme signification et le droit comme instrument de contrôle social. Reste le problème de l'articulation de ces deux éléments. Cover montre la nécessité de l'existence de ces deux éléments mais, en bon héritier du réalisme, il ne ressent pas un besoin absolu de tenter d'en justifier le produit assez inharmonieux. Ce produit existe et il faut faire avec.

Cover se distingue ainsi du positiviste étatiste qui ferait des règles primaires le produit de la volonté des acteurs institués par les règles secondaires. Comme le jusnaturaliste, il place la source première des règles primaires en dehors du jeu de ces acteurs mais il réintroduit ce jeu dans le fonctionnement du système et il se contente de placer la source première dans les représentations que les membres de la société considérée se font de ce qui est et de ce qui doit être.

---

12. [Note ajoutée par F.M.] : Probablement référence à « *Nomos* and Narrative ».

TRADUCTION

LA VIOLENCE ET LA PAROLE

(trad. de Robert M. Cover, « Violence and the Word » *
in *Yale Law Journal*, Vol.95, 1986, p.1601-1629)

I. INTRODUCTION : LA VIOLENCE DES ACTES JURIDIQUES

L'interprétation juridique s'inscrit dans un espace de souffrance et de mort.[1] C'est vrai en plusieurs sens. Les actes d'interprétation juridique signalent et occasionnent l'imposition de la violence d'hommes les uns sur les autres : un juge formule sa compréhension d'un texte et, en conséquence de cette interprétation, quelqu'un perd sa liberté, sa propriété, ses enfants, voir même sa vie. Les interprétations en droit constituent aussi des justifications de la violence qui s'est produite ou est sur le point de se produire. Quand les interprètes ont fini leur travail, ils

---

* Il y a toujours des légendes relatives à ceux qui sont venus en premier, qui ont appelé les choses par leurs *vrais* noms et ont ainsi fondé la culture de signification dans laquelle nous, tard venus, sommes nés. Charles Black a représenté une telle légende, chevauchant à travers le paysage du droit et donnant des noms, parlant « avec autorité ». Et nous qui venons à sa suite lui sommes éternellement reconnaissants.

Je veux remercier Harlon Dalton, Susan Koniak et Harry Wellington, pour leur lecture et leur critique de versions préliminaires de cet essai. Certaines des idées présentées dans cet article ont été développées avant, lors de la Conférence Brown que j'ai donnée à l'occasion de la Georgia School of Law Conference sur l'interprétation en Mars 1986. Je suis reconnaissant à Milner Ball, Avi Soifer, Richard Weisberg et James Boyd White, pour les remarques qu'ils ont faites en réponse à cet exposé. Elles m'ont servi pour retravailler ici ces idées.

Je voudrais exprimer aussi toute ma gratitude à mon assistante de recherche pour l'été, Tracy Fessenden, pour son aide de premier ordre quant au fond, à l'édition et à la documentation.

[1]. J'ai utilisé l'expression « interprétation juridique » tout au long de cet article, bien que mes propos concernent principalement les actes interprétatifs des juges. Mon analyse de l'action institutionnelle vaut tout spécialement pour cette interprétation spécifiquement judiciaire. Cependant, je crois que l'expression plus générale d' « interprétation juridique » convient parce que je soutiens que la violence que les juges déploient en tant qu'instruments de l'Etat-nation moderne engage, tous ceux qui interprètent le droit au cours d'une conduite impliquant soit de perpétrer, soit de subir la violence.

laissent fréquemment derrière eux des victimes dont les vies ont été déchirées par ces pratiques sociales organisées de la violence. Ni l'interprétation juridique, ni la violence qu'elle occasionne ne peuvent être correctement comprise l'une sans l'autre. Tout ceci est évident, bien que la littérature de plus en plus abondante qui plaide pour la centralité des pratiques interprétatives en droit n'en tienne joyeusement aucun compte.[2]

---

[2]. Il y a eu une explosion récente des études juridiques qui placent l'interprétation au coeur de l'entreprise du droit. Une bonne illustration de ces travaux est donnée par les articles qui figurent dans la publication de deux symposia (*Symposium : Law and Literature*, in *Texas Law Review*, Vol.60, 1982, p.373 ; *Interpretation Symposium*, in *Southern California Law Review*, Vol.58, 1985, p.1 – publié sur deux numéros –). L'intérêt intense pour l' « interprétation » ou l' « herméneutique » dans les recherches récentes sur le droit est un phénomène tout à fait différent de l'ensemble traditionnel de questions sur comment un mot, une proposition ou un instrument particulier devraient être appliqués dans un contexte spécifique donné. C'est plutôt l'étude de ce que j'ai appelé « un univers normatif…qui se maintient par…des engagements interprétatifs… » (Cover, « The Supreme Court, 1982 Term – Foreword : *Nomos* and Narrative », in *Harvard Law Review*, Vol.97, 1983, p.4, 7 – [N.d.T.] : article traduit intégralement *supra* au chapitre premier du présent ouvrage, voir p.69-149) ou, selon les termes de Ronald Dworkin, c'est une étude de l'effort « pour imposer une *signification* à une institution…et ensuite restructurer celle-ci à la lumière de cette signification » (R. Dworkin, *Law's Empire*, 1986, p.47 [l'accentuation est dans l'original] – traduction française, « *L'empire du droit* ») . Dworkin, avec *Law's Empire*, a écrit la théorie la plus sophistiquée et élaborée qui place la dimension constructive d'attribution de signification que revêt l'interprétation au cœur du droit. James Boyd White a été un autre plaideur éloquent en faveur de la primauté de ce qu'il a appelé la « culture de l'argumentation ». White a élevé la rhétorique au pinacle de la théorie juridique (voir J. B. White, *When Words Lose their Meaning*, 1984 ; J. B. White, *Heracles'Bow*, 1985).

L'aspect violent du droit et le rapport que celui-ci entretient avec l'interprétation et la rhétorique sont systématiquement laissés de côté ou minimisés dans les travaux tant de Dworkin que de White. White, au chapitre 9 d'*Heracles' Bow* se rapproche le plus des préoccupations de cet article. Il lance une critique de la pratique du droit pénal en termes de son inintelligibilité en tant que « système de signification », sauf à introduire d'importantes réformes. White ne fait pas de la violence le point central de la crise du système de signification. Cependant, il établit une distinction entre ce que dit le juge et ce qu'il fait en disant cela. Néanmoins White réitère dans ce livre sa thèse centrale selon laquelle « le droit…plutôt que comme machine de contrôle social est à considérer comme ce que j'appelle un système de rhétorique constitutive : un ensemble de ressources pour défendre une signification, y résister ou la déclarer ». (*ibid.*, p.205). Je ne nie pas que le droit soit toutes les choses que White prétend mais j'insiste qu'il l'est dans un contexte de pratique sociale, organisée, de violence. Le « sens » ou la signification qui sont produits, doivent être éprouvés ou compris de façon énormément différente selon que l'on a à souffrir ou non de cette violence. Dans « *Nomos* and Narrative », j'ai aussi souligné le caractère constructeur de monde des engagements interprétatifs en droit. Cependant, la pointe de « *Nomos*… » était que la création de la signification juridique est une activité essentiellement culturelle qui prend place (ou qui prend mieux place) au sein de groupes plutôt petits. Une telle activité créatrice de signification n'est pas naturellement coextensive avec l'étendue de la violence, effective, utilisée pour réaliser le contrôle social. Ainsi, parce que le droit est une tentative pour construire des mondes futurs, la tension essentielle dans le droit est entre l'élaboration

Pris en lui-même, le mot « interprétation » peut induire en erreur. L ' « interprétation » suggère la construction sociale d'une réalité interpersonnelle à travers le langage. Cependant, la souffrance et la mort ont des implications tout à fait autres. La souffrance et la mort détruisent en fait le monde que l' « interprétation » évoque. Que la capacité d'un homme à construire des réalités interpersonnelles soit détruite par la mort est une évidence mais, dans ce cas, ce qui est vrai de la mort, l'est aussi de la souffrance, parce que la souffrance détruit, entre autres choses, le langage lui-même. L'analyse brillante de la souffrance par Elaine Scarry montre ceci :

> « Pour la personne, dans la souffrance, c'est présent si incontestablement et de façon tellement non négociable qu' « avoir mal » peut en venir à être considéré comme l'exemple le plus clair de ce que c'est qu' « être certain », alors que, pour l'autre, c'est si intangible qu'entendre parler de la douleur peut faire figure d'exemple pour ce que c'est qu' « avoir des doutes ». Ainsi la souffrance vient de façon impartageable en nous comme à la fois ce qui ne peut pas être nié et ce qui ne peut pas être confirmé. Ce que produit la douleur, elle le fait en partie par son caractère non partageable et elle assure cette incommunicabilité en partie à travers sa résistance au langage...Des douleurs prolongées non seulement résistent au langage mais le détruisent activement, amenant une réversion immédiate à un état antérieur au langage, aux sons et aux cris qu'un être humain émet avant de savoir parler. »[3]

Le fait d'infliger de la douleur délibérément de façon à détruire le monde normatif de la victime et sa capacité à créer des réalités partagées, nous l'appelons la torture. L'interrogatoire qui fait partie de la torture est rarement, Scarry le montre, destiné à obtenir des renseignements. Le plus souvent, l'interrogatoire du torturé est destiné à démontrer la fin du monde normatif de la victime – la fin de ce à quoi la victime accorde de la valeur, la fin des liens qui constituent la communauté dans laquelle ces

---

de la signification juridique et l'exercice de la violence du contrôle social ou la résistance à celle-ci. (Cover, *op. cit. supra*, p.18, trad. *supra* p.87 : « Il existe une dichotomie radicale entre l'organisation sociale du droit comme pouvoir et l'organisation du droit comme signification ».) Cet article s'intéresse aux sens dans lesquels les formes traditionnelles de la décision juridique ne peuvent pas être facilement saisies par l'idée d'interprétation comprise comme l'interprétation l'est normalement en littérature ou en sciences humaines.

[3]. E. Scarry, *The Body in Pain*, 1985, p.4.

valeurs s'enracinent. Scarry en conclut qu' « en contraignant à la confession, les tortionnaires contraignent le prisonnier à prendre acte du fait que la douleur intense est destructrice de monde et à l'objectiver ».[4] C'est pourquoi les tortionnaires exigent presque toujours une trahison – la démonstration que le monde normatif intangible de la victime a été écrasé par la réalité matérielle de la douleur et de son extension, la peur.[5] Le tortionnaire et sa victime en viennent à créer leur propre « monde » terrible, mais ce monde tire sa signification de ce qu'il est imposé sur les cendres d'un autre.[6] La logique de ce monde est la domination complète, bien que cet objectif puisse n'être jamais réalisé.

Chaque fois que le monde normatif d'une communauté survit à la crainte, à la souffrance et à la mort dans leurs formes les plus extrêmes, cette survie est comprise comme littéralement miraculeuse à la fois par ceux qui ont traversé la souffrance et par ceux qui l'imaginent ou la recréent de façon vive. Ainsi, de la souffrance de saints catholiques, martyrs, il a été écrit :

---

4. *ibid.*, p.29.

5. *ibid.*

> « La douleur et l'interrogatoire se produisent inévitablement ensemble en partie parce que le tortionnaire et le prisonnier en font chacun l'expérience comme des opposés. La question même qui, dans sa prétention politique, importe tellement au tortionnaire qu'elle occasionne sa brutalité grotesque revêtira tellement peu d'importance pour le prisonnier qui fait l'expérience de cette brutalité qu'il donnera la réponse. Pour les tortionnaires, le fait pur et simple du supplice humain est rendu invisible et le fait moral d'infliger ce supplice est rendu neutre par l'urgence et l'importance de la question. Pour le prisonnier, le fait pur et simple, anéantissant de ce supplice rendra neutre et invisible l'importance de toute question aussi bien que l'importance du monde sur lequel elle porte...C'est pour cette raison que, même si le contenu de la réponse du prisonnier n'est pas souvent important pour le régime, la forme de la réponse, le fait de cette réponse, est toujours crucial...[D]ans la confession, on se trahit soi-même et on trahit tous les aspects du monde – ami, famille, pays, cause – dont le soi est fait. »

ibid. Alors que la douleur est la forme extrême de destruction du monde, la crainte peut être aussi puissante, même si elle n'est pas reliée à la souffrance physique ou à la torture. Le fait de répondre et la nécessité de « destruction de monde » par trahison étaient également centraux dans le règne de la crainte engendré par le McCarthyisme. Voir, par exemple, V. Navasky, *Naming Names*, 1980, p.346, trad. fr. : *Les délateurs*, par Philippe Bonnet et Sabine Boulongne, Paris, Ramsay, 1990 (l'informateur détruit « la possibilité même d'une communauté...parce que l'informateur opère selon le principe de la trahison et une communauté survit selon le principe de la confiance »).

6. Sur la « fiction de pouvoir » que le tortionnaire crée, voir E. Scarry, *op. cit. supra* note 3, p.56-58.

> « Nous devons inclure aussi...les faits des saints dans lesquels leur triomphe s'est manifesté à travers les nombreuses formes de torture qu'ils ont endurées et *leur merveilleuse confession de la foi*. Parce que quel catholique peut douter qu'ils aient souffert plus qu'il n'est possible de supporter pour des être humains et qu'ils ne l'aient pas enduré par leur propre force mais par la grâce de Dieu et avec Son aide ? »[7]

Et les juifs, chaque année, à Yom Kippour, se souviennent :

> « Rabbi Akiba...choisit de continuer à enseigner en dépit du décret des romains qui l'interdisait). Alors qu'ils le conduisaient au bourreau, vint le moment de réciter le Shema. Ils arrachaient sa peau avec des peignes de fer pendant qu'il récitait le Shema Israël, dans une acceptation libre du joug de la Royauté de Dieu. « Même maintenant ? », demandaient ses disciples. Il répondit : « Toute ma vie un verset m'a troublé : « Aimez le Seigneur, votre Dieu, de tout votre cœur et de toute votre âme », ce qui signifie même s'Il prend votre vie. Je me suis souvent demandé si je remplirais jamais cette obligation. Et maintenant, je le peux ». Il quitta le monde alors qu'il prononçait : « Le Seigneur est Un ».[8]

Le martyre, aussi étrange qu'il puisse paraître dans le monde séculier du droit américain contemporain, est un bon point de départ pour la compréhension de l'interprétation juridique. Précisément parce qu'il est un phénomène si extrême, le martyre nous aide à voir ce qui est présent à un moindre degré chaque fois qu'une interprétation s'accompagne de la pratique de la domination violente. Les martyrs insistent face à la force accablante que si la vie doit continuer, ce ne sera pas selon les termes de la loi du tyran. Le droit est la projection d'un avenir imaginé sur la réalité. Les martyrs exigent que tout avenir qu'ils possèdent soit selon les termes du droit envers lequel ils se sont engagés (la loi de Dieu). Et le miracle de la souffrance des martyrs est leur insistance sur le droit auquel ils sont

---

[7]. P. Brown, *The Cult of the Saints*, 1981, p.79, trad. fr. : *Le culte des saints*, par Aline Rousselles, Paris, Cerf, 1996 (accentuation ajoutée) (citation extraite de *Decretum Gelasianum, Patrologia Latina*, 59.171.

[8]. La citation est tirée du traditionnel Eileh Ezkerah ou service des martyrs de Yom Kippour. J'ai utilisé la traduction donnée dans *Makhzor For Rosh Hashanah and Yom Kippur, A Prayer Book For the Days of Awe*, J. Harlow (ed.), 1972, p.555-557.

attachés, même face à une souffrance destructrice du monde.[9] Leur triomphe – qui peut être en partie imaginaire – est le triomphe imaginé de l'univers normatif – de la Torah, *Nomos*, – sur le monde matériel de la mort et de la souffrance.[10] Le martyre est une forme extrême de résistance à la domination. En tant que tel il nous rappelle que la construction d'un monde normatif que constitue « la loi » n'est jamais uniquement un acte mental ou spirituel. Un monde juridique est construit seulement dans la mesure où il y a des engagements qui impliquent aussi les corps. La torture du martyr est une forme extrême et répugnante de la violence organisée des institutions. Elle nous rappelle que les engagements interprétatifs des officiels se réalisent en fait dans des corps. Aussi longtemps qu'il en est ainsi, les engagements interprétatifs d'une communauté qui résiste au droit officiel doivent aussi se réaliser dans les corps, même si ce sont ceux de ses propres adhérents.

Le martyr n'est pas la seule réponse possible de la part d'un groupe qui n'est pas parvenu à s'ajuster à la domination ou à l'accepter alors qu'il partage un même espace physique. La rébellion et la révolution sont des réponses alternatives, quand les conditions rendent de telles actions réalisables et quand il y a la volonté non seulement de mourir mais aussi

---

9. Le mot « martyr » vient de la racine grecque, « témoin » et de la racine aryenne « smer » : se souvenir. Le martyre fonctionne comme rappel ([N.d.T.] : En anglais, jeu sur « re-membering – reconstitution et se souvenir – »), quand la victime, dans un acte de témoignage, se sacrifie pour l'univers normatif qui est ainsi reconstitué, régénéré ou recréé. L'une des plus anciennes sources traitant du martyre comme phénomène religieux, le *Deuxième Livre des Macchabées*, met l'accent sur la caractéristique du phénomène comme insistance sur la préservation de la loi du martyr et l'obligation envers elle face à la violence écrasante. A un moment, le livre décrit la torture horrible et la mort des sept frères sous les yeux de leur mère, chaque mort plus horrible à chaque fois que la précédente. Le dernier et le plus jeune des enfants, encouragé par sa mère, répond à la demande du roi, qui veut qu'il mange du porc, par ces mots : « Je ne me soumettrai pas à l'ordre du roi ; j'obéis aux commandements de la loi donnée par Moïse à nos ancêtres. » 2 *Maccabées*, 7 : 30.

10. Dans les cas extrêmes, le martyre peut être affirmativement recherché parce que c'est la preuve finale de la capacité de l'esprit à triompher du corps. Ce triomphe peut être considéré comme un triomphe de l'amour ou de la loi ou des deux, selon les motifs dominants du monde religieux et normatif de la victime et de sa communauté. Le grand juriste et mystique, Joseph Caro (1488-1578), faisait des rêves extatiques de martyre et il lui fut promis le privilège de mourir en martyr par un « maggid » - un envoyé céleste qui parlait par sa bouche et lui apparaissait dans des visions. (La promesse ne s'est pas réalisée. Il est mort de vieillesse.) (Voir Z. Werblowski, *Joseph Karo : Lawyer and Mystic*, 2nde ed., 1977, p.151-54. Notez aussi le phénomène des communautés qui se massacrent face à un ennemi. Comparez le mythe complexe des martyrs juifs devant les croisés, développé dans S. Spiegel, *The Last Trial : On The Legends and Lore of the Command to Abraham to Offer Isaac as a Sacrifice : the Akedah*, trad. par J. Goldin, 1969, avec le mythe de la Nuit Blanche qui se situe à Jonestown de nos jours, raconté dans J. Smith, *Imagining Religion : From Babylon to Jonestown*, 1982, p.102-20, 126-34.

de tuer pour une compréhension de l'avenir normatif qui diffère de celle de la puissance dominante.[11]

Notre propre histoire constitutionnelle commence avec un tel acte de rébellion. Cet acte était, dans sa forme, un essai d'interprétation constitutionnelle affirmant le droit à l'indépendance politique par rapport à la Grande-Bretagne :

> « En conséquence, nous, les représentants des Etats-Unis d'Amérique, assemblés en congrès général, prenant à témoins le juge suprême du monde, de la droiture de nos intentions, publions et déclarons solennellement, au nom du bon peuple de ces colonies et autorisés par lui, que ces Colonies Unies sont des Etats libres et indépendants et de droit doivent l'être ; qu'elles sont dégagées de toute allégeance à la couronne britannique et que tout lien politique entre elles et l'Etat de la Grande-Bretagne est et doit être totalement dissout. »[12]

Mais cet acte interprétatif incorpore également une conscience du risque de souffrance et de mort présent dans une occasion interprétative si importante :

> « Nous nous confions mutuellement nos vies, nos richesses et notre honneur sacré. »[13]

La vie, la fortune et l'honneur sacré étaient, bien sûr, précisément, le prix qu'aurait eu à payer les conspirateurs, si leur acte avait échoué. On oublie trop souvent que les dirigeants de la rébellion s'étaient certainement rendus coupables de trahison du point de vue constitutionnel anglais. Et la condamnation pour trahison entraînait une mort horrible et dégradante, la confiscation des biens et la corruption du sang.[14] De grandes questions

---

[11]. L'archétype de transition du martyr à la résistance se trouve dans le *Premier Livre des Maccabées*, avec le meurtre dramatique, perpétré par le prêtre Matathias à Modin (1 *Macchabées*, 2 : 19-28. Son acte prend une importance dramatique en partie par le contraste avec les actes du martyre héroïque, décrits dans le *Deuxième Livre des Macchabées*, voir *supra* note 9.

[12]. *Déclaration d'Indépendance*, 1776. A propos des sens dans lesquels la Déclaration devrait être considérée comme interprétative de la position constitutionnelle de l'Amérique dans l'Empire, voir Black, « The Constitution of Empire : The Case for the Colonists », in *University of Pennsylvania Law Review*, Vol.124, 1976, p.1157.

[13]. *Déclaration d'Indépendance*, 1776.

[14]. Voir Blackstone, *Commentaries*, Livre IV, * 92-3 :

> « La punition pour haute trahison en général est très solennelle et terrible.1. Que le coupable soit traîné au gibet et non porté ou qu'il ne marche ; bien que fréquemment (par convenance, longuement mûrie par humanité dans le droit) un traîneau ou une claie soit permis pour éviter au

d'interprétation constitutionnelle qui reflètent des questions fondamentales d'allégeance politique – la Révolution américaine, la sécession des Etats de la Confédération ou le soulèvement des Indiens des Plaines – sont clairement porteuses des germes de la violence (souffrance et mort) au moins à partir du moment où la compréhension des textes politiques s'enracine dans la capacité institutionnelle à entreprendre une action collective. Cependant c'est précisément cet enracinement d'une compréhension d'un texte politique dans un mode d'action institutionnel qui distingue l'interprétation *juridique* de l'interprétation littéraire, de la philosophie politique et de la critique constitutionnelle.[15] L'interprétation juridique ou bien se joue sur le terrain de la souffrance et de la mort ou alors, c'est quelque chose de moins (ou de plus) que le droit.

Les compréhensions constitutionnelles, révolutionnaires mettent communément le sang en jeu. En elles, la violence du droit prend sa forme la plus évidente. Mais le rapport entre l'interprétation juridique et la souffrance infligée continue à fonctionner même dans les actes

---

> coupable le tourment extrême d'être tiré à même le sol ou le pavé. 2. Qu'il soit pendu par le cou et ensuite découpé vivant. 3. Que ses entrailles soient extraites et brûlées pendant qu'il est encore vivant. 4. Que sa tête soit coupée. 5. Que son corps soit divisé en quatre parties. 6. Que sa tête et les quatre morceaux soient à la disposition du roi. »

Sur la confiscation et la corruption du sang, voir *ibid.*, à * 388-96. Il n'est pas surprenant, en conséquence, que, parmi les quelques protections spécifiques, inscrites dans le corps de la constitution originelle, aient figuré celles qui définissent étroitement la trahison, qui établissent des garanties procédurales pour le procès en trahison et qui interdisaient la corruption du sang comme punition sur la famille ou les descendants de ceux condamnés pour trahison.

15. Toute pratique interprétative s'inscrit dans un certain contexte. Parmi les critiques récents, Stanley Fish a beaucoup insisté sur la prédominance des contextes institutionnels même dans la compréhension des textes littéraires. Voir de façon générale : S. Fish, *Is There a Text in This Class ?* , 1980 ; Id., « Fish v. Fiss », in *Stanford Law Review*, Vol.36, 1984, p.1325, 1332 (« Etre...*profondément immergé dans* un contexte, c'est déjà et toujours penser (et percevoir) avec les normes, les standards, les définitions, les routines et les buts compris qui, à la fois, définissent ce contexte et sont définis par lui et déjà et toujours penser (et percevoir) de l'intérieur de ceux-ci. »). Je ne souhaite pas débattre de la thèse centrale de Fish à propos de la littérature. Je pense vraiment cependant que les institutions qui sont destinées à réaliser des avenirs normatifs en partie au moyen de la pratique de la violence collective, se situent sur un plan quelque peu différent de celles qui n'ont qu'un rapport éloigné et incident avec la violence de la société. Je suis prêt à soutenir des positions telles que celles de Fredric Jameson qui prétend que « l'interprétation politique des textes littéraire est première ».(F. Jameson, *The Political Unconscious : Narrative as a Socially Symbolic Act*, 1981, p.17.) Mais, alors que j'affirme la place spéciale, occupée par la compréhension politique de notre réalité sociale, de telles vues n'impliquent pas pour les interprétations littéraires ce que je prétends à propos de l'interprétation juridique – à savoir qu'elle fait partie de la *pratique* de la violence politique.

juridiques les plus routiniers. L'acte de fixer la peine d'un accusé reconnu coupable entre dans la banalité de l'activité judiciaire.[16] Cependant il est très révélateur de la façon dont l'interprétation est distinctement marquée par la violence. Tout d'abord, envisagez l'événement du point de vue du défendeur. Son monde est menacé. Cependant il se tient en général assis tranquillement comme s'il participait à une conversation polie. S'il est reconnu coupable, il marche le plus souvent – escorté – vers une réclusion prolongée, habituellement sans que l'apparence civile de l'événement en vienne à être troublée de façon significative. Il est, bien sûr, grotesque de supposer que cette façade polie est « volontaire », si ce n'est au sens où elle représente la reconnaissance autonome par l'accusé défendeur du dispositif écrasant de violence, déployé contre lui et de l'inutilité de la résistance ou de la révolte.[17]

Il y a des sociétés dans lesquelles la contrition ou la honte contrôle le comportement des accusés beaucoup plus que ne le fait la violence. De telles sociétés exigent leur propre forme, qu'elles ont reçue, d'analyse

---

[16]. J'ai tiré des exemples du droit pénal tout au long de cet article pour une raison simple. La violence du droit pénal est relativement directe. Si mon argumentation n'est pas persuasive dans ce contexte, elle le sera moins dans la plupart des autres contextes. Je serais prêt à argumenter que tout le droit qui concerne la propriété, son usage et sa protection a une base similairement violente. Néanmoins, dans de nombreuses transactions juridiques hautement visibles concernant le droit de propriété, peut-être même dans la plupart, ce fondement violent n'est pas immédiatement en cause. Mon argument ne requiert pas, je crois, que tout événement interprétatif dans le droit ait le genre d'impact violent, direct sur les participants qu'a un procès pénal. Il suffit quece soit le cas que, lorsque des gens sont suffisamment passionnés par le résultat et sont préparés à agir en conséquence, les représentants officiels de l'Etat-nation soient en général disposés à employer soit les sanctions civiles violentes soit les sanctions pénales pour contrôler les conduites.

[17]. Quelques accusés qui sont parvenus à leur propre compréhension de l'ordre juridique essaient de nier la fiction que le procès est un événement civil commun ou conjoint où les interprétations des faits et les concepts juridiques sont testés et affinés. Le déploiement d'un tel type d'action ouvert se termine avec l'accusé physiquement lié et bâillonné. Bobby Seale a appris à ceux d'entre nous qui vivions dans les années 1960 que le contrôle physique des cours sur le corps des accusés gît au cœur du procès pénal. La « conduite polie » de l'accusé ne peut donc jamais signifier une compréhension partagée de l'événement ; elle peut témoigner de sa peur que toute démonstration publique de son interprétation de l'événement comme « foutaise » se termine dans la perpétration de la violence contre lui, dans la souffrance à lui infligée. Notre droit constitutionnel, assez naturellement, prévoit un usage proportionné de degré croissant de la violence ouverte pour maintenir l'« ordre » dans le procès pénal. Voir, par exemple, *Illinois v. Allen*, 397 U.S. 337 (1970) ; Tigar, « The Supreme Court 1969 Term – Forward : Waiver of Constitutional Rights : Disquiet in the Citadel », in *Harvard Law Review*, Vol.84, 1970, p.1, 1-3, 10-11 (commentaire en partie sur *Allen*). ([N.d.T.] En faisant référence à Bobby Seale, Robert M. Cover évoque les révoltes du procès des Chicago Seven (les sept de Chicago).)

distincte.[18] Cependant, je pense qu'aux Etats-Unis, c'est indubitablement le cas que la plupart des prisonniers marchent vers la prison parce qu'ils savent que, s'ils ne le font pas, ils y seront traînés de force ou ils seront battus. Ils n'opposent pas l'organisation d'une force au fait d'y être traînés parce qu'ils savent que, s'ils se lancent dans ce genre de bataille, ils perdront – ils pourront même assez vraisemblablement y perdre la vie.

Si j'ai donné l'impression d'éprouver une sorte de sympathie pour les victimes de cette violence, il ne faut pas se méprendre. Très souvent, l'équilibre de la terreur, à cet égard, est tout à fait comme je le voudrais. Même je ne veux pas que nous prétendions que nous faisons entrer nos prisonniers dans leur lieu de détention au moyen de belles paroles. Les « interprétations » ou « conversations » qui sont le préalable à l'incarcération violente sont elles-mêmes des instruments de la violence. Cacher ce fait est tout à fait analogue à ne pas vouloir entendre les cris qui montent d'un lieu d'interrogatoire ou voir les instruments de torture qui s'y étalent. L'expérience du prisonnier est, dès le début, celle d'être dominé violemment et elle se teinte dès l'origine de la crainte d'être traité violemment.[19]

La violence de l'acte de condamnation est tout à fait évidente quand on se place du point de vue de l'accusé. Dès lors, tout compte rendu qui cherche à minimiser la violence ou à majorer le caractère ou la signification interprétative de l'événement au sein d'une communauté de valeurs partagées tendra à évacuer la question du prisonnier ou de l'accusé et à se focaliser sur le juge et l'acte judiciaire d'interprétation. En partant de catégories interprétatives très larges, telles que « le blâme » ou « la punition », de la signification a été créée pour l'événement, qui justifie le rôle du juge dans les actes de violence à ses propres yeux et à ceux des autres. Je n'entends pas minorer la signification de ces fonctions idéologiques du droit. Mais la fonction de l'idéologie est beaucoup plus significative pour justifier l'ordre au regard de ceux qui, principalement,

---

[18]. Sur la distinction entre « cultures de la honte » et « cultures de la culpabilité », voir, de façon générale, E. Dodds, *The Greeks and the Irrational*, 1951, trad. fr. : *Les grecs et l'irrationnel*, par Michael Gibson, Paris, Flammarion, 1995 et J. Redfield, *Nature and Culture in the Iliad*, 1975. Pour une analyse d'une « culture de la honte » moderne, voir R. Benedict, *The Chrysanthemum and the Sword : Patterns of Japanese Culture*, 1946, trad. fr. : *Le chrysanthème et le sabre*, par Lise Mecreant, préface de Jane Cobbi, Arles, Picquier, 1995.

[19]. Ce point et d'autres très semblables à lui sont couramment avancés dans la littérature qui sort des prisons. Voir, par exemple, E. Cleaver, *Soul on Ice*, 1968, p.128-30 ; J. Washington, *A Bright Spot in the Yard : Notes and Stories from a Prison Journal*, 1981, p.5.

en profitent et qui doivent le défendre que pour cacher la nature de cet ordre à ceux qui en sont les victimes.

L'idéologie de la punition n'est pas, bien sûr, la propriété exclusive des juges. Le concept opère dans la culture en général et est intelligible aux prisonniers, aux criminels et aux révolutionnaires, aussi bien qu'aux juges et partagé par eux. Pourquoi, alors, ne pas conclure que l'interprétation *est* le concept majeur du droit, que le travail d'interprétation pour comprendre « punition » peut être considéré comme médiateur ou comme faisant sens pour les actes et les expériences opposés du juge et de l'accusé dans le procès pénal ? Naturellement, celui qui doit être puni peut avoir à être contraint. Et la punition, si elle est « juste », est supposée légitimer la coercition et la violence exercées. L'idéologie de la punition peut alors fonctionner de façon satisfaisante pour justifier nos pratiques de droit pénal à nos yeux et, peut-être même, aux yeux de ceux qui sont « punis » par le droit ou susceptibles de l'être.

Il y a, cependant, une différence fondamentale entre la façon dont la « punition » opère en tant qu'idéologie dans la littérature professionnelle et dans la littérature populaire, dans le débat politique et dans le discours en général et la façon selon laquelle elle opère dans le contexte des actes juridiques du procès, de l'imposition d'une condamnation et de l'exécution d'une condamnation. En effet, lorsque le juge interprète, en utilisant le concept de punition, il agit aussi, à travers d'autres, pour restreindre, blesser, rendre incapable, voire tuer le prisonnier. Ainsi toute communauté d'interprétation qu'elle puisse ou non être atteinte est de celles dont la signification commune est détruite par les expériences divergentes qui la constituent. Tout comme le tortionnaire et sa victime réalisent un monde « partagé » seulement en vertu de leurs expériences diamétralement opposées, le juge et le prisonnier comprennent aussi « la punition » à travers des expériences diamétralement opposées de l'acte de punition. Que le tortionnaire et sa victime partagent une vue théorique commune sur les justifications de la torture – en dehors de la salle de torture – est finalement hors sujet. Ils sont encore parvenus à la confession en détruisant dans un cas et en ayant été détruit dans l'autre. De manière similaire, que le juge et le prisonnier partagent ou non la même philosophie de la punition, ils arrivent à l'acte particulier de punition en ayant respectivement dominé et été dominé par la violence.

II. LES ACTIONS DES JUGES : INTERPRETATIONS, ACTES ET ROLES

Nous commençons alors non pas avec ce que les juges disent mais avec ce qu'ils font.

Les juges infligent la souffrance et la mort.

Ils ne font pas que cela. Peut-être ce n'est pas ce qu'ils font de façon usuelle. Mais le fait est qu'ils imposent la mort et la souffrance. De John Winthrop à Warren Burger, ils se sont assis sur une pyramide de violence, s'occupant…

En cela ils sont différents des poètes, des critiques et des artistes. Il ne suffira pas d'insister sur la violence d'une poésie dure et des poètes durs. Même la violence des juges faibles est totalement réelle – une réalité immédiate et naïve, qui n'a besoin d'aucune interprétation, d'aucun critique pour la révéler.[20] Tout prisonnier en porte les stigmates. Que la violence des juges soit justifiée ou non n'est pas le problème ici – simplement qu'elle existe en fait et qu'elle est différente de la violence

---

[20]. Sur la violence que les poètes durs infligent à leurs ancêtres littéraires, voir H. Bloom, *The Anxiety of Influence*, 1973 ; id., *The Breaking of the Vessels*, 1982 et une bonne part de l'œuvre de Bloom depuis *The Anxiety*. Les juges, comme les autres lecteurs et écrivains de textes font violence à leurs prédécesseurs littéraires – c'est-à-dire judiciaires. Pour une application intéressante de la thèse centrale de Bloom au droit, voir D. Cole, « Agon et Agora : Creative Misreadings in the First Amendment Tradition », in *Yale Law Journal*, Vol.95, 1986, p.857. Cole reconnaît que le lien du droit avec la violence distingue l'interprétation juridique de l'interprétation littéraire, bien qu'il ne développe malheureusement pas ce point (*ibid.*, p.904).
L'anxiété de l'influence juridique a été assez bien affirmée et assez élégamment par Learned Hand, dans son hommage à Cardozo, « Mr. Justice Cardozo », in *Columbia Law Review*, Vol.39, 1939, p.9. Ma thèse ici n'est pas que les juges n'infligent pas le même genre de violence figurée, que le font les poètes, à leurs parents littéraires mais qu'ils font subir –en plus – une forme plus littérale de violence au travers de leurs interprétations, qu'ils ne partagent pas avec les poètes. Il est important – et cela a été beaucoup noté – que l'immédiateté du lien entre le juge et la violence de la peine ait changé au cours des siècles. Voir, par exemple, Michel Foucault, *Surveiller et Punir : La Naissance de la Prison*. Il est certain qu'aux Etats-Unis, aujourd'hui, la prise de conscience de la responsabilité indiscutable du juge pour la violence de la peine requiert la connaissance, acquise par tous ceux qui vivent dans cette société, de la forme d'action organisationnelle. En ce sens, la réalité « naïve » devrait se voir accorder une importance relative. Comprendre la violence du jugement n'exige pas une très grande sophistication mais ce n'est pas une forme de violence aussi naïve que si les juges eux-mêmes exécutaient leur propre sentence. Sur les implications de ce point. (voir *infra* p.1626-27, trad. *infra* p.204-205.)

présente dans la littérature et dans les caractérisations métaphoriques des critiques littéraires et des philosophes. J'ai écrit, par ailleurs, que les juges de l'Etat sont jurispathiques – qu'ils tuent la diversité des traditions juridiques en concurrence au sein de l'Etat.[21] Ici, cependant, ce n'est pas à propos de la qualité jurispathique de la fonction que j'écris mais à propos de son potentiel homicide.[22]

L'accent mis à la fois sur les agissements des juges et sur la violence de ceux-ci conduit à considérer trois caractéristiques de la dimension interprétative de la conduite des juges. L'interprétation juridique est (1) une activité pratique, (2) destinée à générer des menaces crédibles et des actes de violence réels, (3) d'une façon efficace. Afin d'explorer le lien qui unit inséparablement l'interprétation juridique et la violence, chacun de ces trois éléments doit être examiné successivement.

1) L'interprétation juridique

L'interprétation juridique est une forme de sagesse pratique.[23] Au mieux, elle cherche à « imposer une signification à une institution...et à la restructurer à la lumière de ce sens ».[24] Il y a, cependant, un fossé

---

[21]. Cover, *op. cit. supra* note 2, à p.40-44.

[22]. La violence des juges et des représentants d'un ordre constitutionnel positif est généralement considérée comme implicite à la pratique du droit et du gouvernement. La violence est tellement intrinsèque à cette activité, tellement prise pour un fait, qu'elle n'a pas à être mentionnée. Lisez la Constitution, par exemple. Elle n'indique nulle part, comme principe général, l'évidence – à savoir que le gouvernement ainsi établi a le pouvoir de pratiquer la violence sur son peuple. Ceci, en tant que proposition générale, n'a pas besoin d'être affirmé, parce que c'est compris dans l'idée même de gouvernement. C'est aussi, bien sûr, directement implicite dans de nombreux pouvoirs spécifiques accordés au gouvernement en général ou à une branche spécifique de celui-ci ou encore à un de ses représentants. Par exemple, Constitution des Etats-Unis, art. I, § 8, cl.1 (« Le pouvoir d'établir et de collecter des impôts...et de pourvoir à la défense commune ») ; de même la cl. 6 (« Punir la contrefaçon »), ou la cl.10 (« Définir et punir les actes de piraterie » ; ou encore, cl.11 (« Déclarer la guerre ») ; la cl.15 (« Recourir aux forces armées pour faire appliquer les lois de l'Union, supprimer les insurrections et repousser les invasions ») ; l'art. IV, § 2, cl. 2-3 (prévoyant l'arrestation de ceux qui fuient la justice ou le service).

[23]. Sur la sagesse pratique, voir Aristote, *L'éthique à Nicomaque*, 1140a(24) à 1140b(30).

[24]. R. Dworkin, *op.cit. supra* note 2, à p.47. L'ouvrage de Dworkin, célébrant ce qu'il appelle l'« intégrité » de l'interprétation cohérente, s'inscrit dans une longue tradition de travaux développant l'intuition fondamentale d'Aristote à propos de la nature de la délibération. Aristote attribue le vaste domaine de la délibération normative, en quoi consiste la délibération juridique, à la raison pratique ou *phronesis*, qu'il distingue de la connaissance spéculative. Aristote, *op. cit. supra* note 23, 1139b(14) à 1140b(30). Sur la *phronesis*, voir aussi H. Arendt, *Willing*, 1977, p.59-62, trad. fr. : *Le vouloir*, par Lucienne Lotringer, Paris, P.U.F., 1993. La raison pratique, selon Aristote, est une forme de compréhension appliquée ; il ne s'agit pas, comme pour la connaissance, de vérités pré-

existantes. Elle implique la délibération – une activité qui n'a aucun sens au regard de la vérité logique. La délibération concerne la relation des compréhensions passée et présente à travers une « découverte » réflexive de ce qui est implicite dans la compréhension passée. La connaissance technique a aussi un caractère appliqué mais la sagesse pratique, en ce qu'elle est dans la sphère normative, ne se mesure pas par rapport à un standard extérieur tel que l'utilité, parce qu'elle consiste en l'application de la compréhension pour le modelage de soi.

Hans Georg Gadamer a mis ces caractéristiques de la raison pratique au centre de ce qu'il a appelé « les sciences humaines ». H. Gadamer, *Truth and Method*, G. Barden and J. Cummings (eds.), 2nde ed.,1975, trad. fr.: Vérité et Méthode, Paris, Seuil, 1996. Gadamer a trouvé le meilleur exemple de ces actes constructifs, interpersonnels de compréhension – l'herméneutique ou les interprétations – dans ce qu'il a appelé la « dogmatique juridique ». Le projet de Gadamer peut être appréhendé dans une certaine mesure comme une tentative pour comprendre toute compréhension humaine en termes de *phronesis* ; c'est-à-dire de prendre la catégorie de la pensée appliquée qui définit notre situation comme acteurs moraux et de généraliser cette situation pour l'étendre au tout de la vie. « Comprendre est, alors, un cas particulier d'application de quelque chose d'universel à une situation particulière. » (*ibid.*, p.278.)

Pour Gadamer, Aristote est la source – celui qui place l'action et le combat au centre de la philosophie morale. « La description par Aristote du phénomène éthique et spécialement de la vertu de la connaissance morale...est en fait une sorte de modèle pour les problèmes de l'herméneutique...L'application n'est ni une partie subséquente, ni simplement occasionnelle du phénomène de la compréhension ; elle la co-détermine, dans son ensemble, dès le début. » (*ibid.*, p.289.) Gadamer procède d'Aristote en incorporant l'intuition fondamentale de Heidegger, que nous sommes toujours situés dans le monde en train de construire les mondes futurs que nous habiterons. Nous le faisons à travers l'interprétation qui est simultanément découverte de ce que nous savons et compréhension nouvelle de ce qui est « connu » qui nous permet de découvrir davantage à propos de ce que nous savons. Partant de Heidegger, Gadamer pose l'unité de toutes les herméneutiques, de toute l'activité interprétative. Parce que toute compréhension est une construction de soi et du monde, elle est dans une certaine mesure pratique et sociale et, en conséquence, jamais séparée de l'éthique.

La pratique de l'interprétation juridique par le juge ne se distingue pas de tout autre exercice herméneutique. Elle illustre les effets constructifs, mutuels et réflexifs du texte, de la compréhension antérieure du texte (tradition), de l'application et de la compréhension comme appliquée présentes et de l'engagement futur. Et la dogmatique juridique est, pour Gadamer, le « modèle pour l'unité de l'intérêt historique et dogmatique et ainsi aussi pour l'unité de l'herméneutique en son ensemble ». (J. Weinsheimer, *Gadamer's Hermeneutics. A Reading of Truth and Method*, 1985, p.194.)

Le placement, par Gadamer, de la dogmatique juridique au centre de l'entreprise générale de compréhension des sciences humaines représente une invitation – ou, peut-être, une tentation – pour les juristes universitaires, qui conçoivent le droit comme la construction d'un système de significations normatives. Si l'on peut commencer à comprendre tout le monde des humanités – c'est-à-dire les multiples formes de l'activité interprétative, en termes de droit, il doit être possible de mettre cet élément commun de l'interprétation au cœur du droit lui-même. Ceci semble, en fait, avoir été l'effet du lent tarissement des idées sur l'interprétation de la communauté universitaire des juristes en Amérique.

Ronald Dworkin a synthétisé ces idées interprétativistes dans son nouvel ouvrage, *Law's Empire* (trad. fr. : *L'Empire du droit*), op. cit. supra note 2. *L'empire du droit* est une élaboration importante sur la forme délibérative, réflexive de la sagesse pratique, enracinée dans la *phronesis* d'Aristote. Cette œuvre développe aussi le travail critique que Dworkin persistant entre la pensée et l'action. C'est une chose de comprendre ce qui doit être fait, tout à fait autre chose de le faire. Faire implique un acte de volonté et peut exiger du courage et de la persévérance. En ce qui concerne les activités de l'individu, nous considérons, en général, que de telles qualités dépendent de la motivation, du caractère ou de la psychologie.

L'interprétation juridique est une activité pratique en un tout autre sens cependant. La parole judiciaire est un mandat pour que d'autres agissent. Si ce n'était pas le cas, les objectifs pratiques du processus délibératif seraient susceptibles d'être atteints, s'ils pouvaient l'être, qu'au travers de moyens plus indirects et hasardeux. Le contexte de l'énoncé judiciaire est un comportement institutionnel dans lequel on s'attend à ce que d'autres, occupant des rôles pré-existants, agissent pour appliquer l'interprétation du juge ou y réagir d'une autre manière prévue. Ainsi le contexte institutionnel lie l'acte de langage de compréhension pratique aux actes physiques des autres d'une façon prévisible, bien que pas logiquement nécessaire.[25] Ces interprétations, alors, ne sont pas seulement « pratiques », elles sont, elles-mêmes, des pratiques.

Formellement, à la fois au niveau descriptif et normatif, il y a ou il peut y avoir des règles et des principes qui décrivent la relation entre les actes interprétatifs des juges et les actions dont il y a lieu de s'attendre à ce qu'elles s'ensuivent. Ces règles et ces principes sont ce que H. L. A. Hart appelle les « règles secondaires ».[26] Certaines règles et certains principes

lui-même a engagé sur le positivisme juridique pour faire de l' « interprétation » l'activité au cœur de l'art judiciaire, tout en conservant à l'acte judiciaire sa centralité dans le droit. Je suis pleinement d'accord pour dire que la forme dominante de la pensée juridique devrait être interprétative au sens large du terme. Cependant, l'émergence de l'interprétation comme motif central n'a pas en soi d'effet sur la façon dont les actes interprétatifs des juges sont simultanément des énoncés performatifs dans un mécanisme institutionnel de conduite violente.

[25]. On pourrait dire que les institutions créent le contexte pour le changement du contingent en nécessaire. Voir H. Arendt, op. cit. supra note 24, p.14 ; voir aussi, J. Searle, *Speech Acts*, 1969, trad. fr. : *Les actes de langage*, par Helène Pauchard, Paris, Herman, 1972.

[26]. H. L. A. Hart, *The Concept of Law*, 1961, p.77-106, trad. en français par Michel van de Kerchove, *Le Concept de Droit*, Bruxelles, Presses Universitaires Saint-Louis, 1976. Dworkin a habilement contesté le rôle supposé central des règles secondaires dans une théorie du droit (R. Dworkin, *Taking Rights Seriously*, 1977, trad. fr. : *Prendre les droits au sérieux*, Paris, P.U.F., 1995.) La critique de Dworkin est la plus révélatrice lorsqu'elle ruine l'idée que les règles de reconnaissance rendent compte correctement de certains principes qui ont effet de droit. Voir aussi, Cover, *op. cit. supra* note 2. Cependant certaines règles secondaires de reconnaissance n'ont pas pour objet de générer de la reconnaissance du contenu de règles ou de principes mais de reconnaître des résultats qui sont à atteindre.

secondaires au moins établissent les termes de la coopération entre les spécialistes du droit et les autres acteurs dans une organisation sociale. Le matériau secondaire prescriptif a pour but de poser les normes concernant ce que devraient être ces relations ; les règles et principes secondaires descriptifs serviraient à prévoir correctement ce que les termes de la coopération seront en fait. Bien sûr, dans tout système donné, il n'y a aucune nécessité à ce qu'existe un degré particulier de correspondance entre les deux ensembles de règles.

Les règles et principes secondaires constituent la mesure (« *template* », – le temple) pour transformer le langage en action, la parole en acte. En tant que tels, ils occupent une place critique dans l'analyse de l'interprétation juridique proposée ici. Le philosophe du droit peut nous présenter le modèle d'un juge hypothétique qui est capable de parvenir à une compréhension herculéenne de tout le corps juridique et social de textes relatifs à un cas particulier et d'arriver à partir de cette compréhension à la seule décision juridiquement correcte.[27] Mais l'acte mental d'interprétation ne peut pas se donner effet à lui-même. La pratique de l'interprétation requiert une compréhension de ce que les autres feront avec un tel énoncé juridique et, en de nombreuses circonstances, un ajustement en fonction de cette compréhension, quelle que soit l'ampleur que l'on puisse attribuer à la dérive de cette réponse institutionnelle prévisible. Faute de quoi, l'interprète sacrifie le lien entre la compréhension de ce qui doit être fait et l'acte lui-même. Mais combler le fossé entre la pensée et l'action dans le système juridique n'est jamais simplement une question de volonté. L'écart entre la compréhension et l'action correspond sensiblement aux différences dans les rôles institutionnels et à la division du travail et de la responsabilité que ces rôles représentent. Ainsi, ce qui peut être décrit comme un problème de volonté lorsqu'il s'agit d'un individu devient dans un contexte institutionnel principalement un problème d'organisation sociale. J'ai qualifié ailleurs la compréhension spécialisée de cette relation entre l'interprétation du juge et l'organisation sociale requise pour sa transcription dans la réalité d'herméneutique des textes de juridiction.[28]

C'est-à-dire que certaines règles secondaires organisent la coopération sociale dans les actes violents du droit. De façon générale les règles secondaires qui organisent la violence du droit sont plus claires et plus hiérarchisées que celles qui organisent le contenu idéationnel du droit. Pour un excellent compte-rendu de l'importance que revêt la position de Dworkin pour ce qui concerne la viabilité du positivisme juridique comme système, voir Coleman, « Negative and Positive Positivism », in *Journal of Legal Studies*, Vol.11, 1982, p.139.

[27]. Voir R. Dworkin, *op. cit. supra* note 26, p.105-30, voir aussi *infra* note 61.

[28]. Cover, *op. cit. supra* note 2, p.53-60.

Cette compréhension spécialisée doit résider au cœur du jugement officiel.

2) L'interprétation dans un système destiné à produire de la violence

Le gouffre entre la pensée et l'action s'approfondit chaque fois qu'une violence grave est en cause, parce que, chez la plupart d'entre nous, des considérations morales, culturelles, psychologiques, évolutionnaires interdisent de faire souffrir d'autres gens. Ces contraintes ne sont, bien sûr, ni absolues, ni universelles. Il existe des individus déviants dont la conduite est incohérente par rapport à de telles inhibitions.[29] En outre, la plupart des personnes sont fascinées et attirées par la violence, même si elles sont en même temps repoussées par elle.[30] Finalement et cela est d'une importance extrême pour notre objet, chez presque tout le monde la révulsion envers la violence peut être vaincue ou annihilée dans certaines circonstances par des indications sociales.[31] Ces limitations ne remettent pas en cause la force des inhibitions contre la violence. En fait, les deux créent ensemble les conditions sans lesquelles le droit serait ou bien inutile ou bien impossible. Si l'inhibition contre la violence était parfaite,

---

[29]. Il y a des gens dont la conduite est à la fois violente à l'égard des autres et apparemment insouciante par rapport aux conséquences violentes pour eux-mêmes. De plus, cette conduite s'accompagne souvent d'une absence assez large d'affect. La classification de telles personnes comme atteintes de maladie mentale est très discutée. Néanmoins, à l'heure actuelle, une grande variété d'étiquettes est disponible selon que l'on se réfère à une autorité ou à une autre. Voir, par exemple, American Psychiatric Association, *Diagnotic and Statistical Manual of Mental Disorders*, 3rd ed., 1980, p.317-21 (diagnostiquant les personnes correspondant à celles décrites plus haut comme souffrant d'un « désordre antisocial de la personnalité »). Pour des classifications plus anciennes, voir W. McCord and J. McCord, *The Psychopath*, 1964, p.39-55.

[30]. Voir, par exemple, C. Ford and F. Beach, *Patterns of Sexual Behavior*, 1951, p.64-65, trad. fr. : *Le comportement sexuel chez l'homme et l'animal*, par André Perois, Paris, R. Laffont, 1970 (des réponses culturelles diverses au lien entre souffrance et sexualité). L'existence, à caractère universel, d'une attraction sado-masochiste plus profonde pour la souffrance ou la violence dans des cas de formes plus graves de douleur infligée ou subie fait aussi l'objet d'une grande controverse. Il est également possible de rendre compte de l'attraction pour la violence en termes de pulsion d' « agression ». Voir, en général, K. Lorenz, *On Aggression*, trad. par M. Wilson, 1966, trad. fr. : *L'agression*, par Vilma Fritsch, Paris, Flammarion, 1977.

[31]. Voir, par exemple, S. Milgram, *Obedience to Authority*, 1974, trad. fr. : *Soumission à l'autorité*, par Emy Molinie, Paris, Calmann-Levy, 1989. Les expériences de Milgram sont discutées et situées dans le contexte d'un ensemble plus grand de travail expérimental et de matériau anecdotique sur la prise de décision in I. Janis and L. Mann, *Decision-making : A Psychological Analysis of Conflicts, Choice, and Commitment*, 1977, p.268-71.

le droit ne serait pas nécessaire, si elle ne pouvait pas être levée par des signaux sociaux, le droit serait impossible.

Parce que l'interprétation juridique est une pratique incomplète sans la violence – parce que son efficacité dépend d'une pratique sociale de violence –, elle doit être fortement reliée aux indications qui servent à contourner ou à supprimer les mécanismes psychosociologiques qui, en général, empêchent les actions des gens qui seraient cause de souffrance ou de mort. Les interprétations qui occasionnent la violence sont distinctes des actes violents qu'elles occasionnent. Quand des juges interprètent le droit dans un contexte officiel, nous nous attendons à ce qu'une relation étroite se révèle ou soit établie entre leurs paroles et les actes qu'ils commandent. C'est-à-dire que nous nous attendons à ce que les paroles des juges servent de déclencheurs virtuels des actions. Nous ne nous attendrions pas, par exemple, à ce que des contemplations ou des réflexions de la part des directeurs ou des surveillants de prison interfèrent avec l'action autorisée par les paroles des juges. Mais pour que la conduite violente prenne un tel caractère routinier, il faut une forme d'organisation qui fonctionne à la fois dans les domaines de l'action et de l'interprétation. Pour comprendre la violence de l'acte d'interprétation d'un juge, nous devons aussi saisir la façon dont il est transformé en action violente en dépit de la résistance générale à de tels agissements ; pour comprendre la signification de cette action violente, nous devons aussi comprendre de quelle manière l'acte interprétatif du juge l'autorise et la légitime.

Alors qu'il est quasi impossible de suggérer un passage en revue complet des façons possibles de fonctionner par lesquelles l'organisation du système juridique facilite la levée des inhibitions contre la violence intraspécifique, je souhaite vivement désigner certains des codes sociaux qui limitent ces inhibitions. La littérature de la psychologie sociale est utile à cet effet. *Obedience to Authority* de Milgram est la plus connue des études et des théories des codes sociaux et de leur rôle dans la levée des inhibitions normales, qui empêchent d'infliger la souffrance à travers la violence.[32] Dans les expériences de Milgram, les sujets administraient ce qu'ils pensaient être en fait des chocs électriques douloureux à des personnes dont ils croyaient qu'elles étaient les sujets de l'expérience. Cela se faisait selon les directives ou les ordres d'expérimentateurs supposés. Les vrais sujets de l'expérience – ceux qui administraient les chocs – ont montré un degré élevé, inquiétant d'obéissance aux figures de

[32]. S. Milgram, *op. cit. supra* note 31.

l'autorité en dépit de la souffrance apparente manifestée par les faux sujets de l'expérience. A partir des résultats de cette expérience, Milgram a formulé une théorie qui, à certains égards, est incomplète. La part la plus développée de cette théorie s'appuie fortement sur la distinction qu'il fait entre agir de façon « autonome » et agir en tant qu' « agent ». Milgram suppose l'évolution d'une disposition humaine à agir « en tant qu'agent » à l'intérieur de hiérarchies, dès lors que les membres des hiérarchies organisées ont eu traditionnellement plus de chances de survivre que les membres de groupes sociaux moins organisés. La « conscience » ou « suprerego » a évolué concurremment en réponse au besoin d'une conduite et d'un jugement autonome étant donné l'évolution des structures sociales. C'est cette conduite autonome qui interdit d'infliger de la souffrance aux autres. Cependant les régulateurs de la conduite individuelle autonome devaient pouvoir être réprimés ou subordonnés aux caractères de la conduite d'agent quand les individus agissaient au sein d'une structure hiérarchique.[33] En plus de ses théories relatives à des mécanismes d'évolution propres à l'espèce, Milgram désigne aussi des formes d'apprentissage et de conditionnement propres à la culture et à l'individu en vue d'un comportement d'agent à l'intérieur de structures hiérarchiques. Ainsi, dans l'explication par Milgram de l' « état d'agent », « les systèmes institutionnels d'autorité » jouent un rôle-clé en fournissant les indications requises pour déclencher le passage d'une conduite autonome à une conduite d'agent cybernétiquement nécessaire pour faire fonctionner les hiérarchies.[34] Selon Milgram, les indications pour subvertir la conduite autonome ou « conscience » consistent dans les commandements, les ordres ou les signaux, sanctionnés institutionnellemnt des autorités légitimées institutionnellement, caractéristiques de l'organisation humaine hiérarchisée.[35]

Il existe, bien sûr, une variété de manières alternatives pour conceptualiser la facilitation de la violence par les rôles institutionnels. On pourrait avancer, par exemple, la théorie selon laquelle les êtres

[33]. *ibid.*, p.135-38. Milgram suggère même qu'il peut y avoir des régulateurs chimio-neurologiques de cette subordination.

[34]. *ibid.*, p.123-64.

[35]. *ibid.*, p.125-30, 143-48. Milgram soumet aussi sa théorie tout à fait légitimement à la question de la possibilité d'une meilleure explication de la conduite découverte par ses expériences en postulant un instinct ou une tendance générale à l'agression faisant partie de l'être humain mais qui serait normalement réprimé par des facteurs sociaux. Les expériences pourraient alors se comprendre comme des occasions données, en levant les contraintes sociales qui pèsent sur la violence, à l'agressivité pré-existante d'émerger.

humains ont une tendance naturelle, une propension instinctive, à être agressifs mais que diverses conduites apprises retiennent l'expression de cette agressivité. Les occasions de violence spécifiées par les institutions peuvent alors être considérées comme des exutoires pour l'agressivité que nous chercherions ordinairement à exprimer s'il n'y avait ce qui nous retient. Certains savants ont, d'un point de vue psychanalytique, émis l'hypothèse que les structures formelles pour l'exercice de la violence permettent à de nombreux individus de se cacher à eux-mêmes l'accomplissement de souhaits d'agression en « déléguant » l'activité violente à d'autres.[36]

Il y a une différence énorme entre la théorie de la violence institutionnalisée de Milgram et celle d'Anna Freud ou de Konrad Lorenz et entre les suppositions concernant la nature humaine qui leur servent de sous-basement. Mais elles partagent toutes le besoin d'expliquer une conduite observée. Les personnes qui agissent au sein d'organisations sociales exerçant une autorité agissent violemment sans ressentir les inhibitions normales ou le degré normal d'inhibition qui règle la conduite de ceux qui agisssent de façon autonome. Quand les juges interprètent, ils déclenchent une conduite d'agent au sein d'une telle institution ou organisation sociale. A un certain niveau, les juges peuvent apparaître comme offrant et peuvent effectivement offrir leur compréhension d'un monde normatif à un public visé. Cependant à un autre, ils engagent un mécanisme violent au travers duquel une partie de cet auditoire perd sa capacité à penser et à agir de façon autonome.

3) L'interprétation et l'organisation effective de la violence

Un troisième facteur sépare l'autorisation de la violence comme exercice délibératif, interprétatif de l'acte. Les actes de violence sont rarement subis par la victime en dehors d'un contexte de domination.[37] Ce contexte

---

[36]. Anna Freud suit Stone en appelant le phénomène « délégation ». L'individu se cache à lui-même l'accomplissement de désirs d'agression mais concède la permission de le faire à quelqu'instance supérieure telle que l'Etat, la police, l'armée ou les autorités juridiques ». Anna Freud, « Comments on Aggression », in *Psychoanalytic Psychology of Normal Development*, 1981, p.161 (Anna Freud, *Writings*, Vol.VIII). (Je dois cette référence à Diane Cover).

[37]. Mon collègue, Harlon Dalton, rapporte le point de vue de certaines personnes qui ont fait office d'assistants pour les juges du 2è Circuit de la Cour d'Appel et selon lesquelles les juges semblent réticents à affirmer publiquement des convictions lorsqu'ils pensent que l'accusé peut être dans la salle d'audience. Dalton suggère deux raisons pour justifier cette tendance à réserver la décision dans de tels cas. Tout d'abord, les juges désirent donner l'apparence de la délibération de façon à limiter dans toute la mesure du possible

peut être manifestement coercitif et violent ou il peut être le produit d'une histoire de violence qui conditionne les attentes des acteurs. L'imposition de la violence est subordonnée à la satisfaction de conditions sociales préalables à sa mise en oeuvre. Peu d'entre nous sommes assez courageux ou téméraires pour *agir* violemment selon des principes inflexibles sans tenir compte des réactions possibles de ceux auxquels nous voulons imposer notre volonté.[38]

Si l'interprétation juridique implique l'action dans le domaine de la souffrance et de la mort, nous devons nous attendre, en conséquence, à trouver, dans l'acte d'interprétation, une attention aux *conditions de domination effective*. Dans la mesure où le domination effective n'est pas présente, ou bien notre compréhension du droit doit être ajustée de façon à n'exiger que ce qui peut être attendu de gens dans des conditions de

---

l'insatisfaction du perdant face à la décision ; ensuite, et de façon plus importante, les juges désirent éviter qu'un accusé mécontent (dont les retenues contre l'exercice de la violence ne seraient pas ce qu'elles pourraient être) décide de s'en prendre à la Cour. Dalton relate une scène dont il a été le témoin alors qu'il servait d'assistant à un juge de district récemment entré en fonctions, qui avait fait l'erreur de prononcer la sentence dans le petit vestiaire derrière la salle d'audience. (La salle était indisponible temporairement pour une raison ou une autre.) L'accusé avait demandé que sa famille soit présente pendant la lecture du verdict, ce qui avait, bien sûr, été accepté. Il en résulta que le juge eut à affronter une épouse en larmes, des enfants abattus, un avocat qui pouvait maintenant s'émouvoir sur une scène intime et un accusé qui pouvait s'adresser au juge les yeux dans les yeux d'une distance de dix pieds au maximum. Il était, en conséquence, impossible pour le juge de se cacher la violence que susciteraient les paroles qu'il allait prononcer ou de s'en isoler. Il était visiblement bouleversé alors qu'il prononçait le verdict. Même ainsi, ni lui, ni Dalton n'étaient préparés pour ce qui allait suivre. L'accusé commença par alternativement crier et supplier le juge de revenir sur sa décision ; la femme se mit à pousser de lourds sanglots, l'accusé s'avança en titubant avec en apparence pour seul but littéralement de s'en prendre au juge qui lui avait fait cette chose affreuse. Les sièges dans le vestiaire n'étant pas disposés selon des impératifs de sécurité, il fallut un moment ou deux au garde – un long moment ou deux – pour maîtriser l'accusé. Puis, comme la seule issue était derrière l'endroit ou l'accusé et sa femme était assis, le juge dut attendre qu'ils soient évacués, contraints et forcés, avant de pouvoir sortir lui-même, recevant ainsi un témoignage direct de la façon dont ses paroles étaient transformées en actes. Je suis reconnaissant à Harlon Dalton pour ce récit.

38. C'est le fantasme d'un tel agir qui explique l'attirance ressentie pour tant de héros violents. Lorsque les systèmes de dissuasion et de justice dépendent en fait ou ont dépendu d'actes de violence hautement risqués, il y a et il y a eu de grandes tentations d'éviter des principes trop élevés. Dans de nombreuses sociétés féodales, le problème social crucial semble avoir été non pas comment arrêter les actes de vengeance mais comment parvenir à ce que les protagonistes réticents agissent de façon à protéger les membres vulnérables de celle-ci ou à leur rendre justice. (Miller, « Choosing the Avenger : Some Aspects of the Bloodfeud in Medieval Iceland and England », in *Law and History Review*, Vol.1, 1983, p.159, 160-62, 175.

représailles, de résistance et de revanche,[39] ou bien il y aura une crise de crédibilité. Le droit peut en venir dans le temps à n'avoir qu'un rapport incertain avec les actions institutionnelles mises en application, qu'il autorise. Certains systèmes, en particulier, religieux, peuvent se perpétuer dans ces conditions et même tirer profit d'une telle dichotomie entre le droit idéal et le droit applicable.[40] Mais une telle dichotomie a des implications considérables lorsqu'elle est *inscrite dans* le droit. Dans notre système juridique, séculier, on doit considérer que c'est un développement indésirable.

4) L'interprétation juridique comme interprétation liée

L'interprétation juridique n'est, en conséquence, jamais « libre », elle ne peut jamais être fonction d'une compréhension du texte ou de la parole seul. Elle ne peut pas non plus être une simple fonction de ce que l'interprète conçoit comme une lecture du « texte social » seulement, une lecture de toutes les données sociales pertinentes. L'interprétation juridique doit être capable de se transformer en action ; elle doit être en mesure de lever les inhibitions contre la violence de façon à générer les actions requises ; elle doit être capable de mobiliser un degré de violence suffisant pour dissuader les représailles et la vengeance.

Afin de maintenir ces liens critiques avec la conduite violente, effective, l'interprétation juridique doit examiner sa propre organisation sociale. En réfléchissant ainsi l'interprète abandonne par là-même quelque chose de son indépendance d'esprit et de son autonomie de jugement, dès lors que la signification juridique qu'un Hercule (Hyporcule) hypothétique pourrait construire à partir de l'océan de textes sociaux et juridiques, est seulement un élément de la pratique juridique que nous appelons le droit. La signification juridique cohérente est un élément de l'interprétation juridique. Cependant c'est un élément qui peut se trouver en tension avec

---

[39]. Voir le *corpus* de l'oeuvre de Miller sur les vengeances islandaises, *ibid.*, p.175-94. Voir aussi W. Miller, « Gift, Sale, Payment, Raid : Case Studies in the Negotiation and Classification of Exchange in Medieval Iceland », in *Speculum*, Vol.61, 1986, p.18-50 ; cf. E. Ayers, *Vengeance and Justice ; Crime and Punishment in the 19th Century American South*, 1984, p.18 (L'honneur et le légalisme...sont incompatibles...).

[40]. Par exemple, le compte-rendu de la discussion dans la théorie du droit shi'ite à propos de la licéité ou non d'établir un gouvernement ouvertement Shiah avant l'avènement du douzième imam reflète cette dichotomie dans un contexte religieux (voir R. Mottahedeh, *The Mantle of the Prophet : Religion and Politics in Iran*, 1985, p.172-73. D'après la croyance shiite, seul l'avènement de cet « Imam de l'âge » apporterait la possibilité d'une communauté politique, islamique, parfaite. *ibid.*, p.92-93.)

le besoin de générer une action effective dans un contexte violent. Ni l'action efficace, ni la signification cohérente ne peuvent subsister, séparément ou ensemble, sans une structure de coopération sociale globale. Ainsi, l'interprétation juridique est une forme d'interprétation liée, contrainte à la fois par l'application pratique (les actes qu'elle implique) et par l'écologie* des rôles juridictionnels (les conditions de domination effective). Les contraintes sont réciproques parce que les actes de violence sociale tels que nous les connaissons, requièrent aussi d'être rendus intelligibles – qu'ils soient à la fois sujets à interprétation et à des formes de conduite contraintes et spécialisées que sont les « rôles ». La conduite que nous attendons à l'intérieur de ces rôles ne peut ni exister sans les interprétations qui expliquent les modes d'action forte ou d'inaction, autrement dépourvus de sens, ni être intelligibles sans la compréhension des actions qu'ils sont sensés induire.

L'interprétation juridique peut être l'acte de juges, de citoyens, de législateurs, de présidents, d'objecteurs de conscience ou de manifestants pour le droit à la vie. Chaque catégorie d'interprètes parle d'un lieu institutionnel distinct. Chacune a une perspective différente sur les implications morales et factuelles d'une compréhension donnée de la Constitution. La compréhension de chacune variera, de même que les rôles et les engagements moraux varient. Mais les considérations de parole, d'acte et de rôle seront toujours présentes à un certain degré. Les relations entre ces trois types de considérations sont créées par le contexte violent, pratique de l'exercice de l'interprétation juridique et constituent, en conséquence, l'aspect le plus significatif du processus de l'interprétation juridique.

III. L'INTERPRETATION ET L'ACTION EFFECTIVE : LE CAS DE LA SENTENCE PENALE

Le caractère contraint de l'interprétation juridique peut faire l'objet d'une meilleure appréciation à partir de l'examen plus approfondi d'un acte judiciaire standard – l'imposition d'une sentence dans une affaire pénale – cette fois du point de vue du juge. Un tel acte présente peu des complications problématiques de rôle et de remède qui ont occupé les

* [N.d.T. : l'économie : ?]

commentateurs du rôle du juge en ce qui concerne le remède positif dans les conflits de réforme institutionnelle ou dans les cas de « questions politiques » complexes.[41] En imposant des sentences dans les affaires criminelles, les juges font quelque chose qui entre clairement dans leur domaine. Il ne s'agit pas pour moi de suggérer qu'il n'existe pas des désaccords sur la façon d'accomplir cet acte – avec beaucoup ou peu de pouvoir discrétionnaire, en privilégiant les critères objectifs et quantifiables ou au contraire les critiques subjectifs et qualitatifs. Mais l'acte est et a été depuis longtemps un acte judiciaire et, de plus, qui ne requiert pas de modes nouveaux ou étranges d'interaction avec d'autres responsables ou citoyens.

La structure de coopération qui assure, à ce qu'on espère, la domination effective de la victime présente ou à venir de la violence d'Etat – l'accusé condamné – est tenue pour acquise dans cet acte judiciaire. Le rôle du juge devient réellement dangereux lorsqu'il arrive que les conditions pour la domination du prisonnier et celle de ses partisans ne soient pas réunies. L'histoire est traversée des produits de l'absence de domination effective, occasionnellement, dans des procès, dans notre pays et dans de nombre cas, dans d'autres nations.[42] L'imposition d'une sentence implique ainsi le rôle des policiers, des gardiens de prison et des autres responsables de l'application de la peine, qui vont retenir le prisonnier (ou le libérer sous contrôle) sur l'ordre du juge, et des gardes, qui vont empêcher que le prisonnier ne soit délivré et qui vont protéger le juge, les procureurs, les témoins et les geôliers de la vengeance.

Le juge, en imposant une sentence, suppose normalement la structure de rôles qui peut être comparée à la « transmission » du moteur de la justice. L'autorisation interprétative par le juge de la sentence « appropriée » ne peut être mise à exécution que parce que ces autres existent ; un lien

[41]. Je n'affirme pas simplement ici qu'il y a des considérations de prudence dans une certaine sous-classe de cas qui font qu'il est sage, politique ou nécessaire pour le juge de s'en remettre aux souhaits ou politiques supposés d'autres acteurs politiques. Je veux plutôt souligner ici que dans tout acte – serait-il considéré comme « appartenant » aux juges – il y a un élément nécessaire de déférence envers les exigences de transformation de la pensée judiciaire en action violente.

[42]. La domination défaillante a conduit, par exemple, aux mesures de sécurité extraordinaires mises en place dans les procès les plus importants contre la mafia en Italie. Elle est reflétée par les faillites de la justice de Weimar. Voir P. Gay, *Weimar Culture : The Outsider as Insider*, 1968, p.20-21. Il ne faudrait pas supposer que notre propre système juridique échappe entièrement à de tels problèmes. Alors que les juges, dans l'ensemble, s'en sont remarquablement bien sortis, étant donné le nombre de personnes qu'elles ont blessé, il y a eu des cas occasionnels de violence dirigée contre des juges. Et le problème de la protection des témoins demeure sérieux et persistent pour le système de justice pénale.

s'établit entre la parole et l'action seulement en raison d'un système de coopération sociale. Ce système garantit au juge des forces massives – les conditions de la domination effective – , si nécessaire. Il garantit – ou est supposé garantir une adhésion relativement loyale à la parole du juge dans les actes accomplis contre le prisonnier.

1) La révélation des facteurs de rôle latents.

Si la structure institutionnelle – le système de rôles – donne à la compréhension du juge, son effet, transformant par là cette compréhension en « droit », de même elle confère une signification aux actes qui effectuent cette transformation, les légitimant comme « légaux ». Une tâche centrale pour l'interprète juridique est de prendre en charge les aspects problématiques de l'intégration du rôle, de l'acte et de la parole, non seulement lorsque la violence (c'est-à-dire la mise en oeuvre) manque à la signification mais aussi lorsque la signification manque à la violence.

Dans une nation telle que la nôtre, où les conditions de la domination étatique sont rarement absentes, il est trop facile de supposer qu'il y aura des responsables loyaux pour exécuter ce que les juges décrètent et des juges disponibles pour rendre leurs actes légaux. La mesure du caractère crucial de cette structure, tenue pour acquise, peut être prise à l'examen d'un cas dans lequel elle faisait défaut. Les décisions du juge Herbert Stern dans *United States v. Tiede*[43] montrent une appréciation d'une rare lucidité de l'importance que revêtent les liens institutionels entre la parole judiciaire et les actes violents qu'elle autorise.

Le juge Stern était (et est toujours) juge de district fédéral dans le New Jersey. En 1979, il a été nommé, juge en vertu de l'article II pour la Cour des Etats-Unis à Berlin. Cet événement unique, la réunion de la Cour pour Berlin, venait en réponse à la difficulté qu'éprouvait l'Allemagne de l'Ouest à poursuivre des pirates de l'air, qui avaient utilisé un jouet, réplique d'un pistolet pour menacer l'équipage d'un avion polonais, au cours d'un vol entre Gdansk et Berlin-Est et qui l'avaient obligé à atterrir à Berlin-Ouest. Le statut formel de Berlin comme ville « occupée »

---

[43]. 86 F. R. D. 227 (U.S. Ct. for Berlin, 1979). L'opinion rapportée n'englobe que certaines questions procédurales qui ont été soulevées au cours du procès, tout d'abord la question de savoir si les défendeurs avaient droit à un procès avec jury. Un compte-rendu exhaustif du procès et des décisions prises au cours de celui-ci figure dans H. Stern, *Judgment in Berlin*, 1984.

permettait aux Allemands de laisser la responsabilité des poursuites contre les réfugiés-pirates aux Américains.[44]

Stern a écrit un compte-rendu émouvant du procès inhabituel qui s'en est ensuivi, y compris de son long combat avec le gouvernement des Etats-Unis à propos de la question générale de la soumission ou non du procès à la Constitution des Etats-Unis. Après un procès avec jury, auquel était opposée l'accusation et un verdict de culpabilité sur une des charges, Stern avait à accomplir l'acte interprétatif « simple » d'imposer la sentence qui convenait. Pour ce qui est de l'interprétation des sources gouvernant la sentence, cela aurait en effet pu être un acte « simple » – un acte dans lequel un droit allemand relativement non ambigu devait être appliqué de façon relativement non ambiguë en vertu du droit américain gouvernant une cour d'occupation.[45]

Stern illustre brillamment les défauts de cette chaîne de raisonnement. L'acte judiciaire interprétatif de condamnation résulte en une action – la mise en oeuvre de la violence de la punition à l'encontre d'un défendeur. Mais les deux – la parole judiciaire et l'action de punition – sont seulement liées par la coopération sociale de nombreuses autres personnes qui, dans leurs rôles d'avocat, de policier, de geôlier, de gardien de prison et de magistrat accomplissent des actes que les paroles judiciaires autorisent. La coopération entre les agents publics est souvent simplement présupposée exister, mais, bien sûr, les conditions qui assurent normalement le succès de cette coopération peuvent faire défaut de différentes manières.

Voici le compte-rendu que donne le juge Stern de la sentence qu'il a prononcée concernant l'accusé, Hans Detlef Alexander Tiede :

> « Messieurs [s'adressant aux représentants du Département d'Etat et du Ministère de la Justice], je ne vous livrerai pas cet accusé,...je l'ai maintenu sous votre garde depuis presque neuf mois déjà...Vous m'avez persuadé. Je crois

---

44. H. Stern, *op. cit. supra* note 43, p.3-61.

45. Plusieurs questions d'interprétation importantes étaient impliquées dans le prononcé de la sentence, en plus de celle traitée ci-dessous : par exemple, celle de savoir si une offre de compromis proposée par l'accusation au défendeur s'il renonçait à réclamer un procès avec jury, devait fonctionner pour limiter toute sentence imposée à une sentence moins sévère que le compromis offert (*ibid.*, p.344-45) et celle de savoir si le juge était obligé d'appliquer le droit allemand qui impliquait une sentence obligatoire minimum de trois ans pour le délit pour lequel Tiede était condamné (*ibid.*, p.350-55).

> aujourd'hui que vous ne reconnaissez aucune limite de procédure légale régulière...
> Il n'est pas nécessaire d'être un grand prophète pour savoir qu'il n'y a probablement pas d'avenir ici pour la Cour des Etats-Unis à Berlin [Stern venait tout juste de recevoir l'« ordre » de ne pas donner suite à une affaire civile, intentée contre les Etats-Unis devant la Cour. Le cas était une tentative de la dernière chance dans une procédure compliquée où le gouvernement de Berlin-Ouest avait acquis un espace vert – soi-disant en violation du droit allemand – pour la construction d'un ensemble d'habitations pour le Commandement de l'Armée des Etats-Unis à Berlin. Les représentants de l'occupant américain avaient refusé aux tribunaux allemands la permission de juger l'affaire, celle-ci affectant les intérêts de l'autorité d'occupation. L'ambassadeur américain, Walter Stoesssel avait officiellement écrit à Stern, la veille du jugement, que « votre charge de juge auprès de la Cour des Etats-Unis à Berlin ne vous donne pas compétence dans cette affaire ».[46]]
> ...
> Dans ces conditions, qui sera là pour protéger Tiede si je le remets entre vos mains pour quatre ans ? Considérant la Constitution comme non existante, vous considérant vous-mêmes comme soumis à aucune limite, qui se tiendra entre lui et vous ? Quel juge ? Quel magistrat indépendant, avez-vous ici ? Quel magistrat indépendant, admettrez-vous ici ? Quand un juge condamne, il remet l'accusé sous votre garde – aux Etats-Unis, il dit : « Je confie à la garde du Ministre de la Justice des Etats-Unis, – et cetera. Ici je suppose qu'il dit : je confie à la garde du Commandant ou du Secrétaire d'Etat ou quoi que ce soit...Je ne le ferai pas. Pas dans ces conditions...
> Je condamne l'accusé au temps accompli. Vous...êtes libre sur le champ. »[47]

La condamnation remarquable d'Herbert Stern n'est pas seulement un plaidoyer émouvant, efficace pour l'indépendance des juges, un plaidoyer contre la soumission que le gouvernement de Stern tentait d'imposer.

---

[46]. *ibid.*, p.353.
[47]. *ibid.*, p.370.

C'est une dissection de l'anatomie de la peine pénale dans un système constitutionnel. En tant que telle, elle révèle le rôle interne de la parole judiciaire dans la condamnation. Elle révèle la nécessité d'une structure de rôle latente qui rende la sentence judiciaire moralement intellible. Et elle proclame la non-intelligibilité morale de la sentence judiciaire de routine, quand la structure n'est plus là. Presque toutes les sentences judiciaires prennent effet au travers des actes d'autres acteurs – des actes qui s'inscrivent dans des rôles. Le juge doit être attentif, comme l'a été Stern, au fait que la signification de ses paroles peut être altérée, lorsque le rôle de ces autres acteurs change. Nous avons volontiers tendance à supposer que la violence constitutionnelle s'accomplit toujours dans des limites institutionnellement sanctionnées et dans la soumision de l'action des autres à des limites de rôle institutionnellement définies. Stern a mis en lumière la fragilité de cette hypothèse dans le contexte de Berlin et « a ré-interprété » sa sentence en conséquence.[48]

2) La peine de mort comme acte de violence interprétatif

La question de la constitutionnalité ou non de la peine de mort et, si celle –ci est constitutionnelle, la question de son application ou non, figurent parmi les problèmes les plus difficiles qu'un juge peut rencontrer. Alors que la grammaire de la peine capitale peut apparaître similaire à celle de tout autre peine pénale, la sentence capitale comme acte interprétatif est unique à trois égards au moins. Le juge doit interpréter les textes constitutionnels et les autres textes juridiques qui parlent de la question des cas où il est autorisé ou approprié d'imposer une peine capitale. Il doit comprendre ces textes dans le contexte d'une application qui prescrit de tuer une autre personne. Et il doit agir pour susciter les actes d'autres qui,

---

[48]. Le juge Stern, confronté à une situation inhabituelle – pas de système de cours indépendantes et pas de reconnaissance *explicite* par ceux en charge de la violence officielle que leur pouvoir était constitutionnellement limité. En un sens, la situation correspondait *de jure* à une absence de droit. Mais le raisonnement de Stern va au delà du cas à juger ; il peut être étendu, par exemple, à l'absence *de facto* de droit qui préside à la vie dans de nombreuses prisons des Etats-Unis. Les procès pour une réforme institutionnelle – que ce soit au sein des prisons, des écoles ou des hôpitaux – impliquent des questions complexes de pouvoir judiciaire pour y apporter remède. Très souvent ces questions sont posées en termes de pouvoir discrétionnaire dans l'administration des solutions. Quand ils décident d'accorder ou non une injonction, les juges « interprètent » souvent le droit au regard des difficultés à faire respecter leur jugement. La décision de Stern dans *Tiede* suit un chemin différent. Un juge peut ou ne peut pas changer les actes de la violence officielle mais il peut toujours refuser de justifier cette violence. Il peut ou il ne peut pas faire qu'il y ait de bonnes prisons mais il peut s'abstenir de condamner quelqu'un à vivre dans une prison constitutionnellement inadéquate. Certains juges ont, en fait, suivi cette route. (Voir, par exemple, *Barnes v. Government of the Virgin Islands*, 415 F. Supp. 1218 (D.V.I. 1976).

dans le cours normal des choses, aboutiront à ce que quelqu'un d'autre tue l'accusé condamné. Jamais nos juges ne tuent les accusés eux-mêmes. Ils n'assistent pas à l'exécution. Cependant, ils sont profondément conscients de l'acte que leurs paroles autorisent.[49]

L'atmosphère émotionnelle et confuse qui prévaut maintenant en ce qui concerne la peine capitale aux Etats-Unis est, de diverses manières, le produit de ce que j'ai décrit comme le caractère lié de l'interprétation juridique – la structure complexe de relations entre la parole et l'acte. Chez toute personne douée des inhibitions normales contre l'imposition de la souffrance et de la mort, le fait de la peine capitale implique un degré particulièrement élevé de répugnance et d'aversion qui ouvre un gouffre à combler entre l'interprétation et l'action. Parce que, dans la peine capitale, l'action ou l'*acte* (« *deed* ») est extrême et irrévocable, il y a une pression qui s'exerce sur la *parole* (« *word* ») – sur l'interprétation qui établit la justification pour l'action. [50] En même temps, le fait que la peine capitale constitue la manifestation la plus claire, la plus délibérée et la plus pensée de l'interprétation juridique en tant que violence fait de l'imposition de la sentence un test particulièrement puissant de la croyance et de l'engagement des interprètes.[51] Pas même la façade de civilité, lorsqu'elle existe, ne peut faire oublier la violence de la peine de mort.

[49]. Comparer la distance respectable que les juges prennent maintenant par rapport aux peines capitales avec le spectacle de punition capitale dans Hay, « Property. Authority and Criminal Law », in *Albion's Fatal Tree : Crime and Society in Eighteenth-Century England*, 1975, p.28-29.

[50]. Cette pression pour la justification plus certaine de la peine de mort est à l'origine du développement de la position de « procédure légale régulière renforcée » (« *super due process* ») dans les affaires de peine capitale. Voir, par exemple, Radin, « Cruel Punishment and Respect for Persons : Super Due Process for Death », in *Southern California Law Review*, Vol.53, 1980, p.1143 (où sont décrites les garanties procédurales du Huitième amendement mises en oeuvre par la Cour Suprême). Il est impossible de donner un exposé plus puissant des implications ultimes de cette position que dans C. Black, *Capital Punishment : The Inevitability of Caprice and Mistake*, 2nde ed., 1981.

[51]. Le moratorium de dix ans sur les peines capitales peut se comprendre très facilement comme un manque de volonté de le la part d'une majorité à la Cour qui avait décidé, à cette époque, à la fois qu'il ne devait pas y avoir d'interdiction constitutionnelle générale à l'imposition de la peine de mort et qu'elle n'était pas prête cependant à voir les Etats se lancer dans une série d'exécutions. Bien sûr, tout au long de cette période de nouvelles questions procédurales allaient être soulevées. Cependant il ne semble pas trop alambiqué de supposer qu'il y avait aussi une certaine hésitation à affronter les implications de l'attitude de la majorité sur la question constitutionnelle. Voir Note, « Summary Processes and the Rule of Law : Expediting Death Penalty Cases in the Federal Courts » , in *Yale Law Journal*, Vol.95, 1985, p.349, 354 (citant la jurisprudence « souvent incertaine et tortueuse » de la Cour en matière de peine capitale, à cette époque).

Les affaires capitales dévoilent ainsi beaucoup plus sur la structure de l'interprétation judiciaire que ne le font les autres cas. Contribue à ce dévoilement le caractère d'affrontement du droit : l'accusé et son conseil cherchent tout ce qui, dans la structure, peut jouer à leur avantage et l'exploitent. Et ils le font à un degré d'autant plus extrême lorsque la vie et la mort sont en jeu.[52]

Ainsi, dans les affaires typiques de peine capitale aux Etats-Unis est constamment rappelée au juge, ce que la défense cherche continuellement à exploiter : la structure de rôles interdépendants dont le juge Stern a trouvé qu'elle était potentiellement absente à Berlin dans l'affaire *Tiede*. Voyez. Non seulement les acteurs dans ces rôles exécutent la décision judiciaire – mais ils l'attendent ! Tous savent que les juges seront appelés, à maintes reprises, à examiner exhaustivement toutes les avenues interprétatives que les avocats de la défense pourraient emprunter pour éviter la sentence. Et ils s'attendent à ce qu'aucune peine capitale ne soit en fait exécutée sans avoir été plusieurs fois différée pour des délais substantiels pendant lesquels les juges examinent quelque argument qui n'aura pas encore été totalement épuisé devant cette cour ou d'autres cours.[53] L'action presque stylisée du drame exige que les geôliers apparaissent visiblement prêts à recevoir intelligence de l'acte judiciaire, même si c'est seulement l'acte de décider que l'action se poursuive. Le sursis à exécution, même s'il ne représente rien – littéralement rien – en tant qu'acte d'exégèse *textuelle*, constitue néammoins une forme importante d'interprétation constitutionnelle. En effet, il montre que la violence du gardien et celle du bourreau sont liées à l'acte délibératif de compréhension du juge. Le sursis à exécution, la ligne spéciale ouverte permettent, ou, plus exactement, requièrent l'inférence à tirer de l'absence de sursis à exécution. Ceci aussi est le lien visible entre la parole et

---

[52]. Voir, par exemple, *Sullivan v. Wainwright*, 464 U.S.109, 112 (1983) (opinion concurrente du Président de la Cour, Burger, pour le refus de sursis à exécution (le Président Burger a accusé les avocats de transformer, en matière de peine de mort, « l'administration de la justice en compétition sportive »).

[53]. La Cour actuelle (ou une majortié de celle-ci) est très hostile à de tels délais. *Barefoot v. Estelle*, 463 U.S. 880 (1983), *Zant v. Stephens*, 462 U.S. 862 (1983), *California v. Ramos*, 463 U.S. 992 (1983) et *Barclay v. Florida*, 463 U.S. 939 (1983) marquent un renversement de la tendance à permettre ou à encourager une audition complète de toutes les prétentions ou défenses plausibles. Néanmoins, même avec cette nouvelle impatience à procéder à l'exécution, il demeure, en général, des délais substantiels à un moment ou à un autre avant l'exécution.

l'acte.[54] Ces gardiens, ces gardes, ces médecins suivent la musique du juge. Si l'acte est accompli, c'est un acte constitutionnel, intégré à la compréhension correcte de la parole et justifiable par elle. En bref, c'est le sursis, le drame de la possibilité du sursis qui fait de l'exécution une violence constitutionnelle, qui fait de l'acte, un acte d'interprétation.

En effet, des exécutions, après tout, je peux en trouver presque partout. Si des gens disparaissent, s'ils meurent soudainement et sans cérémonie en prison, totalement en dehors de toute justification articulée ou d'autorisation pour leur mort, nous n'avons pas alors d'interprétation constitutionnelle au coeur de l'acte, ni l'acte, la mort, au coeur de la constitution. Le problème de l'incapacité à s'assurer un lien fort, virtuellement certain entre la sentence judiciaire et l'acte violent ou la volonté de ne pas s'assurer un tel lien caractérise certains systèmes juridiques, à certaines époques.[55] Ce fut une caractéristique d'une grande part du système juridique américain jusque loin dans le vingtième siècle ; le lynchage, par exemple, a longtemps été considéré comme un scandale particulièrement américain.[56] C'est un scandale qui a pris des formes diverses. Souvent cela impliquait que la punition des présumés coupables échappe totalement aux juridictions. Mais quelquefois cela impliquait l'exécution de la peine de mort sans observer les procédures ordonnées d'appel et les recours ouverts après la condamnation. C'est ce qui s'est passé, par exemple, dans la si tristement célèbre affaire « Leo Frank ».[57]

Le fait est que nous avons beaucoup progressé depuis 1914 en ce qui concerne nos attentes que les accusés risquant la peine de mort soient

---

[54]. Voir les opinions des différents juges dans *Rosenberg v. United States*, 346 U.S. 273 (1953), annulant, en séance extraordinaire, le sursis à l'exécution de la peine de mort qui avait été accordé par le juge Douglas. Pour une analyse de ces délibérations, voir Parrish, « Cold War Justice. The Supreme Court and the Rosenbergs », in *Am. Hist. Rev.*, Vol.82, 1977, p.805-42.

[55]. Voir, par exemple, R. Brown, *Strain of Violence, Historical Studies of American Violence and Vigilantism*, 1975, p.144-79 (à propos des attitudes juridiques envers les activités de vigiles aux Etats-Unis).

[56]. Voir R. Zangrando, *The NAACP Crusade Against Lynching*, 1909-1950, 1980, p.9-11.

[57]. Leo Frank était un juif new-yorkais qui dirigeait une usine de crayons en Géorgie. Il fut accusé d'avoir violé et tué une employée de l'usine, agée de quatorze ans. Le procès (et la condamnation) eut lieu dans un climat d'émeute, dans lequel la cour avait été requise de prévenir l'accusé et son avocat de ne pas être présents dans la salle d'audience au moment du verdict, de peur que la foule ne s'en prenne à eux. Après sa condamnation, Frank fut arraché de force à un groupe de prisonniers qui travaillaient et lynché. Le cas a contribué à la création de la Ligue contre la diffamation du B'nai Brith. Toute réparation fut refusée à la famille par la Cour Suprême in *Frank v. Mangum*, 237 U.S. 309 (1915), les juges Holmes et Hughes exprimant une opinion fortement dissidente.

jugés et condamnés dans les règles et qu'ils puissent vivre jusqu'au temps prévu pour l'exécution. En fait, nous en sommes venus à attendre une coordination quasi-parfaite de ceux dont le rôle est d'infliger la violence selon les décisions interprétatives des juges. Nous en sommes même arrivés à attendre une coordination de la coopération pour s'assurer que toutes les interprétations judiciaires, plausibles, sur le sujet auront été envisagées.[58]

Une telle forme bien coordonnée de violence est une réalisation. Les compréhensions sociales, prudentes, destinées à mettre en oeuvre la violence de la peine capitale ou à détourner de cet acte ne sont pas des produits de circonstances, fortuits ou occasionnels. Ce sont les produits, forgés à dessein, étroitement liés aux principes et règles secondaires, qui fournissent des critères clairs pour la reconnaissance de ces actes et d'autres actes interprétatifs comme étant d'abord et principalement des actes *judiciaires*. Leur « signification » est toujours secondaire par rapport à leur provenance. Aucun gardien, aucun garde, aucun bourreau n'attend un appel téléphonique du dernier constitutionnaliste, du dernier auteur de doctrine ou critique avant l'exécution de prisonniers, quelqu'admirables que les interprétations de ces autres personnes puissent être. Et, en fait, ils attendent la parole des juges seulement dans la mesure où cette parole comporte les indices formels d'avoir été prononcée avec la compétence judiciaire. La coopération sociale, critique pour la force constitutionnelle de coopération dans la violence, est, en conséquence, aussi conditionnée par la reconnaissance du rôle judiciaire et la reconnaissance de celui dont les mots prononcés, l'accomplit.

Il existe, bien sûr, certaines situations dans lesquelles le rôle du juge n'est pas bien défini mais, au contraire, contesté. Néanmoins, la coopération sociale en matière de violence constitutionnelle, comme nous la connaissons, exige au moins que soit très clairement établi qui parle comme juge et quand. L'ordonnancement hiérarchique entre les voix judiciaires doit lui aussi être clair ou susceptible d'être clarifié. Se trouve alors établie la nécessité de règles et de principes qui situent les interprètes compétents et prescrivent l'action sur la base de ce qu'ils

---

[58]. Je ne veux pas suggérer, bien sûr, que la violence non autorisée, exercée par la police, les gardiens de prison, etc. a disparu. Mais l'opinion quasi-officielle que la justice populaire devrait supplanter le processus ordonné des tribunaux ne prévaut plus. Voir l'article extraordinaire de Charles Bonaparte, « Lynch Law and its Remedy », in *Yale Law Journal*, Vol.8, 1899, p.335, 336 (arguant que le but sous-jacent du lynchage n'est « pas de violer mais de faire triompher la loi, ou, à plus proprement parler,...sa part « procédurale »...est méconnue de façon à pouvoir en conserver la part « substantielle » (« *substantiative* »[sic]).

disent. Les règles et les principes qui situent les voix compétentes aux fins de l'action montrent le défaut d'un mode d'interprétation judiciaire centré sur un seul esprit cohérent et unifié. En effet, ici, aux Etats-Unis, il n'y a pas d'ensemble de règles secondaires et de principes plus fondamental que celui qui rend impossible pour un seul juge, quelqu'herculéenne que puisse être sa compréhension du droit, d'avoir jamais le dernier mot sur la signification juridique telle qu'elle affecte les cas réels. Aux Etats-Unis – à quelques exceptions près – aucun juge, siégeant seul, sur un problème juridique important, n'est à l'abri d'un contrôle en appel. Réciproquement, chaque fois qu'un juge siège dans une juridiction de dernier ressort sur une question juridique importante, ce juge ne siège pas seul. Un ensemble de règles secondaires détermine cette situation. Ces règles vont des lois qui donnent en général un droit à au moins un appel contre les décisions finales des tribunaux aux lois spéciales qui exigent qu'il y ait examen en appel des peines capitales et à la garantie constitutionnelle que la demande d'*habeas corpus* ne soit pas interdite.[59] Les cours d'appel de dernier ressort aux Etats-Unis ont toujours comporté au moins trois juges. Certaines constitutions d'Etats spécifient ce nombre. Aucune disposition explicite de la constitution des Etats-Unis ne définit la Cour Suprême d'une façon qui exige qu'elle soit composée de plus d'un seul juge. Mais une pratique invariante et les compréhensions fondamentales depuis 1789 ont toutes deux fait de l'idée d'une Cour Suprême composée d'un juge unique, une absurdité pratique. Etant donné la clarté de l'attente quant à la pluralité de juges dans les juridictions suprêmes, il m'apparaît douteux qu'une telle cour imaginaire serait considérée comme satisfaisant à l'exigence constitutionnelle qu'il y ait une cour suprême.[60]

Si quelqu'hypothétique juge herculéen devait parvenir à une compréhension des textes constitutionnels et sociaux – une interprétation – telle qu'il estime la peine de mort comme un châtiment

[59]. Voir, par exemple, 28 U.S.C. § 1291 (1982) (prévoyant l'appel comme de droit pour les décisions finales des cours de district) ; *ibid.*, § 46(b), 46(c) (prévoyant l'audition des cas par les cours d'appel des Etats-Unis en formations de trois juges, sauf le cas où une audition en assemblée plénière est ordonnée) ; U.S. Constitution Article I, §9, cl.2 (protégeant la demande d'*habeas corpus*).

[60]. 28 U.S.C.§1 (1982) (prévoyant une cour suprême de neuf juges dont six constituent le quorum). La seule exception historique assez importante à la généralisation dans le texte m'impose un instant de réflexion en ce qui concerne la conclusion à propos de la constitutionnalité d'une cour suprême composée d'un juge unique. Il est vrai, bien sûr, que le chancelier était, en la forme, une haute cour à juge unique. Et, bien que ce n'ait pas été la règle, quelques systèmes de cours américains ont préservé une chancellerie, même si ce fut souvent avec des cours d'appel en équité à juges multiples.

approprié et admissible dans un cas particulier, il serait confronté aussitôt au problème de la traduction de sa conviction dans les faits. Sa compréhension même de la constitutionnalité de la peine de mort et du caractère approprié de son imposition emporterait avec elle – comme faisant partie de cette compréhension – la connaissance qu'il ne pourrait pas appliquer lui-même la sentence. La compréhension la plus élémentaire de notre pratique sociale de la violence assure qu'un juge sait qu'il ne peut pas lui-même en réalité appuyer sur le bouton. Ce n'est pas une convention sans importance. Elle signifie, en effet, que quelqu'un d'autre aura le droit et l'occasion de juger ce que le juge a fait. Si le juge est un juge de tribunal et s'il donne l'ordre d'exécuter son jugement, il y aura un autre juge auquel il pourra être fait appel pour surseoir à l'exécution ou annuler le jugement. Le fait que quelqu'un d'autre doive mettre en oeuvre l'exécution signifie que ce *quelqu'un d'autre* peut être confronté à deux morceaux de papier : disons, un mandat pour exécuter la sentence de mort à un moment et en un lieu donnés et un sursis à exécution d'une juridiction d'appel. Il est à attendre de ce quelqu'un d'autre – le gardien, disons, pour simplifier, qu'il détermine selon lequel de ces deux morceaux de papier agir, en fonction de quelques principes hiérarchiques, hautement arbitraires, qui n'ont rien à voir avec les mérites et démérites relatifs des arguments qui justifient les positions de fond respectives.

Il est crucial de noter ici que si le gardien cessait de prêter attention de façon relativement automatique aux morceaux de papier qui arrivent de chez les juges, selon ces règles et principes hiérarchiques, arbitraires et quelquefois rigides, les juges perdraient leur capacité à faire violence. Il ne leur resterait que la chance de persuader le gardien et ses hommes de faire violence. A l'inverse, le gardien et ses hommes perdraient leur capacité de faire porter au juge la responsabilité morale première pour la violence qu'ils exercent eux-mêmes. Ils auraient à juger eux-mêmes des justifications pour la violence dans chaque cas, transformant ainsi le procès en une sorte d'audition préliminaire. Il y a, en fait, de nombreuses prisons, dans ce monde, qui présentent une certaine ressemblance avec cette situation hypothétique. Il y a des systèmes dans lesquels les décisions les plus importantes concernant le châtiment sont prises par ceux qui ou bien mettent en oeuvre directement la violence ou bien ont un pouvoir de supervision direct sur l'exécution de la violence.

Nous avons fait quelque chose d'étrange dans notre système. Nous avons séparé de façon rigide l'acte d'interprétation – de compréhension de ce qui doit être fait – et l'exécution de ce « devoir être fait » à travers la violence. En même temps, nous avons, au moins en droit pénal, lié, de façon rigide, l'exécution des ordres judiciaires à l'interprétation judiciaire, au moyen de hiérarchies relativement inflexibles de prononcés judiciaires et d'obligations fermes pour les agents pénaux de s'y conformer. Les juges sont à la fois séparés des actes qu'ils autorisent et inextricablement liés à ceux-ci.

Cet attribut étrange mais familier de l'acte de juger en Amérique a l'effet d'assurer qu'aucun juge n'*agit* seul. Le juge « comme Hercule » de Dworkin peut apparaître comme une construction utile pour comprendre commeent l'esprit du juge doit travailler. Mais elle est trompeuse, précisément parce qu'elle suggère, si elle ne l'exige pas, un contexte qui, en Amérique, n'existe jamais.[61] Imaginer une compréhension judiciaire séparée de son application peut avoir ou non un sens. Mais une chose est à peu près certaine. L'application de la compréhension juridique dans le domaine de la souffrance et de la mort exigera toujours l'accord actif ou passif d'autres esprits judiciaires. Il est possible de faire de ce point l'observation la plus banale de la pratique professionnelle. Un juge qui souhaite transformer sa compréhension en actes doit, s'il se situe dans un tribunal de première instance, veiller à s'assurer que sa décision ne sera pas renversée. S'il siège dans une cour d'appel, il doit veiller à rallier à son point de vue, au moins un autre juge. C'est un lieu commun que de nombreuses opinions « majoritaires » portent les traces et les marques d'une écriture visant, en premier lieu, à s'assurer la majorité. De nombreuses opinions de tribunaux de première instance portent les traces d'avoir été écrites, tout d'abord de façon à éviter l'annulation.

La question se pose maintenant de ce qui constitue le véritable acte d'interprétation juridique. Est-ce la compréhension hypothétique d'un esprit isolé, placé dans la position reconnue hypothétique d'être en mesure de rendre des jugements définitifs tout en siégeant seul ? Ou ce que produisent réellement les juges qui agissent sous la contrainte de la surveillance de groupe potentielle de toutes les décisions qui doivent être matérialisées à travers la violence collective ? La décision singulière d'un hypothétique Hercule a beaucoup de chances d'être plus articulée et

---

[61]. L'Hercule de Dworkin apparaît d'abord dans l'article « Hard Cases » (Dworkin, « Hard Cases », in *Harvard Law Review*, Vol.89, 1975, p.1075 ([N.d.T.] : Voir R. Dworkin, *Prendre les droits au sérieux*, *op. cit. supra* note 26, chap.4.) Hercule survit dans *Law's Empire* (*op. cit. supra* note 2), p.239-75, où il revêt le manteau du juge modèle de l'« intégrité », qui semble ne pas être une qualité personnelle, tout d'abord, pour Dworkin mais une posture interprétative qui privilégie la cohérence intellectuelle et l'unité. (*ibid.*, p.164-67.)

cohérente que la décision d'une pluralité de juges qui peuvent faire des compromis pour parvenir à cette décision. Mais Hyporcule n'a pas la force de la violence collective et ne peut pas l'avoir. Ce défaut est intrinsèque à la définition de l'interprétation juridique comme activité mentale d'une personne plutôt que comme l'activité violente d'une organisation de gens.

Aussi, soyons clairs. Si cela semble une pensée détestable de mettre la mort et la souffrance au centre de l'interprétation juridique, tant pis. S'il n'y avait qu'une communauté d'argumentation, de lecteurs et d'auteurs de textes, d'interprètes, cela ne vaudrait pas mieux. Aussi longtemps que la mort et la souffrance feront partie de notre monde politique, il est essentiel qu'ils soient au centre du droit. L'alternative est véritablement inacceptable – à savoir qu'elles soient dans notre société politique mais en dehors de la discipline des règles de la décision *collective* et des efforts individuels pour produire des résultats au travers de ces règles. Le fait que nous exigions plusieurs voix n'est pas, alors, un accident ou une originalité de nos règles juridictionnelles. C'est intrinsèque à ce qui est possible en matière de réalisation d'une domestication de la violence.

CONCLUSION

Il y a une tradition louable qui voudrait que nous entendions le juge comme une voix de la raison ; comme l'incarnation d'un principe. L'intérêt universitaire actuel pour l'interprétation, l'attention à la communauté de signification et d'engagement, n'est apologétique ni dans son intention, ni dans son effet. La tendance, en gros, est une tentative de garder un idéal valable face à ce que tous s'accorderaient à reconnaître comme une réalité non rédimée. Je n'ai rien contre l'instinct qui nous conduit à cette forme de critique.

Il y a cependant un danger à oublier les limites qui sont intrinsèques à cette activité d'interprétation juridique ; en exagérant la mesure dans laquelle toute interprétation rendue dans le cadre d'actes de la violence d'Etat ne peut jamais constituer une signification commune, cohérente. J'ai mis l'accent sur deux types assez différents de limites au partage et à la cohérence de signification qui peuvent être obtenus. Un type de limite est d'ordre pratique et découle de l'organisation sociale de la violence juridique. Nous avons vu que pour mettre en oeuvre cette violence sans risque et efficacement, la responsabilité de la violence doit être partagée ; le droit doit opérer comme un système d'indications et de signaux pour de nombreux acteurs qui sinon seraient récalcitrants, incapables ou irresponsables dans leurs actes violents. Cette organisation sociale de la violence se manifeste dans les règles et les principes secondaires qui assurent généralement qu'aucun esprit isolé et aucune volonté solitaire ne généreront les résultats violents qui découlent des engagements interprétatifs. Aucun individu isolé ne peut rendre une interprétation opératoire en droit – en faire une autorité pour un acte violent. Alors qu'une convergence des compréhensions de la part de tous les acteurs juridiques compétents n'est pas nécessairement impossible, elle est, en fait, très aléatoire. Et, bien sûr, nous ne pouvons pas échapper à la multiplicité des esprits et des voix que l'organisation sociale du droit comme violence requiert en favorisant quelque processus discrétionnaire hypothétique qui aggrégerait les nombreuses voix en une seule voix. Nous savons que – à part dans les dictatures – il n'y a pas de règle d'aggrégation qui satisfera nécessairement aux conditions élémentaires de rationalité dans les rapports entre les choix sociaux qui sont faits.[62]

Alors que nos règles sociales de décision ne peuvent pas garantir la cohérence et la rationalité de la signification, elles sont capables de générer une action violente qui peut bien avoir une signification cohérente, distincte pour l'un au moins des acteurs concernés et elles le font. Nous restons alors dans ce monde réel de l'organisation du droit comme violence avec des décisions dont la signification ne sera vraisemblablement pas cohérente, si elle est commune et pas vraisemblablement commune si elle est cohérente.

Cette limite contingente, pratique de l'interprétation juridique est, cependant, la moins importante et la moins profonde des deux types de limites que j'ai exposés. En effet, si nous nous attachons à l'interprétation juridique telle qu'elle est pratiquée dans le domaine de la peur, de la souffrance et de la mort, nous découvrons que l'obstacle principal à l'obtention d'une signification cohérente, commune est une limite nécessaire, intrinsèque à l'activité. Les juges, les représentants officiels, les résistants, les martyrs, les gardiens, les condamnés peuvent partager ou non des textes communs, ils peuvent partager ou non un vocabulaire commun, une réserve culturelle commune de gestes et de rituels ; ils

---

[62]. K. Arrow, *Social Choice and Individual Values*, 1951, trad. fr. : *Choix collectifs et préférences individuelles*, Paris, Calmann-Levy, 1974.

peuvent partager ou non une structure philosophique, commune. Il y aura dans l'immense panorama humain un continuum dans les degrés de partage en commun dans tout ce qui a été énuméré au-dessus. Mais, dès lors que l'interprétation juridique est constitutive d'une conduite violente en même temps que d'une signification, dès lors que des gens sont engagés dans l'utilisation des organisations sociales de la violence ou dans la résistance à celles-ci, pour donner effet à leurs interprétations, il y aura toujours une limite tragique à la signification commune qui pourra être atteinte.

L'auteur d'une violence organisée et la victime de celle-ci vont vivre des expériences importantes, douloureusement différentes. Pour l'auteur, la souffrance et la peur sont éloignées, irréelles et largement non partagées. Elles ne font, en conséquence, presque jamais partie de l'artefact interprétatif, tel que l'opinion judiciaire. Par contre, pour ceux qui imposent la violence, la justification est importante, réelle et soigneusement cultivée. A l'inverse, pour la victime, la justification de la violence perd de sa réalité et de son importance proportionnellement à la réalité envahissante de la souffrance et de la peur qu'elle éprouve.

Entre l'idée et la réalité de la signification commune s'abat l'ombre de la violence du droit, elle-même.

TITRE III

LA CONFRONTATION

FORMALISME – MORALE DANS LE DROIT

Dans *Justice Accused*, Cover, dix ans plus tôt, avait tenté de mettre à jour les mécanismes par lesquels un acteur - en l'occurrence, un juge, peut consentir à provoquer une situation d'oppression, alors même qu'il est personnellement opposé à cette oppression et qu'il a pleinement conscience du caractère oppressif de l'effet de sa décision (p.1 et p.6, trad. infra p.232 et 237 : « It is a story of earnest, well-meaning pillars of legal respectability and their collaboration in a system of oppression. »)[1] Cover s'y essaie plus précisément à donner une explication au comportement des juges anti-esclavagistes qui ont, malgré tout, avant la Guerre civile américaine, appliqué des dispositions esclavagistes.

Il s'agit de rien moins que de comprendre les mécanismes de l'« injustice », les procédés par lesquels la justice se trouve prise en défaut et se transforme en son contraire, d'où le titre avec, bien sûr, un jeu sur le mot – la justice rendue au nom du droit se fait injustice, d'où la mise en accusation de la justice (p.7, trad. *infra* p.238).

Cover part d'une constatation : les juges, dont certains sont restés fort illustres, tel le fin juriste Story, et dont il est notoire qu'ils étaient anti-esclavagistes, ont néammoins – à de très rares exceptions près – fidèlement appliqué la législation anti-esclavagiste, quand ils y ont été confrontés en tant que juges.

Comme dans « *Nomos* and Narrative » et dans « Violence and the Word », il fait référence à des travaux de psychologie, cette fois à la théorie de la dissonance cognitive de Leon Festinger, dont il applique les conclusions au droit pour tenter de comprendre.

Mais c'est aussi l'occasion pour lui de se poser la question des façons de concevoir le droit et de l'intérêt des différentes approches quant au règlement des conflits entre droit et morale.

Pense-t-il que le juge puisse éviter au droit de se faire un instrument d'oppression ? Il faudra tenter de voir cela en conclusion mais « *Nomos* and Narrative » fournit déjà quelques indications sur la réponse à attendre. Il nous faut au préalable envisager d'une part le modèle de description qu'il propose pour rendre compte du comportement des juges anti-esclavagistes dans leur prise de décision et d'autre part ses prises de

---

[1]. « C'est l'histoire de piliers de responsabilité juridique, honnêtes et bien intentionnés et de leur collaboration à un système d'oppression. » Robert M. Cover, *Justice Accused. Antislavery and the Judicial Process*, New Haven and London, Yale University Press, 1975.

position sur les différentes approches du droit et ce qu'on peut en espérer quant à la confrontation entre formalisme et morale dans la décision judiciaire.

Chapitre 1

La jurisprudence des juges anti-esclavagistes et l'escalade dans le formalisme juridique : l'application au droit de la théorie des dissonances cognitives.

Pour Cover, la lecture que faisaient les juges de la situation dans laquelle ils se trouvaient est celle d'un conflit entre deux systèmes normatifs non nécessairement compatibles : le droit et la morale (p.226, trad. *infra* p.243). Non seulement les prescriptions de ces systèmes pouvaient s'avérer contradictoires mais ni l'un, ni l'autre n'offrait de règle de conflit (p.226, trad. *infra* p.243) – ce qui aurait résolu la contradiction avant qu'elle ne naisse, faut-il remarquer.

Dans certains cas, toujours selon Cover, le juge avait pu éviter l'affrontement direct et adopter une solution qui ménage, dans une certaine mesure, la cohérence entre les deux systèmes.

Le juge avait encore pu parfois marginaliser certains cas en en soulignant le caractère exceptionnel ou transitoire. Cependant ces procédés ne pouvaient pas toujours suffire pour résoudre les litiges qui lui étaient soumis et il avait dû, dans d'autres affaires, soit en raison de l'état de la doctrine, soit en raison du terrain sur lequel s'était placée l'argumentation des parties, admettre que le conflit vienne en pleine lumière et que la solution qu'il y apportait se donne comme un choix entre formalisme et morale, qui allait satisfaire une part de ses amis, pendant qu'elle en décevrait une autre (p.226, trad. *infra* p.243).

Cover trouve dans la théorie de la dissonance cognitive, développée en 1957 par Leon Festinger et précisée depuis, une explication pour les comportements judiciaires que l'étude historique qu'il a menée, lui a permis de constater dans de pareils cas (p.305, note 1 du chapitre 13, trad. *infra* p. 257 note 1).

Cette théorie de la dissonance cognitive, qui peut apparaître comme mettant à nu certains ressorts du pragmatisme, rend compte de la façon dont réagit l'individu confronté à ce qu'il perçoit comme une contradiction entre des informations qu'il reçoit pour vraies ou des croyances qu'il s'est constituées concernant ce qui est ou ce qu'il doit faire :

> « The basic units of the structure are « cognitions », defined as « any knowledge, opinion, or belief about the environment, about oneself, or about one's behaviour ». Cognitions are in a « dissonant » relationship when the obverse of one would follow from the other. The « follow from » relationship is not a logical entailment, but is loosely defined to include logical, cultural, or experiential expectations. » (*ibid.*)[2]

L'individu qui fait l'expérience de telles dissonances, éprouve le besoin d'en venir à bout et cela de façon d'autant plus forte que les éléments concernés par la contradiction présentent de l'importance à ses yeux ou que la contradiction est nette.

Si Cover insiste sur le fait que le juge anti-esclavagiste en prenant sa décision à l'opposé de ses convictions allait satisfaire certains de ses amis et en contrarier d'autres (cf. *supra*) et s'il souligne également que du point de vue carrière le juge n'avait rien à y gagner, bien au contraire, c'est que la théorie de la dissonance indique que, lorsque l'agent va à l'encontre de sa propre volonté et ne s'en trouve pas récompensé, le sentiment de dissonance à l'égard de sa propre décision en est accru et, par conséquent, les besoins d'auto-justification augmentés.

Cover précise les retombées sur la motivation par le juge de sa décision, de la dissonance dont il fait l'expérience.

Tout d'abord, le juge éprouve la nécessité de venir à bout de cette dissonance et cela d'autant plus vigoureusement qu'il est personnellement impliqué dans la mise en place des données contradictoires.

Néammoins, plus il tiendra à l'un des éléments de la contradiction, moins il sera susceptible de s'y attaquer pour la faire disparaître.

Et, par ailleurs, toute décision qui repose sur un choix implique une dissonance dans la mesure où elle implique l'abandon des aspects positifs qu'aurait présenté l'autre choix. Le sentiment de dissonance est dès lors d'autant plus grand que le choix est serré. Il y aura, dans cette hypothèse,

---

[2] « Les éléments de base de la structure sont les « connaissances », définies comme « tout savoir, opinion ou croyance à propos de l'environnement de soi-même ou de sa propre conduite. Les connaissances sont, dans une relation de « dissonance » quand l'opposé de l'une découlerait de l'autre. La relation « découler de » n'est pas une inférence logique mais se définit environ par les attentes générées par l'expérience, la culture et la logique. »

tendance à adopter une argumentation qui puisse atténuer l'impression de dissonance (p.227, trad. *infra* p.245).

C'est ce qui s'est passé avec les juges dont la jurisprudence est plus particulièrement étudiée par Cover et la vivacité avec laquelle était ressentie la contradiction était d'autant plus forte que les juges n'étaient pas seulement confrontés à une opposition entre principes (fidélité au droit – immoralité de la norme appliquée) mais qu'ils avaient devant eux des personnes dont la liberté dépendait de leur décision (p.243-244).

Pour justifier cette décision, à leurs propres yeux tout d'abord, et réduire l'impression de fracture, les juges ont adopté trois types de comportements : - ils ont réévalué à la hausse les enjeux formels ; - ils se sont retranchés derrière un automatisme formel (« mechanical formalism ») ; - ils ont situé la responsabilité ailleurs (p.229-238, trad. *infra* p.246-256).

Ce modèle explique l'argumentation davantage qu'il n'explique le choix fait. C'est ailleurs, c'est dans la personnalité des juges et dans la théorisation du droit prévalente que Cover va trouver les clefs du choix.

Chapitre 2

Le jusnaturalisme, le positivisme, le réalisme et la moralité de la décision judiciaire

Dans les premières pages de *Justice Accused* et dans la troisième partie de ce même ouvrage, Robert Cover pèse les avantages et les inconvénients des différentes approches du droit : jusnaturalisme, positivisme, réalisme, lorsqu'il s'agit de résoudre des cas comme ceux qu'il y étudie.

Il évoque, dans son introduction, le roman d'Herman Melville, *Billy Budd*. Melville se serait-il inspiré, dans ce livre, pour dresser le portrait du Capitaine Vere, de la personnalité de son beau-père, le juge Lemuel Shaw de la Cour Suprême du Massachusetts, qui régnait comme un pacha maritime sur le système juridique de son Etat et qui, bien que farouchement opposé à l'esclavage, n'en appliquait pas moins aussi inflexiblement la législation esclavagiste.

Dans le roman de Melville, Vere condamne Billy Budd à mort en application de la Loi sur la Mutinerie (« *Mutiny Act* ») parce qu'il a porté un coup mortel sur la personne du second à bord du navire, qui venait de proférer contre lui une accusation mensongère de rébellion (« *mutiny* »). Ce second, Claggart, était l'incarnation du mal, et Billy Budd, pour Vere, a agi comme un « ange de Dieu » mais cet ange, il devait le juger selon la loi que représentait l'uniforme qu'il avait sur le dos et non la loi naturelle (p.2-3, trad. *infra* p.232-233). L'uniforme « témoigne de la soumission » au roi (p.2, trad. *infra* p.232-233), c'est-à-dire à ce(lui) qui n'est que le symbole d'un ordre social (p.3, trad. *infra* p.233). Et ce symbole est le « maître » des esclaves (que sont les juges), qui renvoient à leurs chaînes ceux qui ont fui. Cover ne le dit pas expressément mais il le suggère par son choix de vocabulaire (p.3, trad. *infra* p.233-234).

Melville a introduit une comparaison entre Vere et Abraham se préparant à sacrifier son fils Isaac. De multiples lectures ont été offertes par le passé et sont offertes aujourd'hui de ce texte biblique. Melville insiste sur la résolution d'Abraham qui n'hésite pas sur la conduite à tenir. Faudrait-il ajouter : même s'il ne comprend pas le geste qu'il semble devoir accomplir et qui paraît aller à l'encontre de ce que Dieu lui a promis ? Melville ne le dit pas. L'exégèse biblique le dit parfois. D'autres commentaires sont possibles. Abraham et Vere auraient en tout cas, selon

Melville, une même conception de l'obéissance. Mais Abraham ne s'en remet pas à un roi, il s'en remet à Dieu. Il faudrait étudier longuement cette comparaison si l'on se fixait pour objet de scruter la pensée de Melville mais ce n'est pas le cas ici. Il suffit de constater que l'issue n'est pas la même : Isaac est sauvé, alors que Billy Budd est bien mis à mort.

La référence à *Billy Budd* permet à Cover de poursuivre une réflexion sur les approches du droit qu'il avait entamée dès une note au bas de la première page de *Justice Accused*. Vere oppose à la voix de la conscience, qui est aussi celle de la nature, l'ordre royal, la volonté impériale dont il s'est fait serviteur. Même si le terme « *allegiance* » est employé, l'accent n'est pas sur la promesse ou le devoir d'obéissance mais sur l'état de dépendance, comme l'indique plus loin la référence « au code sous lequel seulement nous pouvons agir à titre officiel ». Vere, en sa qualité de commandant, se reconnaît représentant de celui qui l'a investi dans ses fonctions et a défini sa tâche. Vere résume la conception positiviste du formalisme juridique, aux yeux de Cover, qui y attribue cinq caractères :
- le sentiment chez le juge de jouer un rôle. C'est le rôle imparti qui définit l'action à entreprendre. Cover parle de « conscience de l'élément formel » ;
- la distinction entre le droit et les autres systèmes normatifs. Le droit ne s'identifie ni à un système de normes transcendantes, ni à des normes personnelles, ses normes ont une existence propre ;
- le fait que le droit provient d'une source immédiatement identifiable ;
- la supposition d'une volonté à l'origine du droit qui peut être vague mais qui ne peut pas être celle du juge ;
- la responsabilité du juge pour l'application du droit mais non pour son contenu.

Vere représente aussi un type de personnalité : l'institution fait écran entre lui et les autres, il se retranche derrière elle, évitant ainsi une relation trop interpersonnelle.

La responsabilité placée sur les épaules d'un autre, le sentiment de jouer un rôle, l'identification du droit à un système de normes autonome, le renvoi à une source extérieure facilement repérable pour connaître le droit, la supposition d'une volonté, extérieure, toujours, à l'origine de ce droit créent-ils une déresponsabilisation totale du juge ? On l'a dit. Cover prend position précisément dès la première page de *Justice Accused* sur ce sujet. Cover rejette les accusations selon lesquelles le positivisme, en particulier dans sa forme kelsénienne, aurait facilité la réalisation de l'entreprise nazie. Il rappelle la défense du positivisme par H.L.A. Hart, qui insistait sur le fait que les positivistes anglais et Bentham en particulier voyaient dans la distinction entre le droit tel qu'il est et le droit tel qu'il devrait être, ainsi que dans le statut de création humaine qui lui était reconnu, ce qui permettait de porter un jugement moral sur le droit. Et s'il admet qu'un positivisme absolu peut avoir constitué l'un des nombreux facteurs qui entrent dans l'explication de la conduite des juges anti-esclavagistes qui, aux Etats-Unis, ont néammoins appliqué la législation esclavagiste, il souligne l'existence d'autres facteurs, tels que la personnalité des juges et une « conception statique et simpliste » du droit sur laquelle il faudra revenir.

Il souligne le fait que le positivisme a permis à d'autres juristes d'adopter une attitude radicalement différente, qui consistait à dire que la législation antiesclavagiste était bien le droit, que le juge avait pour devoir juridique de l'appliquer mais que la morale lui interdisait d'être ce juge, qu'il fallait ne pas obéir à ce droit et se révolter contre lui, défaire l'Union (p.151, dans Chapitre 9 : « Formal Assumptions and the Antislavery Forces », in « The Garrisonians : Formalism conceded »).

En fait, pour Cover, l'opposition n'est pas entre droit et morale mais entre formalisme et morale dans le droit et le choix entre formalisme et morale est lui-même un choix moral. C'est au nom d'une morale qui découle d'une conception du droit que les uns choisiront le formalisme (référence au contrat social, etc...), tandis que d'autres feront prévaloir la moralité du résultat. Cover distingue deux conceptions du droit : une conception statique et simpliste, qui correspond au formalisme, par exemple, et une conception réaliste ou dynamique qui incorpore plus facilement une moralisation du droit, une mise en conformité du droit avec les idéaux sous la pression d'un sentiment d'injustice qui monte progressivement de la conscience.

Pour des personnages comme Vere, le droit établi confère légitimité à la décision prise en conformité avec lui. Il n'y a pas à chercher plus loin, la décision s'impose d'elle-même à la lecture de ce qui est prescrit, de ce qui est ordinairement appliqué.

Dès lors, il n'y a pas de place, quand un conflit s'élève entre ce qui est établi et ce qui paraît devoir être, pour faire apparaître une solution novatrice qui permette au droit d'intégrer la perspective nouvelle. Lorsque le droit établi indique au juge une solution que la morale réprouve, il ne reste plus au juge qu'à choisir entre l'application malgré tout du droit qu'il juge immoral, la violation avouée du droit pour faire triompher la morale, la démission, la non-application effective du droit en conservant malgré tout les apparences de la soumission au droit : dire que le droit est autrement qu'on pense qu'il est véritablement pour parvenir au résultat jugé souhaitable (p.6, trad. *infra* p.237).

La conception réaliste du droit est au contraire une conception dynamique ; le droit est toujours à venir, en devenir et le juge se voit confier la tâche d'adaptation, de mise à jour. Pour le réaliste, le contenu du droit n'est jamais clair. Le droit n'est pas établi. Il pointe vers une « direction », il comporte des dispositions qui ont plus de « poids » les unes que les autres. Le juge peut, dans une certaine mesure, apporter sa touche personnelle à la construction lorsque le matériau s'avère malléable (lorsqu'il n'y a pas de « *hard* » *law*, de droit figé, de droit dur, de condensation) et cela de manière normale (p.6, trad. *infra* p.237).

C'est le contexte historique, intellectuel, institutionnel qui détermine le choix entre ces deux conceptions du droit (p.7, trad. *infra* p.238). C'est lui qui va influer sur le comportement du juge qui se sent invité à concourir à la mise en place ou à la perpétuation d'une situation d'oppression moralement condamnable.

Jusnaturaliste ou positiviste, Cover ? Réaliste, nous dit-il ici. Plus réaliste que les réalistes, plus conscient de ce qu'est le réalisme américain tout au moins, plus conscient du double programme de celui-ci : il faut étudier le droit tel qu'il est (tel qu'il se donne dans l'activité des acteurs du système juridique) mais ce droit n'est pas quelle que chose de figé, il est tourné vers l'avenir, c'est la décision de demain qu'il faut prévoir si l'on est avocat et la décision qui convient compte tenu de l'expérience s'entend ici non pas au sens de l'expertise mais au sens de la sensation. La bonne décision réaliste se découvre au carrefour de la pratique attentive et du souci de la compréhension de la particularité de chaque situation et de la définition de ce qui est juste en pareil cas au regard du droit lui-même et de la morale, de ce qui peut et doit être fait.

Cover, lorsqu'il a commencé son travail sur les juges anti-esclavagistes éprouvait un sentiment de frustation et de révolte face à des décisions prises par les juges de son époque qui n'épousaient pas la cause des étudiants en colère. C'était le temps de la guerre du Vietnam et des contestations de la gauche intellectuelle, qui s'enracinaient, à n'en pas douter, dans les problèmes plus anciens du même vingtième siècle.

Cover, dans son oeuvre, interroge la machine à produire de l'oppression. Il montre les extrêmes mais comme celle de ses prédécesseurs réalistes américains, sa conception de ce que doit être en définitive le droit positif et de ce que doit être l'activité judiciaire est toute de modération. On l'a vu au Titre premier avec les conclusions de « *Nomos* and Narrative », on le retrouvera au Titre IV et surtout au Titre V avec le droit conçu comme un pont entre une réalité non rédimée et un idéal malgré tout à portée de main.

Cover n'est pas l'ennemi du formalisme, il est le partisan d'un formalisme bien conçu qui n'étouffe pas l'oeuvre de création nécessaire, qui ne permet pas de faire l'économie de l'épreuve du concret dans lequel doit s'inscrire la décision, mais qui pose des points de repère qui permettent au juge d'avoir conscience du cadre dans lequel son action se place et est appelée à faire sens.

Avec *Justice Accused*, Robert Cover rencontrait déjà la question de la multiplicité des systèmes normatifs qui interpellent l'individu (fût-il juge) et cet ouvrage pourrait même apparaître de ce point de vue comme un complément à rapprocher de « *Nomos* and Narrative » où le système normatif que l'individu se construit pour lui-même à partir de sollicitations diverses n'est pas vraiment abordé. Cependant le complément n'est lui-même que très parcellaire, mais il indique une piste : ce qu'il faut étudier pour comprendre la formation du droit, c'est aussi et peut-être en premier lieu, le fondement de la construction des systèmes normatifs chez les individus et la tâche ne peut être accomplie que de façon pluridisciplinaire.

On peut penser aussi que Cover a, de façon involontaire, reformulé la question de l'opposition formalisme - morale dans la décision judiciaire en mettant en avant la place des narrations dans l'élaboration et l'interprétation des normes : l'ensemble des narrations reçues explique la décision, le poids accordé au formalisme et le poids accordé à la nécessité d'affiner le droit pour le rendre plus conforme aux exigences de l'idéal qui lui sert de modèle. Cover parle d'ailleurs de *modèles* statiques ou dynamiques à propos des deux conceptions étudiées.

On peut enfin essayer de mettre au clair ce qui se cache sous le concept de morale. La morale chez Cover, c'est ce que dicte la conscience, c'est-à-dire ce qu'un individu éprouve le sentiment de devoir faire parce que le contraire serait une mauvaise action. On pourra supposer une loi naturelle, inscrite dans l'homme et c'est ce qui a permis de faire de la morale un devoir-être particulier qui se distingue du devoir-être juridique, du devoir-être religieux ou du devoir-être social (ce dernier étant un mélange de conventions aux fondements hétérogènes qui réglementent diverses activités des membres d'une communauté.

Opposer formalisme et morale dans le droit, on l'a vu, c'est opposer en fait deux conceptions du devoir-être juridique, l'une dictée par la forme du droit (l'aspect systémique, etc...), l'autre dictée par le fond : le contenu du droit ne devrait pas heurter la conception de ce qui s'impose comme devoir-être, comme ce qui est juste : la situation qui doit être et l'action qui doit être.

Le conflit entre formalisme et morale se réduit à un conflit entre actions prescrites par le fond et par la forme du droit : c'est pourquoi Cover peut le réduire à un conflit entre conception statique et conception dynamique du droit, ce qui n'a rien à voir avec les conceptions statiques et dynamiques du droit chez Kelsen. Il y a conflit possible parce que la forme et le fond du droit sont dissociés chez Cover (Cf. « *Nomos* and Narrative » et Titre Ier supra). Le fond du droit, c'est ce qui est tenu comme modèle de relations par un système juridique donné, la forme, c'est ce qui impose artificiellement un ordre alors qu'il y a foisonnement de sens.

Pour Dworkin, ce qui est en cause chez Cover lorsqu'il parle de formalisme, ce n'est pas la façon d'interpréter un texte juridique mais la conception du rôle du juge, lorsqu'il y a conflit entre ses principes moraux et la conception institutionnelle de son rôle, en d'autres termes, c'est le positivisme qui est en cause et Dworkin propose une solution selon laquelle le droit d'une société, s'il n'est pas le droit naturel, ne se résume pas non plus à une masse de règles et de lois distinctes et éparses mais qui comporte des principes qui sont d'ailleurs la justification des règles énoncées et qui permettent de combler le silence des règles. C'est, dans ce cas de figure, que ce seraient trouvés les juges dont Cover étudie la jurisprudence et c'est dans cette théorie du droit qu'aurait résidé la solution.[3] Cette solution ne suffira pas aux yeux de Dworkin lui-même à résoudre tous les conflits entre droit et morale. Dworkin envisage dans l'*Empire du droit* des cas où le juge n'a le choix qu'entre la démission et le mensonge parce qu'il est en présence d'un droit perverti ou d'une apparence de droit.[4]

On peut considérer que Dworkin part d'une position plus jusnaturaliste ou historiciste et Cover d'une position plus positiviste ou réaliste mais que leurs points d'aboutissement sont assez proches : Cover dit aussi expressément que ce qui est en cause, c'est la conception du rôle du

---

[3]. Ronald Dworkin, "The Law of the Slave-Catchers, in *The Times Literary Supplement*, Dec.5, 1975, p.1437.

[4]. id., *Law's Empire*, London, Fontana Press, 1986, p.105-106, trad. fr. : *L'empire du droit*.

juge.(trad. p.237-238). Simplement il précise que ce qui manque, c'est une définition de ce rôle qui admette qu'il puisse être créateur mais qui le distingue de celui du législateur (trad. p.237-238). On peut penser que c'est en fait une solution à ce problème que propose Dworkin que l'on soit d'accord ou non avec celle-ci. Cover lui ne propose pas de solution. Il constate que le juge moderne se trouve dans une situation comparable à celle du capitaine Vere (trad. p.232-233), c'est-à-dire dans une situation où la fonction qu'il occupe peut supposer des dispositions qu'il réprouve quant au fond d'un point de vue moral (ce qui n'est pas le cas d'un juge religieux, par exemple. Ceci serait aussi inconcevable dans un système de droit naturel). Il n'est pas censé adhérer à la loi qu'il applique. La pensée de Cover implique sans doute que la seule solution soit parfois pour le juge de renoncer à appliquer le droit tel qu'il constate qu'il devrait le faire mais ceci devrait être réservé aux cas-limites ou plus exactement on pourrait dire que, pour Cover, le choix du juge, le choix de quelle décision il va prendre est toujours un choix moral. Ceci peut se déduire de certains passages de « *Nomos* and Narrative » et, en particulier, de la conception qu'y présente Cover, de l'interprétation comme engagement. L'engagement, parce qu'il est acquiescement aux conséquences, décision prise en connaissance de cause, acceptation de la violence qu'implique cette décision, même si cette acceptation tient plus du calcul – la solution la moins néfaste globalement quant à ces conséquences – que de l'adhésion. Ceci peut se déduire aussi de sa caractérisation du choix entre formalisme et morale en droit comme étant en fait un choix entre deux options morales : le choix du formalisme est justifié par des considérations morales quant au rôle du juge et à la fonction du droit.

Cover avait trouvé dans le réalisme, à la suite de ses ainés, un moyen de décrire la constitution du droit positif et un modèle prescriptif : le droit est dynamique : il est un pont tendu entre la réalité non rédimée (ce qui est) et un idéal (un devoir-être, cette réalité telle qu'on voudrait qu'elle soit, telle qu'on peut espérer la transformer). Le système juridique étatique qui est, pour Cover, un système normatif individualisé parmi d'autres, peut et doit poursuivre une voie moyenne, selon lui. L'utopie peut faire perdre le contact du juriste avec ce qui est. Il peut prendre ses rêves pour des réalités, comme les Garissoniens, ou il peut arriver à se persuader que la réalité n'est pas très lointaine de son rêve (Cf. *supra* Titre I et *infra* Titre V). Dans l'un et l'autre cas, la capacité d'agir et de porter un jugement critique sur son action ou sur ce qui est, est alors réduite à néant.

Pour Cover, le juge est un homme confronté à différents systèmes normatifs et qui doit choisir entre ces systèmes, lorsqu'ils entrent en conflit dans un cas donné. Il doit décider seul en définitive du comportement à adopter. La doctrine juridique peut l'aider dans son choix lorsqu'il doit prendre une décision juridique, si elle a su poser les bonnes questions et suggérer des réponses acceptables.

TRADUCTIONS

LA JUSTICE ACCUSEE

L'ANTI-ESCLAVAGISME ET LA PROCEDURE JUDICIAIRE

(Extraits)

(trad. d'extraits de l'ouvrage de Robert M. Cover, *Justice Accused.* Antislavery and the Judicial Process, New Haven and London, Yale University Press, 1975.)

(voir pages suivantes)

Premier extrait : p.1-7.

PRELUDE : A PROPOS DE CREON ET DU CAPITAINE VERE

1

L'étoile d'Antigone a brillé à travers les siècles. L'archétype de la désobéissance civile a fait une constellation d'émules de première ampleur. Le désobéissant, qu'il soit Antigone, Luther, Gandhi, King ou Bonhoeffer, exerce un pouvoir puissant sur nous. L'acte singulier, le risque, l'appel dramatique en faveur d'une justice plus juste, contribuent tous à l'intensité dramatique du moment et au pouvoir du rôle de l'acteur. Il n'est pas étonnant alors que de tels hommes et de telles fonctions soient célébrés par la littérature et par l'histoire. Il n'est pas étonnant qu'un grand psychiatre comme Erikson, au moment de s'embarquer dans une entreprise d'historien et de biographe, a choisi Luther et Gandhi comme ses premiers sujets d'étude.[1]

Cependant, d'une façon curieuse, centrer son attention sur un dissident et sur le processus de dissidence revient à accepter la perspective de l'ordre établi. L'on concède en effet que c'est l'homme qui en appelle au delà du droit qui a besoin d'être expliqué. Avec la seule exception des atrocités nazies, le phénomène de complicité avec les systèmes juridiques oppressifs (oppressifs du point de vue propre à l'acteur) a rarement été étudié.* Ainsi Créon n'est là que comme faire-valoir pour Antigone, il

---

[1]. Toutes les références à Antigone et à Créon renvoient à l'*Antigone* de Sophocole. Les biographies auxquelles il est fait allusion sont : Erik Erikson, *Young Man Luther*, New York, Norton, 1958 et id., *Gandhi's Truth*, New York, Norton, 1969.

*. [N.d.T. : Dans l'original de R. M. Cover, seule cette note figure en bas de page, les autres étant renvoyées en fin d'ouvrage, c'est pourquoi elle n'est pas introduite ici de la même manière que les autres notes.]

La complicité avec le régime nazi a fait l'objet de nombreuses études. Mais, au moins l'accent transatlantique a été mis sur une analyse de la responsabilité au niveau du commandement et de l'initiative quant à la politique dans une situation de génocide. Quelques essais ont été faits pour associer le positivisme juridique – en particulier dans sa forme kelsénienne – avec les atrocités. H. L. A. Hart a soutenu vigoureusement et de façon convaincante qu'il n'y avait pas de relation nécessaire avec une conduite judiciaire si amorale et immorale. En fait, il a démontré comment les positivistes anglais, et plus spécialement Bentham, ont prôné la distinction analytique entre le droit tel qu'il est et le droit tel qu'il doit être et insisté sur les origines humaines du droit de façon à confronter efficacement le droit à un standard externe en vue de réformes. (Dans le cas de Bentham, le standard externe était, bien sûr, l'utilité. Cependant, il n'y a pas à accepter la base utilitariste de la morale pour reconnaître le besoin de la distinction analytique.) Voir, par exemple, H. L. A. Hart, « Positivism and the Separation of Law and Morals », in *Harvard Law Review*, Vol.71, 1958, p.593. Alors que je défends, dans ce livre, qu'un positivisme absolu a été un n'est pas lui-même l'objet de l'étude de caractère humain de l'artiste. Dans *Antigone*, notez le caractère curieusement unidimensionnel du roi. Comment il fait son droit et à quel coût psychique, cela n'est pas traité du tout. En fait, le premier conflit de Créon n'est pas entre le juste et le droit mais entre son fils et sa fierté et, même au milieu de ce conflit, il trahit son insensibilité remarquable à la complexité de la situation qu'il a créée, en criant à l'impiété filiale et à l'anarchie dans un même souffle. Il est abasourdi par la possibilité d'une sympathie d'Hémon pour un affront à l'autorité. Une grande part de la simplicité de Créon réside dans son choix du tyran comme modèle pour le système juridique. La fabrication du droit et son application sont entièrement confinées dans une seule volonté sans autre contrainte que les plus personnelles des considérations, telles que les sentiments ou les actions d'un fils.

Le Capitaine Vere de Melville, dans *Billy Budd*, est l'un des rares exemples de tentative pour esquisser le modèle des conflits auxquels sont exposés Créon et ses semblables dans un contexte qui ressemble plus aux situations de choix que rencontrent les juges dans les systèmes juridiques modernes. Billy Budd, l'innocence radicale, personnifiée, est complètement dépassé par l'accusation d'avoir fomenté une mutinerie, faussement soulevée contre lui par le second, Claggart. Claggart semble personnifier les forces obscures et malfaisantes. Laissé sans voix par les accusations calomnieuses, Billy frappe le second et, au premier coup, le tue. Le capitaine Vere doit instruire une cour martiale sur le droit posé par la Loi concernant la mutinerie, applicable à Billy Budd – « innocent » en un sens plus fondamental, bien qu'il ait perpétré l'acte de tuer le second.[2] Dans ce qui doit être, pour le juriste, le sommet du roman, Vere formule les « scrupules » des trois officiers (et de lui-même) et les rejette.

> « Comment peut-on condamner à une mort expéditive et honteuse un compagnon innocent devant Dieu et dont on sait qu'il l'ait ? Ai-je bien résumé votre état d'esprit ? Vous indiquez tristement votre accord. C'est aussi ce que je ressens, pleinement. C'est naturel. Cependant ces boutons

---

des facteurs qui ont déterminé la complicité du juge anti-esclavagiste dans le système de droit qu'il considérait lui-même comme immoral, il ne s'agit que de l'un de ces facteurs. De plus, j'affirmerai aussi que la même perspective jurisprudentielle a contribué au plus radical des points de vue opposés au droit esclavagiste. Voir, chapitre 9, *infra*.

2. Herman Melville, *Billy Budd*, Hayford and Sealts (eds.), Chicago, University of Chicago Press, 1962. Cette nouvelle a été publiée à titre posthume. J'ai utilisé l'édition critique de *Billy Budd*, préparée par Hayford and Sealts. Toutes les références données ici renvoient à cette édition. Celle-ci diffère sur quelques points importants de la lecture plus habituelle, antérieure, du texte. La différence la plus importante en ce qui concerne les objectifs très limités de ce paragraphe est la lecture du nom du bateau de Vere. Voir note 10 *infra*.

que nous portons, attestent-ils notre allégeance à la nature ?
Non, mais au roi. »

Et, quelques paragraphes plus loin, Vere demande aux trois si « occupant la position qui est la nôtre, notre conscience privée ne devrait pas céder devant la volonté impériale, formulée dans un code qui, seul, gouverne notre activité officielle... »[3]

Dans les mots de Vere, nous trouvons un condensé du caractère formel d'un système juridique vu par un positiviste. Cinq aspects de ce formalisme peuvent être distingués et spécifiés :

- Un : il y a la reconnaissance explicite du caractère de rôle des juges – la conscience de l'élément formel. C'est un uniforme, non la nature, qui définit l'obligation ;
- Deux : le droit se distingue à la fois des sources transcendantes et des sources personnelles d'obligations. Le droit n'est ni la nature, ni la conscience ;
- Trois : le droit est incarné dans une source immédiatement identifiable, qui gouverne les transactions et les situations comme celle considérée ici (en l'occurrence, un code impérial dont la Loi sur la mutinerie fait partie) ;
- Quatre : la volonté derrière le droit est vague, incertaine mais ce n'est *clairement pas* celle des juges. C'est ici la « volonté impériale » qui, en termes (du dix-huitième ou) du dix-neuvième siècle, appliquée en Angleterre n'est pas très facile à décrire, si ce n'est au travers d'un traité de droit constitutionnel. Néanmoins, en tout cas, ce n'est pas la volonté de Vere, ni de ses trois officiers.
- Cinq : corollaire du point quatre, le juge n'est pas responsable du contenu du droit mais seulement de la loyauté de son application.

> « De cette loi et de sa rigueur, nous ne sommes pas responsables. Notre responsabilité avouée réside en cela : que quelle que soit la dureté que peut revêtir la loi dans certaines circonstances, nous y adhérons néanmoins et nous l'appliquons . »[4]

Ces cinq éléments font partie des arguments de Vere. Mais *Billy Budd* est une oeuvre littéraire et ce qui est plus intéressant à propos de Vere n'est pas souvent ce qu'il dit mais ce qu'il est, les nuances de son caractère. Par exemple, nous avons des indices, dès le début, d'une personnalité attachée aux symétries effrayantes. Son surnom, dérivé des vers de Marvell :

---

[3]. Melville, *Billy Budd*, p.110, 111.

[4]. *ibid.*

Sous la discipline sévère
de Fairfax et du lunaire Vere

suggère une sévérité inflexible et impersonnelle. Et son penchant intellectuel renforce lui aussi ce sentiment de rigidité. Il évitait les innovations « par désintérêt » et parce qu'elles lui semblaient « insusceptibles de qualité ». Un homme se dessine qui est disposé à aborder la vie institutionnellement, à éviter de s'impliquer personnellement, même là où il y aurait peut-être lieu de le faire, à être d'une honnêteté, d'une droiture et d'une soumission au devoir inflexibles.[5]

C'est cet homme qui, voyant et évaluant l'acte violent de Budd, s'écriait : « Mort, frappé par un ange de Dieu. Néanmoins l'ange doit être pendu. ». Et, de façon caractéristique, c'est Vere qui assume la responsabilité de faire part du terrible verdict à l'accusé. Les spéculations de Melville sur cet « entretien » sont révélatrices. Pour lui et il y insiste, il est vraisemblable que Vere a révélé tout son rôle dans le « procès ». Il continue en spéculant que Vere pourrait très bien avoir assumé une attitude paternelle à la façon d'Abraham embrassant Isaac « au moment où il est résolu à l'offrir dans un geste d'obéissance à l'exigeante injonction ».[6] Une telle conviction religieuse du devoir caractérise notre homme. Ni la morale conventionnelle, ni la pitié, ni la souffrance personnelle ne pourraient le détourner de son austère devoir. Mais, dans le cas de Vere, le maître n'était pas Dieu, c'était le roi. Et le roi n'était qu'un symbole pour l'ordre social.

Les hommes rigides, en réalité, subissent les affres de leur rigidité. Le Capitaine Vere manifeste précisément une telle douleur lorsqu'il met fin à sa rencontre avec Billy Budd. Toutefois, il n'y a pas d'indication qu'il souffre de doute à propos de sa conduite. Quand Billy meurt en disant : « Dieu bénisse le Capitaine Vere », rien ne laisse supposer que le capitaine ait découvert de l'ironie (voulue ou non) dans la bénédiction de départ. Si le Capitaine Vere est Abraham, il est la version biblique de celui-ci, pas son ombre souffrante, hésitant à franchir le pas, que l'on trouve chez Kierkegaard.

Melville a étonnamment réussi à faire que ses lecteurs se posent des questions terribles à propos de Vere et de sa conduite. Qu'est-ce qui incite puissamment l'homme à condamner la beauté et l'innocence qui ne sont pas de ce monde ? Qu'est-ce qui le conduit à saisir personnellement

---

[5]. *ibid.*, p.61-63.
[6]. *ibid.*, p.115.

l'occasion de remplir une tâche impersonnelle, détestable ? Comment concilier l'éclair de reconnaissance de « l'ange doit mourir » avec la saisie de l'opportunité d'agir comme Abraham, en protestant explicitement et indubitablement sincèrement que seul le devoir pur et simple triomphe de son sentiment de l'innocence cosmique de la victime ? Nous avons tant de doutes à propos d'un homme qui écoute et obéit à la voix du Maître si spontanément, quand c'est un système social cruel qui devient le Seigneur.

Je m'aventurerai à suggérer que Melville avait un modèle pour le Capitaine Vere, qui peut nous rapprocher de notre histoire principale. Le beau-père de Melville était le Président de la Cour Judiciaire Suprême du Massachusetts, Lemuel Shaw. Homme inflexible et ferme, d'une intégrité austère, Shaw dominait le système judiciaire du Massachusetts, comme le Capitaine Vere gérait son navire. Le Président était un opposant ardent, notoire à l'esclavage et il exprimait son opposition en privé, par écrit et dans les opinions judiciaires qui s'y prêtaient.[7] Cependant, dans les grandes causes célèbres impliquant des esclaves fugitifs, Shaw défendait fortement une application sans atermoiements du droit sommaire, cruel. L'effort coûtait à Shaw une douleur personnelle, muette. Il était vilipendé par les abolitionnistes. Je ne peux pas affirmer que Vere est Lemuel Shaw (bien qu'il pourrait l'être), par ce qu'il n'y a pas de preuve directe. Je peux simplement dire qu'il serait remarquable qu'en faisant le portrait d'un homme aux prises avec un conflit horrible entre devoir et conscience, entre rôle et morale, entre nature et droit positif, Melville n'ait pas été touché par le personnage de son beau-père dans le *Sims Case*, l'affaire *Latimer* ou la controverse *Burns*.[8]

Nous connaissons la prédilection de Melville pour le navire comme microcosme de l'ordre social. Il a utilisé ce moyen très simplement en ce qui concerne l'esclavage dans *Benito Cereno*.

L'esclave fugitif était très semblable à Budd, bien qu'il soit noir, alors que Billy était blond. La Loi sur la mutinerie ne permettait aucune des défenses, aucune des atténuations, aucun des compromis habituels. Si l'acte physique avait été commis par l'accusé, il était coupable. La Loi sur l'esclave fugitif excluait de même toutes sortes de défenses courantes. Le fuyard présumé ne pouvait même pas plaider qu'il n'était pas

[7]. La meilleure biographie du Président Shaw est : Leonard Levy, *The Law of the Commonwealth and Chief Justice Shaw*, Cambridge, Harvard University Press, 1957. Levy examine longuement la question de Shaw et de l'esclavage dans cet ouvrage, p.59-108.
[8]. Voir *infra*, Chap.9.

juridiquement un esclave, aussi longtemps qu'il était une personne *supposée* en fuite. La cour martiale représentait une procédure spéciale et sommaire ; il en allait de même du processus pour rendre l'esclave. Dans les deux cas, le jugement fatal était exécuté immédiatement. Il n'y avait pas d'appel.[9]

Plus important, le défaut fatal chez Billy, c'était son incapacité innocente à parler. Il a frappé parce qu'il ne pouvait rien dire. Ainsi, selon les Lois sur l'esclavage fugitif, le présumé fuyard n'a pas le droit à s'exprimer. Et, en général, les esclaves n'avaient pas le pouvoir de témoigner contre leurs maîtres ou contre des blancs. Billy Budd tient de l'esclave, sous une forme généralisée. Il a été saisi, impressionné en débarquant du bateau « Droits de l'Homme » pour être pris à bord du « Pansu ».[10] A bord du « Pansu », la Loi sur la mutinerie et le capitaine Vere dominent. La Loi sur la mutinerie était justifiée en raison de sa nécessité pour l'ordre exigé sur un navire en temps de guerre. De même, les lois sur l'esclavage, souvent aussi cruelles et inflexibles, se justifiaient par leur nécessité pour le maintien de l'ordre social dans l'Amérique d'avant la guerre civile. De plus, l'institution elle-même était considérée comme ayant son origine dans la guerre.

Cependant Vere et son dilemme – le sujet de ce livre – sont plus persuasifs. En effet, s'il n'y eut qu'un seul type de cas où les juges au cours de la vie de Melville se sont battus avec le dilemme moral-formel, ce furent des affaires concernant des esclaves. Dans ces cas, de temps en temps, le judiciaire manifestait son impuissance devant le droit ; se lamentait des résultats cruels ; averti qu'un monde plus parfait ou qu'à la fin des temps surgirait un droit nouveau, mais presque uniformément, les juges marchaient au son de la musique, se blindaient et pendaient Billy Budd.

---

9. Pour un exposé à propos de la Loi sur l'esclave fugitif, voir chap.10 *infra*. J'ai pris la caractérisation de Melville à propos de la Loi sur la mutinerie sans en faire la critique, dès lors que ce qui est important pour l'analyse ici, c'est la façon dont l'acte est présenté dans *Billy Budd* et non la réalité historique.

10. La plupart des éditions de *Billy Budd* utilisent le nom « Indomptable » pour désigner le bateau de Vere. L'édition Hayford-Stealts a plaidé en faveur de « Pansu ». A la lumière de la tradition de justification pour l'esclavage racontée au chapitre 1 et des arguments pour les codes raciaux répressifs par nécessité, le nom de « Bellipotent » ([N. d. T.] : trad. ici par « Pansu ») est quelque peu plus suggestif. Naturellement, par l'usage de ce nom, je n'entends pas prendre position sur des problèmes textuels qui divisent les spécialistes de Melville : Hayford and Stealts, dans leur introduction, p.20, disent que le manuscrit contient les deux noms pour le bateau britannique mais qu'en dépit d'un usage moins fréquent, « Pansu » est probablement le nom finalement choisi par Melville.

Bien sûr, *Billy Budd*, comme toute autre oeuvre littéraire, existe à différents niveaux. Je ne nierais pas la théologie dans l'ouvrage, ni l'affrontement du bien et du mal élémentaires dans les personnages Budd et Claggart. Mais la nouvelle est aussi à propos d'un jugement, à l'intérieur d'un système social, et à propos de l'homme qui, percevant obscurément les grandes forces abstraites à l'oeuvre, prend la responsabilité pour ce jugement. Il est à propos de Vere aux yeux étoilés et de Lemuel Shaw.

2

Le reste du livre n'est pas à propos de littérature mais il s'intéresse à Lemuel Shaw et aux nombreux juges comme lui. C'est l'histoire de piliers de responsabilité juridique, honnêtes et bien intentionnés et de leur collaboration à un système d'oppression – l'esclavage des noirs. J'ai choisi d'analyser longuement exclusivement le dilemme du juge anti-esclavagiste – l'homme qui, en un sens, serait d'accord avec ma caractérisation de l'esclavage comme oppression. C'est lui qui était confronté au dilemme de Vere, le choix entre les exigences du rôle et la voix de la conscience. Et c'est lui qui a tellement contribué à la force de légitimité que le droit peut procurer, parce qu'il a pleinement agi par devoir impersonnel.

Dans un modèle de droit simpliste et statique, le juge, pris entre le droit et la morale n'a que quatre choix possibles. Il peut faire prévaloir le droit sur sa conscience. Il peut suivre sa conscience et être déloyal au droit. Il peut démissionner. Ou il peut tricher : il peut dire que le droit n'est pas ce qu'il croit qu'il est et ainsi préserver une apparence (vis à vis des autres) de conformité du droit et de la morale. Une fois que nous avons adopté un modèle du droit et du processus judiciaire plus réaliste, ces quatre postions deviennent seulement des pôles fixant les limites d'un champ d'action et de motivation, complexe. En effet, dans un modèle dynamique, le droit est toujours en devenir. Le juge, quant à lui, a un rôle légitime dans la détermination même de ce que le droit va devenir. Le droit en mouvement signifie aussi que, fréquemment, le contenu du droit n'est pas clair. Nous devons parler de direction, de poids autant que de position. De plus, le manque fréquent de clarté rend possible des solutions d'« amélioration ». Le juge peut introduire interstitiellement son jugement de ce qui « doit être », quand aucun droit « fixé » n'existe déjà. Et, il peut le faire sans engager le droit dans des avancées (ou dans des retraites) doctrinales considérables.

Dans un contexte historique donné la façon selon laquelle les juges sont susceptibles de répondre au dilemme moral – formel va être déterminée par un large éventail de variables intellectuelles et institutionnelles. Les juges, plus que la plupart des hommes, sont conscients du bagage du passé. Ainsi, les traditions dont ils héritent, sont importantes. En ce qui concerne à la fois l'esclavage et le rôle du juge dans l'Amérique d'avant la guerre civile, le juge avait toute une bibliothèque d'oeuvres qui influençaient l'idiome dans lequel il pensait. La nature de cette tradition intellectuelle fait l'objet de ma première investigation. Je vais examiner la tradition du droit naturel à propos de l'esclavage, telle qu'elle se présentait à la fin du dix-huitième siècle. J'explorerai ensuite les utilisations réelles du principe de préférence pour la liberté dans les trente ou quarante premières années du dix-neuvième siècle. Cette exploration délimitera les domaines de l'usage accepté de la préférence pour la liberté dans l'opinion judiciaire et les domaines où le juge pouvait faire avancer le droit dans la direction de la liberté. J'exposerai ensuite les types de demandes qui étaient présentés au judiciaire pour qu'il aille au delà des zones acceptées et le refus judiciaire de le faire. Ce refus sera rattaché au niveau cognitif à des idées clairement formulées au sujet de la fontion judiciaire, qui sont elles-mêmes le produit d'un héritage de conflit à propos des valeurs qui devraient guider le jugement. Le contexte dialectique de la réponse du juge n'a pas été constant et il est nécessaire d'examiner les réponses aux nombreuses demandes variant, en partie, avec l'idéologie des avocats et avec les mouvements qu'ils représentaient.

Finalement, j'aborderai directement la question de la personnalité. Avec le Capitaine Vere, nous avons le sentiment que ce n'est pas la logique seule qui a conduit à sa réponse. De même, avec Lemuel Shaw, John McLean, Joseph Story et d'autres, nous devons rechercher les forces internes qui ont produit une réponse presque uniforme de fidélité au rôle. La théorie de la dissonance cognitive fournit une structure suggestive pour intégrer la réponse uniforme, la personnalité de ces hommes et le milieu intellectuel et professionnel dans lequel ils travaillaient.

Ne vous y trompez pas. Les juges que nous allons étudier ont vraiment été gênés, ils ont été profondément mal à l'aise de pendre Billy Budd. Mais ils ont fait leur travail. Comme Vere, ils ont suivi fidèlement dans la ligne de Créon. Nous avons à les comprendre – autant qu'Antigone – si nous voulons comprendre les procédés de l'injustice.

Second extrait : p.196-200.

Troisième partie

Le dilemme moral – formel*

Note introductive

Les chapitres précédents ont décrit divers contextes dans lesquels les juges hostiles à l'esclavage ont statué sur des cas au milieu de prétentions demandant que la moralité de l'esclavage soit envisagée comme un facteur majeur dans la décision. En général, ces revendications étaient avancées directement par les parties ou leurs représentants. Peu d'hommes qui ont avancé de telles prétentions et aucun des juges qui les ont entendues, cependant, pensaient que la question de la moralité de l'esclavage, seule, pouvait suffire à décider d'un cas. La plupart des acteurs supposaient que, dans de nombreuses affaires, un résultat anti-esclavagiste ne pouvait être atteint qu'en tirant sur les principes formels ou en les reconstruisant dans une certaine mesure. Par principes formels, j'entends : (1) ceux gouvernant le rôle du juge, sa place par rapport aux autres organes faisant le droit, sa subordination au précédent, à la loi, à la Constitution ; (2) le caractère hiérarchique du système juridique et le respect dû à la fois aux décisions et aux précédents des juridictions supérieures et, tout spécialement, de la Cour Suprême ; (3) les standards professionnels de responsabilité, formulés plus souvent dans les écoles, les traités, les controverses doctrinales que dans les décisions et les lois ; (4) le sens de l'art judiciaire.

Tant les juges que les hommes qui s'adressaient à eux comprenaient que ces contraintes formelles se justifiaient indépendamment, en termes des intérêts qu'elles servaient. En conséquence, le problème du juge, dans n'importe quel cas où un impact sur l'appareil formel pouvait être attendu, n'était jamais une question morale uni-dimensionnelle – l'esclavage ou la mise en esclavage ou le renvoi en esclavage sont-ils moralement justifiés ou répréhensibles ? mais davantage, le problème était de savoir si les valeurs morales servies par l'anti-esclavagisme (la dimension morale substantielle) l'emportaient sur les intérêts et les valeurs servis par la fidélité au système formel quand de telles valeurs semblaient bloquer l'application directe d'une proposition de droit naturel ou morale.

* [N. d. T.] citation en exergue omise.

Je désignerai les choix entre ces deux ensembles de valeurs comme des « décisions de morale et de forme » (« *moral-formal decisions* »). Par cette désignation, il ne s'agit pas, pour moi, d'impliquer qu'il n'y a pas de dimension morale à la fidélité aux principes formels ou au contenu des principes eux-mêmes. En un sens, la décision de morale et de forme était une décision morale – morale, une décision entre les propositions morales de fond relatives à l'esclavage et la liberté et les fins morales servies par la structure formelle dans son ensemble, par la fidélité à celle-ci ou à quelqu'élément particulier pertinent de celle-ci. Ainsi, l'acteur juridique ne choisissait pas entre la liberté et l'esclavage. Il avait à choisir entre la liberté et le fédéralisme ordonné ; entre la liberté et les limites cohérentes à la fonction judiciaire ; entre la liberté et la fidélité à une charge publique ; entre la liberté et la l'adhésion à une entreprise sociale, publique, de construction d'une nation ou, comme quelques-uns des juges le voudraient, entre la liberté et la viabilité du contrat social. De plus, les cas individuels ont rarement représenté un choix entre la liberté universelle et la destruction totale des valeurs concurrentes, sous-jacentes aux contraintes formelles. Elles ont offert, plutôt, des choix entre un degré de plus vers la liberté et une atteinte marginale à ces valeurs.

En raison des difficultés inhérentes à l'accomplissement des types de choix soulignés ci-dessus, de nombreux avocats anti-esclavagistes ou bien ont soutenu que l'objet du choix devait être déplacé pour porter sur la décision d'entrer ou de se maintenir à l'intérieur des structures formelles ou que les impératifs moraux devaient être traduits en impératifs juridiques. En décidant d'agir en insurgé plutôt qu'en juge, un homme pouvait éviter de se confronter aux nombreux problèmes formels, impliqués dans le choix judiciaire. Il n'avait pas à se soucier de la prise en compte des limites constitutionnelles à la création judiciaire en droit, qu'elles soient censées être issues de considérations sur le fédéralisme ou sur la séparation des pouvoirs. De plus, même les obligations de fidélité aux décisions et aux processus majoritaires étaient d'un caractère moindre et différent pour le citoyen que pour le magistrat. Agir en insurgé revenait à assumer un rôle dont l'éthique était compatible avec la position anti-esclavagiste au milieu d'un système juridique pro-esclavagiste. La décision éliminait ainsi la tension du conflit de la morale et de la forme.

Le chemin alternatif, consistant à travailler à l'intérieur du système formel pour traduire les impératifs moraux en impératifs juridiques, conduisait à une lutte constante avec les principes formels. Au lieu d'argumenter sur l'esclavage, l'homme anti-esclavagiste se retrouve à discuter de la compétence des cours d'Etat en matière d'*habeas corpus*, de l'autorité d'appel de la Cour Suprême des Etats-Unis sur les décisions des cours des

Etats, des limites convenables de l'interprétation judiciaire et du respect dû à une politique législative imparfaitement formulée. De tels détours ne pouvaient être évités qu'en affirmant un principe (juridique) formel, alternatif, qui, ou bien maintenait l'identité des impératifs moraux et juridiques en demandant que le droit se conforme à quelque « droit naturel », ou bien présumait l'identité du droit et de la morale soumis seulement à l'exception explicite par une action législative expresse. Comme je l'ai montré de telles constructions de droit naturel présentaient peu de rapport avec les utilisations auxquelles a été mise « la nature » dans le droit de l'esclavage pendant plus d'un siècle et demi et entraient directement en conflit avec les présupposés constitutionnels et doctrinaux de la profession.

Dans la seconde partie, j'ai exploré les ramifications de ces deux stratégies anti-esclavagistes. Les limitations pratiques à chacune d'elles en termes d'objectifs anti-esclavagistes sont claires. Je veux maintenant tout d'abord justifier les caractéristiques du contexte contradictoire et doctrinal dans lequel ont été décidés les cas qui semblaient produire les formulations les plus fortes du problème moral-formel. Ensuite, je souhaite m'essayer à suggérer quelques conclusions à propos de la conduite judiciaire quand elle est soumise à de telles pressions.

Quand les juges affrontaient le dilemme moral-formel, ils appliquaient de la façon la plus uniforme les règles juridiques. De plus, ils semblaient réticents à recourir aux innovations doctrinales, substantielles, qui auraient pu faire que certains cas soient moins un choix entre le droit et la morale et davantage un choix entre des dispositions juridiques alternatives, et ainsi servir à les légitimer. En outre, même en optant pour la fidélité au rôle et la conduite non innovante, ces juges accompagnaient leur prise de décision d'au moins un des trois mécanismes liés entre eux de limitation de responsabilité : (1) l'élévation des enjeux formels (quelquefois combinés avec une minoration des enjeux moraux) ; (2) un formalisme mécanique de retrait ; (3) l'imputation de la responsabilité ailleurs.** Alors qu'ils sont tous en interrelation et peuvent même être

---

**. Par « élévation des enjeux formels », je désigne la tendance à choisir les justifications les plus hautes pour le principe du formalisme sur lequel on s'appuie. Par minoration des enjeux moraux, j'entends l'impuissance à élever le problème moral au même niveau de principe que le problème moral.
J'utilise l'expression « retrait dans le formalisme », plutôt que le terme plus neutre « formalisme » intentionnellement. Il est évident que « retrait » implique un « appel » quelque peu dangereux – une retraite dans le formalisme dont le but ou la fonction est d'éviter des décisions désagréables. La possibilité de maintenir cette étiquette dépend de

considérés comme un seul phénomène, envisagé de points de vue différents, ils sont en général traités séparément. Plus le conflit entre les exigences morales et les exigences formelles pesant sur le juge est aggravé, plus les effets semblent prononcés. Pour cette raison, il est souhaitable d'identifier tout d'abord les variables de contexte qui affectent la réponse et d'envisager ensuite seulement les produits comportementaux du dilemme judiciaire.

Llewellyn opposait un « grand style » de créativité judiciaire américain, qui prévalait au milieu du dix-neuvième siècle au « style formel » des années 1890.[1] Horwitz, dans son article sur la conception instrumentale du droit s'est aussi préoccupé de dater l'émergence d'une orientation de politique utilitaire dans la fabrication jurisprudentielle du droit.[2] Le chapitre qui suit et les faits indiqués aux chapitres précédents suggèrent que le style et, tout particulièrement, le recours au formalisme peuvent être non seulement le produit d'un « âge » ou d'une « doctrine », mais aussi des pressions extérieures et intérieures, diverses, sur le juge, parmi lesquelles figurent les croyances morales. Je voudrais faire observer ici que toute doctrine descriptive doit avoir des composantes complémentaires pour repérer à la fois les éléments générateurs et les éléments contraignants d'un système juridique formel. L'accent sera mis sur l'un ou l'autre de ces composants en fonction du problème à régler davantage qu'en fonction du temps. Ainsi, pour l'esclavage, comme nous allons le voir, les années 1840 et 1850 n'ont pas été l'âge d'or d'une jurisprudence qui menait librement une politique mais un âge de retrait dans le formalisme. A l'inverse, les vingt-cinq premières années de la nation ont été beaucoup moins marquées par le formalisme. Ce qui suit, est, en partie, une tentative pour rendre compte des changements frappants dans les styles à propos de l'esclavage mais l'hypothèse peut être étendue avec profit pour examiner si les styles judiciaires varient en fonction des problèmes et des pressions et comment cela se produit.

---

l'évaluation de données plutôt inexactes dont l'analyse a été fournie p.232-36. D'autres preuves sont apportées dans l'annexe.
Par « imputation de responsabilité ailleurs », je veux indiquer quelque chose de plus que le fait que l'autorité place le pouvoir de décision ailleurs, je veux dire que certaines affirmations qui se présentent comme des indications concernant le lieu du pouvoir de décision ont, en fait, la fonction latente d'exprimer l'impuissance. C'est tout particulièrement le cas quand le déni de pouvoir du juge s'accompagne d'aucune précision sur le lieu alternatif du pouvoir, quand un lieu très vague (« le peuple ») est mis en avant.

[1]. Karl Llewellyn, *The Common Law Tradition. Deciding Appeals*, Boston, Little, Brown and Co., 1960. Llewellyn, bien sûr, a beaucoup utilisé des cas tirés du domaine du droit commercial.

[2]. M. Horwitz, « Toward an Instrumental Concept of Law », in Donald Fleming and Bernard Bailyn (eds.), *Law in American History*, Boston, Little, Brown and Co., 1971.

Troisième extrait : Troisième partie, p.226-238 (jusqu'au paragraphe Biographies)

Chapitre Treize : Réponses judiciaires

Le juge anti-esclavagiste a éprouvé un conflit généralisé mais néanmoins plus ou moins latent entre deux systèmes prescriptifs potentiellement contradictoires : le droit et la morale anti-esclavagiste. Ni l'un, ni l'autre ne disposait d'un mécanisme d'ajustement parfaitement satisfaisant aux principes ou règles potentiellement incohérents de l'autre. C'était vrai de l'époque de Thomas d'Aquin, c'est vrai aujourd'hui et c'était certainement vrai pour le monde d'avant la guerre civile du juge anti-esclavagiste. Quand les modèles dialectiques et doctrinaux le permettaient, le juge pouvait sauvegarder un certain degré de cohérence et éviter l'apparition de l'opposition directe potentielle entre les principes dans de nombreux cas. Même lorsqu'un conflit éclatait, il pouvait atténuer ses effets en le considérant comme une exception ou comme le prix à payer malheureusement mais nécessairement pour un progrès dans les domaines connexes.

Quand la divergence doctrinale avec les valeurs libertaires était la plus aiguë, cependant et que les avocats et les résistants jouaient sur ce modèle pour miner la fidélité aux obligations présumées envers le droit et plaidaient de même, les conflits latents et persistants venaient sur le devant de la scène. Tous les points d'incohérence potentielle devenaient pertinents, alors que les acteurs juridiques arguaient ou bien en faveur de la thèse selon laquelle la divergence particulière était l'exemple d'atteintes plus étendues à la liberté ou bien contre cette thèse. Dans de telles circonstances, le juge devait prendre des décisions qui bousculaient ou rejetaient au moins une des structures morales et formelles incohérentes ou établissaient un compromis. Dans un tel « contexte pour la conscience », une situation « ou bien/ou bien » était créée. Quelle que soit l'action pour laquelle le juge opterait, elle paraîtrait incohérente avec la « voie non adoptée » et cependant hautement valorisée. De plus, dans la mesure où le monde personnel du juge était peuplé de gens qui valorisaient fortement les obligations formelles et d'autres qui étaient plus fortement concernés par la morale libertaire, quelle que soit l'action pour laquelle il se déterminerait, il décevrait inévitablement les espoirs et les attentes d'un groupe. De telles situations étaient inconfortables.

L'hypothèse de la dissonance

L'analyse qui suit procède de deux présupposés étroitement liés entre eux. Elle suppose : (1) que nous avons des renseignements relativement fiables sur le fondement formulé, conscient de l'action des juges anti-esclavagistes ; (2) qu'il est utile, même si c'est de façon limitée, d'explorer si le conflit entre principes à ce niveau ne peut pas avoir affecté leur travail de juge.[1] A cette fin, la « théorie » de la dissonance cognitive sera utilisée comme procédé heuristique. Il serait exagéré de prétendre que l'hypothèse de la dissonance génère une prédiction rigoureusement vérifiable en ce qui concerne le comportement dans des situations sociales aussi complexes que celles auxquelles étaient confrontés nos juges anti-esclavagistes. Cependant l'hypothèse identifie effectivement un éventail de conduites comme cohérent avec la thèse et fournit une raison de conclure qu'une certaine conduite observée est significative. L'application de l'hypothèse aux juges anti-esclavagistes offre, je crois, un prisme à travers lequel le travail judiciaire d'hommes pris dans un conflit peut être réfracté pour produire des résultats suggestifs, à défaut d'être concluants. Inutile de dire que notre priseme n'est pas le seul possible.

Les éléments pertinents de la théorie de la dissonance peuvent être présentés brièvement :* [a]

* [N.d.T.] : L'auteur ayant dans ce passage utilisé abondamment les notes de bas de page en plus des notes habituelles présentées, chez lui, en fin de texte et qui ont jusqu'alors, dans les traductions offertes dans cet ouvrage, été mises, numérotées, en note de bas de pages, ce qui, dans les autres textes a été mis en note de bas de page est reporté, dans le cas présent, en fin d'extrait et fait l'objet d'une présentation alphabétique (p.257 et suiv.).

[1]. La seconde présupposition demande davantage de commentaire. Sous-jacente à beaucoup de ce qui suit est la notion que l'incohérence entre des principes formulés et consciemment soutenus générera une tension et une tendance à essayer de réduire le domaine de l'incohérence. Cette hypothèse est à la base de nombre des travaux sur les théories de la cohérence en psychologie sociale. Elle n'est pas non controversée. En outre, même si elle est correcte, elle ne peut isoler que des éléments relativement superficiels de la motivation dans de nombreux cas. Ainsi, pour prendre un scénario, il est possible que des instincts « profonds » à blesser, à exercer le pouvoir, à faire souffrir aient existé chez certains des juges anti-esclavagistes ; que leur idéologie anti-esclavagiste représente une défense contre leurs propres instincts menaçants ; et que la compulsion à obéir aux normes de rôle là où elles conduisaient à la mise en esclavage ait été à la fois une occasion gratifiante de blesser une victime en ayant une justification ostensible et une menace à la structure de défense de l'idéologie anti-esclavagiste. Un tel scénario est purement spéculatif, réellement fictif, étant donné les informations que nous avons sur ces juges. Cependant si c'était le cas pour un juge donné, cela pourrait bien rejeter dans l'ombre, du point de vue de l'importance, le problème de l'incohérence cognitive que nous explorons de l'intérieur.

- un : « la dissonance » (expression qui désigne une sorte d'incohérence vague) entre des connaissances « fait naître des pressions en vue de réduire la dissonance ou de l'éliminer » : [b]
- deux : la pression pour réduire la dissonance sera d'autant plus grande que l'engagement personnel dans les « connaissances » incohérentes sera plus important ;[c]
- trois : plus l'engagement sera important envers une « connaissance », moins la réduction de la dissonance passera par un changement dans cette structure de connaissance ;[d]
- quatre : dans les situations de choix, la dissonance est toujours présente » parce que l'acteur sait que tout choix fait est dissonant avec les attributs positifs du choix abandonné ;[e]
- et, en conséquence, cinq : la dissonance est « la plus forte » dans les situations où on doit choisir entre des alternatives incohérentes, étroitement balancées.[f]

Dans de telles situations, selon la première prémisse, la tendance à adopter un comportement réducteur de la dissonance sera à son maximum.

Le juge anti-esclavagiste, confronté à une divergence doctrinale et à un environnement fortement dialectique fournit un cas classique de dissonance cognitive. En un sens, il y avait une disparité profonde, généralisée, entre l'image de lui-même comme être humain moral, opposé à l'esclavage humain à raison de son code moral que se faisait l'individu et son image de lui-même comme juge fidèle, appliquant les règles juridiques de façon impersonnelle – ces règles exigeant, dans de nombreux cas, la reconnaissance, la facilitation ou la légitimation de l'esclavage. Cette incohérence latente, générale, n'était pas en général très difficile à gérer. En effet des notions communément acceptées et défendues de la responsabilité professionnelle ou bien isolaient de telles incohérences d'un examen approfondi ou bien justifiaient, par *ipse dixit*, le choix de la fidélité au rôle. Cependant, dans les circonstances décrites au chapitre précédent, ces notions commençaient à craquer. Le juge était confronté à la revendication que le caractère divergent du modèle doctrinal justifiait le ré-examen des présupposés du rôle. Et cette revendication d'un ré-examen n'était pas une abstraction. Le défenseur idéologique et le résistant en faisaient et refaisaient la demande dans des circonstances personnelles, dramatiques. L'appel normal à un rôle professionnel ne serait plus suffisant, parce que c'était précisément ce rôle qui avait été mis en cause.

Chaque cas d'esclave générait potentiellement une dissonance plus particulière entre une antipathie pour un résultat qui condamnerait un homme, fondamentalement innocent, à un esclavage non mérité et le savoir ou la croyance qu'une telle action était requise par la fidélité aux attentes de rôles et aux règles.[2] Chaque fois qu'un juge avait décidé en accord avec les attentes de rôle, savoir qu'il avait renvoyé un homme à l'esclavage ou qu'il avait refusé d'émanciper un homme, dissonait avec son image de lui-même comme un homme moralement opposé à l'esclavage. Si un juge décidait cependant en faveur de l'homme noir en violation des contraintes de rôle qui s'imposaient à lui, sa décision allait être dissonante avec son image de lui-même comme homme fidèle à ses obligations judiciaires. Il y aurait une incohérence gênante chaque fois que les attentes nées de l'une ou l'autre de ces images de soi seraient violées par le cours de la décision[3]. On pouvait s'attendre à ce que le barreau et le mouvement anti-esclavagistes dramatisent de tels dilemmes de conscience et leur donnent une large publicité, rendant ainsi le problème d'autant plus pénible et d'autant plus personnel.

L'hypothèse de la dissonance prévoit que les juges qui étaient les plus troublés par un résultat en faveur de l'esclavage mais qui, néanmoins décidaient d'être fidèles à leur rôle judiciaire alors qu'il semblait exiger un tel résultat, étaient très susceptibles de faire preuve d'une forme de comportement qui réduirait la dissonance qui était une conséquence d'un tel choix difficile. Dans le cas des quatre juges prééminents à envisager dans ce chapitre, des cas frappants d'une telle conduite sont apparents. Ces juges font preuve de trois modes de comportement dans leurs réflexions judiciaires et extrajudiciaires sur les affaires d'esclaves fugitifs :

(1) l'élévation des enjeux formels ;

---

[2]. Il est tout à fait cohérent avec le travail expérimental fait à ce jour de poser qu'il y a beaucoup plus de tolérance pour le genre de conflit souvent latent et diffus entre la fidélité au droit et l'anti-esclavagisme qu'il y en a pour le conflit plus spécifique d'un cas particulier. Il en est ainsi en partie parce que la valeur de la fidélité au droit est beaucoup plus générale que son application spécifique au droit de l'esclavage, alors que l'anti-esclavagisme est aussi plus général que l'opposition au caractère obligatoire du droit de l'esclavage. Ainsi, on peut jouer un rôle de fidélité au droit et un rôle anti-esclavagiste sans ressentir immédiatement une incohérence. Le cas spécifique, cependant, déclencherait non seulement son conflit de valeurs particulier mais une bonne part du conflit latent en même temps. C'est d'autant plus vrai qu'il y a des hommes qui font leur affaire de démontrer le sens dans lequel le particulier n'est qu'un exemple de l'incohérence généralisée des valeurs.

[3]. Dans la suite de ce chapitre, je me concentrerai entièrement sur le juge anti-esclavagiste qui a fait le choix de la fidélité au droit. Cependant, la situation du choix contraire produisait une dissonance et certains des mêmes effets de retombée prévus. Par exemple, le juge Brinkerhoff de l'Ohio, ayant présenté une opinion dissidente dans *Bushnell* et prôné la non-prise en compte volontaire d'un précédent récent et applicable de la Cour Suprême, a choisi d'élever les « enjeux moraux (de l'esclavage) » et de voir l'escalade imputable au retour de la Cour Suprême aux premiers principes de *Dred Scott*.

(2) le retrait dans un formalisme mécaniste ;
(3) et l'imputation de la responsabilité ailleurs.

La thèse avancée au paragraphe qui suit n'est pas qu'une telle conduite constituait la création d'un système formel spécial pour les affaires d'esclavage mais que, parmi les nombreuses formulations que la compétence juristique de l'époque rendaient disponibles, les juges anti-esclavagistes ont constamment gravité vers les formulations qui conduisaient le plus à un déni de responsabilité personnelle et les plus persuasives quant à l'importance du formalisme de la structure institutionnelle pour laquelle ils avaient opté.

Les modes de réponse judiciaire

L'élévation des enjeux formels

Pour un juge qui croyait qu'il avait choisi de faire prévaloir la fidélité au droit sur l'impulsion morale, personnelle à rendre un homme libre ou à ruiner l'esclavage, le choix devenait plus facile quand la justification sous-jacente pour l'adhésion à l'obligation formelle était portée à son niveau le plus élevé possible. A supposer que la décision initiale ait été difficile à prendre, le juge pouvait, en conséquence, commencer à percevoir les valeurs formelles choisies comme plus importantes qu'avant ou les valeurs morales non choisies comme moins importantes. Ainsi nous allons nous attendre à ce que soit dans le cours de la prise de décision soit en conséquence immédiate de celle-ci, le juge en vienne à élargir le fossé initialement peu profond entre la désirabilité des choix moraux et formels. Plus il a des sentiments forts à propos de l'esclavage, plus il est vraisemblable que la voie cognitive de moindre résistance sera une réévaluation à la hausse de l'importance des contraintes formelles. C'est cette réévaluation à la hausse que j'ai appelée l' « élévation des enjeux formels ». En résumé, donc, un équilibre étroit (apprécié comme penchant faiblement en faveur du formalisme) entre les valeurs morales et formelles est difficile à vivre et fait naître une tendance à percevoir la justification du choix originel dans la plus persuasive de ses formulations possibles.

Les caractéristiques des valeurs formelles du droit contribuent à une manipulation facile et moins que consciente. C'est une connaissance « douce », plus malléable que ne le sont les procédés expérimentaux. par exemple, la proposition que le juge devrait être de façon impersonnelle, fidèle au « droit » et au « droit » seul est susceptible d'une justification à plusieurs niveaux. (Et la nature de la justification peut influencer la construction donnée à la phrase.) Un type de justification est d'ordre constitutionnel et purement instrumental. Le juge doit être fidèle au « droit » de telle sorte qu'il ne soit pas indûment partial à l'égard de certains hommes. C'est un moyen d'assurer l'impartialité. Une seconde justification est que le fait pour le juge de se présumer lié par les sources de droit existantes sert à empêcher qu'il se mette à créer du droit à tout va. Il ressort clairement des écrits de Grimké, Lieber, Kent et Story, discutés au chapitre 8, que la profession avait dépassé toute réitération mécaniste d'expressions à cet égard. La prose réfléchie des traités montre que ces hommes étaient tout à fait capables de parvenir à une analyse très précise des fins servies par la proposition que le juge est lié par le droit.[g] Ceci est à contraster avec la rhétorique de John McLean dans *Miller v. McQuerry* où le non-respect de la proposition « par les autorités judiciaires, ruinerait et subvertirait le contrat social. »[h] D'autres exemples sont présentés en annexe. Ainsi, la fin servie par la fidélité au « droit » est élevée au point de devenir la défense des fondements de la société eux-mêmes.

Mon propos n'est pas d'impliquer que l'affirmation de McLean ne peut en aucun sens refléter une intuition réelle. En effet, on peut véritablement justifier le principe de l'obéissance judiciaire au droit en termes de contract social. C'est précisément le fait que ces principes se prêtent à un éventail de tâches de justification à différents niveaux qui facilite la réduction de la dissonance par la tendance à élever la justification au niveau le plus haut possible. On n'a pas choisi de participer à la mise en esclavage d'un homme en raison d'un simple moyen de contrôle de la conduite officielle. Non, on a été contraint de participer à la mise en esclavage d'un homme par fidélité envers les principes consensuels sous-jacents à la société ordonnée elle-même.

Arrivés à ce point, il est nécessaire à la fois que je qualifie et que je justifie la terminologie. Les faits présentés dans l'annexe démontrent combien fréquemment les juges anti-esclavagistes étudiés ici tendaient à exprimer ce qui était en jeu dans la structure formelle dans les termes les plus graves et les plus forts. Je pense qu'il est clair qu'aucun autre catégorie de cas dans l'Amérique de l'avant-guerre civile n'a appelé un tel modèle de justification pour la fidélité au rôle soit par ces juges, soit par d'autres juges de cette époque. De plus, en termes de sens commun aussi bien qu'en termes de la théorie de la dissonance cognitive, il semble juste qu'un choix dur soit plus facile à vivre avec la plus profonde et la plus sérieuse des justifications de l'avoir fait.

Rien de tout ceci, cependant, ne démontre qu'une *escalade* des enjeux formels ait eu lieu – que la caractérisation la plus grave des enjeux formels ait été autre chose que ce que la situation demandait ou aurait autrement appelé. Une démonstration de « l'escalade » n'est pas possible mais certaines preuves convergent avec la théorie de la dissonance sur ce point. Tout d'abord, la tendance à parler en de tels termes n'était pas limitée aux affaires de tension politique accrue. C'est aussi apparent dans *Miller v. Querry* (1853) que dans *Ex Parte Bushnell* (1859) ; aussi évident dans *Ohio v. Carneal* (1817) que dans *Sims* (1851). Ensuite, les « enjeux » objectifs étaient aussi élevés pour les juges qui n'étaient pas fortement « anti-esclavagistes » que pour ceux qui l'étaient. Cependant des juges comme Grier et Curtis se sont contentés d'affirmations de moindre envergure. Il y a quelques très rares cas de justification « haute » par ces deux hommes mais ce n'est pas la dominante comme chez McLean. En outre, dans les cas de Grier et de Curtis, la rhétorique se limite à des situations d'instructions à des jurys ou de harangues politiques.[4] La théorie de l'escalade, donc, doit reposer sur une position tentée, cohérente avec toutes nos preuves mais d'aucune manière prouvée.

---

[4]. Dans *Van Metre v. Mitchell*, 28 F. Cas. 1036 (N° 16,865) (C.C. Pa., 1853), le juge Grier instruit un jury dans une large mesure selon les grandes lignes de la décision alors récente de McLean dans *McQuerry* : « ...le droit du pays tel qu'il vous est présenté par la Cour...constitue les seuls éléments qui doivent guider un tel verdict (véritable). Aucune des théories ou des opinions que vous pouvez entretenir ou que nous pouvons entretenir en ce qui concerne la liberté et les droits de l'homme ou encore la politique ou la justice d'un système d'esclavage domestique, ne peut avoir sa place auprès du tribunal ou chez les jurés. Nous n'avons pas l'audace de substituer nos convictions ou nos opinions, quelle que soit l'honnêteté avec laquelle nous les entretenons, au droit du pays » (p.1039).
Grier cite aussi McLean et Tilghman sur la nécessité de suivre un standard impersonnel dans les affaires d'esclavage. *Van Metre* marque l'approximation la plus proche par un juge qui n'est pas lui-même considéré comme un opposant à l'esclavage des formulations de McLean-Shaw-Swan. Les mots de Grier, cependant, faisaient partie d'une recommandation au jury et peuvent, même si ce n'est pas nécessaire, être vus en termes du but de convaincre le jury de ne pas suivre sa conscience. Certaines des opinions de McLean répertoriées en annexe sont des recommandations au jury mais d'autres ne le sont pas. Cette variable est notée en ce qui concerne chaque cas. Les opinions de Shaw dans *Sims* et *Latimer* n'étaient pas des recommandations au jury, ni, bien sûr, l'opinion de Story, dans *Prigg*.
Curtis s'est le plus rapproché de l'abrégé de rhétorique de McLean dans son discours en défense de la Loi de 1850 – prononcé, en Novembre 1850, à Faneuil Hall, à Boston. Il y parlait des hautes finalités servies par la fidélité au droit mais il s'abandonnait aussi au type de préférence de valeurs explicite qui aurait été impensable pour McLean : « Quels que soient les droits naturels qu'ils (les noirs) ont, et j'admets ces droit naturels dans toute leur étendue, *ceci* n'est pas le *sol* sur lequel les défendre. C'est *notre* sol sacré pour *notre* paix, sur lequel nous entendons accomplir *nos* promesses et réaliser...la destinée que notre créateur nous a assignée ».(Benjamin R. Curtis, *A Memoir of Benjamin Robbins Curtis...*, Boston, Little, Brown and Co., 1879, Vol.1, p.135-36.) Dans une lettre privée de la même période environ, il formule le problème de façon plus proche de celle de McLean : « Je désire voir quelqu'un se dresser comme un homme et parvenir à montrer que le devoir moral

Le fait de la justification fréquente par la fidélité au rôle dans les termes les plus élevés est, cependant, clair. Et il y avait probablement des déterminants multiples pour cette forme de justification : la gravité de la menace réelle au droit, la rhétorique et les besoins présumés de l'auditoire ; la tendance à définir son propre choix envers soi-même et envers les autres comme le plus forcé possible. De plus, comme le contexte dialectique exigeait une raison pour les limites de rôles et la fidélité à celles-ci et non une réitération de celles-ci, la justification par le contrat social ou une haute raison d'Etat en venait à se rendre inévitable. Toute autre réponse semble faible en comparaison. Elever les enjeux formels quand le moment l'exigeait, aurait pu, d'un certain point de vue, réduire la dissonance de la fidélité au rôle et rendre le choix du juge plus facile. Cela ne signifie pas, cependant, que ce n'était pas un acte d'homme d'Etat en même temps.

Le retrait dans le formalisme

La dissonance est réduite non seulement par la tendance à élever les enjeux formels mais aussi par la tendance à mécaniser les exigences formelles. Les genres de principes formulés « fidélité au droit », soumission à l' « autorité », au précédent ou à l' « intention » constitutionnelle ou législative dictent rarement mécaniquement un résultat particulier dans un cas donné. La controverse de l'esclave fugitif illustre certainement ce point. Pendant un demi-siècle, le domaine de l'engagement permis à l'Etat en matière de renvoi de l'esclave n'était pas clair. Il y eut une série de questions constitutionnelles de première impression : les juges des Etats ont-ils l'obligation d'appliquer un mécanisme de renvoi fédéral ? un Etat peut-il contraindre celui qui s'est saisi d'un esclave à faire appliquer ses droits à travers une procédure judiciaire ? la détention d'un prétendu fugitif selon une procédure fédérale peut-elle être défiée par des procédures collatérales d'Etat ? y a-t-il un pouvoir du Congrès à légiférer à propos de la disposition sur l'esclave fugitif dans la Constitution ? le Congrès peut-il appliquer la

que nous avons envers l'esclave fugitif, quand il est en conflit avec le devoir moral que nous avons envers notre pays et ses lois, est tellement supérieur à celui-ci que nous devons nous engager dans une révolution à son propos ». (*ibid.*, Vol.1, p.122.) Il faut noter que Curtis, comme nombre d'autres hommes de son époque, n'admettait pas la désobéissance civile. Faire prévaloir la conscience sur le droit impliquait la révolution. Il était prêt à affronter le conflit et à faire un choix de valeur explicite de l'ordre contre la liberté. Pour lui, la réponse n'était pas simple, comme son discours à Faneuil Hall l'a montré. Pour ceux qui ne renonçaient pas si volontiers aux droits naturels des autres sur le terrain du racisme, c'était un choix beaucoup plus dur.

disposition en recourant à des agents judiciaires (commissaires) qui ne correspondent pas à l'article III ? la rémunération de ceux-ci peut-elle être fixée à un niveau variant selon le résultat ? est-ce que le prétendu fugitif a des droits procéduraux du fait de la probabilité que l'Etat supposé le rendre le considère présomptivement libre ? Même alors que de plus en plus de ces questions constitutionnelles avaient été évacuées par des décisions de la Cour Suprême, il restait un vaste domaine de droit procédural qui pouvait avoir un impact déterminant pour le résultat. Qu'est-ce qui constitue une preuve satisfaisante de l'identité d'un prétendu fugitif ? Est-ce qu'un certificat d'un Etat esclavagiste peut être contesté sur n'importe quel fondement ? Sur la base d'une obtention frauduleuse ? Dans les procès de résistants et de dissidents, comment le jury doit-il être instruit ? Les cours inviteront-t-elles à tolérer l'introduction d'une morale locale par ce biais ?

Etant donné ces questions juridiques et le facteur toujours présent de détermination des faits, d'établissement des présomptions et de charge de la preuve quand les faits sont controversés, il est clair que ce problème, comme toutes les questions complexes de droit, était susceptible d'un large éventail de solutions avec un large domaine concomitant pour l'introduction potentielle de la morale. Cependant le cours d'action qui a prévalu chez le juge anti-esclavagiste a été de parler en termes concluants de l'obligation d'appliquer « le droit et le droit seul », de l'obligation de s'abstenir de prendre en compte sa conscience, le droit naturel ou la justice. Ces affirmations accompagnent souvent des dispositions à l'encontre du prétendu esclave sur le fondement d'une autorité peu claire et quelquefois contradictoire. L'impression donnée est que l'on cède par devoir envers le droit, à la force inexorable d'exigences claires et limpides de la Constitution, du Congrès et de la Cour Suprême.

La conception mécaniste de l'obligation judiciaire et de la doctrine a souvent été utilisée de façon douteuse par les juges. De l'opinion de Marshall dans *Marbury v. Madison* à Hugo Black en passant par Pierce Butler, il y a des juges qui ont cru ou affirmé que « mettre les cas les uns à côté des autres » fait la décision.[1] Que ce ne soit pas une description tenable de la décision judiciaire était bien connu au dix-huitième siècle ; a été bien formulé par Marshall, Story, Kent, Grimké et de nombreux autres juges au dix-neuvième siècle et est devenu un truisme du commentaire réfléchi au vingtième.

Cependant la conception mécaniste, impersonnelle du processus judiciaire comporte des caractéristiques importantes, réductrices de dissonance. Ayant choisi d'être fidèle à un rôle, le juge avait encore à conserver la foi.

Si le droit est clair et son application mécanique, alors une fois la proposition de subordination judiciaire au droit acceptée, garder la foi semble facile. Un modèle moins mécanique soulèverait constamment la question moral-formel à tout propos : est-ce que je poursuis un chemin innovant, libertaire parce que je le désire ou parce que c'est le « droit » ? La théorie du droit prédominante qui excluait la volonté personnelle du juge de la création judiciaire de droit faisait de cette question, une question difficile et une question permanente.

Plus le juge entretient une vision mécaniste du processus, plus il externalise la responsabilité pour le résultat. Ce phénomène, je l'appelle le retrait dans le formalisme. Il ne caractérise absolument pas tout le travail judiciaire à propos des cas de fugitifs. Mais l'opinion du Président Lemuel Shaw dans *Sims* est un exemple d'un tel retrait. Il prétendait voir les problèmes réglés par des précédents qui, quel que soit le regard honnête que l'on porte sur le sujet, étaient difficilement pertinents.[j] L'opinion de Joseph Swan dans *Bushnell* se présente comme impérativement dictée par le cours inévitable du précédent. Dans ce cas, cependant, le modèle doctrinal était en fait tel qu'il permettait un résultat mécanique, s'il ne l'imposait pas.[k] Ces deux opinions, bien que traitant de questions de politique, laissaient entendre qu'un résultat différent aurait pu apparaître, si ce n'était pour une application « stricte » des doctrines concernant le juge.

De même, Joseph Story, dans *Prigg v. Pennsylvania*, a appliqué des standards d'interprétation qui font écho aux *Commentaires sur la Constitution* qui, alors, étaient récemment parus. Tout comme il cherchait, dans les *Commentaires*, un standard à l'épreuve du juge, il prétendait ici donner « aux mots de chacun précisément la fonction et la force correspondant à leur signification légitime pour permettre de s'assurer honnêtement des fins proposées et de les atteindre ».[l] Quel que soit l'apport du juge, selon Story, celui-ci devrait être de caractère impersonnel. Story n'est pas parvenu à ce formalisme à cause de l'esclavage. S'il y avait une seule cause, ce serait plus vraisemblablement une réaction à la méfiance répandue à l'égard des juges en tant que législateurs sans limitations. Cependant la réponse à une menace ayant été donnée de cette manière, cette réponse servirait aussi à rendre les cas des esclaves plus faciles.

Dans les cas de fugitifs, John McLean révélait très clairement le « retrait dans le formalisme ». McLean affirmait vigoureusement l'obligation de ne pas tenir compte de la morale émanant d'autres sources que celles qui sont purement juridiques, dans la décision des cas. Il instruisait les jurys de cette façon. En outre, il considérait *Prigg*, comme une source évidente et inattaquable, qui exigeait un résultat en faveur de l'esclavage dans une grande variété de situations de fait impliquant l'Etat et l'interposition privée dans les affaires de fugitifs. A un moment, il faisait mention de son opinion dissidente dans *Prigg* mais il concluait qu'il demeurait lié par cette décision comme s'il y avait lui-même concouru.[m]

Le « retrait dans le formalisme » n'était pas dramatique. Si cela l'avait été, son pouvoir de réduction de la dissonance en aurait été réduit. Il s'agissait tout d'abord de faire un choix parmi les formulations de principes d'interprétation qui existaient déjà. Le modèle mécaniste de prise de décision prévaut énormément, pour partie parce qu'il sert à réduire la dissonance, pour partie parce qu'il est utile pour masquer l'allocation d'un pouvoir de décision. Pour Shaw, McLean et Story, il était important qu'ils cachent à eux-mêmes leur pouvoir de décision.

Ainsi, un second processus, complémentaire, allégeant le dilemme moral-formel était le suivant : l'inconfort incident à un choix difficile sera accru dans la mesure où le juge se considèrera comme ayant eu une responsabilité personnelle pour un choix fait parmi de nombreuses alternatives possibles, qui se présentaient devant lui. L'inconfort sera réduit dans la mesure où il pourra se voir comme l'instrument mécanique de la volonté d'autrui. En conséquence, il choisira, parmi les modèles possibles du processus judiciaire, celui qui sera le plus proche du formalisme mécanique-impersonnel.

Deux mises en garde sont nécessaires. Premièrement, l'opinion judiciaire est un document public. On ne peut jamais être certain si la rhétorique du formalisme est de la dissimulation ou de la réflexion honnête. Je n'ai pas de réponse ferme à de tels doutes, bien que des lettres privées de Story et de McLean reflètent la rhétorique des opinions.[n] Dans les deux cas, cependant, ces lettres ne sont pas adressées à des intimes mais à des correspondants quasi-publics. Deuxièmement, le point de vue mécaniste sur le processus judiciaire était viable indépendamment de la controverse sur l'esclavage. Ainsi, je n'affirme pas ici que le modèle a été créé par et pour ces cas mais qu'il était là, prêt à être choisi et que la tendance à le choisir a été renforcée par son utilité au service de la réduction de la dissonance.

L'imputation de la responsabilité ailleurs

Il y avait encore un troisième moyen de réduire la dissonance et c'était l'imputation de la responsabilité à quelqu'autre personne ou groupe. Des nombreux attributs de la structure formelle qui étaient accentués au travers du processus cognitif décrit plus haut, aucun n'est plus important pour ce troisième procédé que la « séparation des pouvoirs ».[5] La doctrine de la séparation des pouvoirs non seulement renforçait la conception du pouvoir judiciaire comme un pouvoir limité, elle imputait aussi le pouvoir dont ne jouissaient pas les juges à une autre branche du gouvernement. Elle ajoutait des justifications politiques et morales supplémentaires à l'impuissance du juge à modifier certaines situations. Dire que le principe de la « séparation des pouvoirs » convenait parfaitement pour répondre au besoin du juge anti-esclavagiste de réduire la dissonance n'est en aucune manière une contestation de la sagesse politique de la doctrine ou de son utilité. Il s'agit simplement de percevoir que la séparation des pouvoirs intègre un effet qui est de faciliter l'externalisation de la responsabilité pour des conséquences non désirées. Que cet effet soit considéré comme désirable ou non peut dépendre des circonstances dans lesquelles il se manifeste. Dans les affaires d'esclave fugitif, le déni de la responsabilité ou de la capacité judiciaire à prendre en compte le droit naturel et la justice allait la main dans la main avec la déclaration que « c'est au peuple souverain et à ses représentants d'envisager les lois de la nature... ».

C'était réconfortant (réducteur de dissonance) de pouvoir coupler le déni de responsabilité personnelle pour un résultat non désiré avec l'imputation de la responsabilité à quelqu'un d'autre. Dans le cas de la Loi sur l'esclave fugitif, ce phénomène se manifestait par un large acquiescement judiciaire, presque universel, au pouvoir du Congrès de faire appliquer la clause du fugitif de l'article IV et de la faire appliquer complètement à son gré.

Il devrait apparaître clairement maintenant que la réduction de la dissonance par le juge anti-esclavagiste qui avait rendu une décision « en faveur de l'esclavage », n'avait pas à faire violence aux présupposés formels de la profession. Bien plutôt, le juge choisissait, comme normes, les formulations du processus et de ses limites, qui invoquaient les justifications les plus hautes possibles pour le formalisme, qui décrivaient le processus dans les termes les plus mécanistes et qui mettaient l'accent sur la place des autres dans le processus décisionnel. Des formules

---

[5]. L'imputation de la responsabilité ailleurs inclut d'autres moyens aussi. Par exemple, l'affirmation de McLean disant qu'il avait auparavant émis une opinion dissidente dans *Prigg*, aboutissait à la proposition : « Je ne suis pas responsable de la pierre angulaire de l'édifice doctrinal qui contraint maintenant ma décision à l'encontre du fugitif. Ce sont mes confrères qui sont responsables ».

alternatives étaient disponibles – des formules qui donnaient de la structure formelle des justifications instrumentales, plus terre à terre, qui soulignaient le rôle inévitable et désirable du juge et de l'apport politique dans la prise de décision et qui donnaient au judiciaire un rôle plus explicite dans la prise de décision en tant que législateur conjoint. Mais une vision du processus judiciaire qui se formule ainsi, convient moins bien pour un homme qui éprouve déjà une tension généralisée entre des exigences de rôle en conflit et qui a statué dans une affaire déchirante contre ses espoirs les plus hauts. Il est certain que, dans la prise de telles décisions difficiles, les modèles doctrinaux et la hiérarchie des sources d'autorité normative sont très importants. Le juge peut ne pas faire comme il le souhaiterait en suivant un modèle formel alors accepté. Il est tout à fait naturel, donc, qu'il souligne et réitère la rhétorique des limites et du domaine réduit et leurs justifications plutôt que celle de la facilité, du pouvoir et de la responsabilité.

Les hypothèses, dans ce paragraphe de ce chapitre, relatent la conduite de juges dont les décisions allaient à l'encontre de leur conscience personnelle et de leurs espoirs en matière de politique publique. Les hypothèses présupposent un large éventail d'opinions et des degrés divers d'intérêt parmi les juges. Seuls ceux dont l'intérêt était le plus fort et le plus large allaient éprouver une dissonance sérieuse et les effets en résultant. En dépit du fait que ce groupe « spécialement troublé » ne représentait qu'un petit pourcentage du judiciaire américain, sa position était stratégiquement importante. Si un dialogue crédible devait se nouer entre les défenseurs insurgés, les résistants et les officiels auxquels ils s'adressaient, c'était avec ces juges. La défense du formalisme du droit et les résultats pro-esclavagistes qu'elle déterminait, n'était pas susceptible d'avoir beaucoup de poids auprès des insurgés, quand ils venaient de Taney, Campbell, Catron ou Wayne. Il était, après tout, facile de défendre un processus dont les résultats étaient en harmonie avec ses propres désirs et intérêts. La même conclusion provenant d'opposants connus à l'esclavage avait beaucoup plus d'impact.

De plus, les opinions de ces juges avaient beaucoup plus d'effet sur un autre auditoire. Les positions anti-esclavagistes de ce petit groupe d'hommes étaient bien connues parmi les autres juges. Si des hommes tels que ceux-ci renonçaient à la manipulation des formalismes en faveur d'améliorations, s'ils poussaient la rhétorique au point de parler des fins les plus élevées servies par le droit et l'obligation de respect envers ce droit, ces hommes qui étaient moins engagés en faveur de l'anti-esclavagisme avaient des modèles tout prêts pour leur propre conduite d'obéissance.[6]

En raison de leur position stratégique, l'escalade des valeurs formelles et le retrait dans le formalisme discernables chez cette poignée de juges avait un impact considérable sur l'équilibre du système décrit plus tôt. Certains modèles pour réaliser la stabilité au travers du juge en tant que mécanisme de contrôle étaient bloqués. Le chemin des améliorations n'était pas pris par la poignée de critiques et la formulation du processus formel était telle qu'elle détournait les autres de suivre ce chemin. (Le fait que les Garrisoniens aient partagé cette perception du processus formel renforçait cette dissuasion.) La route du Wisconsin ; la quête dramatique d'une nouvelle doctrine fondée sur le rejet radical et direct d'une proposition formelle, cardinale (ici, l'obligation, pour la Cour Suprême, de suivre le précédent) était même plus assidûment évitée. Aucun changement doctrinal anti-esclavagiste de quelque importance avait un espoir de succès, sauf à obtenir la coopération de cette poignée de juges anti-esclavagistes prestigieux. Ainsi, en effet, dans la mesure où leur propre travail tendait à produire une réponse d'impuissance et de formalisme exacerbé, un contrôle potentiel très important sur la crise moral-formel était détruit. Le caractère pivot de ces hommes invite à une brève excursion dans leurs biographies.

[6]. Par exemple, la décision de McLean de soutenir la constitutionnalité de la Loi de 1850, dans *Miller v. McQuerry*, était un signal important pour le Sud. Non seulement, il était le premier juge de la Cour Suprême à se prononcer sur la loi mais il était considéré comme le plus anti-esclavagiste des membres de cette cour. En conséquence, sa décision était un test pour la fidélité à la loi. Voir extrait dans *McLean Manuscripts*, Library of Congress. Le parallèle entre la décision de McLean dans *McQuerry* et les instructions au jury de Grier dans *Van Metre v. Mitchell* pourrait aussi refléter l'hypothèse du « modèle » avancée dans ce texte. Le juge de district dans *Van Metre* a fait encore plus usage du modèle de McLean [*Van Metre v. Mitchell*, 28 F. Cas. 1042 (N° 16,865a) (D.C.D. Pa., 1853)].

[a]. Le lecteur qui est intéressé par une description un peu plus complète des présupposés de la théorie de la dissonance sous-jacente à l'énumération très brève de propositions dans le texte principal peut trouver les indications suivantes, utiles.
En 1957, Leon Festinger a esquissé une théorie de la dissonance cognitive (Leon Festinger, *A Theory of Cognitive Dissonance*, Evanston, Ill., Row, Peterson, 1957). Les éléments de base de la structure sont les « connaissances », définies comme « tout savoir, opinion ou croyance à propos de l'environnement, à propos de soi-même ou à propos de sa propre conduite ». Les connaissances sont dans une relation de « dissonance » quand l'opposé de l'une découlerait de l'autre. La relation « découler de » n'est pas une inférence logique mais se définit environ par les attentes générées par l'expérience, la culture et la logique. Les prémisses fondamentales de la théorie sont que la dissonance cognitive « fait naître des pressions en vue de réduire la dissonance ou de l'éliminer » ; et que « la force de ces pressions pour réduire la dissonance est fonction de l'ampleur de la dissonance ». La réduction de la dissonance a lieu quand soit la nature soit l'importance de l'une des connaissances dissonantes est modifiée. La réalité et les déterminants culturels et psychologiques de l'individu créent la barrière au delà de laquelle un changement dans de nombreuses connaissances ne peut pas intervenir. Dans de telles circonstances, Festinger postule que l'individu ou bien commence à valoriser moins la connaissance qui résiste le moins, ou bien à rechercher des connaissances consonantes, avec l'un ou l'autre des pôles dissonants. L'un des premiers exemples que donne Festinger d'une situation qui, de façon générique, implique une dissonance est celle des attitudes post-décisionnelles de l'acteur. Quand une décision a été prise, la connaissance de l'action prise est toujours dissonante par rapport à la connaissance des attributs positifs de « la route non suivie ».
Des théoriciens plus tardifs ont ajouté plusieurs variations, qui sont importantes pour nous. Tout d'abord, ils ont postulé que l'intolérance pour l'incohérence s'accroissait avec l'engagement personnel, qu'il y a une stabilité substantiellement plus grande des incohérences entre les connaissances pour des questions qui sont extérieures à soi. Ensuite, ils ont postulé que l'engagement envers ses propres connaissances est la clé de la prévisibilité et de la certitude en ce qui concerne l'effet des autres connaissances. Il en est ainsi, premièrement, parce que « l'engagement » peut être pris comme une disposition personnelle ; deuxièmement, parce que l'engagement rend peu susceptible le changement d'un pôle (Jack Brehm and Arthur Cohen, *Explorations in Cognitive Dissonance*, New York, Wiley, 1967).
Le premier axiome demeure que l'individu cherche à réduire la dissonance. Il y a moins de dissonance dans une situation où le nombre et l'intensité des relations consonantes est accru. Festinger reconnaissait, dans la première des formulations générales de sa théorie que ce postulat avait des implications pour les situations de contrainte ou ce qu'il appelait l'« obéissance forcée ». La conduite contraire à la volonté produit toujours de la dissonance. Savoir que l'on agit d'une certaine façon est dissonant avec la connaissance de ce que l'on désire. Néanmoins, la récompense ou la punition associée à la conduite contraire à la volonté est consonant avec ce comportement. En effet, l'acteur a ou bien gagné quelque chose par son obéissance, dont on peut supposer qu'il est plus important que ce qu'il a perdu, ou bien il a évité des conséquences négatives. Festinger, dans l'un de ses corollaires les plus célèbres, postule que :

> « Comme la récompense promise ou la punition menaçante perdent de leur importance, la dissonance résultant de l'obéissance s'accroît. La dissonance maximum possible résulterait d'une récompense ou d'une punition qui serait juste suffisante pour produire la conduite ou l'expression ouverte, désirée ».

Festinger émet la thèse évidente que le contraire aussi s'ensuit. A savoir que la récompense ou la punition qui *échoue* juste à produire le changement de conduite ouverte, désiré maxime la dissonance inhérente à la non-obéissance (Festinger, p.91-92). Dès lors que la dissonance est maximisée quand la conduite soumise est obtenue avec une contrainte faible, la motivation pour une conduite qui réduit davantage la dissonance sera plus marquée dans de tels cas. Festinger postulait que le changement d'opinion privée, interne serait plus susceptible de se produire dans les situations de conduite d'obéissance à une contrainte faible que dans les situations de conduite de soumission à une contrainte forte. En effet, dans le second cas, l'ampleur de la contrainte elle-même est suffisamment consonante avec la connaissance de la conduite à contre-emploi. En langage non-technique, la plus grande contrainte est perçue comme une justification plus que suffisante pour la soumission à l'exigence d'une conduite particulière. Quand la contrainte est plus faible, l'individu n'est « pas sûr » que la contrainte justifie la soumission et commence à justifier que son action n'est pas réellement contraire à sa volonté. Des travaux subséquents sur la théorie de la dissonance ont inclus un nombre substantiel d'expériences qui testaient les corollaires de l'obéissance forcée. Par exemple, on a demandé à des étudiants d'écrire un essai à contre-emploi. Ceux à qui on donnait la récompense la plus importante éprouvaient moins de dissonance et moins de changement d'attitude. Ceux qui recevaient des récompenses beaucoup moindres modifiaient leurs attitudes antérieures beaucoup plus fortement. Il y a eu de vives critiques contre les expériences de comportement d'obéissance mais elles ne détruisent pas le principe plus large dont elles font partie ; à savoir que l'externalisation de la responsabilité pour un acte autrement dissonant, ici la contrainte, contribue à réduire la dissonance.
Dans ces situations expérimentales, le prix de la soumission était précis. L'expérimentateur offrait « x » dollars. Le sujet qui restait en contact avec la réalité, ne pouvait pas réduire la dissonance en percevant un dollar et demi comme s'il recevait vingt dollars. La réduction de la dissonance, si elle devait se produire, avait alors à passer par une autre avenue, comme le changement d'attitude. Dans les situations plus complexes, cependant, les sanctions peuvent être vagues, contingentes ou incertaines. Cette zone d'ombre laisse la réduction de la dissonance ouverte au moyen d'un changement dans la perception des sanctions. Ainsi, le phénomène courant d'un homme qui se soumet à la force en exagérant le danger de façon à mieux justifier qu'il ait abandonné. Pour un passage en revue de la littérature sur la théorie de la dissonance jusqu'en 1969, voir Zajonc, « Cognitive Theories in Social Psychology », in Gardner Lindzay and Elliot Aronson (eds.), *Handbook of Social Psychology*, 2nde ed., Reading, Mass., Addison-Wasley Publishing Co., 1970, Vol.1, chap.5, p.359-411. Voir aussi E. Aronson, « The Theory of Cognitive Dissonance : A Current Perspective », in L. Berkowitz (ed.), *Advances in Experimental Social Psychology*, New York, Academic Press, 1969, Vol.4, chap.1. J'ai l'impression que le travail actuellement en cours du Professeur Irving Janis va fournir une structure théorique beaucoup plus subtile et utile dans laquelle placer les données rassemblées ici mais je ne suis pas certain qu'il affecte les hypothèses présentées.

[b]. Festinger, *A Theory of Cognitive Dissonance*, p.18.

[c]. Brehm and Cohen, *Explorations in Cognitive Dissonance*.

[d]. ibid. Voir aussi la formulation de Festinger in id., *A Theory of Cognitive Dissonance*, p.266 : « La dissonance maximale qui peut exister entre deux éléments est égale à la résistance au changement de l'élément le moins résistant des deux ».

[e]. Festinger, *A Theory of Cognitive Dissonance*, p.32-47. Festinger tente aussi d'établir une liste des variables de quantification : l'importance de la décision, l'attrait relatif des choix, le degré de recoupement entre éléments cognitifs :

> « Une fois que la dissonance existe après une décision, la pression pour la réduire se manifeste dans des tentatives pour accroître l'attrait relatif de

l'alternative choisie, pour diminuer l'attrait relatif de l'alternative non choisie, pour établir des recoupements cognitifs... » (p.47).

[f]. *ibid.*, p.37-38.

[g]. Voir chapitre 8 *supra*.

[h]. *Miller v. McQuerry*, 17 F. Cas. 332 (N° 9,583) (C.C. Ohio, 1853), p.339.

[i]. Une critique classique de ce modèle d'interprétation est Thomas Reed Powell, *Vagaries and Varieties in Constitutional Interpretation*, New York, Columbia University Press, 1955.

[j]. Voir, p.249-52, *infra*.

[k]. Voir, p.252-56, *infra*.

[l]. Comparez *Prigg v. Pennsylvania*, 41 U.S. (16 Pet.) 539 (1841), p.610-11, avec Story, *Commentaries on the Constitution*, ed. de 1833, Boston, Hillard, Gray and Co., Cambridge, Mass., Brown, Shattuck and Paul, 1833, Vol.1, p.383-86.

[m]. *Norris v. Newton*, 18 F. Cas. 322 (N° 10,307) (C.C.D. Ind., 1850), p.324.

[n]. Pour Story, voir Lettre à Ezekial Bacon, William Wetmore Story, *Life and Letters of Joseph Story*, Boston, C. C. Little and J. Brown, 1851), Vol.2, p.430-31. Pour McLean, voir les morceaux de deux lettres reproduits dans *McLean Manuscript*, Library of Congress, en annexe.

Quatrième extrait : Troisième partie, postscriptum, p.257-259

Je ne souhaite pas m'engager dans un réductionnisme psychologique en ce qui concerne les quatre juges étudiés précédemment. Leur dilemme était assez réel, en aucun cas créé par la pathologie des acteurs. Ma thèse est plutôt que les réponses de ces hommes et d'autre hommes, comme eux, constituaient des modèles d'activité judiciaire, caractéristiques et prévisibles pour de telles circonstances d'une difficulté extrême. Les conditions étaient difficiles en partie parce qu'il n'y a pas de substituts formels pour les choix de valeurs en priorité absolue dans les situations telles que celles rencontrées par Story, McLean, Shaw et Swan. La difficulté provenait aussi du fait que ces hommes partageaient une théorie du droit qui encourageait une pensée imprécise sur la nature des choix disponibles. La persistance d'un idiome de droit naturel dans les situations d'esclavage – maintenu vivant dans les conflits de loi, le droit international et certaines constitutions d'Etats – nourrissait l'illusion qu'il y avait une opération de récupération, honnête par laquelle il était possible que le droit soit mis au service de fins libertaires. Cette illusion était particulièrement attractive pour certaines forces insurgées qui développaient la technique de confrontation constante avec le judiciaire, accompagnée d'extensions et de reformulations de leur propre idiome de droit naturel. Même si les bons juges n'avaient pas de mal à rejeter l'orientation droit naturel comme base pour l'action quand le droit positif fournissait une règle contraire, ils rencontraient des problèmes pour justifier leur positivisme aux yeux des insurgés. Une époque plus tardive, qui aurait rejeté le langage du droit naturel même comme moyen d'exprimer les finalités du droit communément acceptées, ne serait pas confrontée au dilemme de comment justifier la limitation de ses effets.

La doctrine dans l'Amérique du dix-neuvième siècle favorisait aussi un degré d'imprécision avec la formule du jugement responsable comme opération « sans volonté ». Ayant rejeté comme simpliste et inexacte la caractérisation traditionnelle du jugement comme simplement un *ius dicere* (un « dire le droit »), les juristes du milieu du dix-neuvième siècle n'avaient pas encore formulé une alternative acceptable qui à la fois aurait décrit et expliquer les sens dans lesquels les juges font le droit tout en justifiant les différences entre les fabrications du droit législative et judiciaire et en en rendant compte. En affirmant que les juges font réellement le droit mais ne devaient jamais consulter leur « volonté » personnelle dans cette opération, l'époque était à la recherche d'un moyen de justifier l'indépendance judiciaire, de préserver l'impartialité judiciaire, tout en reconnaissant le pouvoir discrétionnaire et l'innovation judiciaire. La confession spontanée selon laquelle la volonté personnelle du juge pouvait être un déterminant légitime pour le droit était un pas difficile à accomplir. Elle aurait joué au profit de ceux qui réclamaient des contrôles démocratiques sur le mandat du juge et son activité et elle aurait placé sur les épaules des juges un fardeau de responsabilité, qu'ils étaient, à juste titre, réticents à accepter, en partie, parce qu'il n'y avait pas encore de description adéquate des moyens de limitation alternatifs.

Une troisième caractéristique de la jurisprudence de l'Amérique du milieu du dix-neuvième siècle est la quête persistante de modèles mécaniques pour la décision. Ayant découvert et apprécié le pouvoir discrétionnaire, ils cherchaient une « technique » pour le limiter. Alors que Grimké et Lieber donnaient à voir des aperçus occasionnels sur les difficultés inhérentes à un modèle d'interprétation et de construction lié par la règle, Story et Kent semblaient souvent aspirer à précisément de tels modèle et s'en faire les propagandistes.

Les outils jurisprudentiels d'une époque, sa « compétence dans l'art juridique » (« juristic compétence ») ne détermine pas ou ne génère pas des réponses spécifiques à des problèmes particuliers mais elles déterminent en réalité l'univers des réponses viables. La doctrine d'avant la guerre civile était positiviste et affairée à réfuter le mythe jacksonien d'une fabrication judiciaire du droit frénétique.En conséquence, l'univers des réponses possibles pour le juge dans le dilemme moral – formel posé par le droit sur l'esclave fugitif tendait à inclure et à mettre en avant des formules de négation de soi et des limites mécaniques. Ainsi, la compétence juristique de l'époque s'alliait avec les besoins du juge anti-esclavagiste pour externaliser la responsabilité des décisions de celui. (Ce besoin était d'autant plus aigu quand les acteurs et les décisions posées créaient un modèle de ou bien/ou bien.)

Cependant, pour des visées analytiques, il est utile de séparer la performance de la compétence. La « compétence juristique » de l'époque peut avoir créé des prédispositions mais l'univers des réponses possibles qu'elle générait, n'était pas limité par une incapacité pure et simple à comprendre le pouvoir discrétionnaire et à l'évaluer. Le recours cohérent à des juridictions supérieures pour le formalisme, la compréhension tout à fait mécanique du précédent et l'exclusion ferme de soi de même que l'appel à la séparation des pouvoirs suggèrent que c'était l'activité d'hommes troublés, dans des temps troublés, autant que la compétence juristique de leur époque qui déterminait la réponse à peu près uniforme des tribunaux anti-esclavagistes à l'appel à la liberté. Certaines caractéristiques de l'activité sont idiosyncrasiques ou le fruit du hasard. Mais la prévisibilité des caractéristiques de l'activité soulignée ci-dessus suggère qu'une compétence juristique particulière étant donnée, il y aura des conséquences très spécifiques sur l'activité des juges pris dans le dilemme moral - formel et des limites à cette activité. Si un homme fait un bon prêtre, nous pouvons être à peu près sûrs qu'il ne sera pas un grand prophète.

TITRE IV

LA FONCTION DU CONTROLE JUDICIAIRE DE CONSTITUTIONNALITE

La grande question pour la doctrine américaine depuis les premières années du vingtième siècle est celle du contrôle judiciaire de constitutionnalité : de son fondement, de son étendue, de son intérêt. « x » théories de l'interprétation constitutionnelle ont été développées, chacune portant la marque de son auteur.[1]

On a rencontré dans « *Nomos* and Narrative » une théorie de la décision judiciaire chez Cover et on peut considérer qu'elle concerne *a fortiori* l'interprétation constitutionnelle.[2]

Cover a également évoqué une interprétation constitutionnelle liée quand il a parlé d'interprétation liée en se penchant sur le rapport du droit à la violence et en faisant la critique de l'approche *Droit et Littérature*.[3]

Dans *Justice Accused*, il essayait de rendre compte du comportement des juges anti-esclavagistes, qui, dans les Etats-Unis de l'avant guerre civile, n'avaient trouvé aucun argument constitutionnel qui leur permette de faire obstacle à la perpétuation de l'esclavage.

Ses écrits les plus importants centrés sur le droit constitutionnel s'inscrivent chronologiquement juste après *Justice Accused*. On se limitera ici à l'examen de deux d'entre eux, qui seront traduits intégralement : un compte-rendu de lecture relatif à l'ouvrage de Raoul Berger, *Government by Judiciary : The Transformation of the Fourteenth Amendment*, Harvard University Press, 1977 et une étude sur les origines de l'activisme judiciaire et sur la jurisprudence concernant les minorités aux Etats-Unis. Les deux textes, qui datent respectivement de 1978 et de 1982 ont donné l'occasion à Cover de défendre une conception pragmatique de la constitution et d'en fournir un exemple à l'oeuvre : le développement de la jurisprudence des minorités dans le cadre constitutionnel américain. Dans cet exemple, l'approche du scientifique, l'approche de l'auteur, est pragmatique et l'approche des acteurs est supposée elle aussi être pragmatique consciemment ou non.

---

[1]. Cf. Françoise Michaut, « L'inscription de la décision judiciaire dans un système juridique. Réflexion sur l'évolution de la doctrine américaine contemporaine », dans *Revue du Droit Public*, 1989, p.1009-1059 ; id., *Un nouveau paradigme de la décision judiciaire à travers un siècle de doctrine américaine*, Paris, L'Harmattan, 2000 (à paraître) ; I. Patrick Tchiakpé, *Les théories de l'interprétation constitutionnelle aux Etats-Unis*, thèse dactylographiée, Université de Paris X - Nanterre, 1992.

[2]. Cf. *supra* Titre I.

[3]. Cf. *supra* Titre II et l'article cité à la note 3 de ce Titre II, intitulé « The Bonds of Constitutional Interpretation : Of the Word, the Deed, and the Role ».

Cover avait trouvé, chez Berger, un ardent avocat de l'intention du constituant et de la compétence exclusive des organes politiques (« political branches ») pour adapter la constitution, si le besoin s'en faisait sentir (p.28, trad. *infra* p.284-285). Il y oppose des arguments dont certains sont plus classiques que les autres : Comment découvrir cette intention : elle est au moins aussi énigmatique que le texte qu'il faut interpréter ? Pourquoi la volonté des constituants s'imposerait-elle à nous aujourd'hui ? Que peuvent-ils avoir voulu relativement à des situations radicalement nouvelles par rapport à celles dans lesquelles ils ont vécu ? Ainsi, par exemple, pour ce qui est de l'interprétation du Quatorzième Amendement, les écoles n'avaient pas le même rôle quand il a été adopté et en 1954 quand a été prise la décision *Brown v. Board of Education* que critique Berger à raison de l'intention des constituants. Il y a une différence que même un enfant comprend très vite – et qui, par conséquent, doit être accessible au juge – entre agir selon ses caprices et adopter l'interprétation d'une prescription qui convient le mieux, compte-tenu des circonstances. Enfin la confiance placée dans le législateur pour apporter les remèdes qu'il convient, s'avère tout à fait exagérée et peut même être dangereuse et les majorités qualifiées, nécessaires pour amender une constitution ne peuvent pas davantage être regardées comme des garanties à toute épreuve (p.27-28, trad. *infra* p.285-286).

A la conception statique de la constitution que défend Berger, Cover en oppose une autre, qui a été expérimentée et qui a fonctionné avec assez de succès sans qu'on puisse dire pourquoi à ce qu'écrit Cover en 1978 (p.28 trad. *infra* p.286) mais on peut penser, à la lumière de ce qu'il expose en 1978 et en 1982 qu'une explication aurait été susceptible de le convaincre au moins en partie. Les juges de la Cour Suprême des Etats-Unis, constatant ce qui se passait en Europe, ont eu conscience des dangers qui guettaient la société américaine et ont eu la présence d'esprit d'adopter une attitude qui permette de faire échec à leur survenance. Ils ont su lire l'expérience étrangère et en tirer des leçons. On verra comment. Cover oppose, en conclusion à son article de 1982, paraphrasant Holmes, l'expérience à la logique – en l'occurrence des théories – dans l'élaboration du droit.

Pour Cover, Berger termine avec ce par quoi il aurait fallu commencer, à savoir poser la question de ce qu'on est en train de faire avec la constitution, avec le droit constitutionnel et la question de ce qu'on peut en attendre (p.26-27, trad. *infra* p.283-284).

Cover définit alors une approche réaliste du droit constitutionnel : « It is in the recognition of the practical, present and future-looking consequences of constitutional symbols that a proper beginning point for a book on constitutional law must lie. » (p.27, trad. *infra* p.283-284).[4]

Que peut-on faire avec ces « symboles constitutionnels », c'est-à-dire quels idéaux sont à l'oeuvre, si l'on se rapporte à « *Nomos* and Narrative » ?

Et Cover donne une réponse pour ce qui est de la constitution américaine telle qu'elle a été interprétée depuis un certain temps et telle qu'elle lui paraît devoir l'être. La seule justification qui puisse être apportée au « gouvernement constitutionnel » américain est qu'il garantit pour aujourd'hui et pour demain les bienfaits de la liberté (p.27, trad. *infra* p.284).[5] En d'autres mots : une constitution, pour quoi faire ? Pour défendre la liberté.

La méthode préconisée par Berger pour la mise en oeuvre de la constitution apparaît singulièrement mal adaptée de ce point de vue, quand on a eu pour expérience formatrice les errances de masse du vingtième siècle (p.28, trad. *infra* p.284). Pour Cover, et cela peut être considéré comme un postulat pragmatiste et réaliste, chaque génération est marquée par certains événements auxquels elle est directement affrontée et certains textes de référence (« The Origins of Judicial Activism in the Protection of Minorities », p.1316, trad. *infra* p327).

Ces événements et ces textes vont dicter des réponses à des questions telles que celle du rôle qu'il convient de reconnaître au juge :

> « ...it is for us, not the framers, to decide whether that end of liberty is best served by entrusting to judges a major role in defining our governing political ideas and in mesuring the activity of the primary actors in majoritarian politics against that ideology » (p.27, trad. *infra* p.284). [6]

---

[4]. « C'est dans cette reconnaissance des conséquences pratiques, présentes et tournées vers le futur des symboles constitutionnels que se dessine un point de départ adéquat pour un livre sur le droit constitutionnel. »

[5]. « the blessings of liberty » : c'est une expression américaine courante, très forte, puisque « blessing » signifie bénédiction. On pourrait traduire aussi en français, plus près de l'original « la grâce de la liberté » mais on perd alors un peu en matérialité ce qu'on perd en spiritualité avec « bienfaits » utilisé *supra*, sans pour autant conserver l'originalité spirituelle de « *blessings* ».

[6]. « ...c'est à nous, et non aux rédacteurs de la constitution, de décider si cette fin de la liberté est mieux servie en confiant aux juges un rôle majeur dans la définition des idées politiques qui nous gouvernent et dans le jugement de l'activité des acteurs primaires de la politique majoritaire à l'aune de cette idéologie. »

Autrement dit, on a reçu un texte constitutionnel qui a valeur à nos yeux parce qu'il peut assurer la liberté. Reste à savoir l'utiliser pour qu'il produise effectivement ce qu'on en attend dans le contexte où l'on est, un contexte qui pose des problèmes spécifiques et qui a ses propres solutions potentielles.

Les événements constitutionnels qui ont marqué sa génération, nous dit Cover, ce sont la décision *Brown v. Board of Education* et le mouvement pour les droits civiques tout au long de la décennie qui a suivi et le texte qui a eu valeur de référence, qui a eu valeur de symbole, pourrait-on dire, qui est aussi celui qui a servi de levier pour la révolution constitutionnelle qui a alors eu lieu, c'est une note de bas de page dans les motivations (dans l'opinion majoritaire) d'une décision du 24 Avril 1938, *United States v. Carolene Products Co.*, dont Cover va s'employer à montrer l'importance et à retracer l'histoire aussi complètement que possible.[7]

Cette note de bas de page avait exprimé la réaction de la génération précédente ou tout au moins d'un juge de cette génération précédente aux événements qui se déroulaient alors en Europe. Elle s'inspirait en partie de développements récents en droit international qui avaient eux-mêmes pour référence des travaux de sociologie. Elle allait introduire une nouvelle manière de penser et un nouveau concept dans le droit américain. Cover y situe aussi l'origine de l'activisme judiciaire. Cet activisme judiciaire devait alors avoir pour objet de veiller à ce que les processus électoraux et législatifs ne soient pas manipulés à leur profit par les gouvernants en place quels qu'ils soient, de veiller à ce que l'Etat ne devienne pas un Etat totalitaire qui se subsitue à la société et pense pour elle, de veiller à ce qu'un parti n'en vienne pas à s'imposer à la place de l'Etat, à ce que personne ne puisse être privé de la jouissance de ses droits fondamentaux du fait de son appartenance à une minorité.

Le signataire de cette note, le juge Harlan Stone, et son rédacteur, Louis Lusky, le maître de Cover en matière de droit constitutionnel, n'ont pas, aux yeux de Cover, fournit une théorie complète de la fonction du contrôle judiciaire de constitutionnalité mais ils ont donné une base de départ et surtout ils ont eu le mérite d'adopter une justification fonctionnelle au lieu de formelle, qui permet de juger l'arbre à ses fruits, c'est-à-dire de vérifier le bien-fondé de la justification en comparant le résultat obtenu au résultat souhaité (p.28, trad. *infra* p.287).

---

[7]. *United States v. Carolene Products Co.*, 304 U.S. 144, 152-53 (1938).
[N. d. T.] : voir Elisabeth Zoller, *Grands arrêts de la Cour Suprême des Etats-Unis*, Paris, P.U.F., 2000, p.499-505.

Cette note, se subdivise, comme suit, en trois paragraphes :

> « There may be narrower scope for operation of the presumption of constitutionality when legislation appears on its face to be within a specific prohibition of the Constitution, such as those of the first ten Amendments, which are deemed equally specific when held to be embraced within the Fourteenth. See *Stromberg v. California*, 283 U.S. 359, 369-370 ; *Lovell v. Griffin*, 303 U.S. 444, 452.
>
> It is unnecessary to consider now whether legislation which restricts those political processes which can ordinarily be expected to bring about repeal of undesirable legislation, is to be subjected to more exacting judicial scrutiny under the general prohibitions of the Fourteenth Amendment than are most other types of legislation. On restrictions upon the right to vote, see *Nixon v. Herndon*, 273 U.S. 697, 713-714, 718-720, 722 ; *Grosjean v. American Press Co.*, 297 U.S. 233 ; *Lovell v. Griffin, supra* ; on interferences with political organizations, see *Stromberg v. California, supra*, 369 ; *Fiske v. Kansas*, 274 U.S. 380 ; *Whitney v. California*, 274 U.S. 357, 373-378 ; *Herndon v. Lowry*, 301 U.S. 242 ; and see Holmes, J., in *Gitlow v. New York*, 268 U.S. 652, 673 ; as to prohibition of peaceable assembly, see *De Jonge v.Oregon*, 299 U.S. 353, 365.
>
> Nor need we enquire whether similar considerations enter into the review of statutes directed at particular religious, *Pierce v. Society of Sisters*, 268 U.S. 510, or national, *Meyer v. Nebraska*, 262 U.S. 390 ; *Bartels v. Iowa*, 262 U.S. 404 ; *Farringyon v. Tokushige*, 273 U.S. 484 [sic] ; or racial minorities, *Nixon v. Herndon, supra* ; *Nixon v.Condon, supra* : whether prejudice against discrete and insular minorites may be a special condition, which tends seriously to curtail the operation of those political processes ordinarily to be relied upon to protect minorities, and which may call for a correspondingly more searching judicial inquiry. Compare *McCulloch v. Maryland*, 4 Wheat. 316, 428 ; *South*

Carolina v. Barnwell Bros., 303 U.S. 177, 184, n.2, and cases cited. »[8]

Cover démontre comment cette note est venue jouer un rôle déterminant à un moment de l'évolution de la doctrine américaine. Il y a, à ses yeux, un avant et un après la note 4, dont il rend compte et qui seront examinés successivement dans les deux parties de ce bref exposé, la question des limites de l'approche pragmatiste de la constitution, lorsqu'elle est utilisée par les *acteurs*, étant réservée pour une critique de conclusion.

[8]. *ibid.*

Chapitre 1

Les innovations de la note 4 de *U.S. v. Carolene Products Co.* (1938)

L'affaire *U.S. v. Carolene Products Company* concernait le commerce interétatique d'un succédané du lait. Une loi fédérale l'avait interdit. La Cour Suprême a admis la constitutionnalité de cette interdiction.

Un tournant venait d'être franchi dans l'histoire de la Cour Suprême des Etats-Unis : après des années d'affrontement entre partisans d'un activisme judiciaire et partisans d'un contrôle limité et au lendemain d'une crise majeure pendant laquelle avait plané la menace d'un « *packing of the court* », d'une augmentation considérable du nombre des juges de la Cour pour donner une majorité aux tenants d'un contrôle limité face à la politique du *New Deal*, le vote d'un juge – le dernier nommé – venait de faire pencher la balance en faveur de la politique économique interventionniste. L'alerte avait été chaude : « A vote in time saved nine », aime-t-on à dire, paraphrasant « un point à temps en évite neuf ».[9]

Mais les circonstances avaient changé et la rhétorique avait mal vielli de part et d'autre. Les tenants de l'activisme judiciaire, pour assurer la défense de certains droits considérés comme fondamentaux avaient mis en place un dispositif de protection de fond qui s'appuyait sur l'exigence du respect de la procédure juridique régulière. L'expression « *substantial due process* » a été concoctée depuis pour rendre compte de ces cas. Les activistes avaient parfois eu le renfort de leurs adversaires sur ce terrain, le plus souvent alors qu'il ne s'agissait pas de problèmes économiques. Il n'en reste pas moins que la théorie avait ses incohérences.

L'argument du choix de la majorité, du choix du législateur invoqué par les tenants d'un rôle plus effacé des juges en matière de contrôle de constitutionnalité, gardait tout son prestige aussi longtemps qu'il était minoritaire. Il avait ainsi pu être utilisé dans des opinions dissidentes par Holmes, Brandeis et Stone, qui se montraient en cela, aux dires de Cover, les disciples du Professeur James Thayer d'Harvard et de sa théorie de la

---

[9]. « Un vote à temps en a sauvé neuf » [neuf juges].

légitimité constitutionnelle. Il perdait de son poids, par contre, lorsqu'il s'agissait de justifier une décision rendue par la Cour et alors même que chacun avait sous les yeux les dysfonctionnements, les « maladies » des démocraties européennes, qui se transformaient en régimes totalitaires manipulés par des partis, pratiquant l'endoctrinement de masse et faisant régner la terreur, la violence, les persécutions et le chaos (p.28, trad. *infra* p.286, p.1287-1289 et 1293 note 17, trad. *infra* p.291-292 et 297-298 note 17).

Dans *U.S. v. Carolene Products Co.*, la Cour Suprême posait nettement la distinction entre les interventions du législateur – fédéral ou étatique – en matière économique, où elle lui laissait pratiquement toute latitude pour apprécier ce qu'il fallait faire, et les interventions de celui-ci qui pouvaient porter atteinte à des *droits de la personne* autres qu'économiques, des droits que visait précisément la note 4 (p.1289-1290, trad. *infra* p.292-293).[10]

Le respect de ces droits devait faire l'objet d'un contrôle spécialement attentif de la part des tribunaux. Ils comprenaient tout particulièrement les droits découlant des dispositions spécifiques des dix premiers amendements et du Quatorzième amendement à la Constitution.

Cover attire l'attention sur le fait qu'en plus de l'argument textuel et probablement antérieurement à celui-ci, la note 4 comprend un argument fonctionnaliste et que le textualisme pourrait aussi être lui-même justifié par un fonctionnalisme dans l'abstrait tout au moins. Ici il a pu résulter d'un ajout (p.1291, trad. *infra* p.294-295). Il souligne encore le fait que, dans les paragraphes 2 et 3 de la note, il ne s'agit pas de protéger des droits en raison de leur valeur particulière mais de leur vulnérabilité particulière, ce qui veut dire, pour lui, qu'il ne s'agit pas tant de les protéger contre le législateur que de les protéger contre une « perversion prévisible » du système majoritaire, contre une dégénérescence possible du processus démocratique et les paragraphes 2 et 3 de la note viendraient répondre très précisément au reproche fait aux décisions judiciaires d'anticonstitutionnalité d'aller à l'encontre de la volonté de la majorité. L'intervention du juge va veiller à ce que les mécanismes d'un authentique débat démocratique soient maintenus en contrôlant qu'il n'est pas porté atteinte à sa structure d'ensemble (paragraphe 2) et que personne n'en est

[10]. On parlerait aujourd'hui probablement de libertés personnelles ou encore, plus classiquement en France, de libertés publiques. Les notions de droits de l'homme ou de droits fondamentaux ne conviendraient pas dans la mesure où l'auteur inclut dans la catégorie de droits dont il parle, des droits économiques laissés à l'appréciation du législateur.

exclu du fait de son appartenance à une minorité rejetée (paragraphe 3). En d'autres termes, le juge ne se substitue pas au système majoritaire. Il ne fait que suppléer aux défaillances de son fonctionnement.[11]

Le paragraphe 3 introduit dans le droit constitutionnel américain un nouveau concept de minorité, celui qu'on connaît le mieux aujourd'hui. Lorsqu'il était question de minorités dans la jurisprudence constitutionnelle antérieure à la note 4, le terme visait la minorité par rapport à la majorité politique. C'est en ce sens que l'avait aussi entendu Madison qui parlait également de factions. Les minorités envisagées étaient souvent des groupes identifiés par un même intérêt économique. Les constituants avaient vu dans le contrôle judiciaire de constitutionnalité, l'un des moyens permettant de mettre à l'abri, quand il le fallait, les intérêts de minorités face à la majorité politique.

La jurisprudence antérieure à la note 4 n'envisage pas la protection des minorités en tant que telles mais éventuellement la protection des droits fondamentaux de membres de ces minorités quand ceux-ci sont bafoués et quand les tribunaux sont saisis. Le concept de minorité n'intervient pas. Tout au plus avait-il été question, dans une décision de 1872, des noirs comme d'une « classe », seule à être concernée par le Quatorzième Amendement.

Le concept de minorités qui fait son apparition dans la note 4, est emprunté au droit international public où il est devenu un élément de la pratique courante. Il date du dix-neuvième siècle et il a été abondamment utilisé, au lendemain de la Première guerre mondiale, dans les traités et conventions qui ont établi de nouvelles entités politiques et procédé à des redécoupages territoriaux. On créait de nouveaux Etats en ayant conscience que l'Etat-nation tendait à assurer la domination d'un groupe culturel, religieux ou ethnique majoritaire sur les autres et, en même temps, on incluait, dans ces Etats, des territoires habités par des populations de langue, de culture ou de religion différentes, dont on savait dès le départ qu'il fallait nationalement et internationalement prévoir la protection parce qu'ils risquaient de faire les frais de l'hégémonie majoritaire (p.1297-1298, trad. *infra* p.303-306).

Ce concept de minorités avait fait une entrée discrète dans le droit interne américain avec la politique du *New Deal* (p.1298, trad. *infra* p.304). La

---

[11]. On n'est pas loin du modèle proposé par Cover dans « *Nomos* and Narrative » et de l'accent mis dès le départ sur la nécessité du dialogue dans le développement des systèmes normatifs. Cf. *supra* Titre I.

sociologie et la psychologie sociale, de leur côté, avaient mis en évidence l'existence de constantes dans les rapports entre groupes majoritaires et minoritaires, quels que soient l'histoire particulière de chacun. Les groupes minoritaires se présentaient ainsi comme caractérisés par un isolement au sein de la structure sociale, une position marginale relativement invariable et le fait d'être à la merci des attaques des autres (p.1299, trad. *infra* p.305). C'est ce que semble traduire la notion de « discrete and insular minorities » inscrite dans la note 4. Lusky, dans un écrit de 1942, parlera de « *out-groups* », les groupes exclus – pourrait-on dire –. Cover rappelle que la distinction entre « *in-group* » et « *out-group* » est en général considérée comme une reprise de la distinction entre « *we-groups* » et « *other groups* » établie par le sociologue William Graham Sumner au début du siècle, les « nous » et les « eux ».

Le problème de ces groupes vient de ce qu'ils sont rejetés, quoi qu'ils fassent, par ceux qui ont le pouvoir, notamment politique (p.1296 note 26 et p.1300 note 37, trad. *infra* p.301 note 26 et p.306 note 37).

Ces groupes sont victimes de préjugés et peuvent être en butte à des discriminations (p.1299-1300, trad. *infra* p.303-305). La note 4 mentionne trois groupes vulnérables : les minorités religieuses, nationales et raciales.

Ces groupes risquent d'être exclus de participation à la constitution des majorités politiques et les alliances peuvent se faire, au contraire, contre eux. Ils sont les boucs-émissaires (p.1296, trad. *infra* p.301).

Chapitre 2

Les effets de la note 4 de *U.S. v. Carolene Products Co.* (1938)

Cover reconnaît une certaine valeur à l'intuition qui découvre derrière les différentes histoires des groupes minoritaires des pôles d'expérience communs mais, en même temps, il note des insuffisances du concept qui ne prend pas en compte les variantes de statut entre minorités, variantes liées à leurs histoires particulières et qui font que leur protection ne peut être assurée exactement avec les mêmes moyens (p.1301 note 42, trad. *infra* p. 307 note 42).

Ainsi, aux Etats-Unis, des minorités religieuses ou nationales devaient parfois avoir recours aux tribunaux pour faire respecter leurs droits fondamentaux à la liberté religieuse ou à l'enseignement d'une langue minoritaire face à un législateur local subitement hostile. Cette législation traduisait, bien sûr, en général une attitude de rejet plus ou moins répandue au sein de la société où avait été produite cette législation mais le préjugé, fût-il tenace, sa transcription politique était en général plus éphémère et les besoins d'alliances électorales incitaient les partis en concurrence à tenter de capter le vote des minorités concernées et, par conséquent, obligeaient ces partis à prendre en compte les revendications minoritaires. Le Parti Démocrate en particulier s'était fait une tradition de s'attacher le vote des nouveaux immigrants.

La note 4 était parfaitement adaptée pour remettre la machine en marche en cas de crise mais cela ne suffisait ni pour la minorité asiatique, ni pour la minorité noire (p.1301-1312, trad. *infra* p.306-307). La minorité asiatique, mal acceptée dans ses régions d'implantation dans l'Ouest américain, se heurtait à une politique de refus de naturalisation, ce qui tendait à l'exclure du jeu politique. La situation de la minorité noire était différente. Le Parti Républicain avait cherché à s'attacher son électorat mais il n'avait pas pu persister dans cette voie parce qu'il s'était heurté à un terrorisme local, blanc et parce qu'il ne s'agissait pas simplement de rétablir le fonctionnement normal de la machine politique mais de lui faire subir une révolution. L' « apartheid » était engrené dans un système qui avait pour finalité de le perpétuer (p.1300, 1302-1304, 1307, trad. *infra* p.307, 309-310, 314-315).

Ce système présentait une structure aux antipodes de l'Etat fasciste, centralisateur. Il avait les apparences de la démocratie : juges élus, jurys populaires, administration locale mais tous ces dispositifs concouraient en fait à renforcer un pouvoir blanc instauré par une majorité qui craignait rien tant que la possibilité pour la population noire de voter, qui avait en tête un modèle colonial et qui disposait de forces ou « bandes » parallèles (Cover parle de « *hoods* »), prêtes à semer la terreur (p.1303, trad. *infra* p.310).

Qu'avaient à l'esprit, en 1938, les auteurs de la note concernant la situation de la population noire ? Il est impossible de le dire exactement. Par contre, on a fait remarquer qu'une décision prise dans la même session que *Carolene Products*, la décision *Gaines v. Canada*, avait marqué un tournant annonciateur de *Brown v. Board of Education*, en exigeant l'accès des élèves noirs aux mêmes écoles que les élèves blancs, si les écoles réservées aux uns et aux autres par un même Etat n'étaient pas de qualité égale.

Dès lors que la discrimination à l'encontre de la minorité, que la mise à l'écart de celle-ci, n'était pas quelque chose de contingent par rapport au système politique mais, au contraire, son principe d'organisation, le juge ne pouvait pas, sous peine d'être inefficace, se contenter d'une intervention ponctuelle pour lutter contre elle. Il lui fallait s'attaquer au système lui-même pour introduire les corrections nécessaires, en dépit de lui, et pour le transformer (réformer « la structure constitutionnelle pour l'activité politique ») mais sans en faire disparaître les éléments sains et, pour cela, il fallait au juge adopter un comportement activiste : prendre lui-même la direction et le contrôle des opérations en s'appuyant, bien sûr, sur les dispositions constitutionnelles. Qu'il y ait ou non scénario conscient, c'est, en tout cas, ce qui a été fait (p.1304, trad. *infra* p.311). L'ampleur de la tâche à entreprendre pouvait ne pas être connue en 1938 (p.1307, trad. *infra* p.315-316).

La polémique sur l'existence de principes neutres qui a marqué la doctrine au tournant des années 50-60 peut être lue dans ce contexte pour Cover : si la Cour voulait qu'il soit mis fin à l'apartheid tel qu'il était pratiqué dans le Sud des Etats-Unis, il lui fallait détruire les bases au moyen desquelles il avait infiltré le système et court-circuiter les structures locales qui le perpétuaient. Si elle voulait que son interprétation de la constitution s'inscrive dans les faits, elle devait être active et non pas neutre. Elle devait condamner ce qui allait à l'encontre de cette lecture et inventer les remèdes qui permettraient d'instaurer une situation nouvelle, conforme aux exigences de sa lecture de la constitution. Sinon rien ne changerait.

Un rapprochement s'impose ici avec l'analyse qu'avait faite antérieurement Cover de la jurisprudence des juges anti-esclavagistes de l'avant guerre civile. Lui-même ne le fait pas explicitement. Mais pourrait-on voir dans le réalisme, dans le pragmatisme qu'il prône de façon générale comme attitude en droit constitutionnel – et ce choix vaut, sans doute, pour le droit en général – une leçon tirée de l'expérience formaliste qu'il a analysée et qui pose la question du formalisme jusqu'où et pourquoi. Dans le premier cas, il avait fallu la Guerrre civile pour règler la crise. Dans le second, qui est encore un avatar du premier, il a suffi de juges constitutionnels un peu audacieux qui, une fois choisie l'interprétation de la constitution, ont cherché les moyens de la traduire dans la vie des populations concernées. Ceci ne veut pas dire que des juges audacieux auraient pu antérieurement éviter la guerre civile et ce que se contente de faire explicitement Cover, c'est souligner que la structure constitutionnelle « apparemment neutre » ne l'avait jamais été dans les rapports entre population noire et population blanche (p.1308, trad. *infra* p.316).

Cover, par contre, envisage les dispositifs constitutionnels autres que la note 4 sur les minorités, qui ont dû être réexaminés pour faire application de cette note 4. Il voit dans la doctrine des principes neutres l'un de ces dispositifs, une opposition entre « vieilles obligations et engagement nouveau ».[12] Mais il relève aussi deux autres dispositifs constitutionnels qui ont dû être mis à l'épreuve : celui de « l'autonomie locale (implicite dans le fédéralisme) » et celui de « la distinction entre Etat et société (implicite dans le concept constitutionnel d'action de l'Etat » (p.1308, trad. *infra* p.316) Ce concept d'action de l'Etat permet de poser des normes différentes selon que c'est l'Etat (fédéral ou fédéré) ou le

---

12. Pour comprendre parfaitement cette position et l'emploi de ce terme d'engagement, il faut se souvenir de ce que Cover dira dans « *Nomos* and Narrative » à propos de la signification juridique, de l'interprétation juridique – elle est un engagement (Cf. Titre I *supra*, p. et trad., p.) et il ne faut pas perdre de vue non plus une certaine vision optimiste de l'avenir chez Cover, qui, bien qu'il ait conscience du rapport inexorable du droit à la violence, croit néammoins à un progrès (Cf. Ronald R. Garet, « Meaning and Ending », in *Yale Law Journal*, Vol.96, p.1986-1987, p.1801-1824 et plus particulièrement les p.1808-1815. ; Robert M. Cover, « Bringing the Messiah through Law : A Case Study », in *Nomos*, Vol.XXX : *Religion, Morality, and Law*, R. Pennock and J. Chapman, eds., p.201-217) et fait du droit un pont vers une situation jugée meilleure (sur le droit comme pont, cf. l'article qui vient d'être cité et *infra* Titre V).

particulier qui agit (en fait d'interdire à l'Etat des comportements qui sont tolérés de la part des individus).

Cover présente ainsi une analyse de la façon selon laquelle se construit le droit constitutionnel : un nouveau concept est introduit pour faire face à certaines difficultés et sous l'effet d'une évolution culturelle et juridique. Ce concept s'avère plus ou moins adapté à la tâche initialement prévue et acquerra une existence autonome par rapport au projet initial lui-même plus ou moins bien défini. Il s'intègre au système en mettant d'autres concepts en sommeil et en en transformant d'autres encore. Il peut entraîner une modification du pouvoir de celui qui l'applique (le juge). Ceci, c'est la constatation de l'observateur, du théoricien réaliste.

L'acteur, lui, pourra consciemment ou non adopter un comportement pragmatique. Cette attitude pourra lui être dictée par la conception qu'il entretient volontairement ou non de son rôle d'acteur, de son rôle de juge, par exemple.

On peut alors parler de choix ou d'engagement en sachant que ce choix ou cet engagement se présenteront souvent pour l'acteur comme une interprétation qui doit être donnée et non comme un acte par lequel il imposerait ses volontés.

Dans l'article de 1978, Cover faisait du contrôle de constitutionnalité le moyen de défendre la liberté, dans laquelle il voyait la finalité de la constitution. C'était une lecture qui se voulait d'observateur mais peut-être aussi, dans une certaine mesure d'acteur, une lecture doctrinale.

Le réalisme se veut descriptif. Le pragmatisme peut sembler susceptible d'avoir une difficulté à faire la distinction entre descriptif et prescriptif. Le critère qu'il utilise, est un critère d'intégration, de cohérence : il faut que l'ensemble auquel on parvient, soit aussi cohérent que possible, description et prescription incluses. Leur rapport est celui de l'univers normatif et des narrations qu'on trouve dans « *Nomos* and Narrative ». Ceci n'exclut pas qu'on puisse se placer successivement dans l'un et l'autre registre. Et si le lecteur a une incertitude quant au statut donné à un énoncé par celui qui l'émet ou l'a émis, il peut, lui, envisager cet énoncé comme descriptif ou prescriptif et son option apparaîtra dans le type de critique qu'il lui opposera. S'il le prend pour descriptif, il examinera sa validité de ce point de vue. S'il le prend pour prescriptif, il y opposera sa conception de ce qui doit en l'occurrence être.

Cover envisageait d'un point de vue pragmatique la liberté comme finalité de la constitution. Cette lecture, en se voulant pragmatique, laissait la possibilité – une possibilité jugée sans doute fort mince – qu'à un autre moment, une autre finalité puisse en venir à s'imposer. De même, l'option en faveur de l'activisme judiciaire peut paraître liée aux circonstances. A un autre moment, un rôle plus effacé pourrait en principe apparaître comme adéquat.

On trouve donc chez Cover, une théorie de la fonction du contrôle de constitutionnalité, surtout si l'on rapproche les textes de 1978 et 1982 de « *Nomos* ans Narrative », qui fait du juge constitutionnel celui qui doit tenir le cap, quelles que soient les tempêtes essuyées, en direction d'un avenir où chacun peut avoir sa place et déployer son activité dans toute la mesure compatible avec le respect de l'existence et de l'activité de l'autre. La constitution poserait le programme et le juge aurait pour mission d'en assurer la mise en oeuvre. Le juge dit ce que ce programme impose (prescrit).

On peut estimer que, pour Cover, il s'agit là d'une description et d'une prescription en même temps et que l'une et l'autre sont destinées à durer à son avis.

Dans *Justice Accused*, Cover montrait les limites du formalisme, son impuissance à faire triompher la justice. Dans « *Nomos* and Narrative », il admettait que l'on puisse, dans certains cas, avoir à renoncer à faire triompher la norme qu'on estime juste pour éviter de recourir à la violence ou de s'exposer à la violence. Dans son article de 1982, il suppose que le formalisme peut, dans certains cas, se justifier par des considérations pragmatiques : il y a intérêt, pour telle ou telle raison, à opter à un moment pour le formalisme. Les motifs peuvent être variés.

Doit-on considérer que c'est la description qui dicte le choix ? Ce serait une erreur. Le formalisme peut s'imposer dans tel ou tel cas de figure mais c'est toujours afin de servir telle ou telle finalité qui est jugée devoir être retenue. Cette finalité s'impose, bien sûr, en raison des narrations auxquelles gouvernants et gouvernés accordent crédit mais elle n'en est pas moins un choix, un idéal, un devoir-être à faire advenir et le juge constitutionnel doit choisir le moyen le plus propre à la réalisation de la tâche. Que les narrations permettent d'expliquer les choix ne change rien à l'affaire.

TRADUCTION

Compte-rendu de l'ouvrage de Raoul Berger
« *Government by Judiciary. The Transformation of the Fourteenth Amendment.* »*

(trad. de Robert M. Cover,
Book Review of *Government by Judiciary : The Transformation of the Fourteenth Amendment* by Raoul Berger, Harvard University Press, 1977, in *New Republic*, 14 January, 1978.)

Ayant presque terminé la lecture de *Government by Judiciary*, je me suis souvenu de la dernière ligne de *Portnoy's Complaint* **: « Maintenant, il est peut être possible de commencer, oui ? ». Le dernier livre de Raoul Berger est une tentative ambitieuse pour contester la validité et la légitimité de pratiquement toute décision importante concernant les droits de l'homme, prise par la Cour Suprême au cours des cent dernières années. En quatre cent douze pages, l'analyse est suprêmement cohérente, non ambiguë et toute d'une pièce. Elle a pour résultat d'aboutir à une distorsion des considérations importantes pour le jugement de constitutionnalité – des considérations qui sont aussi complexes, ambivalents et contradictoires que la réalité politique d'où elles émergent mais finalement Berger conclut aux pages 412 et 413 : « Il serait, cependant, irréaliste et probablement impossible de défaire le passé face aux attentes que les décisions en matière de ségrégation, par exemple, ont suscité parmi nos citoyens noirs – des attentes qui sont confirmées par tout instinct de décence. C'est plus que les cours peuvent entendre et plus, je crois, que ne le désire le peuple américain. »

C'est dans cette reconnaissance des conséquences pratiques, présentes et tournées vers le futur des symboles constitutionnels que se dessine un point de départ adéquat pour un livre de droit constitutionnel. Mais les phrases citées sont les seules concessions à de telles considérations dans

---

* [N.d.T.] traduction du titre de l'ouvrage dont Robert Cover a fait un compte-rendu de lecture : « Le gouvernement du judiciaire. La transformation du Quatorzième Amendement ».

** [N.d.T.] Roman de Joseph Roth, traduit en français sous le titre « *Portnoy et son complexe* ».

le livre et elles sont prises en sandwich entre des protestations que l'abandon des arguments soutenus de façon constante dans le reste de l'ouvrage, ne se justifie que par un regard rétrospectif. Ces arguments peuvent se résumer rapidement.

Berger soutient que la Cour Suprême doit s'en tenir à l'intention des constituants en interprétant et en appliquant toute disposition constitutionnelle. De plus, à propos des clauses concernant les privilèges et immunités, la protection égale et la procédure régulière du Quatorzième Amendement, il prétend que cette intention est connaissable et très limitée : conférer aux noirs des droits égaux à la sécurité de la personne, de la propriété et du contrat. Le droit de vote et la ségrégation sont, selon Berger, des sujets sur lesquels l'intention expresse était de ne pas les réglementer au moyen de l'amendement sauf dans la mesure où le paragraphe 2 prévoit la réduction de la représentation d'un Etat au Congrès en proportion de son refus du droit de vote à ses citoyens adultes de sexe masculin. Mais encore, Berger ne trouve aucun appui dans l'histoire de l'amendement qui invite à rendre la Déclaration des Droits communément applicable aux Etats.

« La connaissance du passé », a écrit Nietzsche, « n'est désirée que pour les services qu'elle peut apporter pour le présent et le futur et non pas pour affaiblir le présent ou ruiner le futur qui est vivant ». Si la Cour Suprême doit travailler sous la contrainte exercée par les intentions spécifiques des constituants, c'est parce que nous et notre descendance allons juger utile que les juges soient ainsi contrôlés. En d'autres termes, cette lecture de la Constitution doit subsister ou être anéantie non pas parce qu'elle correspond ou à la signification évidente de la Constitution ou aux intentions des constituants de 1787 ou de 1866. C'est un jugement sur notre propre présent et notre avenir politiques ainsi que sur les théories alternatives de l'activité judiciaire qui y apporteront la meilleure contribution. La justification unique et ultime que nous avons pour le gouvernement constitutionnel est qu'il assure à nous-mêmes et à nos descendants les bénédictions de la liberté - et non pas que les constituants avaient l'intention de nous lier ainsi. Et cela signifie que c'est à nous et non aux rédacteurs de la constitution de décider si cette fin de la liberté est mieux servie en confiant aux juges un rôle majeur dans la définition des idées politiques qui nous gouvernent et dans le jugement de l'activité des acteurs primaires de la politique majoritaire à l'aune de cette idéologie.

Berger suggère trois motifs pour ne pas souhaiter voir jouer au judiciaire un rôle créatif majeur. Le premier – que les constituants n'avaient pas envisagé un tel rôle – peut difficilement fournir une réponse sur le poids à accorder à l'intention des constituants. Le second argument est qu'un juge non contraint par le texte et l'intention de ceux qui l'ont écrit, agit, à tous égards, selon sa fantaisie. La troisième objection est que les décisions laissées à juste titre au choix démocratique (c'est-à-dire majoritaire) sont « usurpées » par un petit groupe autocratique.

L'argument de la fantaisie judiciaire implique une erreur commune ou une trop grande simplification. La dimension critique de la règle de droit n'est pas le degré de spécificité avec lequel l'acteur est contraint mais le fait-même que celui-ci doit regarder à l'extérieur de sa propre volonté pour trouver le critère de jugement. Il y a une différence – intelligible à la plupart des pré-adolescents – entre la directive « Fais ce que tu désires » et « Fais ce que tu penses être bien ou juste ».

Si le mandat de la Cour Suprême est d'interpréter l'expression « protection égale des lois » à la lumière de son jugement le plus éclairé sur la signification à dûment accorder à ce principe, les juges ne sont pas libres en conscience de faire ce qu'ils veulent. Ainsi argumenteraient au moins ceux d'entre nous aux yeux desquels des idées telles que « l'égalité devant la loi » sont aussi réelles, tangibles et signifiantes que « l'intention des constituants ». Quand nous cherchons quelle était l'intention des constituants concernant leur propre monde ou un monde à peu près semblable au leur, la question peut être difficile mais elle ne requiert pas une herméneutique complexe de notre part. Cependant quand nous nous demandons leurs intentions à propos de nos décisions qui interviennent cent ou deux cents ans plus tard, nous supposons de façon faussement ingénue qu'ils ont eu des intentions significatives à propos d'une réalité sociale, idéologique (et même physique) qu'ils n'ont pas pu commencer d'imaginer. La ségrégation dans les écoles, à laquelle on peut prétendre que les constituants en 1866 n'avaient pas l'intention de toucher, n'impliquait ni les mêmes écoles, ni les mêmes noirs, ni les mêmes blancs, ni les mêmes processus de mobilité économique et sociale, ni les mêmes sentiments de stigmatisation sociale que ce n'était le cas pour l'institution de la ségrégation scolaire à laquelle la Cour était confrontée en 1954. Comment, dès lors, le Trente-Neuvième Congrès peut-il être supposé avoir eu une « intention » au regard de celle-ci qui intervenait après que toutes les variables importantes aient changé ? Il est tout aussi simpliste et irréfléchi de considérer la « ségrégation » comme une chose invariante au regard de laquelle aucun acte d'interprétation n'est nécessaire que de supposer que les mots « égale protection » déterminent une réponse évidente à nos questions. Finalement, donc, l' « intention » des constituants exigera un acte d'interprétation aussi difficile que celui présenté par la face du texte.

A une telle objection, Berger opposerait apparemment son troisième argument : si l'intention des constituants ne correspond pas assez bien aux circonstances présentes, la Constitution doit être lue de façon à conférer le pouvoir de décision aux branches politiques, à moins qu'elle ne soit amendée ou jusqu'à ce qu'elle le soit. Le conflit entre la présomption d'un contrôle majoritaire et le contrôle de constitutionnalité représente un dilemme permanent dans le droit constitutionnel. Malheureusement Berger n'ajoute rien au vieux débat. Il le résoudrait en réitérant son argument de l'intention.

Le vingtième siècle a trop souvent été le témoin de dégénérations désastreuses et cruelles du majoritarisme en totalitarisme. Les calamités se sont souvent concentrées autour d'une persécution sous l'égide de l'Etat de minorités religieuses, raciales ou ethniques ou de manipulations orchestrées par un parti des rouages de l'information et de la politique. Dans le premier cas, il s'agit de tenter de faire entrer par la force la « société » dans le moule de l' « Etat ». Le second est une transformation ultérieure de l'Etat en parti. Ces processus peuvent se comprendre comme des maladies exacerbées par la politique de masse, contemporaine, qu'un simple appel aux majorités ou supermajorités (amendement constitutionnel) est incapable de guérir.

Comment la Cour Suprême a-t-elle pu avoir une action directe de poids pour contrebalancer de telles tendances aux Etats-Unis au cours des vingt-cinq - trente dernières années ? La réponse n'est pas évidente mais elle l'a fait. La théorie justifiant l'usage du contrôle de constitutionnalité précisément dans ces circonstances – pour protéger les minorités et sauvegarder les processus politiques à l'encontre de ceux qui exercent le pouvoir – a été suggérée par le juge Stone en 1938. Dans une note de bas de page, il a fait allusion à deux situations dans lesquelles un « examen judiciaire plus approfondi » pouvait être approprié :... « la législation qui restreint les processus politiques dont on peut attendre ordinairement qu'ils entraînent le refus de la législation indésirable... » et « les préjugés contre des minorités isolées et insulaires... » . Cette théorie a été défendue avec force comme la justification centrale pour le contrôle de constitutionnalité par Louis Lusky qui, en tant que secrétaire de Stone, était l'auteur de la note. La note 4 ne fournit pas une théorie complète du rôle de la Cour Suprême. Cependant elle constitue un point de départ beaucoup plus prometteur et intelligent que les intentions des constituants. En donnant une justification fonctionnelle au contrôle de constitutionnalité, elle implique que *nous* devons envisager le travail de la Cour du point de vue de la façon dont elle remplit la fonction qui lui est assignée. Cet acte de jugement politique et moral – accompli par Raoul Berger seulement une fois dans ce livre – devient notre responsabilité.

Comme institution contre-majoritaire, la Cour est relativement peu dangereuse. A la différence des juntes militaires, des avant-gardes révolutionnaires et des élites « temporaires » de partis, la Cour ne détient ni bourse, ni épée. Elle ne peut ni nous tuer, ni nous guérir sans que nous n'y apportions notre propre collaboration politique, active.

Quand la Cour fait appel à nous, cependant, nous devons l'armer non pas avec les compromis au plus bas niveau d'un temps révolu mais avec la version la plus cohérente de nos aspirations passées et présentes.

TRADUCTION

LES ORIGINES DE L'ACTIVISME JUDICIAIRE

DANS LA PROTECTION DES MINORITES *

(trad. de Robert M. Cover, **
« The Origins of Judicial Activism in the Protection of Minorities »,
in The Yale Law Journal, Vol. 91, 1982, p. 1287-1316.)

I. INTRODUCTION : LA DIFFICULTE CONTRE-MAJORITAIRE

Pendant le premier tiers du vingtième siècle, la Cour Suprême a accordé la protection constitutionnelle à des intérêts de fond vaguement définis qui ont été depuis grosso modo rassemblés sous le label de « procédure régulière quant au fond » *(« substantive due process »)*. Au cours de l'ensemble de cette période, une tradition de dissidence riche et complexe s'est transmise au travers des opinions de Holmes, Brandeis, puis, encore plus tard, Stone. Cette tradition de dissidence – dans la ligne des enseignements de James Thayer à la Harvard Law School – a placé le processus législatif majoritaire au cœur de la théorie constitutionnelle. Le

---

* Cet article constitue une version légèrement modifiée d'une communication présentée à la Conférence sur le Rôle du Judiciaire qui s'est tenue à l'American Enterprise Institute (« A.E.I. ») en Décembre 1979. Le premier texte sera publié en 1982 par l'A.E.I. dans un ouvrage sous la direction de S. Moore. La présente version est publiée ici avec l'autorisation de l'A.E.I.

** Je souhaite exprimer une dette particulière à l'égard de Louis Lusky, qui m'a enseigné le droit constitutionnel, il y a quinze ans de cela et qui le premier m'a amené à regarder au travers de la note 4. Sa ferveur et son engagement en faveur des valeurs de cette note et le développement des principes qui y sont contenus, au travers de son enseignement ont été, pour moi-même et pour d'autres, au cours de ces années, des guides importants.

contrôle de constitutionnalité était suspect dans la mesure où il invalidait des productions de ce processus présumé légitime. L'attaque entreprise avec les opinions de Holmes, Brandeis et Stone, rencontra tout d'abord assez largement l'échec. Bien que les trois dissidents s'en soient aussi pris aux incohérences internes que toute théorie des droits au fond présentera nécessairement, le plus souvent ils ont mis l'accent sur le simple fait que la Cour menaçait les mécanismes majoritaires de choix social. Leur stratégie de délégitimation tournait autour de la supposée supériorité des mécanismes de choix démocratiques – c'est-à-dire législatifs – par rapport à toute théorie judiciairement imposée de droits substantiels.[1] Ils se sont ainsi attaqués au contrôle de constitutionnalité avec l'argument massue qui est aujourd'hui connu sous le nom de «difficulté contre-majoritaire ».[2]

En fait, aucun des dissidents n'est allé, dans ses opinions, jusqu'à refuser aux clauses de la procédure régulière toute implication de fond. Holmes et Brandeis, se sont accommodés des opinions qui condamnaient des cas «extrêmes » d'expérimentation au niveau des Etats, tels que la loi sur la Cour Industrielle du Kansas, qui autorisait l'arbitrage obligatoire non seulement pour les services publics et les sociétés de transport, mais aussi dans toutes les industries touchant à la production ou à la distribution de nourriture, de vêtements, de logement et de fuel.[3] Et tous les deux se sont joints à l'opinion dans *Pierce v. Society of Sisters*, condamnant la loi sur l'enseignement obligatoire de l'Oregon qui bannissait en fait les écoles privées.[4] Bien plus, Holmes et Brandeis furent des pionniers (avec leurs opinions dissidentes) dans la reconnaissance des libertés d'expression et de la presse comme libertés ayant droit à une protection au fond selon la clause de la procédure régulière du Quatorzième amendement.[5]

---

[1]. Voir, par exemple, *Tyson and Brother v. Banton*, 273 U.S. 418, 447 (1927) (opinion dissidente du juge Stone) ; *Lochner v. New York*, 198 U.S. 45, 74 (1905) (opinion dissidente du juge Holmes).

[2]. La « difficulté contre-majoritaire » a engendré la ligne centrale des recherches constitutionnelles pendant les trente dernières années. Voir, par exemple, A. Bickel, *The Least Dangerous Branch, 1962* ; C. Black, *The People and the Court, 1960* ; L. Hand, *The Bill of Rights, 1958*, Wechsler, « Toward Neutral Principles of Constitutional Law », in *Harvard Law Review*, Vol.73, 1959. Voir aussi J. Ely, *Democracy and Distrust*, 1980, p.43-72 ; L. Tribe, *American Constitutional Law*, 1978, spécialement le chapitre 3.

[3]. Charles Wolff Packing Co. v. Court of Indus. Relations (I), 262 U.S. 522 (1922) ; Charles Wolff Packing Co. v. Court of Indus. Relations (II), 267 U.S. 552 (1925).

[4]. 268 U.S. 510 (1925). Holmes avait émis une opinion dissidente, cependant, dans *Meyer v. Nebraska*, 262 U.S. 390 (1923) (tenant pour inconstitutionnelle une loi de l'Etat interdisant l'enseignement de l'allemand).

[5]. *Voir Whitney v. California*, 274 U.S. 357, 372 (1927) (opinion concurrente du juge Brandeis) ; *Gitlow v. New York*, 268 U.S. 652, 672 (1925) (opinion dissidente du juge Holmes).

Nulle part, dans leurs opinions, les dissidents n'ont expliqué de façon satisfaisante, comment, même les droits à une procédure régulière quant au fond, limités, qu'ils acceptaient, pouvaient survivre à l'attaque globale, menée au moyen de l'artillerie lourde de la difficulté contre-majoritaire. En fait, certains passages des opinions du juge Brandeis donnent l'impression que la reconnaissance, par les dissidents, d'un rôle limité à la procédure régulière quant au fond, n'était que tactique et hautement contingente ; s'il devait y avoir une doctrine générale des droits au fond, garantis par les clauses de procédure régulière, Brandeis lui ferait protéger la liberté d'expression ou de l'enseignement comme plus fondamentale que les différents intérêts de la propriété antérieurement garantis.[6] Ses premières tentatives pour étendre la protection de la liberté d'expression quant au fond, contre les Etats, ne recouraient pas à la méthodologie de la procédure régulière quant au fond.[7]

Le majoritarisme de Brandeis, Stone et Holmes a persisté dans les années trente et est au coeur de la critique New Deal de la Cour. La nomination, par Roosevelt, d'Hugo Black, en 1937, a donné un court avantage à la Cour en faveur du majoritarisme. Là où il avait été une tradition dissidente, le majoritarisme s'est de plus en plus renforcé comme doctrine dominante avec chaque nouvelle nomination subséquente par Roosevelt.

Mais la doctrine s'est avérée plus efficace comme argument dissident que comme idéologie régnante. La Cour Suprême doit justifier de façon ultime les résultats produits par la politique et la société, les réconcilier avec les premiers principes de la structure politique. Elle doit répondre aux questions qui constituent les défis les plus immédiats à la légitimité de la structure juridique et sociale dans son ensemble. Et, dans les années 1930, le gouvernement populaire et les institutions de la démocratie de masse étaient devenus tellement sujets à caution qu'ils ne pouvaient pas, par eux-mêmes et en eux-mêmes, servir à justifier des résultats qui apparaissaient intrinsèquement injustes. La manipulation de la politique de masse était devenue, pour le vingtième siècle, ce que la politique des « intérêts spéciaux » avait été à l'époque des Barons Voleurs: un défi théorique et pratique à la suffisance du gouvernement populaire comme principe de gouvernement constitutionnel.

---

6. Voir *Gilbert v. Minesota*, 254 U.S. 325, 334 (1926).

7. Cover, «The Left, The Right and The First Amendment 1918-1928 », *in Modern Law Review*, Vol.40, 1981, p.349, 377-81 (où est défendue la thèse selon laquelle ces tentatives constituent des chefs-d'oeuvre hautement originaux et souvent incompris).

Si tous les intérêts de fond ou la plupart d'entre eux devaient être subordonnés au principe de procédure du gouvernement populaire, au majoritarisme, la Cour avait à expliquer comment les vertus du gouvernement populaire devaient triompher en un temps qui avait vu la montée du bolchévisme et du fascisme, l'orchestration de l'oppression des minorités par les masses, les manipulations cyniques d'élections et la prise d'ascendant d'appareil et de parti sur l'Etat et la société. Ce n'est pas que les dissidents de la période 1905-1937 n'aient pas vu ces problèmes – même si ceux-ci sont devenus de plus en plus évidents et pressants avec l'avancée du siècle – mais, plutôt, qu'une idée peut servir admirablement comme critique sans être pour autant adéquate comme justification. La procédure régulière quant au fond, appliquée à la réglementation économique, *était* bien sujette à la critique qu'elle était antidémocratique. Cependant cela ne signifiait pas qu'à l'époque d'Hitler, le majoritarisme en lui-même ne demandait pas davantage en matière de justification que sa nature démocratique, professée.

II. LA NOTE 4 ET LE CONCEPT DE MINORITES

Les termes des débats modernes sur l'activisme judiciaire étaient ainsi produits dans le contexte à la fois du New Deal à l'intérieur et du totalitarisme à l'étranger, émergeant aux alentours de 1937-1938, dans un mode décidément contemporain. C'est alors que la Cour a adopté la dichotomie maintenant familière entre la portée du contrôle en matière de législation économique – un majoritarisme presque absolu – et celle du contrôle sur la législation affectant un ensemble vague et obscurément perçu d'autres droits « personnels ».[8] La Cour a formulé clairement pour la première fois cette dichotomie dans sa décision *United States v. Carolene Products Co.*, qui reconnaissait comme valide la législation fédérale interdisant le commerce inter-étatique du lait à l'ersatz.[9] Après

[8]. Presque simultanément la Cour a concédé au Congrès de vastes pouvoirs dans le domaine économique, voir, par exemple, *N.L.R.B. v. Jones and Laughlin Steel Corp.*, 301 U.S. 1 (1937), alors qu'elle construisait plusieurs théories alternatives au moyen desquelles le contrôle judiciaire sur les droits personnels, non économiques, serait conservé. Comparer *Palko v. Connecticut*, 302 U.S. 319, 324-25 (1937), protégeant les droits supposés « implicites dans le concept de liberté ordonnée » avec *New York v. Carolene Products Co.*; 304 U.S. 144, 152 n.4 (1938).

[9]. 304 U.S. 144, 152-53 (1938). L'énonciation, par Cardozo, dans *Palko*, de droits « implicites dans le concept de liberté ordonnée » a précédé la note 4 mais elle ne s'adressait pas au même problème de contrôle dichotomique. Il s'agissait, dans *Palko*, de justifier un ensemble de distinctions, différent: celui des traitements variés accordés à diverses dispositions de la Déclaration des Droits, lorsqu'elles étaient invoquées contre les Etats –

avoir redit la déférence nouvellement établie à l'égard des jugements du législateur en ce qui concerne les questions économiques,[10] le juge Stone nous a donné, dans la note 4, le texte classique qui fait l'objet de cette étude :

> « il peut y avoir un champ plus étroit pour le fonctionnement de la présomption de constitutionnalité quand la législation apparaît à première vue comme tombant sous le coup d'une interdiction spécifique à la Constitution, telle que celles des dix premiers amendements, qui sont censées également spécifiques, lorsqu'elles sont considérées comme entrant dans la sphère du Quatorzième Amendement. Voir *Stromberg v. California,* 283 U.S. 359, 369-370 ; *Lovell v. Griffin, 303* U.S. 444, 452.

---

c'est-à-dire comment sélectionner pur une incorporation sélective. Il est remarquable que la note 4 de *Carolene Products* ne fasse pas de distinction entre le contrôle sur la législation fédérale et le contrôle sur la législation des Etats. Il est certain que le cas lui-même concerne une loi fédérale mais les citations faites à la note 4 portent, à une exception près *(Farrington v. Tokushige,* 273 U.S. 284 (1927), qui invalidait une loi territoriale, fédérale) sur des lois, des règlements et des ordonnances locaux. Ainsi, alors qu'il est clair que la note 4, en tant que méthode, fait abstraction des différences fédéral - étatique, on pourrait supposer que la notion de « liberté ordonnée » *de Palko* est une méthode qui permet de choisir seulement parmi les droits énumérés ceux qui sont applicables à l'encontre des Etats. L'idée *Palko* est cependant susceptible d'être généralisée lorsqu'il s'agit de donner un contenu à toutes les clauses relativement imprécises de la Constitution, qu'elles s'appliquent contre une législation fédérale ou étatique.

Bien que la note 4 soit la première formulation et, je crois, la plus convaincante du standard dichotomique en matière de contrôle de constitutionnalité, elle n'a pas échappé à la critique. L'attaque la plus directe contre l'autorité de la note 4 a été formulée par le juge Frankfurter, dans l'opinion concurrente qu'il a jointe à *Kovacs v. Cooper,* 336 U.S.77, 89-92 (1949). Frankfurter, en une phrase unique, qui a pour elle l'aura de l'hystérie, prononce contre elle une triple condamnation : 1) une note est un lieu inapproprié pour annoncer une nouvelle doctrine ; 2) de toutes manières, elle n'entendait pas créer une nouvelle doctrine ; 3) elle n'a pas bénéficié d'un concours majoritaire à la Cour *(ibid.,* p.90-91). La diatribe de Frankfurter est contenue dans une charge contre l'application de l'approche des « libertés préférées » au Premier amendement. Dans la mesure où l'attaque de Frankfurter est fondée sur l'idée que la doctrine « exprime un processus compliqué de jugement constitutionnel selon une formule trompeuse » *(ibid.,* p.96), elle apparaît mieux ciblée en ce qui concerne le premier paragraphe de la note que le second ou le troisième.

[10]. Le texte de *Carolene Products,* auquel la note 4 est attachée, manifeste une déférence judiciaire à l'égard des « faits législatifs », qu'ils aient été produits explicitement ou implicitement par le législateur. La présomption est que la législation repose sur « une base rationnelle par rapport aux connaissances ou à l'expérience du législateur ». 304 U.S., p.152.

Il n'est pas nécessaire d'envisager maintenant si la législation qui limite les processus politiques dont on attend ordinairement qu'ils entraînent le rejet d'une législation indésirable, doit être soumise à un contrôle judiciaire plus exigeant au regard des interdictions générales du Quatorzième amendement que ne le sont la plupart des autres types de législation. Sur les limitations apportées au droit de vote, voir *Nixon v. Herndon,* 273 U.S. 536 *; Nixon v. Condon,* 286 U. S. 73 ; sur les limitations à la diffusion de l'information, voir *Near v. Minnesota ex rel. Olson, 283* U.S. 697, 713-714, 718-720 *; Grosjean v. American Press Co.,* 297 U.S. 233 *; Lovell v. Griffin, supra ;* sur les interférences avec les organisations politiques, voir *Stromberg v. California., supra,* 369 ; *Fiske v. Kansas,* 274 U.S. 380 *; Whitney v. California,* 274 U.S. 357, 373-378 ; *Herndon v. Lowry,* 301 U.S. 242 ; et voir le juge Holmes in *Gitlow v. New York,* 268 U.S.652, 673 ; en ce qui concerne l'interdiction des réunions pacifiques, voir *De Jonge v. Oregon,* 299 U. S. 353, 365.

Nous n'avons pas non plus à nous demander si des considérations semblables entrent dans le contrôle des lois visant des minorités religieuses, *Pierce v. Society of Sisters,* 268 U.S. 510, ou nationales, *Meyer v. Nebraska,* 262 U.S. 390 -, *Bartels v. Iowa,* 262 U.S. 404 *; Farrington v. Tokushige,* 273 U.S. 484 [sic] ; ou des minorités raciales, *Nixon v. Herndon, supra, Nixon v. Condon, supra* -, si les préjugés contre des minorités isolées et insulaires peuvent constituer une condition spéciale, qui tend sérieusement à empêcher le fonctionnement des processus politiques sur lesquels il est ordinairement possible de s'appuyer pour la protection des minorités et qui peut exiger un contrôle judiciaire renforce en conséquence. Comparer *McCulloch v. Maryland, 4* Wheat. 316, 428 *; South Carolina v. Barnwell Bros., 303* U.S. 177, 184, n.2 et les cas cités. »[11]

La note 4 combinait une justification textuelle et une justification fonctionnelle pour les standards différents d'appréciation. La pierre de touche textuelle, dans le premier paragraphe – apparemment un ajout du Président de la Cour, Hughes, à la justification purement fonctionnelle,

---

[11]. *ibid.*, p.152-53.

plus claire de la rédaction originelle de Stone[12] – exige un standard d'examen plus rigoureux lorsque des droits spécifiquement énumérés ou mentionnés dans la Constitution sont concernés.[13]

Les justifications fonctionnelles des paragraphes 2 et 3 de la note admettent en termes généraux la difficulté contre-majoritaire et étendent la portée du contrôle de constitutionnalité en invoquant non pas la *valeur* spéciale de certains droits mais leur *vulnérabilité* aux perversions du processus majoritaire.[14] Ils n'exigent pas que l'on accorde un caractère

---

[12]. Pour un bon compte-rendu de la genèse de la note 4, voir A. Mason, *Harlan Fiske Stone, Pillar of the Law*, 1956, p.513-515. La première mouture des paragraphes 2 et 3 de la note est en général attribuée à Louis Lusky, qui était assistant de Stone en 1938. Le Professeur Lusky n'a jamais nié cette paternité mais il a insisté sur le fait que, lorsqu'un juge accepte quelque chose pour faire partie d'une opinion, cela doit être considéré comme sien. (*ibid.*, p.513.) La preuve de l'adoption consciente par Stone de la note 4 est rapportée par le fait qu'il l'a utilisée, davantage que tout autre juge, comme faisant autorité dans les cas ultérieurs. De plus, il l'a employée de façon très fine, en référence à ses valeurs structurelles implicites et non pas comme une simple citation en faveur de la doctrine des « libertés préférées ». Voir, par exemple, *Skinner v. Oklahoma ex rel. Williamson*, 316 U.S. 535, 544 (1942) (opinion concurrente du juge Stone) ; *Minersville School Dist. v. Gobitis*, 310 U.S. 586, 606 (1940) (opinion dissidente du juge Stone). Seul le juge Murphy peut être comparé au juge Stone quant à son utilisation de la note comme autorité. A l'heure de l'impression de cet article, sortait juste un article nouveau et important du Professeur Lusky à propos de l'histoire et de la signification de la note. Voir Lusky, « Footnote Redux : A Carolene Products Reminiscence » , in *Columbia Law Review*, Vol.82, 1982, p.1093.

[13]. Cette approche qui servira plus tard de fondement à la jurisprudence du juge Black a, c'est certain, des justifications fonctionnelles à une autre niveau, peut-être plus profond ; néanmoins les justifications du textualisme (ou de l'interprétivisme) ne font pas partie de la méthodologie du textualisme. (Voir J. Ely, *op. cit. supra* note 2, p.1-41, pour une discussion incisive de la base sur laquelle repose l'approche qu'il appelle interprétiviste. Ely, à juste titre, considère que les paragraphes 2 et 3 de la note Carolene Products sont complémentaires du paragraphe 1. (J. Ely, *op. cit. supra*, note 2, p.76 : « [L]'objection à l'interprétivisme est qu'il est incomplet. »)

[14]. Ces paragraphes désignent, bien sûr, certains droits ou certains types de droits comme occupant une position « privilégiée » pour revendiquer la protection judiciaire. Mais se référer à la note pour appuyer une doctrine des « libertés préférées » engendre la confusion que Stone a essayé d'éviter. Il existe un vaste gouffre conceptuel entre l'affirmation que la Cour est chargée de protéger les « intérêts et les droit qui sont les plus valables, les plus précieux, les plus importants d'un point de vue éthique, ultime et l'assertion que la Cour est chargée de protéger les intérêts et les droits qui sont à la merci des perversions prévisibles du gouvernement majoritaire. La première position est ancrée conceptuellement dans une méfiance vis-à-vis des choix démocratiques, elle repose sur une volonté de les subvertir, s'ils sont trop mauvais. La seconde repose sur la prémisse que les mécanismes de gouvernement peuvent pervertir et détruire la substance des choix démocratiques selon des manières prévisibles.

Bien que les bases conceptuelles de ces positions soient très différentes, pratiquement les résultats seront souvent convergents. Il s'ensuit que les gens pratiques peuvent choisir de poursuivre leurs fins avec l'une ou l'autre théorie, les traitant comme interchangeables, selon ce qui leur paraît le plus adapté d'un point de vue rhétorique. La note 4 a été privilégié à un intérêt spécial sur la base d'une quelconque autorité. Les paragraphes 2 et 3, au contraire, offrent une justification qui répond toute entière aux prémisses de la théorie politique de la difficulté contre-majoritaire elle-même.

1) Le paragraphe 2 : la protection de la vitalité du processus politique

Le second paragraphe suggère que « la législation qui restreint les processus politiques dont on peut ordinairement attendre qu'ils apportent le rejet de la législation indésirable » doit être soumise à « un contrôle judiciaire plus minutieux ». En d'autres termes, la note reconnaît que les représentants en fonction qui détiennent le pouvoir et ses prérogatives peuvent conspirer pour s'accrocher et mettre en échec les processus majoritaires mêmes qui donnent aux actes des législatures une présomption de légitimité plus grande qu'à ceux des juges. La note offre comme exemple de telles législations les limitations au droit de vote, à la propagation de l'information, à l'organisation politique et à la réunion pacifique. La prémisse de ce paragraphe semble qu'une citoyenneté politiquement libre et des mécanismes adaptés, honnêtes, de transformation des pratiques publiques en action gouvernementale sont des conditions préalables à l'exercice d'un choix majoritaire.[15]

---

fréquemment citée à l'appui de la thèse des « libertés préférées » et le juge Frankfurter l'a critiquée dans cette optique. (Voir *Kovacs v. Cooper*, 336 U.S. 77, 90-92 (1949) ; voir aussi *op. cit. supra* note 8.) L'identification de Stone avec la position des « libertés préférées » peut se faire de façon beaucoup plus plausible par référence à son opinion dissidente dans *Jones v. Opelika*, 315 U.S. 584, 608 (1942) (« Le premier amendement ne se limite pas à la protection de la liberté d'expression et de la liberté religieuse contre les tentatives discriminatoires pour les faire disparaître. Au contraire, la Constitution...a accordé à ces libertés une position préférée. ») Cependant Frankfurter mentionne ce désaccord seulement au passage, voir 336 U.S., p.93, bien qu'il concède que ce soit l'endroit où l'adjectif « préféré » est employé pour la première fois dans ce contexte. La thèse de Stone dans son opinion dissidente dans l'affaires *Jones* – que le Premier Amendement doit être lu comme créant un certain espace exempt de réglementation pour l'expression et la religion, même si la réglementation n'est pas dirigée de façon spécifique ou discriminatoire contre l'expression ou la religion – apparaît défendable. Elle est cohérente avec la justification fonctionnelle par la note 4 de la défense judiciaire de la liberté de l'espace politique public. L'essentiel de la note 4, ce n'est pas que certains droits soient désignés comme « préférés » mais la motivation de ce régime préférentiel. Ici, bien entendu, le paragraphe premier donne une justification textuelle et s'appuie sur un fondement différent par rapport aux paragraphes 2 et 3. Concernant l'idée que les paragraphes 2 et 3 ne reposent pas sur une base unique cohérente, voir *infra* p.318-322.

[15]. Le caractère désagréable d'un contrôle de la politique par des « patrons » était une préoccupation grandissante de la Cour à la fin des années 30 à l'époque où les individus, les syndicats et le gouvernement fédéral commençaient à rechercher des moyens pour faire

Dans les mots d'aujourd'hui – et avec le recul de quarante années – je reformulerais le danger ainsi : l'exercice du pouvoir peut dégénérer en « appareil », qui manipule la mécanique formelle de choix au travers des élections, des districts et du contrôle des charges publiques. Nous craignons aussi que la dégénérescence de la société politique en parti, limite l'espace pour une politique publique, libre et sans contraintes, et ne permette pas à une vie politique « naturelle », antérieure et supérieure au parti ou à l'Etat de survivre.

La note suggère que ces dangers doivent être attaqués sous deux angles. Tout d'abord, il ne doit pas être permis à ceux qui sont en place de manipuler les mécanismes qui lient les choix politiques à la représentation ou d'avoir une mainmise totale sur eux. Parce que s'il en allait ainsi, même les politiques publiques saines ne serviraient à rien. Ensuite, il ne doit pas être permis à ceux qui sont en place d'orchestrer le choix public. L'espace de la politique au sens grec doit être large et dégagé. Si le parti est capable d'orchestrer les politiques de masse, même des élections honnêtes sont de nul secours.[16]

Je crois que le paragraphe 2 de la note saisit, dans une phrase merveilleusement concise avec quelques citations éclairantes, la leçon des perversions des formes de politique majoritaire au vingtième siècle. En 1938, il n'y avait bien sûr rien d'étonnant à ce que ces perversions attirent l'attention.[17] La note appréhende parfaitement le souci suscité à la fois par

---

échec à la structure des féodalités locales et étatiques. (Voir, par exemple, *United States v. Classic*, 313 U.S. 299 (1941) ; *Hague v. CIO*, 307 U.S. 496 (1939).)

[16]. Pour un traitement contemporain des problèmes juridiques associés aux techniques totalitaires dans l'orchestration de la politique : voir, par exemple, Riesman, « Democracy and Defamation : Control of Group Libel », in *Columbia Law Review*, Vol.42, 1942, p.727 ; id., « Democracy and Defamation: Fair Game and Fair Comment (pts 1 et 2), in *ibid.*, p.1085, 1282 ; voir aussi Lusky, « Minority Rights and the Public Interest », in *Yale Law Journal*, Vol.52, 1942, p.1, 32-38.

[17]. Dans sa biographie exhaustive du juge Stone, Alpheus Thomas Mason cite une lettre écrite par Stone et datée du jour qui a suivi la décision *Carolene Products* :

> « Je suis très préoccupé par l'intolérance religieuse et raciale qui semble tourmenter le monde et dont je crains beaucoup qu'elle ne s'accroisse dans ce pays. Pour cette raison, j'ai été très choqué par les attaques contre la Cour et la Constitution l'an dernier, parce qu'il se pourrait très bien qu'une des conséquences du programme de « réforme judiciaire » puisse être d'aboutir à la destruction des garanties de la liberté individuelle. »

Mason, *op. cit. supra* note 12, à p.515 (citant une lettre de Stone au juge Irving Lehman, en date du 26 Avril 1938).

De plus, certains des défenseurs de la Cour Suprême, face au combat de 1937, pour « bourrer la Cour », avaient fortement lié l'objectif de maintenir l'indépendance du le totalitarisme qui se développe à l'étranger et par les perversions de la démocratie à l'intérieur de nos frontières, moins virulentes mais plus proches.

2) Le paragraphe 3 : la protection des minorités.

Alors que le paragraphe 2 porte sur la question de la perversion des formes démocratiques, le paragraphe 3 traite des limites aux buts que la démocratie peut poursuivre. Les minorités, au sens de ce paragraphe et au sens où nous en parlons aujourd'hui – les minorités raciales, nationales, ethniques, religieuses – ne sont devenues l'objet d'une protection juridique spéciale qu'avec la note 4, qui a été rédigée à peu près au moment précis où le majoritarisme est devenu la perspective constitutionnelle dominante.[18]

De nombreuses sources constitutionnelles antérieures à 1938 parlent de la protection judiciaire des minorités. Cependant, elles utilisent l'expression dans un sens à l'évidence différent : elles se réfèrent à des factions perdantes dans les conflits politiques[19] ou, surtout, à des intérêts

---

judiciaire à l'abri des représailles politiques à la lutte contre le totalitarisme. Au moins un des témoins majeurs lors des auditions de la Commission Judiciaire du Sénat sur la législation visant à bourrer la Cour a soulevé l'expérience de l'Allemagne nazie et de l'Italie fasciste comme spectres de mise en garde à la face de ceux qui examinaient le projet de punition de la Cour envisagé par Roosevelt. Dorothy Thompson, journaliste et chroniqueuse de renom a apporté, entre autres, le témoignage suivant :

> « Je ne suis pas une spécialiste de droit constitutionnel,…j'ai été pendant plusieurs années, en tant que correspondante étrangère, une observatrice de l'écroulement de démocraties constitutionnelles. Vous pourriez dire que j'ai été un chercheur sur la mortalité des républiques. Le fait saillant de notre époque est le déclin et la chute de la démocratie constitutionnelle. Un des grands besoins de notre temps est une analyse plus précise de la pathologie du gouvernement constitutionnel… »

Reorganization of the Federal Judiciary. Hearings before the Comm. On the Judiciary of the United States Senate on S. 1391, 75th Congress, 1st Sess. 859 (1937).

18. J'ai choisi de considérer la note 4 comme la ligne de partage. Il est évident que cette délimitation n'est pas inscrite dans la pierre. La justification est interne au raisonnement.

19. Madison pensait que la tyrannie de la majorité risquerait davantage d'apparaître au niveau local ou au niveau des Etats fédérés. Il n'avait pas une grande confiance dans la possibilité d'une protection judiciaire efficace contre une telle « tyrannie » et préconisait la mesure plus radicale d'une « opposition » mise par le Congrès à la législation étatique. (Voir *The Papers of James Madison*, Vol.10, 1840, p.206-19. – Lettre de Madison à Thomas Jefferson, October 24, 1787.) Le problème de la protection de l'intérêt public, des individus et des minorités (dans un sens tout à fait général) contre une faction majoritaire préoccupait Madison. Son essai classique sur le sujet, *The Federalist*, N°10, se caractérise par la confiance mise dans l'élargissement de l'espace politique comme contre-force à une tyrannie de la majorité. En fait, Madison prétend que le recours à une circonscription politique suffisamment grande et hétérogène rend improbable une victoire des forces de la

économiques ou sectoriels, larges qui peuvent se trouver dans une position politique désavantagée dans le cadre du majoritarisme. »[20] En cet autre sens, le terme était monnaie courante chez les Rédacteurs. Une de leurs solutions à ce problème des minorités était le contrôle de constitutionnalité. Nous trouvons aussi, antérieurement à 1938, des cas qui étendent effectivement la protection juridique aux groupes minoritaires dans notre sens du mot.[21] Mais ces cas ne présentent aucune théorie que c'est cette caractéristique du groupe – le fait qu'elle est minoritaire – qui exige une sollicitude particulière de la part des juges. La protection constitutionnelle est justifiée par le caractère substantiel des droits en cause plutôt que par la nature des groupes protégés.[22]

---

passion et de l'intérêt. Pour une critique devenue classique de cette affirmation, voir R. Dahl, *A Preface to Democratic Theory*, 1956, p.128-29. Voir aussi G. Wills, *Explaining America*, 1981, p.xv-xxi, p.208-15.

[20]. Madison considérait les intérêts économiques comme les déterminants premiers « de la faction ».

> « De la protection des facultés différentes et inégales d'acquérir la propriété résulte immédiatement la possession de différents degrés et différents types de propriété ; et de l'influence de ceux-ci sur les sentiments et les opinions des propriétaires respectifs découle la division de la société selon différents intérêts et différents partis.
> ...Mais la source la plus commune et la plus durable des factions a été la distribution variée et inégale de la propriété ».

The Federalist, N°10 (J. Madison), B. Wright -ed.-, 1961, p.131 (trad. fr. : Le fédéraliste, N°10.). Notez la profondeur de vue de Madison : non seulement la propriété est elle-même un intérêt à propos duquel les groupes luttent mais elle est aussi une « influence » sur « les sentiments et les opinions » de ceux qui la détiennent.

La place critique de la propriété dans l'apparition de « factions » se combine, dans notre histoire constitutionnelle, avec l'identification de certains types d'intérêts de propriété avec certains secteurs de la nation. Le Sud a toujours été identifié à la propriété esclavagiste et le Nord-Est avec les intérêts du commerce et du transport maritime. (Pour l'étude de la protection structurelle des intérêts de telles « minorités » dans un schéma national, voir S. Lynd, *Class Conflict, Slavery, and the United States Constitution*, 1967 (particulièrement les chapitres 7, 8 et 10.)

[21]. Voir, par exemple, *Nixon v. Herndon*, 273 U.S. 536 (1927) invalidant une loi d'Etat exigeant une primaire blanche ; *Pierce v. Society of Sisters*, 268 U.S. 510 (1925) invalidant une loi de l'Orégon exigeant que les enfants fréquentent les écoles publiques ; *Buchanan v. Warley*, 245 U.S. 60 (1917) invalidant une ordonnance municipale rendant obligatoire, en fait, la ségrégation résidentielle ; *Guinn v. United States*, 238 U.S. 347 (1915) abolissant les clauses sur le grand-père.

[22] Certains des cas antérieurs à 1938 – *Pierce v. Society of Sisters*, 268 U.S. 510 (1925) et *Buchanan v. Warley*, 245 U.S. 60 (1917) , par exemple – étaient des cas de procédure légale régulière quant au fond protégeant les droits de chacun des individus et de tous les individus contre une forme d'interférence étatique, prohibée. Il s'est simplement trouvé dans chacun de ces cas que le motif probable de l'interférence ou le facteur qui l'a déclenchée, a été un schéma de persécution contre un « groupe minoritaire ». A proprement parler, dans chacun de ces cas, ce fait était juridiquement non pertinent. En réalité, le cas pendant de Pierce, *Pierce v. Military Academy*, 268 U.S. 510 (1925), ne comportait aucun élément de « groupe

Peut-être cette généralisation nécessite-t-elle une réserve à propos de la compréhension première des amendements concernant la Reconstruction. Les *Slaughter House Cases*, pour empêcher le Quatorzième amendement d'être une source complète de droits contre l'Etat, ont eu recours à la notion commune selon laquelle les Amendements avaient pour but d'améliorer la condition des noirs.[23]

Cette conception du droit et de l'histoire constitutionnels percevait les noirs comme l'objet d'une protection spéciale.[24] Si un modèle de décision différent de ce qui a été le cas, avait été adopté au cours des cinquante années qui ont suivi, cette affirmation, qui n'a jamais été réellement contestée, aurait pu s'avérer le point de départ pour la formulation d'un rôle judiciaire spécial dans la protection des minorités ou au moins dans la protection de la minorité la plus importante dans l'expérience américaine. Mais une observation concernant le but d'un texte constitutionnel, n'est pas en soi une théorie sur le rôle du judiciaire. Et l'attitude de recul massif, adoptée dans la protection des droits des noirs entre les années 1870 et 1920 – un recul à la tête duquel s'est trouvée dans de nombreux cas , la Cour, a éliminé toute possibilité d'inférer un tel rôle de la pratique.[25] Ainsi, l'énonciation explicite d'un rôle judiciaire

---

minoritaire », bien que la prétention avancée soit par ailleurs en tous points identique à celle de la *Society of Sisters*.

Dans *Buchanan*, le caractère racial du découpage présentait une pertinence plausible pour la cas mais dans une direction précisément opposée à ce qu'on attendrait d'un droit moderne d'égale protection. L'Etat prétendait en effet que son intérêt position pour la ségrégation des races dans le cadre de son pouvoir de police justifiait une restriction au droit d'aliénation et d'usage de la propriété qui constituerait normalement une atteinte aux droits à une procédure régulière.

23. *Slaughter House Cases*, 83 U.S. (16 Wall.) 36, 81 (1872).

> « Cette clause de l'égale protection , c'était le remède concocté contre l'existence de lois lourdement discriminatoires et gravement injustes, prises contre les nègres [sic] nouvellement émancipés, en tant que classe, dans les Etats où ils résidaient. Par elle, de telles lois sont interdites. »

24.

> « Il (le Quatorzième amendement) a été établi pour assurer à la race de couleur la jouissance de tous les droits civils dont les personnes blanches jouissent par la loi et pour donner à cette race la protection du gouvernement général, dans cette jouissance, lorsqu'elle serait refusée par les Etats. »

ibid.

25. Une narration utile, brève sur tous les cas importants concernant la race et les droits civils est offerte dans L. Miller, *The Petitioners*, 1966. Pour la période de recul massif, voir, en particulier, les chapitres 11 à 13.

L'histoire juridique la plus importante des cas concernant la race dans la période progressiste à avoir été publiée récemment est l'excellente étude de Benno Schmidt, Jr. Voir spécial dans le domaine des minorités et de leurs droits a attendu la reconstruction constitutionnelle de 1937-1938.

Le paragraphe 3 de la note a restauré l'occasion perdue en identifiant la discrimination contre les minorités raciales comme un vice caractéristique du majoritarisme au vingtième siècle. Le paragraphe avait pour but de traiter des « imperfections » les plus graves de la politique majoritaire – des « imperfections » qui avaient été mises en pleine lumière en 1938.

Les minorités « distinctes et insulaires », ne sont pas seulement perdantes dans l'arène politique, ce sont de perpétuelles perdantes. En fait, dire qu'elles sont perdantes dans le processus politique majoritaire constitue une distorsion grave des faits : elles sont des boucs-émissaires dans les luttes politiques qui se jouent entre les autres groupes. De plus, dans leur « insularité », elles sont de façon caractéristique sans défense, les victimes passives du processus politique. C'est, en conséquence, parce que certaines minorités (qui font l'objet de préjugés) sont distinctes et insulaires que nous ne pouvons pas faire confiance « au fonctionnement de ces processus politiques sur lesquels on peut ordinairement compter pour protéger les minorités ». Un examen judiciaire plus approfondi vient alors se superposer par rapport aux protections structurelles contre les « factions » sur lesquelles s'appuyait la constitution originale – à savoir la diffusion du pouvoir politique et les poids et contrepoids.[26]

Le paragraphe trois, venant, comme il le faisait, juste avant que les pires excès du racisme organisé n'éclatent dans le monde, a, pour le moins, un

---

Schmidt, « Principle and Prejudice : The Supreme Court and Race in the Progressive Era » (pts 1-3), in *Columbia Law Review*, Vol.82, 1982, p.444-524, 646-718 et 835-905.

[26]. La Cour n'a pas développé les raisons qui amènent à considérer les minorités raciales, religieuses ou ethniques comme différentes des autres minorités. Mais ces raisons ont été quelque peu développées par des interprètes réfléchis et, en un sens parlant avec autorité (voir *supra*, p.293) de la note 4 comme Louis Lusky. Comme Lusky l'a affirmé dans ses toutes premières publications sur le problème des minorités :

> « Le problème des minorités naît de l'existence de « sous-groupes » relativement bien définis détestés par ceux qui contrôlent les organes politiques et les autres organes de pouvoir dans la société. Un tel mépris ne vient pas de ce que les membres de ces groupes ont causé des dommages à la communauté ou menacé de le faire mais parce que le fait d'appartenir à ces groupes en lui-même est considéré comme un motif de méfiance ou d'hostilité. »

Lusky, *op. cit. supra* note 16, p.2 ; Lusky a plus tard mis l'accent sur ce qu'il a appelé la familiarité comme élément nécessaire au fonctionnement de la démocratie représentative : l'absence d'empathie pour certains groupes ôte l'élément d'autolimitation et d'équité dans la poursuite des intérêts majoritaires. Voir L. Lusky, *By What Right ?*, 1975, p.12.

peu minimisé la signification du racisme dans la politique majoritaire.[27] Alors qu'il exprimait clairement les risques qu'il y avait à placer sa confiance dans la politique majoritaire pour protéger les droits des minorités, il ne faisait pas allusion aux ombres déformées que la transformation organisée de minorités en boucs-émissaires jette sur les autres éléments de la politique. En ce sens, les préoccupations des paragraphes deux et trois de la note convergent. Dès lors que le harcèlement des minorités constitue l'un des leviers pour la manipulation des masses depuis l'avènement de la politique moderne, il représente une faillite de la politique non seulement par la non-protection du groupe victime mais aussi par l'affaiblissement et la perversion des autres buts politiques. Il y a d'autres moyens de bloquer un message que d'arrêter l'orateur et l'un d'eux est de crier au nègre.[28]

En fait, la note 4 suggère, en conséquence, deux justifications pour la protection des minorités. La raison la plus claire est contenue dans le paragraphe trois : une minorité distincte et insulaire ne peut pas s'attendre

---

[27]. La décision *Carolene Products*, rendue le 24 Avril 1938, précédait de sept mois la Nuit de Cristal.

[28]. A la fin des années trente, s'est développée une littérature sur les méthodes des tyrannies contemporaines, qui a souligné l' « exploitation de la haine » comme un levier typique dans la manipulation des masses. Cet intérêt s'est développé pendant les années de guerre et a fait l'objet d'une recherche massive en sciences sociales durant les années 40 et au début des années 50. Comme travaux importants en littérature juridique sur ce sujet, voir Loewenstein, « Legislative Control and Political Extremism in European Democracies (pts 1 and 2) » in *Columbia Law Review*, Vol.38, 1938, p.591, 725 ; id., « Militant Democracy and Fundamental Rights (pts 1 et 2) », in *American Political Science Review*, Vol.31, 1937, p.417, 638 ; Riesman, « Democracy and Defamation : Fair Game and Fair Comment (pts. 1 and 2 », *op. cit. supra* note 16, p.1085, 1282.

Que des campagnes de haine systématiques contre des minorités fassent partie d'un phénomène politique ordinaire continue à être l'objet de controverses parmi les théoriciens. Pour un aperçu du débat sur le totalitarisme, comparer H. Arendt, *The Origins of Totalitarianism*, 1966 – en fr. : *Les origines du totalitarisme*, Paris, Seuil, 1998 – (le totalitarisme est une forme de gouvernement, de politique et d'organisation sociale, distincte, qui traverse « la gauche » et « la droite ») avec A. Mayer, *Dynamics of Counterrevolution in Europe 1870-1956*, 1971 (affirmant que le concept de « totalitarisme » a permis aux intellectuels libéraux occidentaux de *gommer* les dynamiques de la révolution et de la contre-révolution et les différences entre elles).

La notion que la haine raciale pouvait être manipulée pour désamorcer un changement politique constructif est une théorie persistante dans l'histoire du Sud des Etats-Unis. Voir, par exemple, W. Cash, *The Mind of the South*, 1941 ; H. Helper, *The Impending Crisis*, 1857 ; V. Key, *Southern Politics in State and Nation*, 1949 ; L. Smith, *Killers of the Dream*, 1963 ; C. Vann Woodward, *The Strange Career of Jim Crow*, 1974. L'histoire du populisme sudiste regorge d'observations sur l'affaiblissement de l'innovation par un retour manipulé, délibéré au racisme pour soulever les masses blanches et empêcher qu'une coalition politique entre noirs et blancs s'approche du pouvoir. Voir L. Goodwyn, *Democratic Promise, The Populist Movement in America*, 1976, p.276-306, 533-34 ; C. Vann Woodward, *op. cit. supra*, p.78.

à ce que la politique majoritaire protège ses membres, comme elle le fait pour les autres. Plus obscurément indiqué est le motif additionnel du paragraphe deux, selon lequel le préjugé et la haine raciale constituent des leviers de manipulation dans l'arène politique de masse.

III. LA POLITIQUE MAJORITAIRE ET LE PROBLEME DES MINORITES

La poursuite de l'analyse de la signification de la déclaration de la Cour sur la protection judiciaire des minorités ne peut se faire avant un bref exposé des origines du terme « minorités », lui-même. Cette histoire suggère, en effet, une compréhension appropriée de la théorie derrière la note et des problèmes à l'intérieur de cette note.

1) La théorie des minorités

Aucune innovation importante n'intervient sans antécédents. Dans le cas du nouvel usage du mot « minorités », les antécédents étaient si répandus qu'ils rendaient la nouveauté presque imperceptible. Tout d'abord, depuis le dix-neuvième siècle et de façon proliférante depuis l'accord de paix de Versailles, les traités et les conventions invoquaient l'idée d'une « protection des minorités » à l'échelle internationale contre les processus politiques intérieurs de certaines nations.[29] Le terme « minorités » a été utilisé dans ces accords internationaux comme incluant les minorités religieuses, linguistiques et raciales.[30] De plus, ce souci de la protection des minorités s'accompagnait d'une reconnaissance croissante d'un besoin de protection judiciaire. Comme Julius Stone l'a écrit en 1932, « C'est dans la compétence donnée [d'après le schéma de la S.D.N.] à la Cour Permanente Internationale de Justice qu'est apparue la seule contribution totalement nouvelle de l'arrangement d'après guerre au mécanisme de protection des minorités. »[31] Ainsi, au début des années

---

[29]. Pour une brève présentation de l'historique de ces traités, voir, par exemple, L. Mair, *The Protection of Minorities*, 1928, p.30-36 ; J. Stone, *International Guarantees of Minority Rights*, 1934, p.3-31. Pour un exposé détaillé sur les traités concernant les minorités, voir C. MacCartney, *National States and National Minorities*, 1934 ; pour une hypothèse intéressante concernant le contexte politique et idéologique de tels traités, voir H. Arendt, *op. cit. supra* note 28, p.269-290.

[30]. « Le pays concerné admet que les stipulations dans les articles précédents, dans la mesure où elles concernent des personnes appartenant à des minorités religieuses, linguistiques ou raciales constituent des obligations de droit international. » J. Stone, *op. cit. supra* note 29, p.273 (citant la Résolution de la Société des Nations en date du 22 Octobre 1920).

[31]. *ibid.*, p.8.

1930, « minorités » au sens de la note 4 constituait déjà une expression consacrée ayant une signification technique reconnue par le droit international. En outre, la prémisse de cette protection internationale était que l'Etat-nation, ordinairement dominé par un groupe ethnique, religieux ou racial, majoritaire, pourrait ne pas offrir aux minorités ethniques, religieuses ou raciales au sein de l'Etat le bénéfice de ses processus politiques. Le système du droit international reconnaissait ainsi tacitement que l'Etat-nation du vingtième siècle était construit, de façon caractéristique, sur le renforcement de l'hégémonie politique d'un groupe ethnique ou racial particulier sur un territoire qui comprenait une population mélangée.[32]

Ensuite, le terme « minorité » a aussi pris une signification juridique et institutionnelle dans un contexte purement interne. L'accroissement massif des programmes du New Deal, administrés au niveau fédéral, demandait qu'une attention particulière soit portée à l'impact réciproque entre ces programmes et les configurations raciales, diverses selon les différentes parties de la nation. Pour certains programmes, tels que le Corps de Protection Civile, l'administration fédérale a admis de prendre en compte les modèles racistes, locaux.[33] Dans d'autres programmes ; tels que l'Administration Nationale pour la Jeunesse, un effort persistent a été fait pour mener les localités vers l'égalité de traitement.[34]

L'élément important, à la fois dans l'antécédent du droit international et dans l'expérience du New Deal, a été la conceptualisation du « problème des minorités », qui traverse les expériences contingentes de tout groupe minoritaire, particulier. L'identification d'un « problème juif », d'un

---

[32]. Plus précisément, la disparition des Empires russes, austro-hongrois et turcs a contraint le système de l'Etat-nation européen à confronter directement la question largement évitée au cours de la construction de l'Etat au dix-neuvième siècle : celle de la relation entre la nation et l'Etat. La création délibérée par Versailles, d'un seul coup, de nouveaux Etats, l'exigence que ces Etats soient d'une taille viable et les revendications hégémoniques, conflictuelles ont toutes contribué à rendre les assemblages imparfaits de population et de domination territoriale, impossibles à ignorer. Alors qu'il serait absurde de suggérer que de telles « imperfections » n'aient pas été remarquées dans la construction de l'unité de l'Allemagne et de l'Italie, elles ont été renouvelées et accentuées quand ont été tracées les frontières de Versailles.

[33]. Un Bureau des Affaires des Minorités a été créé au sein de l'Administration Nationale de la Jeunesse sous la direction de Mary MacLeod Bethune. Voir G. Rawick, *The New Deal and Youth : the Civilian Conservation Corps, the National Youth Administration and the American Youth Congress*, 1957, p.137-70 (thèse de doctorat non publiée, University of Wisconsin ; voir aussi Salmond, « The Civilian Conservation Corps and the Negro », in B. Sternsher (ed.), *The Negro in Depression and War*, 1969, p.78-92.

[34]. Voir Bethune, « My Secret Talks with FDR », in B. Sternsher (ed.), *The Negro in Depression and War*, *op. cit. supra* note 33, *ibid.*, p.53-65.

« problème noir » ou d'un « problème indien » suggère que le « problème » est particulier à l'histoire, aux croyances ou aux actions de ce groupe, tel qu'elles interfèrent avec l'histoire, les croyances et les actions des autres. Lorsqu'on généralise à un « problème des minorités », l'expérience particulière de tout groupe *n'intervient plus* ou prend un caractère secondaire. Tous les groupes minoritaires sont supposés avoir un élément commun de signification dominante, observable dans la structure sociale et le processus social tels qu'ils affectent la politique. Tous les groupes qui sont des minorités aux termes de la note 4 – et des garanties du droit international protégeant les minorités – partagent certaines caractéristiques : ils sont isolés dans la structure sociale, ils occupent des positions relativement résistantes au changement (en particulier, résistantes au solvant des modifications dans les alignements d'intérêts) ; et ils sont vulnérables aux attaques des autres. La croyance selon laquelle il y a une similitude ou une identité de processus psychologiques et sociaux et de structures à l'œuvre dans les expériences historiquement, par ailleurs largement différentes des juifs, des noirs, des indiens, des groupes ethniques (et peut-être des femmes) représente un grand pas intellectuel, associé aux théories du vingtième siècle en sociologie et en psychologie sociale.[35] C'est aussi un pas dont la validité est incertaine.

Avant que n'intervienne la note 4, nos catégories constitutionnelles étaient historiquement déterminées. La Constitution crée clairement des catégories contingentes, historiquement spécifiques, telles que celle de « religions » et ne parle pas du tout en termes sociologiques ou psychologiques de « préjugés » ou de « groupes exclus » (« *out-groups* »). Il y avait les droits à la libre conscience et à l'absence de religion officielle (« *non-establishment* ») au profit des minorités religieuses en raison des expériences historiques, vécues par un groupe ou un ensemble particulier.

---

[35]. L'un des articles de sociologie les plus fréquemment cités sur les « minorités » est Wirth, « The Problem of Minority Groups », in *The Science of Man in the World Crisis*, R. Linton (ed.), 1945. Wirth définit une minorité « comme un groupe de gens qui, du fait de leurs caractéristiques physiques ou culturelles, sont singularisés par rapport aux autres, au sein de la société dans laquelle ils vivent et soumis à un traitement différent et inégalitaire et qui, en conséquence, se considèrent comme objets d'une discrimination collective » (ibid., p.347). Pour un bref compte-rendu du développement d'un ensemble d'idées en rapport, qui a été important dans l'analyse des « minorités », voir R. Merton, *Social Theory and Social Structure*, rev. ed., 1957, chap. 8 et 9 (trad. fr. : *Eléments de théorie et de méthode sociologique*, par Henri Memndras, Paris, A. Colin, 1997).

On pourrait, en conséquence, imaginer un innovateur argumentant comme suit en 1938 : la perspective sociologique actuellement en développement sur les relations entre groupes et les investigations en rapide croissance dans les processus psychologiques du « préjugé » démontrent qu'un phénomène unique ou une famille de phénomènes est impliquée dans les préjugés contre les « minorités », quelle que soit l'histoire particulière d'un groupe donné. Il serait irrationnel de tenter de traiter de ces phénomènes communs et de leurs implications structurelles communes en politique, seulement au moyen d'un ensemble de notions constitutionnelles divergentes qui avaient été élaborées, dans un âge moins scientifique, pour répondre à des cas de préjugés purement contingents et spécifiques.[36]

2) Le problème spécifique de la politique raciale

Le juge Stone avait-il une telle approche ? Je ne le sais pas. Son langage (ou celui de Lusky[37]) en tout cas contient ces idées implicites en lui. Parce que sinon supposer que les différentes situations auxquelles il est fait allusion dans les citations au paragraphe 3 de la note 4 appellent une réponse commune à des problèmes liés représente une notion véritablement particulière. En fait, comme le suggère le paragraphe qui suit dans cet essai, les problèmes auxquels il est fait référence, étaient suffisamment distincts dans leurs implications pour susciter des questions très différentes à propos de la pertinence d'un rôle actif du judiciaire. Dit plus simplement, le modèle d'intervention judiciaire de la note 4 visant à

36. On peut présumer qu'en l'absence d'un concept de « minorités », le traitement d'une minorité religieuse serait gouverné par la jurisprudence particulière des clauses du libre exercice et de l'inexistence d'une religion officielle ; le traitement desgroupes immigrants et étrangers serait soumis à la jurisprudence en matière de pouvoirs nationaux relatifs au commerce, à l'immigration et à la naturalisation ; le traitement des noirs serait commandé, quant à lui, par la jurisprudence des Amendements de la Reconstruction. Tous ces groupes seraient, bien sûr, protégés par des clauses générales, telles que la procédure légale régulière et l'égale protection, mais seulement dans le même sens et au même degré que n'importe qui d'autre. Ils n'auraient aucune position spéciale en tant que « minorités ».

37. En 1942, Lusky s'est référé aux « groupes exclus » (« *out-groups* »), sans faire référence toutefois à une théorie spécifique quelconque (Lusky, *op. cit. supra* note 16, p.2). On fait en général remonter la caractérisation dichotomique des groupes de référence, implicite dans la terminologie « *in-groups/out-groups* » (« groupes intégrés/groupes exclus ») à la dichotomie nous-groupes/ autres groupes (« *we-groups »/ »other-groups* ») de William Graham Sumner. (W. Sumner, *Folkways*, 1906, p.12-13 ; voir R. Merton, *op. cit. supra* note 35, p.297.) A l'époque où Lusky écrit, l'idée et la terminologie étaient, bien sûr, profondément ancrées dans la culture intellectuelle, commune. Je ne prétends pas suggérer que Lusky ou Stone applique une théorie sociologique, spécifique, dans la note 4 mais simplement que la généralisation « groupe minoritaire », telle qu'elle y est utilisée et telle qu'elle a été employée précédemment en droit international coïncide avec une façon de penser sociologique à propos de tels problèmes.

éviter les produits politiques des préjugés s'accommodait aisément des interprétations judiciaires limitées, nécessaires à la protection des groupes ethniques et religieux contre les excès législatifs associés à l'hystérie xénophobe et à l'intolérance.

Il était insuffisant par contre pour répondre aux questions posées par le système de l'Apartheid racial américain – qui constituait, véritablement un système.[38] En fait, les problèmes liés à l'expérience des noirs aux Etats-Unis ont fait se lever, plus qu'aucun autre ne le pouvait, le spectre d'un conflit interne entre les valeurs d'une vie politique ouverte et libre, protégées par le paragraphe deux de la note 4, et celles de traitement équitable des « minorités », protégées par le paragraphe trois de cette note.[39]

Examinez un instant les différences extraordinaires entre les deux types de cas cités au paragraphe trois. Tous concernent, apparemment, les « minorités » qui sont intentionnellement visées par la note 4. La note cite *Nixon v. Herndon* [40] et *Nixon v. Condon*,[41] deux cas de primaires blanches, à l'appui de la proposition que les minorités raciales peuvent revendiquer une protection judiciaire spéciale. Parmi les cas cités dans la note, ces deux-là seuls concernent une oppression politique massive contre la minorité. Dans les autres cas cités, les minorités sont traitées de façon minable et peuvent, comme le suggère la note 4, ne pas être assez fortes pour se défendre dans l'arène politique . Mais un tel résultat n'est pas laissé au hasard. Les lois suspectes refusent à la minorité l'accès à l'arène politique elle-même. Ainsi, ces deux cas de primaires blanches sont cités, à juste titre, aux paragraphes deux et trois de la note.

Ce n'est pas une coïncidence si ces cas de refus du droit de vote impliquent des noirs. Dans l'Amérique moderne, le refus du droit de vote a été étroitement confiné aux minorités *raciales*.[42] A l'inverse,

---

[38]. Pour la présentation classique du caractère systémique de l'Apartheid américain, voir G. Myrdal, *An American Dilemma*, 1ère ed., 1944. La date de ce livre en fait une source particulièrement valable pour les observations sur le fonctionnement du système, faites de façon à peu près contemporaine à la note 4.

[39]. Voir p.1309-13 (trad. *infra* p.318-322).

[40]. 273 U.S. 536 (1927).

[41]. 286 U.S. 73 (1932).

[42]. Le mécanisme utilisé pour empêcher les asiatiques de voter a été le refus de la naturalisation, qui a réussi à se maintenir malgré les oppositions pendant toute la période d'immigration asiatique massive qui s'est accompagnée d'un fort préjugé local.

Je crains de pénétrer en terrain miné avec ce que j'affirme dans ce texte. Bien sûr, au début de notre histoire de nombreux Etats se sont appuyés sur des exigences de propriété pour restreindre le droit de vote ; pendant un siècle, cependant, de tels mécanismes n'ont pas été l'oppression des minorités religieuses (pour laquelle *Pierce v. Society of Sisters* [43] sert d'exemple) et des minorités nationales (dont *Meyer v. Nebraska* [44], *Bartels v. Iowa* [45]et *Farrignton v. Tokushige* [46] fournissent des exemples), bien qu'elles impliquent une assimilation forcée, odieuse au moyen du contrôle étatique sur l'éducation et des réactions xénophobes inacceptables à l'encontre de l'étranger défavorisé et de sa culture,[47] ne sont pas allées jusqu'à l'exclusion de l'arène politique.

S'il nous faut faire une distinction entre les lois qui sont un fardeau pour les catholiques, telles que celles dans *Pierce* ou celles qui sont un fardeau pour les germano-américains, dans *Meyer*, et les réglementations qui chargent les porteurs de bons, les créanciers, etc., c'est seulement parce que l'intérêt piétiné est davantage vital, plus authentique ou important dans les premiers cas que dans les seconds. En effet, les clivages entre catholiques et non-catholiques, allemands d'origine et non-allemands se sont avérés résistants au solvant de l'intérêt propre seulement localement et à court terme. Les catholiques, par exemple, ont presque toujours réussi à l'emporter à un degré acceptable pour eux-mêmes sur cette question des

---

très importants. Plus grave, le droit de vote des femmes n'a été garanti au niveau fédéral, que depuis 1920. Que les femmes doivent être ou non considérées comme un groupe minoritaire et en quoi est une question à laquelle je ne peux pas tenter de répondre dans les limites de cet article. Il n'y a aucune indication qui laisse à penser que Stone entendait inclure les femmes dans le champ de la note 4. Dès lors que je prétends en partie que les réponses constitutionnelles devraient être quelque peu plus sensibles aux histoires particulières et aux contextes d'expérience de chaque groupe et dès lors que la « minorité » attrape-tout n'est pas seulement une catégorie imprécise mais généralement inutilisable pour guider l'action en ce qui concerne les cas qui y entrent clairement, je ne suis pas gêné d'avoir à traiter la catégorie « femmes » à part et en me référant à son histoire particulière.

43. 268 U.S. 510 (1925).

44. 262 U.S. 390 (1923).

45. 262 U.S. 404 (1923).

46. 273 U.S. 284 (1927).

47. Pour une étude sur la lutte entre groupes originaires et immigrants pour le contrôle de l'éducation, voir D. Ravatch, *The Great New York School Wars*, 1975. Pour se faire une idée de l'importance du contrôle sur l'éducation dans les écoles privées, religieuses ou non, voir B. Solomon, *Ancestors and Immigrants*, 1956, chap. 3 ; voir aussi J. Higham, *Strangers in the Land*, 2nd ed., 1963, chap.9, p.59-60 (décrivant le combat pour l'éducation dans les années 1880 et au début du vingtième siècle). Pour un exposé fait à l'époque, intéressant, voir E. Mead, *The Roman-Catholic Church and the Public Schools*, 1890. Pour un compte-rendu moderne mettant l'accent sur les objectifs assimilationnistes du mouvement des jardins d'enfants, voir M. Lazerson, *Origins of the Urban School. Public Education in Massachusetts, 1870-1915*, 1971. Pour une excellente analyse, finement nuancée, de l'ethnicité et de la politique dans le Middle West, qui inclut le problème de l'instruction en langue étrangère, voir P. Kleppner, *The Cross of Culture : A Social Analysis of Midwestern Politics, 1850-1900*, 1970, p.158-61. Pour une bonne présentation d'une controverse ample, qui n'a jamais atteint la Cour Suprême, voir R. Ulrich, *The Bennett Law of 1889 : Education and Politics in Wisconsin*, 1965 (thèse de doctorat non publiée, Université du Wisconsin).

contrôles publics sur l'éducation dans les écoles privées, religieuses. Les cours ont eu très peu à intervenir : l'affaire *Pierce* elle-même a été évoquée devant les tribunaux après que nombre des conflits politiques majeurs aient été éteints.[48] Il est, en conséquence, tout à fait approprié de considérer l'intervention judiciaire en ce contexte comme un complément limité à un processus politique qui, en général, fonctionne bien.

Si l'on demande pourquoi le processus politique a servi les catholiques (ou les juifs ou les allemands) en dépit d'un préjugé important et d'une haine virulente dirigés contre eux, la réponse est que, dans l'arène concurrentielle de la politique, les votes de ces groupes apparaîtront – tôt ou tard – un fruit trop désirable pour ne pas être cueilli. L'un ou l'autre parti va s'en faire des amis et avec leur aide se renforcer. Ce fut, en fait, la stratégie de la politique de la machine démocrate dans les zones urbaines pendant toute la période d'immigration massive.[49]

Ce fut aussi la stratégie primitive des Républicains et des populistes vis-à-vis des noirs ; mais elle a échoué.[50] Elle l'a fait en raison de la terreur

---

[48]. Le sentiment anti-catholique est resté fort dans une grande partie du Middle West et du Sud, à travers toutes les années vingt, comme l'indique la campagne de Smith en 1928. Mais le mode dominant de contrôles relativement faibles sur l'éducation dans les écoles privées, religieuses aurait été établi dans les années 1880 et 1890, lors de la grande expansion de l'éducation dans les écoles privées, religieuses. Le Ku Klux Klan revivifié conduisit une campagne contre les écoles privées, religieuses, dans les années vingt. Le seul succès qu'il remporta eut lieu dans l'Orégon où ces écoles furent mises hors la loi par un recours à la démocratie directe – une initiative qui obtint une courte victoire, après une sale campagne.

L'enseignement en langue étrangère était un autre sujet. Il y eut deux périodes bien distinctes où des efforts furent faits pour arrêter ou limiter l'enseignement en langue étrangère, dans les deux cas, l'allemand fut la cible principale. A la fin des années 1880 et au début des années 1890, certains Etats du *Middle West* étaient préoccupés par le phénomène des écoles luthériennes allemandes et une législation fut adoptée pour interdire ou réduire l'usage de l'allemand comme langue principale d'enseignement. Voir P. Kleppner, *op. cit. supra* note 47, p.158 ; R. Ulrich, *op. cit. supra* note 47. Pendant la première guerre mondiale, un mouvement très différent, visant à interdire ou à limiter l'usage de l'allemand fut institué.

Dans le premier cas, en dépit de relents de préjugés particuliers, la législation avait pour but de servir à l'américanisation ou à l'assimilation. Dans le second, l'objectif de la législation – qui interdisait même l'enseignement en allemand comme seconde langue – était l'expression symbolique d'une haine de l'ennemi et d'une volonté d'éradication de sa culture. *Meyer v. Nebraska*, 262 U.S. 390 (1923) et *Bartels v. Iowa*, 262 U.S. 404 (1923) étaient tous les deux les produits de la seconde campagne anti-allemande.

[49]. Voir B. Solomon, *op. cit. supra* note 47 ; J. Higham, *op. cit. supra* note 47.

[50]. Sur la stratégie républicaine pendant la Reconstruction, voir L. Cow et J. Cow, *Politics, Principles and Prejudice*, 1963 ; K. Stampp, *The Era of Reconstruction*, 1865-1877, 1965 ; A. Trelease, *White Terror*, 1971, spécialement l'introduction. Sur la stratégie populiste, voir L. Goodwyn, *op. cit. supra* note 28, p.276-307 ; C. Van Woodward, *op. cit. supra* note 28.

blanche et du manque de volonté de la maîtriser.[51] Mais la stratégie a aussi échoué parce que – pendant un temps – trop peu d'hommes du Sud étaient capables de percevoir un problème ou un ensemble de problèmes comme plus important que celui d'empêcher les noirs de jouir des avantages qu'auraient produit une participation politique à part entière. Les tentations d'une solution politique sont toujours là cependant et sont souvent très fortes. Que ce soit dans un système à un, deux ou trois partis, les perdants probables, qui percevaient une alliance avec les noirs comme la route vers la victoire et le pouvoir, éprouvaient une forte tentation à s'affranchir du marché blanc. Précisément parce que cette tension était présente, la domination raciste exigeait que la politique de la région soit violente et extrémiste. Dans un contexte plus civilisé, le marché n'aurait pas été respecté, comme il ne l'a pas été depuis 1965. Ainsi la terreur a toujours fait partie de la politique régionale du Sud et les pressions « sociales » entre blancs, qui sont indispensables pour la politique de la communauté que le paragraphe deux cherche à protéger, a été perçue à juste titre comme une menace.

La terreur requise pour empêcher le marchandage politique de se produire ne peut être organisée que dans des circonstances spéciales et avec un esprit en rapport. Dans le Nord, en dépit de la haine raciale, qui a souvent excédé celle du Sud, et en dépit de la violence effective et spécifique contre l'habitat intégré, la violence politique n'a simplement pas constitué un problème. Dans le Sud, par contre, jusqu'à une époque récente, les conditions étaient réunies pour le terrorisme. Gundar Myrdal les a brillamment exposées en 1944.[52] Tout d'abord, l'application du droit était presque exclusivement locale, politique et non professionnelle. Ensuite, la violence politique organisée a été suffisamment fréquente pour produire des hordes de voyous blancs qui se tenaient prêts à intervenir quand le changement menaçait. Enfin et principalement, la région avait revêtu nombre des caractéristiques des aire coloniales. Comme beaucoup de colonies, le Sud dépensait une grande quantité d'énergie sociale à tracer et maintenir des lignes de partage entre la classe des maîtres et celle des serviteurs. La distinction entre blanc et noir, colon et natif, était tellement accentuée que la distinction politique semblait faire partie d'un modèle naturel. Le fait que la société et la politique était en résonance à cet égard était critique. Il explique en partie l'intransigeance particulière du problème de l'action étatique.

---

[51]. Voir A. Trelease, *op. cit. supra* note 50.
[52]. G. Myrdal, *op. cit. supra* note 38.

Par contraste avec les racines sociales, profondes de l'action gouvernementale contre les noirs – l'harmonie étroite entre terreur privée, discrimination publique et exclusion politique, dirigée contre les noirs pendant un siècle – l'action contre les autres minorités a souvent été sporadique, transitoire et localisée.[53] Les autres minorités ne sont pas les victimes systématiques d'un vaste système de discrimination et d'une politique qui le crée et le renforce. Il en résulte que les instances d'oppression des minorités religieuses et nationales prennent une allure d'extraordinaire ; elles apparaissent comme des accès hystériques liés à des endroits spécifiques ou à des époques spéciales (tels que la guerre, avec l'hystérie qui l'accompagne.

3) Le dilemme de la politique raciale et de la note 4.

Pourquoi cela devrait-il avoir de l'importance que nous établissions une distinction entre une minorité sujette à un mauvais traitement occasionnel et une autre sujette à un modèle répandu d'oppression ? La réponse devrait être évidente, découlant comme elle le fait des considérations même que la note a pour but de mettre en lumière. Une intervention juridique, sporadique peut se justifier (et être adaptée) pour porter remède à une oppression identifiée comme une aberration, une perversion isolée de la politique majoritaire. Quand l'oppression d'une minorité, par contre, en vient à constituer l'essence de cette politique ou, encore pire, lorsque la structure constitutionnelle d'une activité politique a été aménagée pour faciliter le modèle d'oppression,[54] l'intervention judiciaire impliquera

---

[53]. Encore une fois, l'expérience asiatique dans les Etats de l'Ouest était plus proche de celles des noirs.

[54]. A presque tous les tournants critiques de notre histoire constitutionnelle, la structure de l'autorité a été redessinée pour s'ajuster aux besoins contemporains des modèles de domination raciale qui venaient à prévaloir. Les clauses des trois-cinquièmes, une part du compromis Nord-Sud (et plus particulièrement, l'exclusion des esclaves de la Convention de 1787) ont été les restrictions les plus sérieuses mises par la Constitution au principe de gouvernement populaire, qui s'étendaient à la Chambre populaire du Congrès elle-même. La clause de l'esclave fugitif constituait une limitation importante du pouvoir des Etats ; la clause de l'importation et de la migration, une limitation unique, indicible au pouvoir du Congrès en matière commerciale. (*Voir, de façon générale*, S. Lynd, *op. cit. supra* note 20.)
Avec les amendements de la Reconstruction, l'idée même du fédéralisme est devenue intimement mêlée avec l'idée de race. La limitation de l'action des Etats par le Quatorzième amendement, par exemple, a été, dès le départ, associée à son impact sur les modèles de domination raciale. Et, plus important encore, tant le compromis de 1877, qui créait les conditions politiques encourageant le retrait judiciaire de la Reconstruction, à la fin des années 1870 et dans les années 1880 que le retrait judiciaire lui-même étaient influencés par une vision fédéraliste dont la notion centrale était le caractère illégitime de l'imposition d'une norme nationale sur les modes locaux de domination raciale. (Voir Soifer, compte-

nécessairement soit l'inefficacité, soit un compromis avec la structure constitutionnelle elle-même. Ce qui, au départ, constituait un modeste principe justifiant un contrôle de constitutionnalité limité deviendra la base qui fait plier des éléments de la structure générale pour les soumettre à la position morale antérieure de non-discrimination.

Les ramifications de cette distinction sont véritablement devenues manifestes dans l'histoire postérieure à 1938. On peut tracer une ligne, si l'on veut, de *Pierce* à *Meyer* en passant par la note 4, l'opinion dissidente de Stone dans *Gobitis* [55], puis *Barnette*[56], ensuite *Sherbert v. Verner* [57]et *Yoder*.[58] Dans les quarante années qui se sont écoulées depuis la note 4, aucun de ces cas et aucun de la masse des autres cas à propos de la religion ou de la nationalité n'a impliqué des questions de remède complexes ou des changements drastiques dans le fédéralisme ou des atteintes sérieuses à l'exigence concernant l'action étatique ou des confrontations avec les valeurs « politiques » du paragraphe deux et avec la protection des minorités du paragraphe trois.[59]

Tout au contraire, la protection des noirs a impliqué tous ces éléments. On pourrait même prétendre que la distinction était déjà claire avant 1938. Il y avait, à l'époque où *Carolene Products* fut écrit, trois domaines dans lesquels certains changements étaient intervenus dans la position constitutionnelle lamentable des noirs. L'un était le logement. En 1917, la Cour avait décidé, dans *Buchanan v. Warley*,[60] que les droits des propriétaires blancs de vendre leur bien à des noirs exigeaient

---

rendu de lecture de R. Berger, *Government by Judiciary*, in *New York University Law Review*, Vol.54, 1979, p.651.)

55. *Minersville School Dist. v. Gobitis*, 310 U.S. 586, 601 (1940).
56. *West Virginia State Bd. of Educ. v. Barnette*, 319 U.S. 624 (1943)
57. *Sherbert v. Verner*, 374 U.S. 398 (1963) (décidant qu'une Adventiste du Septième Jour ne pouvait pas se voir refuser une indemnité de licenciement parce qu'elle refusait de travailler le samedi).
58. *Wisconsin v. Yoder*, 406 U.S. 205 (1972) (décidant que l'Etat ne peut pas contraindre l'Old Amish Order à envoyer les enfants dans des écoles publiques ou privées au-delà du huitième grade).
59. Les cas de friction les plus proches des problèmes complexes de remède ou d'interférences fortes avec les schémas des Etats en ce qui concerne la religion ont porté sur la prière dans les écoles publiques et l'aide aux écoles privées confessionnelles. Ces applications de la clause d'établissement moderne n'ont pas impliqué la protection judiciaire des minorités religieuses (sauf à classer ainsi les athées). Les questions de remède difficiles, associées aux cas de prière dans les écoles proviennent principalement du dilemme de l'application d'une norme symbolique en l'absence de groupe victime. Ce fut, dans de nombreuses communautés, un « crime » constitututitionnel « sans victime ».
60. *Buchanan v. Warley*, 245 U.S. 60 (1917).

l'invalidation d'une ordonnance organisant la répartition raciale des lieux de résidence. Dès lors que la Cour avait refusé de décider le cas en termes des droits des noirs, Buchanan aurait difficilement pu être cité à la note 4 mais c'était l'un des rares domaines dans lesquels la Cour avait déjà agi pour protéger les intérêts des noirs, à défaut de leurs droits.[61]

L'administration impartiale de la justice pénale est le deuxième domaine où des progrès limités avaient été accomplis. Alors que la Cour ne les a jamais traités comme des affaires de race, il ne fait guère de doute que *Moore v. Dempsey*[62], *Powell v. Alabama*[63] et *Brown v. Mississipi*[64] ont créé une sorte de droit nouveau de la procédure pénale en partie parce que les faits notoires de chacun de ces cas illustraient le scandale national de la justice raciste, sudiste. Cette conclusion est renforcée par la célèbre lettre de Holmes à Laski dans laquelle il répondait aux lamentations de Laski à propos de l'exécution de Sacco et Vanzetti :

> « Votre dernière lettre montre que vous vous êtes ému comme le reste du monde sur le cas Sacco et Vanzetti. Je ne peux que me demander pourquoi cet intérêt tellement plus

---

[61]. La Cour avait refusé cependant de briser la frontière de l'action d'Etat, décidant apparemment en faveur de l'exécution des pactes restrictifs. *Corrigan v. Buckley*, 271 U.S. 323 (1926), *distingué dans Shelley v. Kraemer*, 334 U.S. 1 (1948). En fait, la Cour avait seulement affirmé que ces pactes en eux-mêmes n'étaient pas nuls en tant qu'ils violeraient la Constitution. La Cour ayant décidé qu'elle n'était pas compétente pour contrôler un jugement d'une cour du District of Columbia en accordant une application spécifique de l'arrêt, elle n'est pas allée jusqu'à la question de la validité de l'exécution du pacte. Mais, dès lors qu'elle a confirmé l'ordre d'une cour qui pensait qu'elle statuait sur la question de la validité de l'exécution en décidant de la validité du pacte, la conclusion naturelle était que la Cour Suprême n'aurait pas interdit l'exécution d'un pacte restrictif.
On pourrait souligner encore que les demandeurs avaient explicitement soutenu que ce qui excédait le pouvoir du législateur ne pouvait pas être rendu exécutoire par l'action du juge. « Cette Cour », avaient soutenu les demandeurs, « a inclus, de façon répétée, le département du judiciaire dans les interdictions de violation des garanties constitutionnelles que nous avons invoquées. » (271 U.S., à p.324-25 – argument du demandeur résumé par le rapporteur – en dehors de l'opinion.) La Cour a rejeté ces prétentions, peut-être parce qu'elles n'avaient pas été soulevées devant les juridictions inférieures. Quelle que soit *la teneur* de la décision, l'effet de *Corrigan* a certainement été d'autoriser les pactes restrictifs et leur exécution pour deux nouvelles décennies. (Voir C. Vose, *Caucasians Only*, 1959.

[62]. *Moore v. Dempsey*, 261 U.S. 86 (1923) (infirmant, sur la base de la procédure régulière, une condamnation rendue dans un climat d'émeute). Pour un compte-rendu intéressant des événements sous-jacents à Moore (une émeute à Helena, Arkansas), voir A. Waskow, *From Race Riot to Sit-In, 1919 and the 1960's*, 1966, chap.7 et 8.

[63]. *Powell v. Alabama*, 287 U.S. 45 (1932) (l'affaire des Scottsboro Boys – appliquant aux Etats, le droit constitutionnel à un avocat dans certains cas).

[64]. *Brown v. Mississipi*, 297 U.S. 278 (1936). (exigeant, au travers du Quatorzième amendement, l'exclusion des confessions forcées par les Etats.) Le défendeur avait été frappé mais, d'après les mots du shériff-adjoint « pas trop pour un négro [sic] ». (*ibid.*, p.284.)

grand pour les rouges que pour les noirs. Des cas de nègres [sic], un millier de fois pires, apparaissent de temps en temps sans que le monde ne s'en tourmente.»[65]

Dans une lettre, six jours plus tôt, Holmes avait dit qu'il avait refusé une ordonnance dans l'affaire Sacco et Vanzetti parce qu'elle n'entrait pas dans le cadre de la règle *Moore v. Dampsey.*[66] Bien sûr, comme l'indique l'opinion dissidente de Holmes dans *Frank v. Mangum,*[67] ce n'était pas l'élément racial qui commandait sa décision dans Moore mais le phénomène de justice sous contrôle de l'émeute. Cependant, dans sa lettre à Laski, Holmes reconnaît qu'en tant que fait social, une telle perversion de la justice était un épiphénomène répandu de l'Apartheid. La révolution dans l'*habeas corpus* fédéral qui avait débuté avec *Moore*, devrait être considérée comme ayant été entreprise, à tout le moins, en pleine connaissance de ses implications raciales.[68]

La Cour avait également pris des mesures avant 1938 pour protéger le vote des noirs, en particulier dans les affaires de primaires blanches. En 1915, la Cour avait invalidé la clause du grand-père comme moyen d'empêcher les noirs de voter.[69] *Guinn v. United States* et les affaires du même genre ont été à certains égards les premières, depuis la Reconstruction, à protéger les droits des noirs. [70] Les deux cas *Nixon* plus tard ont forgé le principe que les *Etats* ne pouvaient pas refuser aux noirs

---

65. *Holmes – Laski Letters*, M. Howe (ed.), Vol.2, 1953, p.974 (lettre du 24 Août 1927).

66. *ibid.*, à p.970.

67. 237 U.S. 309, 345 (1915) (ne comportait pas de demandeur noir).

68. Le problème premier dans *Frank* et *Moore* était le pouvoir pour les cours fédérales d'exercer un contrôle *collatéral* destiné à mettre à nu, derrière un écrit apparemment irréprochable, la réalité de l'influence des émeutes. Un octroi élargi de l'*habeas corpus* était l'une des principales stratégies disponibles pour faire face à un système totalement raciste de justice pénale qui générait de l'injustice à l'encontre des victimes et des défendeurs noirs en l'absence de tout élement politique, spécial et qui s'ajoutait aux forces politiques de l'Apartheid, quand besoin était. Pour une discussion des problèmes plus récents de contrôle des systèmes de justice pénale des Etats, voir Amsterdam, « Criminal Prosecutions Affecting Federally Guaranteed Civil Rights : Federal Removal and Habeas Corpus Jurisdiction to Abort State Court Trial », in *University of Pennsylvania Law Review*, Vol.113, 1965, p.793 ; Cover and Aleinikoff, Dialectical Federalism : Habeas Corpus and the Court, in *Yale Law Journal*, Vol.86, 1977, p.1035.

69. *Myers v. Anderson*, 238 U.S. 368 (1915) ; *Guinn v. United States*, 238 U.S. 347 (1915).

70. Des exceptions isolées existent dans le domaine de la discrimination dans le service comme juré ou comme péon. Voir, par exemple, *Carter v. Texas*, 177 U.S. 442 (1900) (grand jury). Mais cf. *Barley v. Alabama*, 219 U.S. 219 (1911) ; *Franklin v. South Carolina*, 218 U.S. 161 (1910). *Guinn*, cependant, est le premier cas dont on pourrait dire qu'il marque un nouveau départ, un renversement de tendance. Comparer *Guinn v. United States*, 238 U.S. 347 (1915), protégeant le vote, avec *Giles v. Harris*, 189 U.S. 475 (1905) (allant jusqu'à trouver une base procédurale pour refuser d'intervenir pour protéger la franchise).

la possibilité de participer à une élection primaire. *Grovey v. Townsend*, cependant, a maintenu une primaire blanche qui avait pour origine la décision de la convention d'un parti.[71] Ainsi, la Cour, comme dans *Corrigan*, a refusé d'abattre la frontière de l'action étatique qui était la traduction formelle d'une distinction entre Etat et société – une distinction qui était dépourvue de sens lorsqu'il était possible de s'attendre à ce que la coutume et la terreur mettent en oeuvre ce que l'Etat ne pouvait pas.

Stone, comme intervenant dans *Grovey*, avait manifestement conscience de l'étendue du problème caché par l'action étatique et, alors même qu'il écrivait la note 4, il semblait prêt à l'attaquer. La décision de Stone, un an plus tard, dans *United States v. Classic*[72] – bien qu'il ne s'agisse pas d'une affaire de race – est immédiatement apparue comme une perçée en faveur des droits des minorités et elle a été bientôt suivie par les attaques renouvellées du NAACP contre la règle de *Grovey*, des attaques qui ont rencontré la victoire dans *Smith v. Allwright*.[73] Stone, alors, était conscient – ou il aurait dû l'être – que des dimensions « neutres » du droit constitutionnel, telles que l'action étatique, étaient mises en péril lorsqu'il s'agissait de protéger les noirs, alors qu'elles ne l'étaient pas quand il s'agissait des autres minorités.

En 1938, cependant, Stone ne s'est peut-être pas rendu compte de la relation potentiellement paradoxale que pouvaient entretenir entre eux les paragraphes deux et trois de la note. D'un côté, une part de la stratégie de l'Apartheid était l'exclusion des noirs, à la fois de la vie politique et de l'appareil politique. Quand l'exclusion opérait au niveau de la machine électorale formelle, les deux paragraphes se renforçaient mutuellement. *Nixon v. Herndon* et *Nixon v. Condon* sont cités dans les deux paragraphes. A un niveau différent de la politique, néanmoins de telles exclusions raciales pourraient aussi être comprises comme étant exercées par des individus ou des groupes opérant à l'intérieur de l'espace politique autonome protégé au paragraphe deux. La garantie de la participation politique aux minorités dans toutes les organisations politiques peut difficilement être comprise comme une réglementation purement neutre du processus politique, lorsque les procédures concernent principalement le maintien de l'Apartheid.[74] Comme nous le verrons, il est possible qu'il ne soit pas apparu clairement en 1938 si

---

[71]. *Grovey v. Townsend*, 295 U.S. 45 (1935).
[72]. *United States v. Classic*, 313 U.S. 299 (1941).
[73]. *Smith v. Allwright*, 321 U.S. 649 (1944).
[74]. Voir W. Cash, *op. cit. supra* note 28 ; . Key, *op. cit. supra* note 28 ; P. Watters and R. Clerghorn, *Climbing Jacob's Ladder. The Arrival of Negroes in Southern Politics*, 1967.

l'objectif de protection des minorités pouvait ou non être réalisé sans circonscrire l'espace politique et nettoyer la machine politique pour la débarrasser de ses finalités racistes.

IV. LE SORT DU MAJORITARISME DANS LA PROTECTION PROGRAMMATIQUE DES MINORITES

La note 4 a inventé la formule « minorités distinctes et insulaires » et a délimité un territoire pour une action judiciaire rigoureuse. Au cours des quarante années qui se sont écoulées depuis, la signification de l'expression et la force de l'engagement à agir de la Cour ont été mises à l'épreuve de façon répétée. Le plus souvent, la Cour a eu à mesurer son engagement à protéger les minorités contre ses obligations envers des doctrines et des valeurs juridiques, constitutionnelles qui, en apparence, ne concernaient pas du tout les minorités. Ainsi, la Cour a-t-elle fréquemment été mise à l'épreuve sur son adhésion aux valeurs de l'autonomie locale (implicites dans le fédéralisme) et sur la distinction entre Etat et société (implicite dans le concept constitutionnel d'action étatique). Le conflit entre engagement nouveau et obligations anciennes a défini le grand problème des « principes neutres ». C'était un dilemme inhérent à l'engagement à protéger les noirs, s'il ne l'était pas pour les autres minorités. Parce que les caractéristiques structurelles, apparemment neutres, de la Constitution n'avaient jamais été neutres en ce qui concerne la race.[75] Il était, en conséquence, prévisible que si l'action judiciaire devait être efficace, elle aurait à défaire les supports structurels de l'Apartheid.

Dans *An American Dilemma*, Myrdal tire deux conclusions d'essentiellement les mêmes faits, des conclusions qui constituent une juxtaposition intéressante. Dans sa discussion de la « justice inégalitaire », Myrdal décrit « la tradition américaine d'élire plutôt que de nommer aux emplois publics mineurs » comme produisant un contrôle politique, local, direct ou indirect sur « les juges, les procureurs, les agents des cours inférieures, les shériffs, le chef de la police,...quelquefois l'ensemble des forces de la police... »[76] Cette tradition, ensemble avec le système de jurys, conclut Myrdal, « s'avère la plus grande menace contre la démocratie juridique lorsqu'elle se fonde sur une participation politique restreinte et une tradition enracinée de suppression de caste. De telles

[75]. Voir S. Lynd, *op. cit. supra* note 20 ; voir aussi *op. cit. supra* note 54.

[76]. G. Myrdal, *An American Dilemma*, ed. du 20è anniversaire, 1964, p.523.

conditions existent dans le Sud en ce qui concerne les noirs ».[77] Myrdal note aussi que « Le vote aurait moins d'importance pour les groupes de citoyens dans ce pays, si l'Amérique avait, ce qu'elle n'a pas, à savoir, *la tradition d'une administration indépendante, respectueuse du droit, pour les affaires publiques nationales et locales* ».[78]

Ainsi, Myrdal souligne la dimension sociologique du droit constitutionnel fondamental : les contrôles politiques locaux du fédéralisme et la subordination de l'administration à la politique inhérente à une charte nationale qui organise soigneusement le gouvernement politique alors qu'elle suggère à peine que des départements » et des « agents publics [79]», qui administreraient quelque chose, pourraient venir à exister. Comme Myrdal l'a reconnu, ces éléments soutenaient et facilitaient l'Apartheid au Sud. Néanmoins, en répondant à la question : « le Sud est-il fasciste ? » – une question avec tout son mordant en 1944, Myrdal mettait en avant ces mêmes caractéristiques de l'ordre politique pour répondre par la négative : « Le Sud possède nullement l'organisation centralisée d'un Etat fasciste...Le Parti Démocrate est tout l'opposé d'un parti d'Etat au sens fasciste moderne. Il n'a pas d'idéologie politique consciente, pas d'organisation étatique ou régionale, stricte, ni de bureaucratie centralisée et efficace. »[80]

Ceci, alors, est le paradoxe que me suggère les observations de Myrdal. L'Apartheid sudiste a été en grande partie l'oeuvre d'une administration fragile, fragmentée, de l'autonomie et de la politique locale. Casser le système signifiait nécessairement détruire ou corrompre cette structure politique décentralisée. Mais c'était précisément cette structure qui était incompatible avec le fascisme –et, par extension, avec les autres horreurs de l'appareil de parti dominé centralement. Est-ce que les valeurs politiques, réelles, inhérentes à l'autonomie locale pouvaient survivre à la pénétration des normes nationales dans l'intérêt de détruire l'Apartheid ? La question avait, je crois, à occuper la premier place dans l'esprit d'un juge – si juge, il y avait – qui comprenait la note 4, non pas comme une maxime mais comme un programme.

Que Stone ou l'un de ses collègues ait eu une telle ambition programmatique en 1938, je ne peux pas l'affirmer.[81] Mais les

---

[77]. *ibid.*, p.524.
[78]. *ibid.*, p.432.
[79]. Comparer l'Article I de la Constitution, très développé, avec l'Article II, très sommaire.
[80]. G. Myrdal, *op. cit. supra* note 76, p.458.
[81]. Tout juste un indice de ce que certains membres de la Cour peuvent avoir eu l'ambition de détruire l'Apartheid peut être fourni par le fait que *United States ex rel. Gaines v.*

développements postérieurs à 1938 ont certainement été influencés par la tension entre la protection des noirs et le respect des structures dominantes de la vie politique. Cette tension se révélait de différentes manières ; dans le reste de cet article, j'en présente deux. La première était la concurrence entre un processus politique « assaini » et la politique de contestation vigoureuse des noirs comme instrument essentiel de pénétration des défenses politiques de l'Apartheid. La seconde était l'émergence du judiciaire fédéral comme forme coordonnée de pseudo-administration fédérale qui, bien qu'il fût capable de percer dans une certaine mesure l'écran local de politique raciale sans loi, ne présentait aucun des dangers d'une machine bureaucratique centralisée, susceptible d'être mise au service des besoins d'un appareil de parti.

1) Les solutions concurrentes à l'Apartheid politique

Peu après la note 4, le juge Stone écrivait l'opinion de la majorité dans *United States v. Classic*,[82] qui, l'accent étant mis sur le fait que les primaires font partie intégrante d'un schéma électoral réglementé par l'Etat, affirmait le pouvoir de punir la fraude dans une élection primaire pour le Congrès. Trois ans plus tard, *Smith v. Allwright*[83] s'est fortement appuyée sur le raisonnement dans *Classic* pour effectuer un revirement par rapport à *Grovey v. Townsend* et affirmer qu'une primaire blanche violait le Quinzième amendement, même si la restriction raciale était imposée par le parti et non par l'Etat.[84]

Canada, 305 U.S. 337 (1938) a été jugé au cours de la même session que *Carolene Products*. Dans *Gaines*, la Cour insiste sur le fait que si un Etat fournit des services égaux mais séparés, ces services doivent être disponibles, quelle que soit la demande ; en l'absence d'équipements égaux, les noirs ont droit à l'accès aux installations blanches. G. Gunther a parlé, à propos de *Gaines*, du premier de la suite des cas modernes de déségrégation des écoles qui a atteint son point culminant avec *Brown v. Board of Education...* » (G. Gunther, *Constitutional Law*, 9th ed., 1975, p.711. *Gaines*, en 1938, n'avait, bien sûr, pas révélé ce qui allait suivre. Mais Gunther n'est pas le seul à considérer *Gaines* comme un tournant. (Voir R. Kluger, *Simple Justice*, 1975, p.213. – « *Gaines* a constitué un immense événement. »)

82. 313 U.S. 299 (1941). »

83. 321 U.S. 649 (1944).

84. La reconnaissance de la place de la primaire dans le schéma électoral (comme dans *Classic*) laisse apparaître clairement que la délégation par l'Etat à un parti de la compétence pour fixer les conditions requises pour participer aux élections primaires est la délégation d'une « fonction d'Etat qui peut faire de l'action du parti l'action de l'Etat ». (321 U.S., à p.660.) Pour une bonne discussion de *Classic*, voir Bixby, « The Roosevelt Court, Democratic Ideology, and Minority Rights : Another Look at *United States v. Classic* » , in *Yale Law Journal*, Vol.90, 1981, p.741.

Mais même *Allwright* s'avèra susceptible d'être contourné. Cette décision, en tout cas, était inadaptée, en plusieurs endroits, pour permettre aux noirs de voter.[85] L'une des réponses de ceux qui cherchaient à mettre fin à l'Apartheid, a consisté en un effort pour exiger la participation des noirs même aux niveaux politiques antérieurs à ceux qui constituent la « machine d'Etat ». Dans *Terry v. Adams*,[86] une association locale, les Geais, a tenu des pré-primaires limitées aux démocrates blancs. Il est évident que les blancs avaient développé un parti « occulte » pour échapper à la ligne de partage, formelle, établie par la Cour dans *Allwright*. Ce que les Geais avaient organisé n'avait aucun statut juridique formel, leur succès, tel que le révèle les enregistrements, était totalement

---

[85]. En fait, la décision dans *Smith v. Allwright* renversait une tendance régressive ancienne en matière de droit de vote dans le Sud. Un accroissement très substantiel de l'inscription et du vote des noirs, concentré principalement au haut du Sud et aux grandes villes, a eu lieu dans le sillage de *Allwright*. V. O. Key, un analyste majeur de la politique dans le Sud, a conclu qu'« en un sens, la conséquence la plus remarquable de la décision a été le degré de son acceptation et la mesure dans laquelle elle a permis aux noirs de voter. » (V. Key, *Politics, Parties and Pressure Groups*, 3rd ed., 1952, p.612.) Key, cependant, continue en rapportant l'évasion, la résistance et les intimidations qui ont eu lieu en Caroline du Sud, en Alabama et au Mississipi (Voir ibid., p.612-616 ; voir aussi V. Key, *op. cit. supra* note 28, chap.29 (analysant *Allwright* encore plus en détails).

En Géorgie, où les noirs avaient un pouvoir substantiel de voter dans le comté de Fulton (qui incluait la ville d'Atlanta), un gouverneur extraordinairement libéral, Ellis Arnall, a été élu en 1942. Incapable de se succéder à lui-même, Arnall soutint un autre libéral, James Carmichael, qui remporta une pluralité de votes populaires aux élections de 1946. Néanmoins, Carmichael fut battu par Eugene Talmadge, selon le système de vote par unité de comté de la Géorgie. Talmadge l'emporta du fait de la combinaison d'un appel à la solidarité raciale, blanche avec un système de décompte des voix qui, en 1960, offrait aux électeurs des comtés ruraux les plus petits, jusqu'à cent fois le pouvoir de vote des électeurs du comté de Fulton. (Voir V. Key, *op. cit. supra* note 28, p.125-29.) Le système d'unité par comté de la Géorgie a été déclaré inconstitutionnel dans *Gray v. Sanders*, 372 U.S. 368 (1963). C'est, inutile de le dire, dans les comtés ruraux sur-représentés, dans lesquels *Smith v. Allwright* n'avait pas encore pénétré, que la terreur blanche continuait à priver effectivement les noirs du droit de vote. (Voir V. Key, *op. cit. supra* note 28, au chap. 29 ; P. Watters and R. Clerghorn, *op. cit. supra* note 74, p.26-27 – concluant que, après un démarrage initial, le vote noir dans le Sud avait en fait commencé à décliner au début des années soixante.)

[86]. *Terry v. Adams*, 345 U.S. 461 (1953). Terry avait quelque chose de plus qu'une signification locale. Comme le montre Key, la stratégie possible dans le sillage d'*Allwright* consistait, pour l'Etat, à tenter de dépouiller la primaire de son caractère de « fonction étatique déléguée » en cessant de l'exiger ou de la réglementer. Ainsi, en 1944, la Caroline du Sud abolit toutes les lois relatives aux primaires. Les cours fédérales de degré inférieur, affirmèrent, toutefois, que l'exclusion des noirs en tant que parti politique était inconstitutionnelle. *Elmore v. Rice*, 72 F. Supp. 516 (EDSC, 1947) *aff'd*, 165 F. 2d 387 (5th Cir. 1947), *cert. denied*, 333 U.S. 875 (1948). (V. Key, *op. cit. supra* note 28, p.613.) Alors que la décision dans *Terry v. Adams* venait des années après la disparition de toute apparence formelle de primaires blanches, une teneur contraire aurait pu donner la tentation à certains Etats de suivre la route essayée par la Caroline du Sud au milieu des années quarante.

attribuable à l'acquiescement de la grande majorité des électeurs blancs du comté au schéma raciste dans les élections officielles qui ont suivi. Pour revenir à la dichotomie à laquelle il a été fait allusion au début, le problème avec le schéma Geai ne se situe pas au niveau d'une machine électorale dévoyée mais dans une politique publique pervertie par le racisme. La décision de réglementer les Geais ne pouvait en soi faire tomber la république ; mais la poursuite de la stratégie générale d'attaque contre la politique raciste en réglementant les groupes tels que les Geais aurait pu aller loin dans la voie qui conduit à contredire les valeurs politiques exprimées au paragraphe deux de la note 4. Le juge Minton, dans une opinion dissidente, a fait entendre précisément ce sentiment :

> « Nous avons des pressions des syndicats, de l'Association Nationale des Fabricants, des Chemises Argentées, de l'Association Nationale pour le Progrès des Gens de Couleur, du Ku Klux Klan et d'autres. Sans qu'on puisse à juste titre étiqueter les activités de ces groupes comme étatiques,...elles doivent être considérées comme des tentatives pour influencer ou obtenir l'action étatique. »[87]

On pourrait aller encore plus loin que Minton. Ce n'est qu'en protégeant le droit de ces groupes à s'associer, à communiquer et à chercher à influer sur le gouvernement que l'on peut avoir une vie de communauté antérieure et supérieure aux actes de l'Etat. Sans un tel espace non gouvernemental pour la politique publique, il est impossible d'échapper aux dangers auxquels s'intéresse le paragraphe deux. Si toute vie politique doit passer un test de santé, ceux qui contrôle l'appareil de mesure ont les moyens de substituer le parti et l'Etat à la société.

Mais, à la veille de Brown, la possibilité d'une politique assainie pouvait être le seul ou le meilleur espoir pour la protection des minorités. L'action directe des noirs n'avait pas encore débuté et la participation des noirs à la politique électorale, bien que pouvant être perçue, avec le recul, comme en voie d'accroissement, semblait alors parvenue à un plateau.[88] C'est pendant la même période que la Cour a laissé subsister les lois sur la diffamation en groupe dans *Beauharnais v. Illinois*,[89] s'efforçant ainsi de purifier non seulement nos organisations politiques mais aussi notre discours politique.

---

[87]. 345 U.S. (1953), à p.494.

[88]. P. Watters and R. Clerghorn, *op. cit. supra* note 74.

[89]. 343 U.S. 250 (1952). *Beauharnais* a été longuement analysé dans une étude très subtile du regretté Henry Kalven. Voir H. Kalven, *The Negro and the First Amendment*, 1965, chap.1.

Bien que la Cour ne soit jamais revenue sur *Beauharnais* et *Terry*, elle n'a pas non plus poursuivi dans les directions qu'elles suggéraient.[90] Au lieu de cela, la Cour a commencé à protéger certaines formes caractéristiques d'organisation politique, noire, renouvelée. Comme l'a montré Harry Kalven, c'est l'extension de la liberté d'expression et d'association contre l'Etat (dans des cas comme *NAACP v. Alabama*,[91] *NAACP v. Button*,[92] *Shelton v. Tucker* [93]et *New York Times v. Sullivan* [94]qui ont caractérisé le « Noir et le Premier Amendement » dans la décennie qui a suivi *Brown*. Ensuite est venu un changement encore plus considérable de tonalité, de la protection de la « minorité » noire à la protection de l'activité et des mouvements politiques de cette minorité.[95] Cette nouvelle orientation ne peut pas recevoir d'explication simple, je voudrais cependant faire deux observations.

La première dérive de la conviction, longtemps entretenue par Hannah Arendt –au moins depuis sa propre expérience de réfugiée fuyant Hitler –, que la dimension la plus débilitante de la conscience de soi juive européenne a été son insistance sur le caractère totalement exogène à la vie, sans lien avec quoique ce soit, si ce n'est l'existence des juifs, de l'antisémitisme.[96] Il est résulté de cette perspective, raisonnait-elle, que les juifs n'ont pas compris leur existence comme politique. Ils ont

---

[90]. La Cour Suprême, en particulier, a refusé d'interdire l'exclusion raciale en ce qui concerne les clubs privés, bien qu'ils puissent très bien impliquer les réseaux d'influence politique, personnelle. Voir *Moose Lodge N°107 v. Irvis*, 407 U.S. 163 (1972). Alors que *Terry v. Adams* pourrait très bien être décidé aujourd'hui comme il le fut en 1953, la plupart des commentateurs sont convaincus qu'il n'en irait pas de même avec *Beauharnais*.

[91]. 357 U.S. 449 (1958) (affirmant l'inconstitutionnalité d'une exigence de l'Etat que le NAACP révèle les noms et adresses de ses membres et agents en Alabama.)

[92]. 371 U.S. 415 (1963) (affirmant l'inconstitutionnalité d'une interdiction par la Virginie de toute sollicitation inappropriée par des avocats, telle qu'elle était appliquée à une campagne de procès du NAACP.

[93]. 364 U.S. 479 (1960) (affirmant l'inconstitutionnalité d'une loi de l'Arkansas qui exigeait que les professeurs indiquent toutes les organisations auxquelles ils appartenaient ou avaient contribué, au cours des cinq dernières années).

[94]. 376 U.S. 254 (1964) (interdisant à l'Etat d'imposer une responsabilité civile pour des publications concernant des figures publiques, à moins qu'elles n'aient été publiées avec une malveillance avérée, la connaissance de la fausseté des allégations ou une négligence coupable pour distinguer le vrai du faux).

[95]. Voir, par exemple, *Walker v. City of Birmingham*, 388 U.S. 307 (1967) ; *Cox v. Louisiana (II)*, 379 U.S. 559 (1965) ; *Cox v. Louisiana* (I), 379U.S. 536 (1965) ; *Hamm v. City of Rock Hill* 379 U.S. 306 (1965) ; *Bell v. Maryland*, 378 U.S. 226 (1964) ; *Lombard v. Louisiana*, 373 U.S. 267 (1963). Pour une discussion, par Kalven, de nombre de ces cas, voir H. Kalven, *op. cit. supra* note 89, p.123-214 ; id., « The Concept of the Public Forum : Cox v. Louisiana », in *Supreme Court Review*, 1965, p.1.

[96]. H. Arendt, *op. cit. supra* note 28, voir aussi id., *The Jew as Pariah*, 1978.

abandonné la responsabilité de leur monde politique. Le point de vue d'Arendt était le point de vue dur, selon lequel les victimes, dont la politique peut très bien échouer, ont néanmoins l'obligation d'agir, si elles peuvent légitimement poser une revendication en faveur du monde social qu'elles habitent.

En un sens, les thèses de Arendt me frappent comme s'appliquant directement à l'Amérique. Sans la vigoureuse politique de revendication des noirs – une revendication à être des participants essentiels dans les choix publics du jour, la politique raciale américaine aurait pu devenir comme la question juive européenne, la politique concernant un groupe victime. Une telle politique ne peut pas éviter de présenter, même au mieux, un modèle déshumanisant. Heureusement, le spectre de quelque extension fédéralisée, grotesque, des doctrines acceptées dans Beauharnais, n'a jamais constitué une menace sérieuse.[97] Parce que le mouvement des droits civiques a, au contraire, confronté les cours avec les problèmes des limites de la protestation publique et en le faisant a réuni les paragraphes deux et trois de la note de *Carolene Products.*

Une deuxième observation dérive du vif souvenir que j'ai de l'image forte du Parti Démocrate pour la Liberté du Mississipi en 1964. Bien sûr, le *Freedom Democratic Party* et le Conseil des Organisations Fédérées (« *Council of Federated Organizations* ») n'ont jamais acquis le pouvoir que les Geais du Texas avaient dans leur petit comté. Mais l'extension du pouvoir d'investigation dans les partis politiques occultes et le développement d'une doctrine de la responsabilité subsidiaire de l'Etat pour leurs objectifs et leurs méthodes peut très bien avoir fourni un outil pour le harcèlement et la destruction d'un des symboles les plus dramatiques du combat pour le mouvement des droits civiques. Il me semble quelque peu ironique que le moyen de la deuxième Reconstruction dans le Mississipi ait été lui-même un parti politque occulte, qui organisait ses propres élections officieuses et espérait les transformer finalement en pouvoir politique effectif.[98]

---

[97]. Sauf à rejeter de façon trop cavalière une telle possibilité, examiner attentivement les trois articles de David Riesman, « Democracy and Defamation (parts 1, 2 and 3) » in *Columbia Law Review*, Vol.42, 1942, p.727, 1085, 1282. Ecrits, comme il l'a admis, au milieu de la guerre, ils sont, cependant, un monument imposant au sérieux avec lequel la diffamation des groupes a été traitée par une « nouvelle » génération de spécialistes. Pour un rejet prudent de Riesman, voir Z. Chafee, *Government and Mass Communication*, Vol.1, 1947, Chap.5.

[98]. Voir H. Zinn, *SNCC, The New Abolitionists*, 1965 ; voir aussi P. Watters and R. Clerghorn, *op. cit. supra* note 74, p.289-92. Le Parti Démocrate pour la Liberté du Mississipi est parvenu à une reconnaissance par le parti national en 1968, précipitant le conflit de la reconnaissance au sein de l'Etat. (Voir *Riddell v. National Democratic Party*, 508 F.2d 770 (5th Cir. 1975.)

2) Le judiciaire fédéral et l'administration contrainte

La crainte de porter atteinte aux valeurs politiques dans le processus de destruction de l'Apartheid n'était pas alors totalement injustifiée. Il se peut, bien sûr, qu'un discours politique assaini – débarrassé de l'invective raciste – et un principe hygiénique d'organisation politique qui n'aurait pas toléré l'exclusion raciale à quelque niveau que ce soit, auraient produit un système politique au moins aussi bon que celui que nous avons maintenant. Mais, il est certain que la franchise exige la reconnaissance des risques encourus.

J'éprouve la même ambivalence à propos de la seconde dimension de l'entreprise judiciaire pour protéger les minorités. Bien que nous n'ayons pas encore une bureaucratie et une administration nationales tournées vers le droit – en particulier en matière d'application forcée du droit, nous nous sommes sensiblement rapprochés d'un tel but (ou d'une telle crainte) par rapport à la situation existante lorsque Myrdal écrivait en 1944. Entreprendre de séparer les causes et les effets est certainement au-delà de mes capacités ; mais il semble que les changements intervenus dans les relations entre les races ne sont pas sans lien avec cette pénétration accrue de l'administration nationale au cours des trente-cinq dernières années.

En dépit de la croissance de la pénétration bureaucratique et administrative nationale, je voudrais suggérer que le rôle actif, spécial du judiciaire dans la protection des minorités peut très bien avoir eu pour résultat une administration centralisée moins étendue et intrusive que cela n'aurait été le cas avec d'autres processus alternatifs d'intégration. Dit différemment, *étant donné* l'objectif de mettre fin à l'Apartheid, le judiciaire fédéral, activiste, comme fer de lance, était le mode d'action le moins susceptible de détruire les valeurs ultimes, servies par la fragmentation du pouvoir politique et le contrôle politique local sur l'administration. Le gouvernement par injonction[99] peut souvent apparaître arbitraire, non démocratique et même tyrannique ; mais, en toute honnêteté, on doit toujours se demander : comparé à quoi ? Les corps représentatifs prennent des décisions, mais ils ne les exécutent pas.

[99]. Pour des certitudes radicalement différentes à l'égard du « gouvernement par injonction », comparer F. Frankfurter and L. Greene, *The Labor Injunction*, 1930, traitant l'injonction comme un procédé présumé illégitime pour façonner des relations complexes) avec O. Fiss, *The Civil Rights Injunction*, 1978 (l'injonction devrait être souvent le remède préféré quand la revendication de fond, sous-jacente, est juste). Voir aussi Chayes, « The Role of the Judge in Public Law Litigation », in *Harvard Law Review*, Vol.89, 1976, p.1281.

Les décisions politiques pour détruire l'Apartheid auraient nécessairement été prises avec moins de détails et se seraient trouvées confrontées au dilemme de la mise en oeuvre dans ses formes les plus aiguës : confier la tâche aux locaux – une concession virtuelle de défaite – ou gouverner consciemment une région avec les natifs d'une autre.[100]

La transformation des cours de district fédérales en corps quasi-administratifs supervisant la déségrégation dans les écoles et d'autres tâches, occasionnelles[101] dans le démantèlement de l'Apartheid peut apparaître, de ce point de vue, avoir été une démarche institutionnelle, radicale, à la limite de la légitimité,[102] et elle a sûrement changé les cours et leurs relations avec leur milieu. Mais, d'un point de vue différent, ce fut, pour paraphraser *Shelton v. Tucker*,[103] l'alternative la moins intrusive. Du fait de la tradition de procès à l'initiative des particuliers et des jugements au cas par cas, le démantèlement de l'Apartheid a pu et a dû procéder morceau par morceau sur une longue période de temps et à des degrés de vitesse variés selon les Etats, les comtés et d'un district scolaire à l'autre. Le rôle de la Fondation de Défense Juridique du NAACP a, bien sûr, rendu le processus beaucoup moins fragmentaire et mieux coordonné qu'un modèle strictement de droit privé le laisserait prévoir.[104] Mais le

---

[100]. La calomnie traditionnelle contre les gouvernements de la Reconstruction – « gouvernés par des aventuriers étrangers (« *carpet-baggers* »), des nègres et des bons à rien » – comportait une grande part de vérité. Et ce n'est pas un accident si des accusations d'« agitation extérieure » ont continué à jouer un rôle important dans la perception que les blancs du Sud ont eu du mouvement des droits civiques. Si des administrateurs fédéraux, plutôt que les cours, avaient fait craqué l'Apartheid, on peut être sûrs que les aventuriers étrangers et les noirs auraient été dominants parmi eux ; et, par définition, tous les natifs blancs du Sud qui se seraient joints à eux, seraient devenus des bons à rien.
Il y a un sens important dans lequel même les tâches des cours ont été menées à bien par les étrangers. Les avocat qui étaient à l'origine des procès et qui ont servi par la suite d'yeux et d'oreilles pour les cours étaient souvent des étrangers (« *outsiders* ») travaillant soit pour le Département de la Justice, soit pour la Fondation de Défense Juridique du NAACP.

[101]. Les cours ont essayé de traiter le problème des récalcitrants dans l'enregistrement des électeurs d'une façon analogue aux affaires scolaires. Cette approche n'a pas produit de succès notables avant 1965. Par la suite, la Loi sur le droit de vote (« *Voting Rights Act* ») a fourni aux cours des instruments d'intervention plus puissants et plus brutaux. (Voir P. Watters and R. Clerghorn, *op. cit. supra* note 74, chap.8 et 9 ; C. Hamilton, *The Bench and the Ballot*, 1973. Pour des exemples de remèdes complexes en matière de droit de vote, voir, par exemple, *Hamer v. Campbell*, 358 F.2d 215 (5th Cir. 1966).

[102]. Chayes voit l'innovation comme l'annonce d'un nouveau modèle de procès et ne considère pas la légitimité du changement comme problématique. (Voir Chayes, *op. cit. supra* note 99.)

[103]. 364 U.S. 479 (1960).

[104]. On a beaucoup écrit sur la Fondation comme grande stratège des décisions historiques. Trop peu a été dit sur son rôle au jour le jour et son travail de soutien dans des procès « ordinaires » après Brown. Dans une large mesure, l'initiative de telles actions venait de gens de la base et d'avocats locaux, bien que la Fondation ait certainement eu ses cibles et

mouvement des droits civiques lui-même n'a jamais été contrôlé par la Fondation et les procès ont eu lieu à un rythme et selon un caractère autre que ce qui avait été planifié à New York. Le Département de la Justice a aussi exercé un rôle dans la coordination des poursuites mais, jusqu'en 1964, il ne fut pas d'une importance déterminante.[105]

Tout programme imposé législativement, qui aurait créé ou étendu l'appareil administratif nécessaire au succès, aurait été plus rapide, moins sensible aux variations, et aurait constitué une contrainte invincible. Lorsque les programmes législatifs sont finalement arrivés, longtemps après que le terrain eût été préparé et que les chocs les plus violents aient été absorbés par le judiciaire, ils ont été plus étendus, plus égalitaires et plus efficaces que ne l'avaient été les cours.[106] Si de tels programmes avaient été des fers de lance de l'intégration, il est douteux qu'ils auraient pu être aussi efficaces que les tribunaux, sans devenir beaucoup plus coercitifs.[107]

Les juridictions fédérales se sont avérées avoir certains des défauts que Myrdal attribue à l'application forcée du droit à l'échelon local mais pas tous. Organismes non coordonnés administrativement, faiblement reliés entre eux, leur personnel variait considérablement en fidélité à la norme promulguée centralement. Mais les juges fédéraux étaient politiquement plus indépendants, identifiés à une élite plus distinguée, mieux éduquée et

---

son calendrier. (Voir Rabin, « Lawyers for Social Change : Perspectives on Public Interest Law », in *Stanford Law Review*, Vol.28, 1976, p.207, 216-17.)

[105]. La Loi sur les droits civiques (« *Civil Rights Act* ») de 1964 et la Loi sur le droit de vote (« *Voting Rights Act* ») de 1965 ont donné au Département des pouvoirs législatifs pour intervenir et introduire des actions en justice. Le « statut » des Etats-Unis pour introduire des poursuites afin de garantir les droits de personnes spécifiques en l'absence d'une telle compétence législative a longtemps été mis en doute. Comparer *United States v. United States Klans*, 194 F. Supp. 897 (M.D. Ala. 1961) (affirmant la compétence) avec *United States v. Solomon*, 516 F.2d. 1121 (4th Cir. 1977) (niant cette compétence).

[106]. La Loi sur le droit de vote de 1965 a eu un effet cyclonique, presque immédiat dans des zones où le nombre des noirs qui votaient, était particulièrement bas. (Voir C. Hamilton, *op. cit. supra* note 101, à p.vi ; P. Watters and R. Clerghorn, *op. cit. supra* note 74, au chap.9. Un bouleversement majeur dans le domaine de l'enseignement public a été la définition par le Département de la santé, de l'éducation et du bien-être, en 1968 des degrés requis d'intégration pour pouvoir bénéficier de l'aide fédérale à l'enseignement. Ces directives ont été considérablement plus efficaces que ne l'avaient été les cours ; en faisant des progrès dans la déségrégation de nombreux districts scolaires se sont précipités pour satisfaire aux normes.

[107]. Il est tout particulièrement douteux que la carotte du HEW – Département de la santé, de l'éducation et du bien-être – aurait pu fonctionner avant que le principe de déségrégation ait été déjà établi. Après tout, de nombreuses communautés du Sud avaient accepté de supporter des difficultés financières substantielles, pendant la période de « résistance massive », pour préserver la ségrégation.

professionnellement formée que dans le cas de l'application forcée au niveau local.[108] Ils ont, en conséquence, mis à profit leur prestige et les valeurs associées avec ce que Weber a appelé le gouvernement par les « dignitaires ».[109] En dépit de leur rôle prééminent dans la destruction de l'Apartheid (et, dans un petit nombre de cas, du plaisir évident qu'ils y prenaient), aucun de ces juges n'a été tué ou sérieusement blessé – un fait probablement dû, dans une certaine mesure, à la fois à la position des juges dans leurs communautés et à la perception qu'un tel acte aurait précipité une intervention armée fédérale.

CONCLUSION

Ce n'est qu'à propos des noirs qu'un changement d'une telle importance et d'une telle ampleur dans le rôle du judiciaire et dans ses relations avec le gouvernement des Etats fédéraux pouvait être compris comme l'« alternative la moins intrusive ». En effet, ce n'est qu'en ce qui concerne les noirs qu'il était véritablement impossible de voir les événements qui généraient les cas dont les cours étaient saisies comme des instances isolées d'incongruité ou d'hystérie transitoire. Contre l'hystérie politique, il est nécessaire de protéger, de dédommager, d'accorder des compensations mais non de refaire la structure politique elle-même.[110]

L'Apartheid n'était pas cependant de l'hystérie. C'était le système de gouvernement qui couvrait la moitié du pays et qui, en tant que tel, implicitement ou explicitement reposait sur la Constitution. Il est clair, pour moi, qu'il était dans l'intention de Stone, écrivant la note 4, de protéger contre l'hystérie transitoire. Je ne sais pas s'il savait qu'il s'était embarqué dans un programme de réécriture de la Constitution. L'importance critique de *Brown v. Board of Education* [111] a tenu à ce qu'elle levait le doute quant à l'engagement de la Cour par rapport précisément à un tel programme – quelles que soient ses implications. En 1964, le Congrès et le Président avaient joints leurs efforts à la lutte contre l'Apartheid. L'activisme judiciaire en faveur des droits et des

---

[108]. Pour des portraits de juridictions fédérales dans le Sud, voir *Southern Justice*, L. Friedman (ed.), 1965.

[109]. « Max Weber on Law », in *Economy and Society*, M. Rheinstein (ed.), 1967, p.198-223, trad. fr. : *Economie et Société*.

[110]. Ceci ne veut pas dire que les victimes d'une explosion d'hystérie doivent conserver leur sérénité vis-à-vis du système politique qui a laissé éclore l'attaque.

[111]. 347 U.S. 483 (1954).

intérêts des noirs n'allaient plus soulever les questions particulières qu'il avait un temps soulevé.

Chaque génération constitutionnelle s'organise en ce qui concerne les événements et les textes paradigmatiques. Pour la mienne, il est clair que ces événements ont été *Brown v. Board of Education* et le mouvement des droits civiques et que le texte est la note 4. En effet, que cette note soit ou non une théorie totalement cohérente, elle exprime néanmoins l'expérience constitutionnelle de la période 1954-1964. Et cette expérience, plus que la logique de n'importe quelle théorie, est la force qui valide le droit.

TITRE V.

DROIT, MESSIANISME ET REVOLUTION

Robert M. Cover est décédé alors qu'il avait entrepris une étude dans laquelle il voulait revenir sur certains thèmes abordés dans « *Nomos* and Narrative » et préciser sa conception du droit.[1] Même s'il n'a pas eu le temps de rédiger tous les développements qu'il avait prévus, ce qu'il a pu mettre sur le papier livre déjà de précieuses indications sur les thèses qu'il entendait y défendre et éclaire sur le chemin parcouru entre le point de départ de ses recherches sur le droit de l'Etat et les conclusions auxquelles il était parvenu quelques années plus tard. Le paradoxe de Cover, si paradoxe il y a, tient, en effet, à ce qu'il ait eu des attentes extrêmes vis-à-vis du droit (il explique au début de *Justice Accused* que sa recherche est née d'une frustration face à la jurisprudence des juges américains de la fin des années 1960, confrontés aux contestations des étudiants contre la Guerre du Vietnam et, plus généralement, contre les injustices qu'ils reprochaient à la société dans laquelle ils vivaient et à ce qu'il se soit fait finalement le chantre d'un droit modeste, qui réformerait le plus possible en douceur.

Dans « Bringing the Messiah through the Law : A Case Study », Cover avait l'intention de retravailler sur la notion du droit comme pont servant à faire le lien entre le monde tel qu'on le perçoit à un moment donné avec ses imperfections et ce même monde tel qu'on imagine qu'il devrait pouvoir être, une notion qu'il avait introduite dans « *Nomos* and Narrative ». (p. 201, trad *infra* p.345). Il peut donner l'impression d'avoir changé de pespective et d'insister sur la dimension temporelle : le droit comme pont entre le monde d'aujourd'hui et les mondes futurs possibles semblant avoir remplacé le droit comme pont entre le monde tel qu'il est perçu être et devoir être. Mais il invite à une autre interprétation de l'accent mis sur le futur : il s'agit pour lui d'opposer la conception ordinaire du changement par le droit à l'attente messianique ou révolutionnaire. Il voulait à nouveau se pencher sur les rapports difficiles entre le messianisme ou l'utopie révolutionnaire et le droit, sujet qu'il avait déjà abordé dans « *Nomos* and Narrative » (p.9, trad. *supra* p.76).[2] Il

---

[1]. Ce texte inachevé a été publié sous les références suivantes : Robert M. Cover, « Bringing the Messiah through the Law : A Case Study », in *Nomos*, XXX : *Religion, Morality and the Law*, J. Roland Pennock and John W. Chapman (eds.), New York and London, New York University Press, 1988, p.201-217.

[2]. Dans les toutes premières lignes de « Bringing the Messiah Through the Law », Cover précise : « Law is a bridge in normative space » (p.201, trad. *infra* p.343). Ceci peut sembler aller à l'encontre d'une interprétation qui veut que ce pont relie un monde qui est à un monde qui est à un moment perçu comme devoir être. Mais Cover lui-même parle de réalité (« reality ») et de vision (« vision ») pour opposer les deux mondes entre lesquels le droit

avait, de son propre aveu, longtemps cru à une incompatibilité totale (p.202, trad. *infra* p.346). Il avait trouvé un cas cependant où un « messianisme juridique » avait été sérieusement considéré comme possible et c'est ce cas qu'il voulait analyser, tout en supposant qu'il devait en exister d'autres mais celui-là lui était plus familier (p.203, trad. *infra* p.346). Le changement messianique et le changement révolutionnaire étaient pour lui ou en tout cas avaient été pour lui des futurs vers lesquels le pont ne peut être le droit : « Law is a bridge in normative space. It connects the world we have to a world we can imagine. But there are many possible worlds and many possible ways to connect them. Not all these futures – not all the bridges to them – can plausibly be called « law » (p.201-202, trad. *infra* p.345).[3]

C'était une nouvelle occasion d'explorer le lien entre norme et narration et le fossé qui pouvait se creuser entre les formes du droit – droit comme instrument de contrôle social – et le droit comme signification ou tout au moins les narrations, l'assaut des narrations contre la forteresse du droit comme instrument de contrôle social, ainsi que les risques de dérives des illusions utopistes (p.204, trad. *infra* p.347 et « *Nomos* and Narrative », p.9-10, trad. *supra* p.76).[4]

Faudrait-il y voir aussi une manière pour Cover de se situer par rapport au courant des *Critical Legal Studies*, comme il l'avait fait par rapport à Droit et Littérature dans « Violence and the Word » ? Rien dans ce qu'il dit expressément n'autorise à l'affirmer. Cover fait comme s'il poursuivait une démarche solitaire, par laquelle il voudrait approfondir des points essentiels de la théorie qu'il a formulée.[5]

---

jette un pont (« *Nomos* and Narrative », p.9-12, trad . *supra* p.76-80). Il faut en fait imaginer que cette réalité correspond elle-même à un univers normatif (que véhiculait une narration) que notre vision actuelle (notre narration actuelle) nous amène à vouloir transformer, d'où la notion d'un double mouvement affectant narration et univers normatif, narration et droit. On quitte une narration pour une autre, un système normatif pour un autre (p.201-202, trad. *infra* p.345-347) .

[3] « Le droit est un pont dans l'espace normatif. Il relie le monde que nous avons à un monde que nous pouvons imaginer. Cependant il y a de nombreux mondes possibles et de nombreuses manières d'assurer la connexion. Tous les futurs – tous ces ponts – ne peuvent pas être qualifiés de « droit » de façon plausible. »

[4]. Pour une autre lecture du droit comme pont, voir Ronald R. Garet, « Meaning and Ending », in *Yale Law Journal*, Vol.96, 1986-1987, p. 1801-1824).

[5]. Par contre il pourrait être intéressant de confronter les *CLS* à la pensée de Cover : y eut-il un aspect grand soir, un aspect utopique très marqué dans *CLS* en particulier dans un premier temps et que s'est-il passé par la suite et pourquoi ? On pourrait encore se demander

On peut voir dans ce travail une nouvelle illustration chez lui du réalisme juridique, d'un double point de vue : d'une part, dans la façon d'écrire l'histoire du droit, d'autre part, dans la notion d'un droit tendu vers un futur prévisible.

« Bringing the Messiah through the Law » est une méditation sur une tentative pour restaurer, par une procédure nouvelle, en droit hébraïque, un corps de juges ordonnés, ceux-ci pouvant seuls sanctionner certaines infractions de certaines peines et le rétablissement de cette forme de juridiction étant considéré comme devant intervenir avant la venue du Messie.

Cover n'a rien dit sur ce point ici mais un rapprochement s'impose tout de suite au lecteur avec ce que Cover a écrit dans « Violence and the Word » au sujet des droits religieux qui souvent écartaient l'application effective *hic et nunc* de la sanction par le biais d'une procédure qui la rendait difficile voire impossible à prononcer (« Violence and the Word », p.1617, trad. *supra* p.194). Ici Cover précise que la sanction attendue pouvait être appliquée par les juges ordinaires, les juges non ordonnés, dans certains cas où c'était leur autorité qui était en jeu mais pas dans d'autres, qui étaient davantage des questions strictement d'ordre religieux.

Au travers du récit qu'il donne de l'affaire et au travers du document qu'il a traduit et annoté, Cover montre comment, dans un cas précis, la formulation de ce qui était vécu comme être et de ce qui était vécu comme devoir être avait fait émerger certaines normes nouvelles et comment l'émergence de ces normes nouvelles pouvait, dans le cas des messianismes et des révolutions venir remettre en cause les formes et les autorités établies. Il essaie également d'y repérer les lieux où se noue la prise de risques, inhérente à l'entreprise de changement complet. C'est sur ces deux points qu'il faut s'attarder maintenant.

---

s'il y a des utopies dans les sciences et comment cela fonctionne mais cela ne peut pas constituer l'essentiel de cette étude.

Chapitre 1

Les conditions d'émergence du récit messianique et des nouvelles normes

Cover insiste sur le fait que la question des modalités que devrait prendre le rétablissement des juges ordonnés était une question bien vivante dans les querelles académiques – mais elle y était cantonnée.

L'institution des juges ordonnés avait disparu quelque mille ans auparavant et une part du contentieux qui leur était dévolu avait pu être transférée aux juges ordinaires en invoquant la nécessité et en ayant recours à certains artifices juridiques (p.205, trad. *infra* p.348-349).

La question du rétablissement des juges ordonnés vint occuper le devant de la scène sous l'effet de causes conjuguées. Un bouleversement considérable avait été introduit par l'expulsion des Juifs d'Espagne. Aux perturbations graves qui venaient affecter les conditions de vie matérielles, qui, de plus, faisaient suite aux années tourmentées de la persécution par l'Inquisition, venait s'ajouter le sentiment de l'écroulement d'un monde : l'âge d'or du pluriculturalisme espagnol qui, s'il ne recouvrait pas nécessairement un univers idyllique, n'en avait pas moins eu le mérite de constituer un pôle de rayonnement culturel intense. Le moment était propice pour se demander ce qu'allait être le lendemain : n'y aurait-il substantiellement rien de changé à l'économie de ce monde ou devait-on penser que la venue du Messie était imminente ?

Les conversions obtenues sous la contrainte, même si elles avaient pu n'être qu'une apparence, prenaient la signification d'une transgression inutile, pour laquelle la sanction annoncée était un retranchement du peuple de Dieu dans le monde à venir, sauf à pouvoir l'expier dans celui-ci par une peine à laquelle seuls les juges ordonnés pouvaient condamner. Mais il n'y avait plus de tels juges.

Par contre, il était écrit qu'il y en aurait à nouveau à la venue du Messie sans que soit précisée la façon selon laquelle se ferait ce rétablissement. Serait-il l'oeuvre du Messie ? Devrait-il être oeuvre humaine ? L'incertitude planaît.

Maïmonide, le très réputé commentateur médiéval dont l'oeuvre avait acquis une grande autorité, avait apporté une réponse affirmative mais cependant nuancée. Ne pouvant concevoir que le Messie doive agir en dehors du cadre légal et rétablir par ce moyen la *semikhah*, il était parvenu dans un premier temps à la conclusion qu'au cas où les sages en Israël tomberaient tous d'accord en ce qui concerne le rétablissement de l'institution et la personne à qui conférer la première investiture, cette ordination serait valide (p.207, trad. *infra* p.351). Dans une oeuvre ultérieure, il avait indiqué que le rétablissement lui *semblait* possible dans ces conditions, *que la question devait être étudiée* (p.207, trad. *infra* p.351).

Au seizième siècle, le rétablissement de l'institution apparaissait désirable d'un double point de vue : d'une part, il permettrait – pensait-on – d'avoir une vraie justice, d'autre part, il pouvait être un moyen de hâter la venue du Messie, dont il aurait constitué l'une des préconditions (p.207-208, trad. *infra* p.350-351).

Les sages de Safed, le grand centre de production de la pensée cabbalistique, marquée à la fois par la philosophie et la mystique, sous l'influence d'un maître entreprenant, vont à l'unanimité décider le rétablissement de la *semikhah* et donner l'investiture à ce maître.

La démarche ne rencontrera pas l'assentiment des sages de Jérusalem qui en avaient été saisis par les auteurs de la décision. Elle leur parut non fondée en droit en tant qu'elle ne répondait pas aux règles du raisonnement juridique courant (p.208, trad. *infra* p.350-352). Il en alla de même avec l'une des grandes autorités reconnues de l'époque qui résidait en Egypte. L'un de ceux qui fut ordonné par celui qui l'avait été lui-même depuis peu de temps, une autre autorité talmudique déjà rencontrée dans l'oeuvre de Cover, Joseph Caro, garda dans son oeuvre écrite un silence prudent remarquable, qui semble indiquer le doute, sur la question du possible rétablissement humain de l'institution et des modalités de celui-ci.

Cover reliait à cette tentative avortée de faire venir le Messie par des moyens juridiques, un important investissement ultérieur, dans la recherche ésotérique à Safed avec la Cabbale lurianique et le succès remporté par Sabbataï Tsvi, qui allait s'avérer être un faux messie, c'est-à-dire le retrait dans un monde intérieur et dans le travail réputé dangereux du cabbaliste, d'une part, et, d'autre part, l'illusion.

Ce que Cover a essayé de montrer en dressant le tableau des circonstances dans lesquelles a été prise la décision de Safed de 1538, c'est le climat particulier dans lequel la volonté de faire advenir un monde radicalement nouveau (par la venue d'un Messie ou par la révolution) va progressivement s'inscrire : la difficulté des conditions de vie, l'irruption de la violence, le bouleversement du cadre de références exacerbent le désir d'un monde nouveau : il n'y a plus rien à perdre et tout à gagner au change.

Reste à négocier le virage et à se placer dans la bonne trajectoire mais le droit ne peut être pour cela d'aucun secours, il est prisonnier de ses origines et du récit qui l'institue (Cf. « *Nomos* and Narrative », p.9, trad. *supra* p.76), incapable de gérer la rupture de perspective, incapable d'avoir prise sur l'inconnu aussi. Il ne s'agit plus de franchir un pont mais de larguer les amarres, pour le grand large, à ses risques et périls.

Chapitre 2

La localisation des prises de risques

Déjà dans « *Nomos* and Narrative », Cover avait relevé le double écueil qui guettait les utopistes quand le triomphe tardait à venir : l'aplatissement de leur rêve dans une réalité banale, le décrochage total par rapport à la réalité (« *Nomos* and Narrative », p.9-10, trad. *supra* p.76-77).

Le droit apparaît finalement dans sa pensée comme une sorte de garde-fou, incommode mais indispensable, avec lequel on peut prendre des risques mais qui doivent être calculés (« *Nomos* and Narrative », p.9-10, trad. *supra* p.76-77).

L'avantage du droit est qu'on voit toujours l'autre rive. L'inconvénient est que la progression est lente. Elle est conditionnée par l'évolution de la narration – dont Cover postule l'évolution générale vers plus de justice. La narration et ses modifications est ce qui permet, avec la connaissance des mécanismes du raisonnement juridique, de prévoir les décisions ultérieures – cette prévision si importante aux yeux des réalistes. Cover précise que le droit peut avoir un rôle aussi dans l'évolution des narrations en produisant ou en contribuant à produire des nouveaux concepts : « ...law not only generates new law but also is at least linked to – if it is not determinative of – the generation of new concepts of the worlds we strive to realize » (p.202, trad. *infra* p.346).[6] On en a vu un exemple *supra* avec son étude sur l'introduction d'une nouvelle notion de « minorités » dans les discours politique et juridique en ce siècle.

Cover pourrait donner l'impression d'être finalement parvenu à une vision optimiste du droit. Rien ne permet de dire cependant qu'il entendait renoncer à ses réserves antérieures ou qu'il s'était converti au messianisme juridique : le ton paraît discrètement critique dans sa relation de l'affaire de Safed.

---

[6]. « ...le droit non seulement génère du droit nouveau mais également est relié à la génération de conceptions nouvelles de mondes que nous nous efforçons de faire advenir – s'il ne détermine pas tout simplement celles-ci.. »

En bon héritier du réalisme, en bon réaliste lui-même, Cover envisage le droit comme tourné vers le futur et le situe dans un monde en mouvement et dans un monde où le droit lui-même évolue. Il est assez facile d'imaginer la situation du juge de Cover sur le modèle du juge Llwellynien : il fait l'expérience de la solution qui convient dans un cas donné en se coulant dans le moule des pratiques professionnelles qui lui ont été transmises, en consultant les précédents et en étant attentif aux aspects nouveaux de la situation ainsi qu'au contexte, aux besoins qui se font jour dans le domaine d'activité considéré. Il est simplement un peu plus inquiet, plus critique, plus conscient des dangers qui menacent de dégénérescence cette production.

Le droit ne pouvait être, pour Cover, que l'instrument des petits pas, un outil impur, capable de produire son contraire du fait de la violence qui y est inhérent (Cf. « *Nomos* and Narrative », trad. *supra* p.69-149 et « Violence and the Word », trad. *supra* p.173-210), plus ou moins adapté à la gestion des affaires courantes et toujours menacé dans son existence par la précarité de ses origines. Cover faisait de l'origine du droit dans une narration subversive de l'ordre antérieur, une menace pour la pérennité de celui-ci, qui se trouvait ainsi toujours à la merci du retour du même phénomène (« *Nomos* and Narrative », trad. *supra* p.69-149).

Le droit est tourné vers l'avenir mais il est incapable de gérer les sauts dans l'inconnu, les ruptures que sont les révolutions ou l'avénement de temps radicalement nouveaux. Ceux-ci ne peuvent venir sur commande et en obéissant aux lois du présent : c'est peut-être le reproche que fait implicitement Cover à Maïmonide et aux cabbalistes de Safed qui avaient cru d'une certaine façon que le juriste pouvait concocter les conditions de la venue du Messie, qu'ils devaient en l'occurrence par eux-mêmes procéder au rétablissement des juges ordonnés. Cover expressément ne juge pas : il se contente de souligner que leur attitude est le fruit d'une certaine culture juridique. On peut penser que c'est à la culture juridique occidentale qui a tendance à tout vouloir formaliser, maîtriser, conceptualiser qu'il pensait en soulignant que le rétablissement de juges ordonnés et le programme de la venue du Messie au moyen du droit avaient été conçus dans un univers juridique donné (Maïmonide et surtout Safed). A cet univers juridique, il pouvait reprocher son attrait pour les grandes constructions globalisantes, sa tendance à se réfugier dans l'abstraction pour échapper aux complexités de l'heure.

Cover n'a pas eu le temps d'écrire les développements qu'il avait prévus sur le basculement vers un autre monde qu'implique l'option messianique ou révolutionnaire mais on sait qu'il voulait se demander si c'est l'option prise en faveur d'un monde radicalement autre et les engagements qu'elle implique qui détruit le lien avec le monde présent ou si ce lien a déjà été détruit préalablement par les conditions cataclysmiques qui ont rendu l'attente du Messie soudain plus pressante (p.204 note ajoutée au texte de Cover lui-même, trad. *infra* p.348). On retrouve là son souci de l'explication psychologique des comportements humains.

On peut penser que la première hypothèse est la plus forte. L'attente messianique comme l'entreprise révolutionnaire supposent de la part de ceux qui s'y engagent autre chose que le désespoir que peut laisser supposer la seconde hypothèse.[7]

Le moment salvateur ou l'heure du changement révolutionnaire peuvent ne pas encore être arrivés et ceux qui ont cru qu'il en allait autrement, s'ils survivent physiquement, pourront alors être incapables de se réinsérer totalement dans le monde ancien. Ils pourront choisir l'évasion comme les cabbalistes, tentés par l'expérience mystique, mais celle-ci n'est pas toujours sans danger, choisir l'aventure dans le sillage de personnages charismatiques ou au contraire abandonner le rêve et tomber dans le cynisme de l'à quoi bon.

Au risque à long terme et consécutif à l'échec s'ajoute un autre risque qui vaut lui pour la période de transition et qui est lié à l'incapacité du droit à accompagner le passage d'un monde à l'autre. Le changement révolutionnaire et le changement messianique supposent l'entrée dans une ère nouvelle, régie par de nouvelles lois, porteuses de davantage de justice. Mais se pose le problème des moyens d'y parvenir.

---

[7]. Cover serait-il parvenu à la même conclusion ? Un seul indice : « The serious encounter with new strange worlds also requires commitment. It may appear to risk not death but a form of madness. Messianism requires a commitment that entails loss of present social life, authority, and reality in exchange for that which cannot be imagined. » (p.204, trad. *infra* p..348 : « La rencontre sérieuse avec de nouveaux mondes étrangers requiert aussi l'engagement. Le risque n'est pas la mort mais une forme de folie. Le Messianisme exige un engagement qui implique la perte de la vie sociale, de l'autorité et de la réalité présentes en échange de ce qui ne peut qu'être imaginé. »)
Il semble bien que ce soit l'engagement qui soit l'élément décisif, donc un choix qui n'a rien à voir avec le désespoir.

Cover relève que la situation révolutionnaire et la situation dans le messianisme juridique se caractérisent par des narrations qui appellent des normes différentes du droit établi, contradictoires par rapport à lui. On pourrait dire qu'il y a alors deux narrations et que le problème est celui du triomphe de l'une ou de l'autre. Mais il y a aussi le problème de ce que l'on peut et doit éventuellement faire pour que s'installe cet ordre radicalement nouveau. S'il suffit d'attendre qu'il s'impose de lui-même, la situation est simple. Dans le cas contraire, dans le cas révolutionnaire et dans le messianisme juridique, la question des coups permis ne peut être éludée ; même si par définition le droit est incapable d'y répondre. Là encore la marge est étroite pour ne pas sombrer dans la confusion et sacrifier les moyens aux fins comme ces anti-esclavagistes qui, tout à leur combat, pouvaient choisir la solution la plus radicale et conceptuellement la plus satisfaisante au détriment de l'intérêt immédiat de ceux qu'ils voulaient défendre.

Cover avait vu, dans le cas du messianisme juridique qu'il avait rencontré avec cette réinstitution des juges ordonnés à Safed, l'occasion de méditer une nouvelle fois sur les rapports de la narration et du droit comme instrument de contrôle social. Dans la situation révolutionnaire ou dans la situation du messianisme juridique, le droit comme instrument de contrôle social n'est plus soumis à une évolution lente, travaillé par la narration, il est en opposition ouverte avec la narration qui, tant qu'elle n'a pas réussi à imposer sa suprématie et les normes juridiques qu'elle suppose est à la merci des coups du pouvoir établi qui se défend.

Le combat sort de l'arène purement juridique pour se dérouler dans l'arène politique. Comme chez Kelsen, chez Cover, derrière le droit en tant qu'instrument de contrôle social – en tout cas – se dissimule le pouvoir ; l'un rêvait de démocratie, l'autre de justice mais ils savaient l'un et l'autre que l'objet auquel ils avaient cru pouvoir faire confiance pour approcher de leur idéal était impur.

« Bringing the Messiah through the Law » laisse avec des questions auxquelles un texte achevé aurait peut-être répondu ou qu'il aurait peut-être empêchées de surgir. Il était utile d'en donner une lecture ici parce qu'il permet de découvrir davantage les méandres de la pensée d'un auteur représentant d'une génération qui a pu apprendre très vite qu'il était urgent de savoir concilier attente messianique, élan vers plus de justice et réalisme. Cette génération, c'est aussi la mienne, et c'est peut-être pourquoi cette oeuvre me parle particulièrement.

TRADUCTION

FAIRE VENIR LE MESSIE PAR LE DROIT : ETUDE DE CAS

(trad. de Robert M. Cover, Bringing the Messiah through the Law : A Case Study, in *Nomos*, Vol.XXX, J. Roland Pennock and John W. Chapman (eds.), *Religion, Morality and the Law*, Chap.10, p.201-217, *Yearbook of the American Society for Political and Legal Philosophy*)*

I. INTRODUCTION

Mon intention est de vous présenter un morceau d'histoire et un texte relatif à une tentative pour faire venir le Messie au moyen du droit qui s'est déroulée à Safed, en Galilée, en 1538. Tout d'abord, il me faut expliquer brièvement pourquoi cet événement m'intéresse dans la perspective du concept de droit que j'ai tenté de développer.

Le droit est un pont dans l'espace normatif. Il relie le monde que nous avons à un monde que nous pouvons imaginer. Cependant il y a de nombreux mondes possibles et de nombreuses manières d'assurer la connexion. Tous ces futurs – tous ces ponts – ne peuvent pas être qualifiés de « droit » de façon plausible. Ailleurs en essayant d'invoquer les particularités du droit comme pont vers le futur, j'ai écrit, avec une exagération dans la rhétorique métaphorique que : « Le droit, c'est ce qui maintient notre réalité séparée de nos visions et nous protège de l'eschatologie qui consiste en une collision entre les constructions de nos esprits et ce monde social matériel ».[1]

J'avais, ainsi, à l'esprit une idée selon laquelle le droit faisait le pont entre *deux* « mondes en mouvement ». Le monde normatif que nous avons est

---

* [N.d.T.] Dans une note J. Roland Pennock et John W. Chipman remercient chaleureusement Susan P. Koniak de l'aide qu'elle leur a apportée dans la préparation du manuscrit de ce texte. Il s'agit en effet de la publication posthume d'un travail que Robert M. Cover avait en cours lors de son décès.

[1] . Cover, « *Nomos* and Narrative », in *Harvard Law Review*, Vol.97, 1983, p.4, 10, trad. *supra* p.69.

un monde changeant ou mouvant. Notre conception de nos personnalités (« *selves* ») et de notre environnement normatifs fluctue. Cependant de même que notre conception d'où nous sommes (normativement) change, notre conception du monde possible vers lequel notre droit nous pousse à aller le fait aussi. Un monde ayant un « droit » est un monde dans lequel il y a :

(a) des procédés particuliers (des ponts) pour accéder au futur ;
(b) des formes particulières d'avenirs auxquels on peut accéder ;
(c) toujours de (nouveaux) mondes futurs qui sont opposés au monde normatif présent et accompagnés de l'exigence implicite qu'on s'efforce de les atteindre.

Je crois affirmer ici fortement la présence d'une *téléologie* implicite dans le droit et ce que cette téléologie implique : à savoir une aptitude à créer du droit à travers laquelle le droit non seulement génère du droit nouveau mais également est relié à la génération de conceptions nouvelles de mondes que nous nous efforçons de faire advenir – s'il ne détermine pas tout simplement celles-ci.

L'idée qu'un « pont » particulier avec ses téléologies implicites soit le produit du « droit » me semblait incompatible en gros avec les eschatologies apocalyptiques. J'aurais supposé – je supposais – que le Messianisme dans sa forme apocalyptique, coutumière était l'antithèse de la transformation par le droit. Je suppose qu'en écrivant le passage cité ci-dessus, j'acceptais la notion que le messianisme entretenait typiquement un rapport antinomique avec elle. Dès lors que je choisissais alors et que je continue de choisir de traiter la juxtaposition de futurs alternatifs implicites avec les conceptions actuelles de la réalité comme centrale dans l'idée de droit, l'immédiateté de la fin des jours (comme les transformations révolutionnaires) me semblaient inévitablement tendre à miner la tension « normale » entre présent et futur, entre ce qui est réel et ce qui est à réaliser. Ce qui m'amenait à conclure, de façon elliptique, que le droit « nous protège contre…l'eschatologie ».

Pour excuser les faussetés évidentes dans cette manière de raisonner, je peux seulement invoquer rétrospectivement que je ne parlais pas d'une relation nécessaire ou logique entre la vie du droit et les eschatologies mais de tendances. Il se peut que – de façon générale – les tendances aient été comme je le supposais, bien que je n'en sois plus sûr. De toute façon, j'ai exploré de façon intensive depuis environ un an, au moins un cas très significatif d'immédiateté messianique qui est relié positivement et puissamment à un droit religieux. Cette étude de cas me paraît importante pour plusieurs raisons en lien très étroit avec l'idée de droit que j'ai avancée dans « *Nomos* and Narrative ». Avant d'exposer ces raisons, je m'empresse d'ajouter que je serais surpris qu'il n'y ait pas de cas semblables d'apocalypses juridiques dans d'autres traditions religieuses où le droit et le Messianisme empruntent à un fond commun de littérature narrative. Ainsi, par exemple, je m'attendrais à trouver des parallèles dans l'Islam et dans le christianisme. Cependant, en raison de ma propre familiarité relativement plus grande avec les sources et le langage du judaïsme, j'ai entrepris l'analyse d'un exemple remarquable du phénomène dans l'histoire juive. J'aborde l'étude de l'histoire d'une religion en amateur de base, cherchant à élaborer une théorie du droit – et non pas comme historien ou philosophe des religions, certainement pas non plus en comparatiste.

L'intérêt du Messianisme « juridique » pour ma thèse est triple. Tout d'abord, toute thèse s'éclaire par l'examen des cas-limites – des cas à la marge des conditions d'application. Je suis parti d'une conception du droit qui voit l'acte essentiel dans la création du droit comme exigeant la création de mondes puissants par des communautés fortes, habitées d'un engagement à la réalisation dans le temps de ces mondes. Le concept d'un monde qui se réalise à la *fin* du temps est de toute évidence un cas limite. Ensuite, je soutenais dans « *Nomos* and Narrative » que la création du monde de maintenant, la création d'un monde à réaliser et le pont entre les deux – le droit – recevaient un sens au travers des narrations. De plus, je soulignais que les narrations résistent aux formes de contrôle social qui s'exercent de façon caractéristique sur ce qu'on appelle parfois les matériaux strictement « juridiques » – les lois, les décisions de juridictions officielles, les codes et les constitutions. Les historiens des religions ont à plusieurs reprises démontré que les narrations apocalyptiques et messianiques se sont non seulement avérées résistantes aux contrôles sociaux mais aussi que leur contenu manifeste crée un défi potentiel pour toute autorité présentement constituée. Ainsi, pour quelqu'un qui souhaite relever l'importance de la narration pour le droit, la catégorie spéciale des narrations messianiques, apocalyptiques, est particulièrement importante. De telles narrations illustrent de façon tout à fait claire la résistance au contrôle précisément au point où elles sont prises le plus sérieusement comme guides signifiants pour la conduite à tenir. Enfin, j'ai souligné, dans « *Nomos* and Narrative », le rôle de l'engagement dans toute communauté créant un droit pour elle-même. Dans « *Nomos* and Narrative », je me suis tout particulièrement penché sur le rôle de l'engagement par rapport à la violence. La définition de l'Etat moderne par lui-même en termes de *monopole territorial sur la violence* exige en effet que tout groupe qui cherche à entretenir une conception indépendante de la réalité et de ce qui est à réaliser ou bien considère son monde comme dépendant de la tolérance des élites de l'Etat dominant ou bien se considère comme prête – si nécessaire – à supporter et/ou infliger la violence pour défendre son « droit ».

Cependant, aussi importante que soit la relation de la violence à l'engagement, ce n'est pas la seule façon selon laquelle l'engagement fonctionne pour constituer le droit d'une communauté. La rencontre sérieuse avec de nouveaux mondes étrangers requiert aussi l'engagement. Le risque n'est pas la mort mais une forme de folie. Le Messianisme exige un engagement qui implique la perte de la vie sociale, de l'autorité et de la réalité présentes en échange de ce qui ne peut qu'être imaginé.** Un messianisme légal implique une forme spéciale d'engagement qui tient à l'immédiateté d'une transformation singulière, privilégiée, alors qu'on insiste sur une capacité hautement inhabituelle pour des institutions de transformations familières.

Dans la prochaine section de cet article, je présenterai schématiquement les événements qui se sont déroulés à Safed en 1538, opérant de larges emprunts à une publication antérieure. Dans la section III, je donnerai une traduction annotée d'un des textes relatifs à l'affaire de Safed, qui ait survécu, à savoir la proclamation initiale des Sages de Safed. J'offrirai ensuite quelques commentaires, dans la section IV, sur la façon dont l'Acte des Rabbins de Safed constituait une poussée de leur culture juridique à ses limites intellectuelles extrêmes, tout en agissant à l'intérieur de ses paradigmes de conduite. Je conclurai enfin par quelques brèves généralisations.***

II. LA REINTRODUCTION DE LA SEMIKHAH A SAFED, 1538 ****

Le droit juif a traditionnellement fait la distinction entre l'autorité exercée par les juges ordinaires et la compétence des juges véritablement

** [Note de ceux qui ont publié] Ici Cover entendait insérer une discussion sur le point suivant : « le monde actuel est-il perdu par abandon du fait d'engagements ou celui-ci est-il « retiré » par les conditions destructrices de la vie sociale, ordinaire, qui sont les préalables « objectifs » des mouvements messianiques ? ». Il est mort avant d'avoir traité ce problème.
*** [Note de ceux qui ont publié] Cover est décédé avant de pouvoir rédiger la section IV.
**** [N.d.T.] semikhah : ordination rabbinique de juges. Voir les développements *infra*.

ordonnés. L'ordination, ou Semikhah, l'imposition des mains, était un transfert de compétence supposé remonter selon une chaîne ininterrompue jusqu'à Moïse lui-même. Seul un juge authentiquement ordonné pouvait statuer sur certains types de cas, en particulier ceux impliquant des amendes ou des sanctions pénales. A un moment, probablement au quatrième siècle, la chaîne des ordinations avait été brisée.[2] En fait, les autorités romaines avaient essayé d'interdire la semikhah beaucoup plus tôt, bien que, selon les sources juives, elles ne l'aient jamais totalement fait disparaître.[3] La fin de la chaîne de la semikhah, enveloppée de mystère, n'avait pas amené de changement soudain ou catastrophique dans les pratiques réelles des cours juives. Il y avait à cela déjà une raison : la plupart des questions de droit pénal avaient été enlevées à ces juridictions par les autorités romaines des siècles avant la disparition de la semikhah. De plus, dans la mesure où les autorités non-juives admettaient que les juridictions juives se prononcent sur certaines affaires criminelles, le droit juif avait développé des solutions doctrinales permettant que cette compétence soit exercée par des juifs qui n'avaient pas été véritablement ordonnés. Les catégories de peines imposées en vertu de l'exigence de l'heure étaient exemptées de la nécessité de semikhah. En bref, comme on peut s'y attendre, des fictions ont été créées pour adapter les exigences formelles du système à la réalité.[4]

Les caractéristiques formelles du système conservaient cependant un certain impact. Certaines sanctions – celles prévues par la Bible – n'étaient pas appliquées par les juges non ordonnés. De plus, la signification cosmologique de la juridiction humaine était atteinte. Par exemple, selon le Talmud, de nombreuses transgressions étaient punissables par le « retranchement ».[5] Cette peine était mentionnée dans la Bible, qui indique : « Et il sera retranché ». Le droit rabbinique avait enseigné que cette peine signifiait que la personne qui avait transgressé mourrait prématurément et, peut-être, qu'elle n'aurait pas part avec Israël au monde qui viendrait après le Messie.[6] Mais la peine de retranchement pouvait être évitée par l'expérience de la punition, bien de ce monde, de

---

2. *Encyclopedia Judaica*, rubrique « Semikhah ».
3. *Talmud de Babylone*, Traité Sanhedrin, 13b-14a.
4. Pour une compilation intéressante de ces fictions et subterfuges, voir E. Quint and N. Hecht, *Jewish Jurisprudence : Its Sources and Modern Applications*, Vol.1, Hardwood Academic, 1980, p.139-213. Les expressions « fictions et subterfuges » sont de moi et ne constitueraient pas, je pense, une caractérisation acceptable de la juridiction d'exigence de l'heure pour Quint et Hecht eux-mêmes. Voir J. Ginzberg, *Mishpatim Le'Israel : A Study in Jewish Criminal Law* (en hébreu), Harry Fischel Institute for Talmudic Research, 1956.
5. Voir *Mishneh K'rioth*, I, 1.
6. Maïmonide, *Mishneh Torah* : Laws of Repentance, Chap.8, par.1.

la flagellation pour la violation en question.[7] Cependant, précisément à cet égard, les fictions entourant l'exercice de l'autorité rabbinique tranchaient nettement : la peine du fouet prescrite par la Bible était de celles qui ne pouvaient pas être prononcées par des juges non ordonnés. Ceux-ci pouvaient, par contre, imposer la flagellation pour rébellion contre l'autorité rabbinique. Mais les coups de fouet infligés pour rébellion étaient-ils efficaces pour éviter le retranchement ? Les discussions juridiques académiques sont faites de ce type de questions. Et vous pouvez être sûrs que de telles discussions eurent lieu par milliers. Cependant, même les discussions académiques peuvent devenir des questions pressantes, lorsque les conditions sont réunies.

En 1492, les juifs s'exilèrent d'Espagne où s'était constituée l'une des communautés juives les plus importantes et les plus brillantes du monde. Le désastre de cet exil s'inscrivait à différents niveaux. La perte d'un foyer et les pertes économiques étaient catastrophiques. La perte culturelle était également grande, les savants et les artistes les plus en vue du monde juif, perdaient leurs communautés et tentaient un nouveau départ comme réfugiés ou errants. Si les communautés vivant en Turquie et en Orient profitèrent grandement de cette dislocation, le coût fut considérable pour ceux qui devaient fuir. Parmi les réfugiés, nombreux étaient ceux qui avaient subi au moins formellement une conversion au christianisme pendant les années de désastre contemporaines de l'exil. Ces crypto-chrétiens ou marranes considéraient souvent qu'ils avaient commis un péché très grave – faisant encourir le retranchement – du fait des actes accompagnant leur conversion. Leurs tentatives pour trouver un soulagement ou, plus précisément, subir une pénitence, constituaient un phénomène important en particulier chez les réfugiés les plus pratiquants et les plus pieux. Un second phénomène majeur était la vague d'attente messianique qui avait accompagné les désastres au moment de l'exil.[8]

Les deux phénomènes mentionnés ci-dessus soulevèrent le problème du statut véritable des cours et des juges juifs. Ceux qui voulaient faire

---

[7]. *Talmud de Babylone*, Traité Makkoth, 23a-b.

[8]. Il y avait eu, en particulier, un esprit messianique majeur autour de la vie et du martyr de Solomon Molcho (1500-1532). Molcho lui-même était un marrane reconverti. Il avait prédit qu'un événement messianique se produirait en 1540 et nombre de ses disciples croyaient qu'il avait échappé au bûcher en 1532. Sur l'arrière plan messianique qui a présidé aux événements de Safed, voir, par exemple, R. Werblowsky, *Joseph Karo : Lawyer and Mystic*, Jewish Publication Society of America, 1977, p.97-99 ; Y. Maimon, *Hidush Ha Sanhedrin Be Medinnatenu Ha Mehudesheth*, Mossad Harav Kuk, 1967. Voir aussi in *Encyclopedia Judaica*, *op. cit. supra* note 2, la rublique « Molcho, Solomon ».

pénitence avaient besoin – ou tout au moins certains le pensaient-ils – d'un tribunal qui leur imposerait les véritables coups de fouet bibliques qui leur éviteraient la peine de retranchement, tout particulièrement à l'heure où se manifestaient des signes de la venue du Messie. La venue du Messie, quant à elle, était liée à la restauration de la semikhah. En effet, nous avons en Isaïe, chap.1, un texte messianique preuve qui dit : « Je ferai revenir vos juges comme aux temps anciens, vos conseillers comme au début ; Et [alors] vous serez appelés la cité fidèle ».[9] Toutes les autorités rabbiniques s'accordaient pour interpréter le retour des juges comme celui des juges véritables : à savoir ceux ordonnés selon la tradition qui remontait à Moïse. Le texte d'Isaïe fournissait ainsi une occasion d'utiliser le droit pour exprimer puissamment des besoins et des aspirations qui n'étaient pas en eux-mêmes nécessairement juridiques.[10]

La question juridique précise, qui se trouvait soulevée, concernait la possibilité ou non de rétablir la semikhah – l'ordination véritable – dès lors qu'elle s'était perdue, comme tous en convenaient, bien avant le seizième siècle. A l'appui de la thèse selon laquelle un tel acte audacieux de création de juridiction était possible, pouvait être invoquée la parole d'une des autorités les plus grandes du judaïsme médiéval, Maïmonide. Il y avait deux textes, dans le *corpus* maïmonidien, qui traitaient le problème sous l'angle juridique. Dans le *Commentaire sur la Mishnah*, écrit, par Maïmonide alors qu'il était un jeune homme, et complété en 1168, le Grand Aigle écrivait que si tous les Sages de la Terre d'Israël venaient à tomber d'accord pour ré-instituer la semikhah et s'ils étaient d'accord sur le choix de l'un d'entre eux pour présider l'académie, cette personne serait alors authentiquement ordonnée et aurait le pouvoir de transmettre l'ordination.[11]

Dans son grand code, le Mishneh Torah, écrit en 1180, Maïmonide prend une position un peu plus équivoque :

> « Il me semble que si tous les sages de la terre d'Israël tombaient d'accord pour nommer des juges et les

[9]. *Isaïe*, 1 : 26. »

[10]. Pour des exemples du droit comme moyen d'expression, voir Cover, « *Nomos* and Narrative . », *op. cit. supra* note 1, p.8 (trad. fr. *supra*, p.).

[11] Maïmonide, *Commentaire sur la Mishnah*, Traité Sanhédrin, I, 3 : « Et je raisonne que s'il y avait accord de tous les étudiants et de tous les sages pour désigner un homme de l'Académie –c'est-à-dire qu'ils le portent à la présidence de celle-ci – à condition que cela se fasse en Israël – alors considérez que cela constituerait l'ordination de cette personne et que cet homme pourrait ensuite ordonner qui il désirerait ».

ordonnaient, ceux-ci seraient ainsi ordonnés et pourraient en ordonner d'autres…Et le sujet exige réflexion. »[12]

Ces textes suggèrent un projet pour la ré-institution, même si ce que la réflexion sur le sujet allait produire, était incertain. Maïmonide, lui-même, estimait qu'il fallait une procédure juridique, formelle pour la ré-institution de la semikhah, en partie parce qu'il n'était pas prêt à adopter une perspective apocalyptique sur le Messianisme. En fait, Maïmonide considérait que le Messie lui-même ne pouvait rien faire qui soit contraire au droit . Il n'aurait pas le pouvoir de changer ou de transformer le droit mais seulement de veiller à son application la plus parfaite. Il était ainsi nécessaire que : « Je vous donnerai à nouveau des juges » soit compatible avec une réalisation qui ne postule pas d'acte extra-juridique par le Messie ou par Dieu.[13]

Les textes de Maïmonide et ceux entourant le renouvellement de la semikhah à Safed laissent peu de doute sur le fait que pour cette civilisation juridique, « la juridiction véritable » était une aspiration sacrée, qu'elle faisait partie de l'accomplissement messianique. La justice qui était rendue au quotidien – et ces rabbins étaient tous des juges dans leurs communautés - était, à leurs yeux, un reflet inadéquat de la justice qui pourrait être rendue par des cours authentiques. L'approche active du Messianisme, adoptée par beaucoup dans la génération après 1492, incluait la thèse que les actes qui étaient les *préalables* nécessaires au Messie et qui pouvaient être accomplis par les êtres humains devaient être faits par eux pour hâter la venue de Celui-ci. Parmi ces actes figurait la réintroduction de la semikhah – le retour des juges.[14]

En 1530, il y avait un centre géographique pour l'aspiration messianique, pour les approches cabbalistiques à la manipulation du cosmos et pour l'étude juridique qui, dans le judaïsme n'a jamais été totalement séparée des approches ésotériques de la religion. Ce centre, c'était Safed, une petite ville de Galilée. Il y avait probablement eu des études et une

---

[12]. Maïmonide, *Mishneh Torah* : Lois concernant le Sanhédrin, Chap.4, par.11.

[13]. Maïmonide, voir note 11 *supra*. Le raisonnement de Maïmonide à cet égard conduisit plus tard des commentateurs à s'engager dans une exégèse textuelle compliquée pour déterminer s'il y avait des textes à l'appui d'un scénario dans lequel l'exigence de Maïmonide pour un retour des juges sans abrogation de la loi pouvait être satisfaite sans postuler aussi quelque acte juridique concret pour ré-instituer la semikhah. Voir, par exemple, le Commentaire de Yom Tov Heller sur le Mishneh Sanhedrin 1, 3 (Tosephoth Yom Tov) suggérant que le prophète Elie, qui a indubitablement l'ordination, précédera le Messie et ordonnera les juges.

[14]. Sur le lien entre Messianisme et réintroduction de la semikhah, voir R. Werblowsky, *op. cit. supra* note 8, p.122-25.

préparation pour le renouvellement de l'ordination à Safed pendant un an ou deux avant 1538.[15] Rabbi Jacob Berab, l'érudit dominant de la ville, semble avoir tenté de créer une académie de collègues qui se rallièrent à sa vision de ce que le Grand Sanhédrin avait été et serait. Berab s'est montré capable de modeler une communauté à partir de grandes figures, souvent en conflit, telles que Joseph Caro et Moses b. Isaac Trani (le MaBIT).[16] Même si nous en savons peu sur les procédés communautaires qui conduisirent au renouvellement fatidique de l'ordination, nous pouvons deviner qu'il dut y avoir une atmosphère interpersonnelle intense d'énergie morale et de fierté collégiale pour produire un tel acte, parce qu'il s'agissait d'un acte de culot juridictionnel suprême (« chutzpah »). Rabbi Jacob Berab, le président de l'Académie de Safed, [17]le chef reconnu si ce n'est le maître reconnu, en son sein, fut fait président de l'académie selon le schéma maïmonidien et reçut l'ordination. Les sages de Safed étaient unanimes sur la désignation de Berab et dans leur intention de faire renaître la semikhah. Ils proclamèrent leur acte dans un message porté aux sages de Jérusalem, par l'un d'entre eux.[18] Dans le message envoyé à Jérusalem, ils entendaient également conférer au chef des sages de Jérusalem, Rabbi Levi Ibn Habib, l'ordination en vertu de la nouvelle autorité de Berab.[19]

En fait, Ibn Habib examina le courrier de Safed et conclut rapidement qu'il était dépourvu de base légale au regard des canons normaux du raisonnement juridique ordinaire. Une guerre de pamphlets s'ensuivit entre Berab et Ibn Habib à laquelle d'autres sages s'associèrent de part et d'autre. Finalement, une opinion en bonne et due forme fut demandée à Rabbi David Ibn Abi Zimra (RaDBaZ), une des plus hautes autorités de l'époque, qui résidait alors en Egypte. Il se rangea aux côtés des sages de

---

[15]. Sur le rôle de Berab dans la création de l'académie et de son esprit, voir Dimitrovsky, « Rabbi Ya'akov Berab's Academy », in *Sefunot, Annual for Research on the Jewish Communities in the East*, Vol.7, 1983, p.41-102. Voir aussi R. Werblowsky, *op. cit. supra* note 8, p.125.

[16]. Sur les conflits ultérieurs entre Caro et Trani, voir Dimitrovsky, « A Dispute Between Rabbi J. Karo and Rabbi Moses Trani », in *Sefunot*, Vol.6, 1962, p.71-134.

[17]. Voir Dimitrovsky, *op. cit. supra* note 15.

[18]. Le messager était R. Salomon Hazzan ou peut-être Hasson.

[19]. La proclamation de la semikhah et la littérature polémique entre R. Levi Ibn Habib et R. Jacob Berab ont été rassemblées par Ibn Habib et publiées par lui comme une sorte d'annexe à sa *responsa*. Ce document connu sous le nom de *Kunteres Ha Semikhah* peut être facilement consulté comme un additif numéroté séparément aux *She'eloth UTeshuvoth HaRaLBaH*, reimpr. , Jérusalem, 1975. Deux éléments complémentaires sur la controverse ont été trouvés et publiés par H. Dimitrovsky, *Sefunot*, Vol.10, 1966, p.113-192. Ces textes sont aussi inclus dans la réimpression moderne. Quelques-uns des documents font aussi l'objet d'une ré-impression dans Y. Maimon, *op. cit. supra* note 8.

Jérusalem et , comme il le rapporta lui-même, leur envoya une réponse niant le pouvoir de renouveler la semikhah.[20]

Il est évident que, pour les rabbins de Safed, ce n'était pas un cas de raisonnement juridique ordinaire. Le témoignage le plus éloquent à cet égard est la preuve du « chien qui n'a pas aboyé ». Rabbi Joseph Caro faisait partie, comme je l'ai dit, des membres de l'académie qui conféra la semikhah à Berab. Il était lui-même de plus l'un des quatre disciples de Berab qui reçurent la semikhah de lui, lorsque Berab dut quitter le pays un an plus tard. Nous savons que finalement Caro fit usage de l'autorité de la semikhah qu'il avait reçue pour ordonner encore une troisième « génération » de sages, conférant la semikhah à son disciple Moses Alshekh.[21] Rien de tout cela ne serait surprenant en soi. Cependant, dans tout le volumineux corpus juridique de Caro, il y a très peu de choses pour indiquer son opinion sur la validité de cet acte audacieux. En réalité, Caro écrit un commentaire sur le *Mishneh Torah* de Maïmonide , où figure une annotation sur pratiquement toutes les dispositions juridiques des sections couvertes par le commentaire. La disposition sur laquelle Maïmonide avance sa suggestion créatrice, qui est loin de ne pas appeler la controverse, ne fait l'objet d'aucune remarque substantielle, ni d'aucune marque d'approbation de la part de Caro. C'est presque comme si Caro prenait soin de tenir son œuvre juridique mentalement séparée de cet acte qui ne répondait pas à un raisonnement juridique ordinaire mais à la nécessité de hâter la venue du Messie.[22]

Il y a, dans l'Acte de Safed, un engagement osé et un risque de folie. L'engagement osé réside en ceci : *l'une des fonctions usuelles du droit est de retenir le Messie* . Le messianisme implique le bouleversement et la transformation presque totale. Le droit exige ordinairement un

---

[20]. Voir le commentaire de RaDBaZ, dans Maïmonide, *op. cit. supra* note 12, Chap.4, par.11.

[21]. Sur Caro, voir R. Werblowsky, *op. cit. supra* note 8, p.122-29. Sur Alshekh, voir Porges, *Introduction to the She'Eloth U'Teshuboth Meharam Alshekh*, 1982.

[22]. R. Werblowsky, *op. cit. supra* note 8, p.124. Il y a plusieurs références, quelquefois indirectes, à l'incident de la semikhah dans l'œuvre étrange, *Maggid Mesharim*, une sorte de journal mystique attribué à Caro dans lequel le *Mishneh Torah* personnifié parle à Caro et à travers lui. L'authenticité de l'attribution a longtemps été mise en doute, même si Werblowsky a établi que l'œuvre était de Caro à la satisfaction de ceux (dont je ne fais pas partie) qui sont compétents pour en juger (*ibid.*, Chap. 2 et 3). On doit noter que le *Kesef Mishneh* fut le dernier des travaux majeurs de Caro à être achevé et il doit y avoir envisagé alors l'incident de la semikhah du point de vue de son échec. A l'opposé, le MaBIT, dans son commentaire du *Mishneh Torah*, relate explicitement l'incident. Voir le Kiryath Sefer de MaBIT *ad loc.*

discernement précautionneux à propos des engagements : nous sommes prêts à suivre certains d'entre eux *maintenant* en y subordonnant totalement les autres valeurs ; nous sommes prêts à en suivre d'autres seulement à des conditions spécifiques préalables ; nous ne sommes pas prêts à en suivre concrètement encore d'autres, alors même que nous pouvons cependant applaudir à leur valeur. La disposition à entrer dans un mode pré-messianique de judicature est une disposition à accroître dramatiquement l'étendue de nos engagements juridiques, habituels. Il s'agit non seulement d'éliminer notre mécontentement dramatique par rapport au monde tel qu'il est mais de la responsabilité écrasante d'un changement radical. La compréhension naturelle maintenant pour une juridiction confrontée à un gouffre entre ce qui est affirmé comme bien et le monde tel qu'il est perçu, c'est que le *monde* va changer. Le pouvoir des cours doit s'exercer à cette fin. Cependant l'étude des faux Messies nous apprend que l'échec des attentes trop grandes peut donner naissance à des compensations complexes dans la *perception* et la compréhension d'une réalité qu'on ne peut pas faire coïncider avec les exigences qu'on a eues à son propos. Le risque, en bref, est que le gouffre entre le monde rédimé et le monde non rédimé soit comblé non par notre conduite pratique, engagée mais par notre « vie intérieure » – nos réalités psychologiques et spirituelles. La Safed, qui devait être le siège du Grand Sanhédrin, est devenue le lieu de la Kabbale lourianique, de plus en plus spirituelle et ésotérique, exigeante psychologiquement et exprimant puissamment le gouffre entre le monde brisé, non rédimé de l'espèce humaine mortelle, et l'espoir et la vision, qui ne pouvaient plus être appréhendés par le droit. De tels mouvements puissants d'expression de la vie intérieure peuvent avoir un potentiel révolutionnaire, réalisé, dans ce cas, avec le mouvement sabbatéeen, dans les années 1660. Mais de tels mouvements, s'ils amènent un Messie, ne le font pas par le droit. Sabbataï Tsvi n'était pas loin de là, le Messie que Maïmonide, Berab ou Caro avaient envisagé pour le monde.[23]

[23]. Voir, par exemple, N. Cohn, *The Pursuit of the Millenium*, Oxford, Oxford University Press, 1961 ; L. Festinger et al., *When Prophecy Fails*, University of Minnesota Press, 1956. Voir, plus précisément, les réponses sociales complexes à l'effondrement des attentes messianiques, sabbatéennes (G. Scholem, *Sabbatai Sevi : The Mystical Messiah*, trad. par Werblowsky, Princeton, Princeton University Press, 1973, en particulier p.689-93, trad. fr ; Sabbatai Tsevi : le messie mystique, par Marie-Jose Jolivet et Alexis Nouss, Lagrasse, Verdier, 1983. Voir aussi G. Scholem, « The Crypto-Jewish Sect of Donmeh [Sabbatians] in Turkey », in *The Messianic Idea in Judaism and Other Essays on Jewish Spirituality*, Schocken, 1972.

III. LE TEXTE

Les principaux textes de la controverse entre Safed et Jérusalem (au moins certains d'entre eux – ont été rassemblés par l'un des principaux acteurs dans l'affaire, le Rabbin Levi Ibn Habib de Jérusalem (le RaLBaH). Le RaLBaH a réuni ses propres pamphlets et ceux du Berab sur le sujet. Ils ont été publiés comme annexe à l'édition des responsa de RaLBaH depuis le dix-septième siècle. Dimitrovsky a découvert et publié d'autres documents en rapport avec cette controverse. Le discours juridique dans ces travaux est intéressant à plusieurs égards – principalement dans le traitement des processus de décision et sur le problème de l'interprétation et de l'autorité des textes de Maïmonide. Dans cette troisième section, cependant, je souhaite présenter – dans sa forme brute – le document qui a proclamé l'acte téméraire de Safed, en l'accompagnant d'un essai préliminaire d'appareil de notes pour ce texte.

(Voir texte et notes, aux pages suivantes.)

Copie du document des Rabbins de Safed, avec leur accord, qui nous a été envoyé, signé de leurs noms. Pour le bien de leur honnêteté et de leur modestie, ils nous l'ont soumis pour que nous garantissions [peut-être que nous « confirmions »] sa validité avec nos noms et la signature de nos mains :

« Voici, ils sont un seul Peuple : »[a] « c'est le Peuple de Adonaï »,[b] « royaume de prêtres, Nation Sainte »[c] - « Oint depuis les origines, avant

---

[N.d.T.] Les traductions en français des citations bibliques ont été empruntées à différentes sources les mélangeant parfois ou modifiant des formulations (sans changer le sens).

[a]. *Genèse* : 11, 6. Le texte d'annonce de la semikhah est un collage absolument remarquable de citations bibliques. Cette première citation est, elle-même, extraordinaire comme commencement de l'annonce. La citation est extraite de l'histoire de la Tour de Babel, quand Dieu descend voir la ville et le travail et dit : « Voici ils sont un peuple et ont tous la même langue : Voici ce qu'ils ont pu commencer par faire, et maintenant rien n'empêchera-t-il ce qu'ils auront dessein de faire ? » (*Gen.* : 11, 6). Ainsi la citation elle-même suggère la qualité osée et présomptueuse de l'acte qu'elle annonce. De plus, elle suggère aussi que la main de Dieu est en quelque sorte forcée. Si la Tour avait réussi, rien n'aurait plus échappé à l'homme. De même, l'acte de renouvellement de la semikhah, du fait de ses implications messianiques, révolutionnaires, donnerait tout à l'homme. Comme pour tous les systèmes d'expression richement connotés, il est très difficile de dire si toutes ces implications étaient intentionnelles. En apparence, les trois mots de *Genèse* : 11, 6 sont simples et pourraient presque être non intentionnels en tant que citation, si ce n'est le « he » initial qui, rapporté à « Am Erad », situe le texte dans le récit de la Tour de Babel.

Le lien entre le peuple qui veut forcer la main de Dieu dans l'histoire de la Tour et l'aspiration des sages à obliger Dieu à faire venir le Messie est un rapport qui est déjà rendu explicite par le principal texte des Kabbalistes, le Zohar. Le commentaire donné par le Zohar, sur ce même texte de la Genèse, conclut : « Et si, dès lors qu'ils ont une seule volonté et un seul cœur et parlent la Langue Sacrée, il est écrit : Rien ne leur sera refusé qu'ils auront entrepris de faire et le Jugement d'En-Haut ne gouvernera pas sur eux, alors à Nous, les Compagnons qui sommes engagés dans la Torah, et Nous qui sommes Un seul cœur et Une seule volonté, combien plus – ».

[b]. *Ezéchiel*, 36 : 20. Tout comme la première appellation du peuple citée suggère l'audace, l'acte qui veut forcer la main de Dieu, des rabbins de Safed, en évoquant la Tour de Babel, cette seconde appellation du peuple, citée, suggère la triste condition de ceux marqués par le péché, dont l'acte d'audace a pour but de les délivrer. Le passage tout entier d'où sont extraits les trois mots cités dit : « Et parmi les nations où ils sont venus, ils ont profané mon Saint Nom, faisant dire à leur sujet : 'C'est le peuple de Adonaï, c'est de Son Pays qu'ils sont sortis' ».

Le passage se poursuit avec la prophétie que Dieu, pour l'honneur de Son Nom et pas simplement par pitié pour Israël, établira Israël dans sa terre, florissant, lavé de son péché et honteux de son iniquité passée. La terre, elle-même , qui avait été calomniée comme une terre qui mange ses habitants, sera comme l'Eden.

Une fois encore l'expression de trois mots Am Yhwh Eleh [C'est le peuple de Adonaï] est unique et immanquablement située dans *Ezek.* : 36, 20. Elle apporte, avec elle, au lecteur qui connaît les textes par cœur, le péché, la honte et le reproche de l'exil avec, en même temps, la promesse immédiate de la rédemption par la Terre Sainte.

[c]. *Exode,* 19 : 6. « Et vous serez pour moi un royaume de prêtres et une Nation Sainte. » Cette citation, avec son contexte sinaïtique, suggère un événement « générateur de droit » de

que la terre ne fût »[d] « Que les nations chercheront à suivre »[e] Oh ! Où sont les rigueurs, où est la discipline des Juges et des responsables qui gouvernent le peuple pour la louange, l'honneur et la gloire alors que maintenant « ils ont transgressé les Enseignements (Toroth) ; ils ont changé la loi ».[f] La colère de Dieu est enflammée contre Son peuple. Il « ouvre en lui brèche sur brèche »[g]. Il n'y a pas de roi, pas de responsable, pas de fort, pas d'homme de guerre dans les guerres de la Torah. L' « expert dans les arts » et « le maître des enchantements » se sont tus ; ils ont disparu.[h] Ils se sont corrompus à cause de notre péché qui est grand. Et cette nation de Dieu a été « dispersée, disséminée ».[i] « Tous, nous avons été égarés comme des brebis ; nous suivions chacun sa voie ».[j] « Nos torts se sont accumulés plus haut que nos têtes. »[k] « La couronne est tombée de notre tête ; »[l] notre couronne gît au sol, profanée. Il n'y a plus de prophète pour nous apprendre la justice ; et il n'y a personne

---

la première importance. Le texte est plus ou moins « encadré» par deux citations « sinaïtiques » : celle-ci et la citation de *Ex.*, 18 : 23, à la note ee *infra*. La quadruple qualification d'Israël, qui donne le ton de ce grand appel, évoque ainsi trois textes distincts et trois grands thèmes :

1. Une seule nation (ou une nation singulière) – Babel, forcer la main de Dieu, présomption et audace.
2. C'est le peuple (ou la nation) de Dieu – honte et péché de l'exil à transformer par rédemption sur la terre.
3. Royaume de prêtres et nation sainte – l'alliance : les commandements du Sinaï.

Ces trois thèmes sont tous centraux pour l'acte des rabbins de Safed.

d. Citation avec un petit changement syntaxique de Prov. : 8, 23 : « De perpétuité, j'ai été ointe, en tête, aux antériorités de la terre ».

e. *Isaïe*, 11 : 10. « En ce jour, c'est vers le rejeton de Iischaï, placé comme une bannière pour les peuples, que se tourneront les nations et la magnificence sera sa demeure. »

f. *Isaïe*, 24 : 5.

g. *Job*, 16 : 14. « Il m'a rompu. Il fait brèche sur brèche. » Extrait de la réponse de Job à ses consolateurs.

h. Les deux phrases précédentes renvoient immanquablement à la prophétie d'Isaïe, 3 : 1-3 : « Car le Seigneur, Adonaï Tsebaoth, enlève à Jérusalem et à Juda toute espèce de soutien, tout soutien du pain et tout soutien de l'eau, le *fort* et l'*homme de guerre*, le juge et le prophète, le devin et le vieillard ; le *responsable* de cinquante, l'homme considéré, le conseiller, l'*expert dans les arts* et le *maître des enchantements*. Alors que la citation n'est pas directe, les termes utilisés pour décrire le triste état de choses du moment présent comprennent toutes les expressions soulignées dans ce petit fragment d'*Isaïe* qui rend compte de ce qui fera défaut au temps où Juda sera opprimé à la fois par lui-même et par les autres.

i. Extrait d'*Esther*, 3 : 8.

j. *Isaïe*, 53 : 6 qui fait partie de la description du serviteur souffrant du Seigneur et qui se poursuit dans le même verset : « Le Seigneur l'a heurté de notre tort à tous, il est opprimé mais il acquiesce. »

k. *Esdras*, 9 : 6.

l. *Livre des Lamentations*, 5 : 16. « La couronne de notre tête est tombée. Oh, Malheur à nous, parce que nous avons péché. »

parmi nous pour infliger des peines,[m] ni pour « reprocher au coupable, sa faute »[n] Que vienne brusquement un homme à se repentir devant Dieu, il dirait dans son cœur : « pourquoi me fatiguerais-je en vain ?[o] » . A quoi bon jeûner ou prendre les vêtements de deuil ? Car même si je recevais quarante coups de fouet, cela ne me permettrait pas d'accroître, d'obtenir ou d'accumuler le pouvoir d'être exempté de la peine de retranchement qui me menace.[p] « Mon péché est constamment devant moi »[q] ; « mon opprobre ne sera pas effacée ».[r] C'était pour notre peuple « une pierre d'achoppement, un rocher pour faire trébucher »[s] pour qu'il ne retourne pas pénitent vers Dieu ; qu'il demeure dans la folie et s'obstine ; qu'il ferme les portes de la repentance ». « Qu'est-il et où est-il »[t] celui qui s'appelle du nom d'Israël[u] et il s'appuierait sur le Dieu d'Israël en disant au Seigneur : c'est moi qui serai assailli pour cette chose. Aucune larme ne tombe de ses yeux. « Parce que le peuple d'Adonaï descendit aux portes »[v] « Maintenant, un instant presque, c'était la clémence d'Adonaï, pour nous laisser un reste »[w] pour nous laisser en rescapés jusqu'à ce jour et « nous extraire de la fosse tumultueuse)[x] des exils et des destructions qui « tissés et entrelacés nous montaient sur le cou »(comme un joug),[y] dans les pays des nations. Et Il nous a conduits en ce lieu qu'Il a choisi et dans cette ville sur laquelle Son Nom est invoqué. « Il nous a donné un support dans Son lieu Saint. »[z] En conséquence, sur toutes les questions

---

[m]. Pour infliger des peines (« *To judge the law of fines* ») est une expression qui signifie l'exercice de pleine juridiction qui inclut le pouvoir d'imposer des amendes, c'est-à-dire de prendre des édits et ainsi d'innover (à l'intérieur des limites) autant que nécessaire.

[n]. *Proverbes*, 9 : 7. Dans le contexte du verset dans les Proverbes, la signification de l'hébreu est différente de sa signification ici dans le texte. « Qui discipline le railleur prend sur lui l'ignominie, qui exhorte le coupable, son vice. »

[o]. Job, 9 : 29. « Je sais que je serai condamné, pourquoi me fatiguerais-je en vain ? »

[p] Mort de la main de Dieu ou peut-être exclusion du monde futur.

[q]. *Psaumes*, 51 : 5.

[r].Cf. *Proverbes* : 6, 33 : « son opprobre ne sera pas effacé ».

[s]. *Isaïe* : 8, 14

[t] *Esther*, 7 : 5. Esther vient de demander au roi Assuérus sa vie et la vie de son peuple qui sont menacées. Le roi dit : « Qui est-il et où est-il celui qui médite en son cœur de faire cela ? ».

[u]. Cf. *Isaïe*, 44 : 5.

[v]. Juges, 5 : 11. Le passage, avec un petit changement, fait partie du chant de Deborah qui, bien sûr, célèbre le fait qu'*elle* veut prendre la direction du peuple, qu'*elle* est prête à le faire et qu'*elle* a hâte de le faire. Il est simplement possible, aussi, qu'il y ait une allusion dans l'usage de la « porte des larmes » qui est ouverte même quand la « porte de la prière » est fermée. Voir *Talmud de Babylone*, Traité Berakhoth, 32b.

[w]. *Esdras*, 9 : 8.

[x]. *Psaumes*, 40 : 3.

[y]. *Lamentations*, 1 : 14.

[z]. Esdras, 9 : 8. Cette phrase complète la citation presque exacte de Esdras : 9, 8, qui commence plus haut, note w, avec : « Maintenant, un instant presque... ». L'autre matériau,

de cette lettre nous nous sommes positionnés, nous nous encourageons – nous le moindre des troupeaux de la Terre Sainte – a être zélés en l'honneur du Nom. Car, comment (sinon) le « Nul [qui] ne crie justice[aa] commencera à retourner à Dieu de tout son cœur et le « nul [qui] n'est jugé avec foi »[bb]. Et ainsi nous nous sommes dits les uns aux autres : « Sois fort et agissons avec force pour notre peuple et pour les villes de notre Dieu »[cc]. Nous relèverons la bannière de la Torah qui a été jetée au sol comme si elle devait être piétinée dans les rues.

A cet effet, nous avons choisi le plus grand d'entre nous en sagesse et en valeur [lit. : nombre], le sage complet, le grand Rav, notre maître le Rav Berav – puisse le Roc veiller sur lui et le sauver – pour qu'il soit ordonné et porté à la tête de l'Académie et qu'il soit appelé Rav.[dd] Il peut dès lors placer certains parmi les plus avisés d'entre nous auprès de lui ; et ils seront appelés Rabbins. Ils seront ordonnés pour toujours, exécutant toujours les jugements de la Torah en vérité et en équité pour juger le puissant [violent]. Et si le méchant mérite des coups, alors il sera conduit devant eux et ils le frapperont selon la Torah dans la mesure où il pourra le supporter. Il pourra ainsi échapper à la peine du retranchement [que ce soit la mort prématurée, administrée par Dieu, ou, alternativement l'exclusion du monde futur] et il se rapprochera du Dieu éternel. « Tout ce peuple aussi, en son lieu viendra, en paix. »[ee] Cet acte de rectitude et de paix est fait, d'abord et avant tout, pour la rédemption de nos âmes ; que nous puissions être « une couronne de splendeur et une tiare royale dans la paume de notre Dieu… »[ff] Puisse-t-Il dans Sa pitié, faire descendre la Shekhinah sur le travail de nos mains et accomplir les paroles de Son serviteur : « Je rétablirai tes Juges comme auparavant et tes conseillers comme au début ; après quoi on te proclamera ville de justice, cité fidèle ».[gg] Amen. Amen.

---

y compris les citations, est, en un sens, une parenthèse insérée à l'intérieur de la pensée, d'un point d'appui dans le lieu Saint que décrit le verset d'Esdras.

aa. *Isaïe*, 59 : 4.

bb. *Isaïe*, 59 :4.

cc. II *Samuel*, 10 : 12

dd. Voir l'introduction au texte sur RaLBaH (III début *supra*) et note 19.

ee. *Exode*, 18 : 23. Une citation très appropriée du conseil de Jethro à Moïse, lui recommandant d'instaurer un système de juridiction de cours inférieures ou de juges pour régler les conflits du peuple.

ff. La proposition avec les suffixes possessifs, changés de la seconde à la première personne du pluriel est extraite de *Isaïe*, 62 :3 : « Pour Sion, je ne me tais pas ; pour Jérusalem, je ne me calme pas ; jusqu'à ce que sa justesse sorte comme la clarté, son salut comme une torche incandescente. Les nations verront ta justice…Tu es une couronne de splendeur. »

gg. *Isaïe*, 1 : 26.

Jusque là, le langage est celui du texte. Il est signé de vingt-cinq noms. Viennent d'abord les plus grands d'entre eux. Puis suit le reste des collègues et des élèves.

CONCLUSION

Anarchiste, libéral, Cover ?[1] Anarchiste, au sens où il privilégie le droit, la justice, par rapport aux institutions. Défenseur du gouvernement du droit et non des hommes ? Ce serait peut-être un peu vite dit. Un juste à la recherche d'une véritable justice, qui ne soit pas une abstraction froide mais qui permette à chacun d'être debout. Un libéral qui se méfie tant de la société que de l'Etat mais qui reconnaît à l'individu les multiples attachements qui le façonnent.

Un iconoclaste, dira encore Avi Soifer.[2] Pourquoi pas ?

William N. Eskridge fera d'Owen Fiss, Judith Resnik et Robert Cover, les auteurs de *Procedure*, des romantiques, qui ont proposé un idéal d'enseignement difficile à atteindre.[3]

J'ajouterais : Robert M. Cover est un de ces enfants de la génération '68, généreux et inventifs, romantiques mais aussi pragmatiques. L'un des slogans de 1968 à Paris fut : « Soyez réalistes, demandez l'impossible ! » Credo d'une jeunesse qui, en Europe, avait poussé dans le sillage de la Libération et à qui l'avenir semblait ouvert. Outre-atlantique, l'heure était aussi aux révoltes chargées d'espérance. Un monde nouveau était toujours à construire, un pont vers un avenir meilleur.

---

1. Cover avait estimé sa position proche de celle d'un « anarchiste classique » – l'anarchie étant entendue comme signifiant l'absence de gouvernants tout puissants (« *rulers* ») et non l'absence de droit. (R. Cover, « The Folkstales of Justice : Tales of Jurisdiction », in *Capital University Law Review*, Vol.14, 1985, p.179 et suiv., repr. in Martha Minow, Michael Ryan and Austin Sarat (eds.), *Narrative, Violence, and the Law. The Essays of Robert M. Cover*, Ann Arbor, The University of Michigan Press, 1993, p.173-201, à p.175. Il lui a été reproché de se dire anarchiste mais de défendre en fait des thèses libérales (second *op. cit.*).

2. « Bob était iconoclaste, pas nihiliste. » (Avi Soifer, « Status, Contract, and Promises Unkept », in *Yale Law Journal*, Vol.96, 1987, p.1916-59, à p.1958.)

3. « Le livre qu'ils ont produit, c'est une vision romantique de la façon dont on pourrait enseigner la procédure à des étudiants de première année, de la façon dont on pourrait appréhender la tâche du juge comme quelque chose de plus que la résolution des conflits privés et de ce que le droit pourrait être si nous entreprenions de comprendre sa complexité humaine et son caractère fréquemment oppressif. Une vision romantique de la pédagogie, de l'enseignement et du droit lui-même peut être rejetée comme irréaliste, sentimentaliste et impraticable ou ce peut être une source d'inspiration et d'interconnexion comme quelque chose à quoi l'on aspire mais qu'on pourrait ne jamais atteindre.
Le meilleur héritage d'un romantique est l'image vive, l'idée inspiratrice, l'argument créateur. Dans sa collaboration avec Owen et Judith, Bob nous a légué une telle bénédiction. » (William N. Eskridge, Jr., « Metaprocedure », compte-rendu de lecture de Robert M. Cover, Owen M. Fiss and Judith Resnik, *Procedure*, New York, The Foundation Press, 1988 , in *Yale Law Journal*, Vol.98, 1989, p.945-74.)

Mais l'on ne peut s'arrêter là. Deux constatations doivent encore être faites.

L'oeuvre de Robert M. Cover a inspiré quelques critiques (Cf., par exemple, Tristan Layle Duncan sur l'aspiration à une approche plus concrète, récurrente dans la doctrine américaine depuis un siècle et que l'on retrouve chez Cover)[4] mais elle a surtout suscité de nouveaux travaux qui s'inscrivent dans son prolongement (Cf., par exemple, Richard Delgado et Jean Stefancic, « Nomos and Narratives : Can Judges Avoid Serious Moral Error ? » sur la difficulté à intégrer les « contre-narrations », celles qui vont à l'encontre de ce qui a déjà été reçu ; Perry Dane, « The Yoke of Heaven, The Question of Sinai, and the Life of Law » sur l'économie, les facteurs déterminants de l'interprétation)[5] ou qui la reprenne sous une forme ou une autre pour traiter de sujets d'actualité : le juge et l'avortement (Michael Stokes Paulsen), la peine de mort (Mark Tushnet).[6]

Elle a aussi servi de toile de fond à la réflexion sur la jurisprudence relative aux revendications en matière de respect de la liberté de conscience et de religion, qu'elles émanent de particuliers ou de groupes (cf. Frank Michelman sur *Goldman v. Weinberger*, 106 S. Ct.(1986)) et l'abondante littérature doctrinale à propos de l'affaire *Kyrias Joel* et tout spécialement encore l'article de Jonathan Boyarin à son sujet).[7]

Robert M. Cover restera l'un des premiers penseurs de ce qui fut tout d'abord appelé le pluralisme juridique et que l'on préfère désigner aujourd'hui sous le nom de pluralisme et droit, c'est-à-dire de la façon de concilier la diversité des systèmes normatifs qui se rencontrent dans les

---

4. Tristan Layle Duncan, « Narrative Jurisprudence : The Remystication of the Law », in *The Journal of Law and Religion*, Vol.VII, 1989, p.105-129.

5. Richard Delgado and Jean Stefancic, « Nomos and Narratives : Can Judges Avoid Serious Moral Error », in *Texas Law Review*, Vol.69, 1991, p.1929-83 ; Perry Dane, « The Yoke of Heaven, the Question of Sinai, and the Life of Law », in *University of Toronto Law Review*, Vol.44, 1994, p.353-400.

6. Michael Stokes Paulsen, « Accusing Justice : Some Variations on the Themes of Robert M. Cover's *Justice Accused* », in *op. cit. supra* note 4, p.33-97 ; Mark Tushnet, « Reflections on Capital Punishment : One Side of an Uncompleted Discussion », in *ibid.*, p.21-31.

7. Frank I. Michelman, « The Supreme Court 1985 Term – Forward : Traces of Self-Government », in *Harvard Law Review*, Vol.100, 1986, p.1669-73 ; Jonathan Boyarin, « Circumscribing Constitutional Identities in *Kyrias Joel* », in *Yale Law Journal*, Vol.106, 1997, p.1537-70.

sociétés postmodernes, qui en est peut-être la revendication-phare, la caractéristique avouée.

BIBLIOGRAPHIE

Travaux de Robert M. Cover [1]

« Federal Judicial Review of State Welfare Practices », in *Columbia Law Review*, Vol.67, 1967, p.84 et s.

« Habeas Corpus and the Military », New York Draft and Military Law Panel, 1968.

Compte-rendu de lecture de R. Hildreth, *Atrocious Judges : Lives of Judges Infamous as Tools of Tyrants and Instruments of Oppression*, 1856, in *Columbia Law Review*, Vol.68, 1968, p.1003-1008.

« Establishing the Federal Jurisdiction in Actions Brought To Vindicate Statutory (Federal) Rights When No Violations of Constitutional Rights Are Alleged », 1è partie in *Clearinghouse Review*, Vol.2, 1969, p.5 et s. ; 2è partie in *Clearinghouse Review*, Vol.3, 1969, p.7 et s.

Compte-rendu de lecture de St. George Tucker, *Blackstone's Commentaries*, 1969, in *Columbia Law Review*, Vol.70, 1970, p.1475 et s.

(with Underwood), « Who Can Keep a Secret ? », in *Nation*, Vol.216, 1973, p.292.

« Legal Tensions in the Politics of Freedom », compte-rendu de lecture de T. Morris, *Free Men All : The Personal Liberty Laws of the North, 1780-1861*, 1974, in *Reviews Am. Hist.*, Vol.2, 1974, p.529 et s.

Justice Accused : Antislavery and the Judicial Process, New Haven, Yale University Press, 1975.

---

[1]. Cette liste, pour l'essentiel, reprend, sous une autre forme, la bibliographie parue dans *The Yale Law Journal*, Vol.96, 1987, p.1725-1726.

« For James Wm. Moore : Some Reflections on a Reading of the Rules », in *Yale Law Journal*, Vol.84, 1975, p.718 et s.

(avec Aleinikoff), « Dialectical Federalism : Habeas Corpus and the Court », in *Yale Law Journal*, Vol.86, 1977, p.1035 et s.

Compte-rendu de lecture de R. Berger, *Government By Judiciary : The Transformation of the Fourteenth Amendment*, 1977, in *New Republic*, Jan. 14, 1978, p.26 et s.

« Your Law-Baseball Quiz », in *New York Times*, Apr.5, 1979, p.A23, col.1.

(with O. Fiss), *The Structure of Procedure*, Mineola, New York, Foundation Press, 1979.

« Dispute Resolution : A Foreword », in *Yale Law Journal*, Vol.88, 1979, p.910 et s.

« In Memoriam : Arthur Allen Leff », in *Yale J. World Pub. Ord.*, 1980, p.1 et s.

« The Uses of Jurisdictional Redundancy : Interest, Ideology and Innovation », in *William and Mary Law Review*, Vol.22, 1981, p.639 et s.

« The Left, the Right and the First Amendment: 1918-1928 », in *Maryland Law Review*, Vol.40, 1981, p.349 et s.

« The Origins of Judicial Activism in the Protection of Minorities » , in . *Yale Law Journal*,.Vol.91, 1982, p.1287 et s.

« The Framing of Justice Brandeis », compte-rendu de lecture de B. Murphy, *The Brandeis/ Frankfurter Connection*, 1982, in *New Republic*, Jan.14, 1978, p.26 et s. (repr. in *N.Y.L.J.*, July 7, 1982, p.2 et s.)

« The Supreme Court, 1982 Term – Foreword: *Nomos* and Narrative », in *Harvard Law Review*, Vol.97, 1983, p.4-68.

« Federalism and Administrative Structure », in *Yale Law Journal*, Vol.92, 1983, p.1342 et s. (résumé d'une communication présentée au Symposium du Yale Law Journal sur « The Legacy of the New Deal : Problems and Possibilities in the Administrative State »)

« Court Has High Aim, Bad Plan on Bias », in *New York Times*, July 11, 1983, p.A15, col.1 (repr. sous le titre « Supreme Court's Stand on Discrimination: High Aim, Poor Art », in *Los Angeles Daily*, July 18, 1983, p.4, col.3).

(with S. Fish, O. Fiss and R. Weisberg), « Legal Modes of Interpretation : Principled, Political or Nihilistic ? », Panel on Law and Humanities, 1984 AALS Annual Meeting, San Francisco, Jan.4, 1984 (enregistrement).

« The Folktales of Justice : Tales of Jurisdiction », in *Capital University Law Review*, Vol.14, 1985, p.179 et s.

« Arthur's Words », in *Yale Law Journal*, Vol.94, 1985, p.1848 et s.

« Roman Law »; in *Orim*, Vol.1, Autumn 1985, p.25 (poésie).

« Violence and the Word », in *Yale Law Journal*, Vol.95, 1986, p.1601-29.

« The Bonds of Constitutional Interpretation : Of the Word, the Deed and the Role », in *Georgia Law Review*, Vol.20, 1986, p.815-833.

« Obligations : A Jewish Jurisprudence of the Social Order », in *Journal of Law and Religion*, Vol.5, 1987, p.65 et s.

(with O. Fiss and J. Resnik), *Procedure*, Westbury, New York, The Foundation Press Inc., 1988.

« Social Security and Constitutional Entitlements : A Half-Century of Court Decisions », in T. Marmor and J. Mashaw, *Social Security in Contemporary American Politics*, Princeton University Press, 1988.

« Bringing the Messiah Through the Law : A Case Study », in *Nomos*, Yearbook of the American Society for Political and Legal Philosophy, Vol.XXX : *Religion, Morality, and the Law*, R. Pennock and J. Chapman (eds.), New York and London, New York University Press, 1988, p.201-17.

Martha Minow, Michael Ryan and Austin Sarat (eds.), *Narrative, Violence, and the Law. The Essays of Robert Cover*, Ann Arbor, The University of Michigan Press, 1993.

Travaux sur Robert M. Cover

Dworkin (Ronald). « The Law of the Slave Catchers », compte-rendu de lecture de R. Cover, *Justice Accused*, 1975, in *Times Literary Supplement*, 5 Dec. 1975, p.1437 et s.

Ackerman (Bruce A.), « Beyond Carolene Products », in *Harvard Law Review*, Vol.98, 1985, p.713-46.

Tushnet (Mark V.), « Anti-formalism in Recent Constitutional Theory », in *Michigan Law Review*, Vol.83, 1985, p. 1502-1544.

Fiss (Owen M.), « Out of Eden », in *Yale Law Journal*, Vol.94, 1985, p.1669-73.

Michelman (Frank I.), « The Supreme Court, 1985 Term – Foreword : Traces of Self-Government », in *Harvard Law Review*, Vol.100, 1986, p.4 -77.

Dane (Perry), « Vested Rights, "Vestedness," and Choice of Law », in *Yale Law Journal*, Vol.96, 1987, p.1191-1275.

Tributes to Robert M. Cover, *Yale Law Journal*, Vol.96, 1987, p.1699-1724 (Guido Calabresi, Michael Graetz, Barbara A. Black, Stephen Wizner, David Brion Davis, Tanina Rostain, Owen M. Fiss, James Ponet).

Curtis (Dennis E.) and Resnik (Judith), « Images of Justice », in *ibid.*, p.1727-72.

Fish (Stanley), « Dennis Martinez and the Uses of Theory », in ibid., p.1773-1800.

Garet (Ronald R.), « Meaning and Ending », in *ibid.*, p.1801-1824.

Horwitz (Morton J.), « History and Theory », in *ibid.*, p.1825-1935.

Lukinsky (Joseph), « Law in Education : A Reminiscence with Some Footnotes to Robert Cover's *Nomos and Narrative* », in *ibid.*, p.1836-1859.

Minow (Martha), « Interpreting Rights : An Essay for Robert Cover », in *ibid.*, p.1860-1915.

Soifer (Aviam), « Status, Contract, and Promises Unkept », in *ibid.*, p.1916-59.

Minow (Martha), « The Supreme Court, 1986 Term – Foreword : Justice Endangered », in *Harvard Law Review*, Vol.101, 1987, p.10-95.

Michelman (Frank), « Law's Republic », *Yale Law Journal*, Vol.97, 1988, p.1493-1537.

Eskridge (William N.), « Metaprocedure », compte-rendu de lecture de Robert M. Cover, Owen M. Fiss and Judith Resnik, *Procedure*, New York, The Foundation Press, 1988, in *Yale Law Journal*, Vol.98, 1989, p.945-74.

In Tribute to Robert M. Cover, *Journal of Law and Religion*, Vol.VII, 1989, p.vii-233.

Marie A. Failinger, Editor's Preface, in *ibid.*, p.vii-ix.

Ball (Milner S.), « Law and Prophers, Bridges and Judges », in *ibid.*, 1-20.

Tushnet (Mark), « Reflections on Capital Punishment : One Side of an Uncompleted Discussion, in *ibid.*, p.21-31.

Paulsen (Michael Stokes), « Accusing Justice : Some Variations on the Themes of Robert M. Cover's *Justice Accused* », in *ibid.*, p.33-97.

Husson (Christine Desan), « Perfect Violence », in *ibid.*, p.99-104.

Duncan (Tristan Layle), « Narrative Jurisprudence : The Remystification of the Law », in *ibid.*, p.105-129.

Schwartz (Bryan), « Individuals and Community », in *ibid.*, p.131-172.

Vogel (Howard J.), « In the Cause of Justice : Reflections on Robert Cover's Turn to Narrative », in *ibid.*, p.173-186.

Weisbrod (Carol), « Charles Guiteau and the Christian Nation », in *ibid.*, p.187-233.

Fineman (Martha L.), « Unmythological Procedure », compte-rendu de lecture de Robert M. Cover, Owen M. Fiss and Judith Resnik, *Procedure*, New York, The Foundation Press, 1988, in *Southern California Law Review*, Vol.63, 1989, p.141-53.

V. K. Puchinskiy, « A Soviet Perspective », compte-rendu de lecture de Robert M. Cover, Owen M. Fiss and Judith Resnik, *Procedure*, New York, The Foundation Press, 1988, in *ibid.*, p.155-59.

Tushnet (Mark V.), « Metaprocedure ? »; compte-rendu de lecture de Robert M. Cover, Owen M. Fiss and Judith Resnik, *Procedure*, New York, The Foundation Press, 1988, in *ibid.*, p.161-79.

Mullenix (Linda S.), « God, Metaprocedure, and Metarealism at Yale », compte-rendu de lecture de Robert M. Cover, Owen M. Fiss and Judith Resnik, *Procedure*, New York, The Foundation Press, 1988, in *Michigan Law Review*, Vol.87, 1989, p.1139-1170.

Kahn (Paul W.), « Community in Contemporary Constitutional Law », in *Yale Law Journal*, Vol.99, 1989, p.1-85.

Winter (Steven L.), « Transcendental Nonsense, Metaphoric Reasoning, and the Cognitive Stakes for Law », in *University of Pennsylvania Law Review*, Vol.137, 1989, p.1105-1237.

Winter (Steven L.), « The Cognitive Dimension of the *Agon* between Legal Power and Narrative Meaning », in *Michigan Law Review*, Vol.87, 1989, p.2225-79.

Cornell (Drucilla), « From the Lighthouse : The Promise of Redemption and the Possibility of Legal Interpretation », in *Cardozo Law Review*, Vol.11, 1990, p.1687-1714.

Delgado (Richard) and Stefancic (Jean), « Nomos and Narratives : Can Judges Avoid Serious Moral Error ? », in *Texas Law Review*, Vol.69, 1991, p.1929-83.

Levinson (Sanford), « Conversing about Justice », compte-rendu de lecture de James Boyd White, *Justice as Translation : An Essay in Cultural and Legal Criticism*, Chicago, The University of Chicago Press, 1990, in *Yale Law Journal*, 1991, p.1855-78.

Winter (Steven L.), « An Upside/Down View of the Countermajoritarian Difficulty », in *Texas Law Review*, Vol.69, 1991, p.1881-1927.

Winter (Steven L.), « Contingency and Community in Normative Practice », in *University of Pennsylvania Law Review*, Vol.139, 1991, p.963-1001.

Radin (Margaret Jane) and Michelman (Frank), Pragmatist and Poststructuralist Critical Legal Practice », in *ibid.*, p.1019-58.

Winter (Steven L.), « Without Privilege », in *ibid.*, p.1063-9.

Balkin (J.M.) and Levinson (Sanford), « Law, Music, and Other Performing Arts », in *ibid.*, p.1597 et s.

Stone (Suzanne Last), « In Pursuit of the Counter-text : The Turn to the Jewish Legal Model in Contemporary American Legal Theory », in *Harvard Law Review*, Vol.106, 1993, p.813-94.

Dane (Perry), « The Yoke of Heaven, The Question of Sinai, and the Life of the Law », in *University of Toronto Law Journal*, Vol.44, 1994, p.353-400.

Dane (Perry), « Constitutional Law and Religion », in Dennis Patterson (ed.), *A Companion to Philosophy of Law and Legal Theory*, Malden, Mass., Oxford, Blackwell Publishers Ltd, 1996, chapitre 6.

Dane (Perry), « Conflict of Laws », in *ibid.*, chapitre 13.

Greene (Abner S.), « *Kiryas Joel* and Two Mistakes about Equality », in *Columbia Law Review*, Vol.96, 1996, p.1-86.

Eisgruber (Christopher L.), « The Constitutional Value of Assimilation », in *ibid.*, p.87-103.

Lupu (Ira C.), « Uncovering the Village of Kyrias Joel », in *ibid.*, p.104-120.

Boyarin (Jonathan), « Circumscribing Constitutional Identities in *Kiryas Joel* », in *Yale Law Journal*, Vol.106, 1997, p.1537-70.

Ball (Milner S.), Introduction à *Cardozo Studies in Law and Literature*, Vol.8, Spring-Summer 1996, A Commemorative Volume for Robert M. Cover, p.i-v.

Wizner (Stephen), « Repairing the World through Law: A Reflection on Robert Cover's Social Activism », in *ibid.*, p.1-14.

Dane (Perry), « The Public, the Private, and the Sacred : Variations on a Theme of Nomos and Narrative », in *ibid.*, p.15-64.

Koniak (Susan P.), « When Law Risks Madness », in *ibid.*, p.65-138.

Stone (Suzanne Last), « Justice, Mercy, and Gender in Rabbinic Thought », in *ibid.*, p.139-177.

Margalies (Peter), « The Violence of Law and Violence against Women », in *ibid.*, p.179-202.

West (Robin), « Invisible Victims : A Comparison of Susan Glaspell's *Jury of Her Peers* and Hermann Melville's *Bartleby the Scrivener* », in *ibid.*, p.203-249.

Michaut (Françoise), Robert M. Cover, « Historien et théoricien du droit », in *Droits*, N°26, 1997, p.183-95.

Balkin (J.M.), and Levinson (Sanford), « The Canons of Constitutional Law », in *Harvard Law Review*, Vol.111, 1998, p.963-1024.

TABLE DES MATIERES

Collection **Logiques Juridiques**
dirigée par Gérard MARCOU

JACQUOT Henri, MARCOU Gérard, *L'urbanisme transfrontalier droit et pratique*, 1998.
FABRE-GUILLEMANT Raphaële, *Les réformes administratives en France et en Grande-Bretagne : centres de responsabilité et agences d'exécution*, 1998.
ROUXEL Jean-Yves, *Le Saint-Siège sur la scène internationale*, 1998.
MOQUET-ANGER Marie-Laure, *De l'hôpital à l'établissement public de santé*, 1998.
BEN LETAIF Mustapha, *L'Etat et les entreprises publiques en Tunisie*, 1998.
GROS Manuel, *Droit administratif*, 1998.
TEISSIER-ENSMINGER Anne, *Autos, panneaux, signaux*, 1998.
LE BRAZIDEC Gwénaël, *René Capitant, Carl Schmitt : crise et réforme du parlementarisme*, 1998.
PROUTIÈRE-MAULION Gwénaèle, *La politique communautaire de réduction de l'effort de pêche des Etats membres*, 1998.
BEURDELEY Laurent, *Politique agricole commune et fraudes aux dépenses agricoles de l'union européenne*, 1998.
DUBOURG-LAVROFF S. et DUPRAT J.P. (eds.), *Droits et libertés en Grande-Bretagne et en France*, 1999.
SAISON Johanne, *Le risque médical*, 1999.
DECRETON Séverine (éd.), *Service public et lien social*, 1999.
HUNOUT Patrick, *Droit du travail et culture sociale, l'exemple allemand*, 1999.
JEANNIN L., MENEGHINI M., PAUTI C., POUPET R., *Le droit d'asile en Europe*, 1999.
MBONGO Pascal, *La gauche au pouvoir et les libertés publiques (1981-1995)*, 1999.
DJUIDJE Brigitte, *Pluralisme législatif camerounais et droit international*, 1999.
CUSTOS Dominique, *La Commission fédérale américaine des communications à l'heure de la régulation des autoroutes de l'information*, 1999.
FORTIN Yvonne (ed.), *La contractualisation dans le secteur public des pays industrialisés depuis 1980*, 1999.
SOCIETE FRANÇAISE POUR LE DROIT DE L'ENVIRONNEMENT, *La chasse en droit comparé*, 1999.
GAROT Marie José, *La citoyenneté de l'Union européenne*, 1999.

Collection **Logiques Juridiques**
dirigée par Gérard MARCOU

Déjà parus

SATCHIVI Francis Amakoué A., *Les sujets de droit*, 1999.
LEVIS Danièle, *Terre des hommes du grand Océan*, 1999.
LASCOMBE Michel, *Droit constitutionnel de la Ve République*, 1999.
BERGUIN Francis, *Le fonctionnaire expatrié*, 1999.
HOURQUEBIE Fabrice, *Les organes spécialisés dans les affaires communautaires des parlements nationaux. Les cas français et allemands*, 1999.
LAURENT Marie-Line, *Les emplois-jeunes : nouveaux contractuels de l'administration*, 1999.
Alette HEYMANN-DOAT, *Génétique et droits de l'homme*, 1999.
Vigile PACE, *L'organisation mondiale du commerce et le renforcement de la réglementation juridique des échanges commerciaux internationaux*, 1999.
Raymond COULON, *Des droits de l'homme en peau de chagrin*, 2000.
Armand MBARGA, *L'indemnisation publique des victimes d'infractions*, 1999.
M.-C. DJIENA WEMBOU et D. FALL, Droit international humanitaire, *2000.*
Brigitte LHERBIER-MALBRANQUE, La protection de l'enfant maltraité, *2000.*
Yaya BOIRO, Cheikh Yérim SECK, La justice en Guinée, *2000.*
Adam MEKAOUI, Partenariat économique euro-marocain. Une intégration régionale stratégique, *2000.*
Robert CHARVIN, Un monde à sens unique, *2000.*
Juristes Sans Frontières, Le Tribunal Pénal International de La Haye : le droit à l'épreuve dela « purification ethnique », *2000.*
Jean-Marc FÉVRIER, Recherches sur le contentieux administratif du sursis à exécution, *2000.*
Ewald EISENBERG, L'audition du citoyen et motivation des décisions administratives individuelles, *2000.*
Emmanuel CADEAU, Le médicament en droit public, *2000.*
Laurent GABA, L'état de droit, la démocratie et le développement économique en Afrique subsaharienne, *2000.*
Armand HEROGUEL, *Problèmes de traductions dans les droits civils français et néerlandais,* 2000.
Martine HERZOG-EVANS, L'intimité du détenu et de ses proches en droit comparé, *2000.*
Auguste ILOKI, *Le droit du licenciement au Congo,* 2000.